융합의 시대:
공공 언어, 공적 리터러시

[문화와 융합 총서 02]

융합의 시대 :
공공 언어, 공적 리터러시

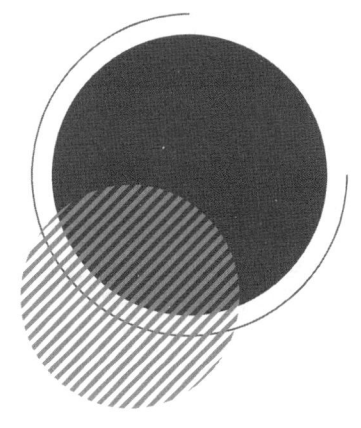

송현주　윤효승　김이은　김상훈　임은영
이미혜　김의숙　윤신원　김윤경　박영순
김윤정　이민경　김혜진　임진숙　이양금
문혜영　정지은　이효진　정하길

한국문화사

문화와 융합 총서 02

융합의 시대: 공공 언어, 공적 리터러시

1판 1쇄 발행 2022년 7월 15일
1판 2쇄 발행 2022년 8월 22일

지 은 이 | 송현주 윤효승 김이은 김상훈 임은영 이미혜 김의숙 윤신원 김윤경 박영순
　　　　　김윤정 이민경 김혜진 임진숙 이양금 문혜영 정지은 이효진 정하길
펴 낸 이 | 김진수
펴 낸 곳 | 한국문화사
등　　록 | 제1994-9호
주　　소 | 서울시 성동구 아차산로49, 404호(성수동1가, 서울숲코오롱디지털타워3차)
전　　화 | 02-464-7708
팩　　스 | 02-499-0846
이 메 일 | hkm7708@daum.net
홈페이지 | http://hph.co.kr

ISBN 979-11-6919-014-5　93710

· 이 책의 내용은 저작권법에 따라 보호받고 있습니다.
· 잘못된 책은 구매처에서 바꾸어 드립니다.
· 책값은 뒤표지에 있습니다.

오류를 발견하셨다면 이메일이나 홈페이지를 통해 제보해주세요.
소중한 의견을 모아 더 좋은 책을 만들겠습니다.

· 축사 ·

    도전과 혁신, 공유와 확산을 위한 노력을 응원합니다.

    한국문화융합학회의 학술 총서 6권이 출간됩니다. 융합의 시대라는 이름으로, '메타버스-확산의 예감', '공공 언어, 공적 리터러시', '대학 교양교육의 현장과 과제', '문학 정신과 공감, 공존, 상생의 미학', '예술적 상상과 현실', '사회발전을 위한 융합사회'가 그것입니다. 우리 학회 회원들의 연구 성과를 정리하고, 전문 연구자와 일반 독자들과 공유하기 위한 노력의 하나입니다.

    우리 학회가 지난 1979년 도전과 혁신의 DNA로 첫발을 디딘 지 올해로 44년째를 맞았습니다. 공자의 말을 빌리자면 '세상일에 정신을 빼앗겨 판단을 흐리는 일이 없는 나이'인 불혹(不惑)에 이르렀습니다. 그런가 하면 '하늘의 명을 깨닫는 나이'인 지천명(知天命)을 앞두고 있습니다. 창립 이후의 자취를 돌아보면 우리 학회의 회원들이 치열하게 연구하고 쉼 없이 토론하고 모색했음을 알 수 있습니다.

    오늘날 우리나라는 선진국이 되었고, 국격이 올라갔습니다. 과학 기술과 경제, 문화 예술과 스포츠, 사회 시스템과 인프라 등 다양한 분야에서 세계인의 부러움을 사고 있습니다. 그런가하면 대화와 소통, 이해와 공감, 도리와 품격 등에서 과제로 남은 부분도 있습니다. 미래 사회의 예상되는 문제를 최소화하고, 해결을 위한 노하우를 축적하고 시스템을 개발해야 하는 도전에 직면했습니다.

    우리 학회가 표방하고 있는 '융합'은 이런 요구에 부응할 수 있는 시대정

신입니다. 학문 공동체 안에서는 학제 간의 대화와 협업이 되겠습니다만, 범위를 넓히면 '융합'은 세대 간, 지역 간, 계층 간의 거리를 줄이고 이해의 폭을 넓히는 노력이기도 합니다. 젠더 갈등, 언어문화적 갈등, 국가 간의 경쟁 등에서 필수적이고 효과적으로 역할을 할 수 있는 것이 '융합' 그리고 '소통'이라 하겠습니다.

이번에 발행되는 총서는 학문 영역 간의 대화와 소통을 위한 것이자, 그 성과물입니다. 개별 도서는 각각 디지털 세계, 리터러시, 교양기초교육, 문학과 미학, 문화와 예술, 사회 시스템 등 각 학문 분야에서의 핵심적인 이슈를 담고 있습니다. 그러면서 이들 시리즈들은 '다름'에 대한 대화의 장을 열면서 동시에 소통과 융합의 사례와 노하우를 '공유'하는 시도입니다. 회원 여러분과 독자들의 응원을 기대합니다.

2022년 7월
한국문화융합학회 회장 지현배

· 발간사 ·

〈문화와 융합〉 총서 시리즈는 교육, 문학, 문화, 예술, 행정, 사회 등 각 분야의 연구자들이 시도한 융합 연구 가운데 우수한 성과물만을 엄선하여 독자들의 눈높이에 맞춰 깊이 있는 지식을 전달하고자 기획되었다.

최근 융합 연구는 공존과 통합을 추구하며 새로운 가치를 창조하는 혁신적인 과제로서 중요성이 점차 강조되고 있다. 이제는 거의 모든 분야에서 융합적 탐구를 위한 학문적 접근을 시도하고 있다. 특히 학문 간의 융합은 다양한 분야의 경계를 넘나들며 미래 사회를 준비하기 위한 필수적인 역량이자, 시대의 요구이기도 하다. 그런 의미에서 〈문화와 융합〉 총서 시리즈는 융합 연구가 나아가야 하는 방향성에 대해 실제적인 해답을 제시해 줄 수 있다.

이 책은 그동안 〈문화와 융합〉 학술지를 통해 발표된 융합 연구의 학술적 담론을 재구성하여 집필되었다. 학문 간의 융합 연구가 어떻게 이루어질 수 있는지, 어떤 방식으로 우리의 삶에서 활용될 수 있는지를 다각도로 탐색하여 실용적인 논의들을 담고자 했다. 이 책을 통해 우리는 융합 연구의 실체에 조금 더 가까워질 수 있으며, 유용한 아이디어를 얻을 수 있을 것이다. 나아가 궁극적으로는 학문 간의 협력과 상호 소통, 통합과 공존을 이루어 갈 수 있는 융합적 연구 환경의 기반을 확립할 수 있을 것이다.

한국문화융합학회는 앞으로도 연구 성과물을 대중들과 공유하고, 사회 발전에 활용하기 위해 총서를 발간하는 사업을 지속적으로 추진할 계획이다. 이것은 융합적 사고가 경쟁력이 되는 '융합의 시대'에 융합 연구의 활성화를 도모하기 위한 학회의 실천적인 노력이자 역할이라 할 수 있다.

이번에 발간되는 6권의 총서 시리즈를 시발점으로 삼아 향후 융합 연구의 외연을 확장해 나가는 도약의 기회가 되기를 바란다.

총서 시리즈로 이 책이 나오기까지 많은 분들의 협조와 수고가 있었다. 먼저 학회 발전과 총서 발간을 위해 아낌없이 지원해 주신 지현배 회장님, 각 분야별로 책이 출간되기까지 물심양면으로 애써 주신 출판 TF 위원님들, 실질적인 업무로 든든한 보탬이 되어준 김진국 선생님께 감사드린다. 무엇보다 여유롭지 못한 출판 일정에도 불구하고 적극적으로 협조해 주신 저자들께 무한한 감사를 드린다. 마지막으로 학술적인 연구물의 출판이 어려운 상황 속에서 이 책의 기획 의도에 공감하여 결실을 맺도록 도움을 주신 한국문화사에 깊은 감사 인사를 드린다.

2022년 7월
한국문화융합학회 출판 TF 위원장 강소영

· 서문 ·

융합의 시대, 공공 언어로 읽는 공적 리터러시의 실현

〈융합의 시대: 공공 언어, 공적 리터러시〉는 공공의 언어인 한국어에 주목하여 언어와 사회의 관계를 넘어 문화와 소통의 문제를 넓고 깊게 고찰하는 기회를 제공한다. 특히 한국어교육의 영역을 중심으로 관련 분야의 전문가들이 시도한 융합 연구의 혁신적인 성과물을 확인할 수 있다. 대중들과의 소통을 위해 기존의 연구 내용을 쉽게 풀이하였으며, 융합의 관점에서 한국어의 본질적인 속성을 이해하고 한국어가 지닌 사회문화적 의미를 새롭게 탐색한다.

이 책에서 다루고 있는 '공적 리터러시'는 기존의 글을 읽고 쓸 줄 아는 능력의 범주를 넘어서, 공공의 언어를 이해하고 해석하여 표현할 수 있는 확장된 형태의 새로운 리터러시 개념으로 사용하고자 한다. 아직은 상용화되지 못한 낯선 개념일 수 있지만, '공공(公共) 언어'를 어떻게 규정하느냐에 따라 공적 리터러시는 무한히 확장된 개념으로 활용할 수 있다. '공공 언어'를 인간 생활의 사적 영역에 반대되는 공적 영역에서 사용하는 언어라 규정한다면, '공적 리터러시'는 공적인 정보를 다루는 언어로서 한국어를 인식하는 것에서 출발해 언어에 담긴 생각과 문화를 해석하고 새로움을 창조해 낼 수 있는 능력을 말한다. 즉, 사회 구성원들이 한국어를 매개로 공적인 영역에서 함께 소통하고 공존하기 위한 의미를 포괄하는 것이다. 이 책에 실린 총 15편의 글은 이러한 공적 리터러시의 지향성을 내포하며, 공공의 언어인 한국어에 대한 깊이 있는 조망을 위해 3부로 구성하였다.

1부 '공공 언어의 지형도 확장'은 공공 언어로서 한국어에 나타난 사회문화적 특성에 대해 다채롭게 접근한다. 1부에 실린 5편의 논의는 모두 사회언어학적인 관점에서 살아있는 한국어의 속성과 의미를 심도 있게 다루고 있어 주목할 만하다. 이 논의들은 모두 개방된 공간에서의 공공 언어가 어떻게 공유되고 재현되고 있는지를 담고 있으며, 공공 언어의 지형이 더 확장될 수 있음을 시사한다.

2부 '공적 리터러시의 진화'에서 다루고 있는 5편의 논의는 과거에서 현대에 이르기까지 공공 언어가 가진 문화적, 사회적 의미에 초점을 맞춰 다양한 이론과 관점을 제시한다. 이 논의들은 언어를 공유하는 특정 대상들을 중심으로 그 언어에 담긴 다양하고 이질적인 문화를 이야기하고 있다. 특히 외국인 한국어 학습자, 여성결혼이민자, 아동 학습자 등등 공공 언어를 사용하는 주체에 다각도로 접근하여 언어와 문화의 영역에서 공적 리터러시의 실현 가능성을 밀도 높게 모색한다.

3부 '공적 리터러시와 융합적 실천'은 한국어교육의 영역에서 논의된 학문 간 융합 연구의 실제적 사례를 보여준다. 기술과 매체, 텍스트, 콘텐츠 등을 기반으로 이루어진 5편의 논의들은 모두 공적 리터러시를 구현하는 데 있어 실용적인 대안으로 제시할 수 있다. 아울러 앞으로 공공 언어로서 한국어가 나아가야 할 방향을 제안하는데, 이러한 학술적 시도는 언어에서 오는 세대 간, 지역 간, 계층 간의 거리를 좁히는 데 기여할 수 있으며 리터러시 분야의 외연을 확대하는 융합 연구로서 유의미한 가치를 지닌다.

이번 총서 시리즈는 한국문화융합학회에서 발행되는 〈문화와 융합〉 학술지에 실린 우수한 논문을 선정하여 리터러시 분야로 구성하여 학술자원을 대중들과 공유하기 위해 출간되었음을 밝혀둔다. 이 책을 통해 연구자들과 독자들이 서로 소통함으로써 공적 리터러시에 대한 이해의 폭이 넓어지고 공감의 정도가 깊어지는 소중한 기회가 되기를 기대한다.

   마지막으로 이 책이 나오기까지 많은 분들의 수고와 지원이 있었다. 먼저 촉박한 일정 속에서도 훌륭한 연구 결과물을 총서로 발행할 수 있도록 뜻을 모아 주신 저자들께 감사 인사를 드린다. 그리고 총서 발간을 위해 물리적으로 아낌없이 후원해주신 한국문화융합학회 지현배 회장님께도 감사드린다.

2022년 7월
한국문화융합학회 출판 TF
리터러시 분야 위원 강소영

· 차례 ·

축사 | 5
발간사 | 7
서문 | 9

1부 공공 언어의 지형도 확장

01장 2019-2020년 '사람' 신어에 나타난 사회문화적 특성   19
1. 신어에 대한 다양한 관심   19
2. 사람 관련 신어에 대한 유형 분류   21
3. 분야별 신어의 사회문화적 특성   24
4. 신어가 보여주는 한국 사회의 모습   44

02장 옥스퍼드 사전에 등재된 한국어 어휘의 분석   47
1. '파이팅'과 OED   47
2. 옥스퍼드 영어사전 소개   48
3. 옥스퍼드 영어사전 등재 한국어 어휘의 형태 분석   51
4. 옥스퍼드 영어사전 등재 한국어 어휘의 의미 분석   56
5. 한국어 어휘 교육   65

03장 이날치 밴드의 「수궁가」를 통해 본 한국 문화코드로서의 동물상징 확산 현상 연구   69
1. 「수궁가」의 신선한 신드롬   69
2. 신수(神獸)로서 대상화   72
3. 도상과 이야기에 나타난 동물상징의 문화코드   80
4. 복제되는 동물상징을 통한 전통문화의 확산   93
5. 동물상징으로 연결되는 시공(時空)의 문화정체성   98

04장 지자체 홈페이지에 나타난 칭찬의 언어 — 103
1. 일상이 된 비대면 소통 시대의 비대면 칭찬 — 103
2. 칭찬의 대상과 전략적인 칭찬의 중요성 — 105
3. 칭찬의 기본이 되는 전략 — 107
4. 칭찬의 효과를 높이는 전략 — 113
5. 정서 충족을 위한 칭찬 — 121

05장 리메이크 영화와 드라마 속 한·미 남녀 발화의 비교문화적 화행 연구 — 127
1. 한국어 의문문의 지시화행 — 127
2. 리메이크 작품과 비교문화연구 — 129
3. 한·미 대조 분석 — 136
4. 상이한 사회문화적 요인에 의한 한·미 남녀의 발화 — 155

2부 공적 리터러시의 진화

06장 한국어 교재 개발에서 문화 다양성 반영 사례 연구 — 163
1. 한국어 교재와 문화 다양성 — 163
2. 교재 특성과 교재 개발 과정 — 165
3. 문화 다양성의 개념과 요소 — 170
4. 문화 다양성 반영 사례 — 175
5. 문화 다양성 반영에 대한 반성과 제언 — 183

07장 여성결혼이민자를 위한 한국 경조사 어휘장 구축에 관한 연구 — 187
1. 원활한 소통, 그 방안을 모색하다 — 187
2. 경조사 연구의 범위 — 190
3. 한국어 교재에 나타난 경조사 어휘 목록 분석 — 197
4. 의례문화별 경조사 어휘장 구축 — 207
5. 경조사 어휘장의 구축에 대해서 — 211

08장 유튜브 방송과 독서의 융합 방안　　　　　　　　　**215**
　　1. 변화하는 미디어 환경과 독서　　　　　　　　　215
　　2. 미디어와 독서의 융합에 관한 다양한 시도와 담론들　216
　　3. 아동 독서 관련 유튜브 방송의 현황　　　　　218
　　4. 아동 독서 관련 유튜브 방송의 특성　　　　　222
　　5. 유튜브 방송과 아동 독서의 융합 방안　　　　234

09장 1950년대 '글 쓰는 여성'의 문화적 의미 연구　　**241**
　　1. 여성작가(The Women Writer)와 글 쓰는 여성(Writing Women)　241
　　2. 여성지의 성장과 글 쓰는 여성의 증가　　　　243
　　3. 소설쓰기를 통한 자기정체성의 구성　　　　　247
　　4. 아마추어 작가의 글쓰기　　　　　　　　　　253
　　5. '글 쓰는 여성'의 의미　　　　　　　　　　　256

10장 제도의 문체와 지식인의 글쓰기　　　　　　　**259**
　　1. 관리선발제도와 제도의 문체　　　　　　　　259
　　2. 과거제도와 팔고취사제　　　　　　　　　　262
　　3. 팔고문의 사례 분석　　　　　　　　　　　　269
　　4. 제도와 문풍의 상관성　　　　　　　　　　　281
　　5. 제도와 지식인의 상관성　　　　　　　　　　287
　　6. 비판과 소멸　　　　　　　　　　　　　　　290

3부　공적 리터러시와 융합적 실천

11장 성숙한 민주시민으로서의 변혁적 역량 신장을 위한
　　사이버 의사소통 교육 방안 모색　　　　　　　**297**
　　1. 성숙한 민주시민의 자질로서 변혁적 역량의 개념　297
　　2. 사이버 의사소통에서 고려해야 할 사항　　　301
　　3. 공론화된 논의에 관한 사이버 의사소통 양상　306
　　4. 사이버 의사소통 교육 방안　　　　　　　　319

12장 웹드라마 〈오피스워치 시즌1〉을 활용한 한국어교육에서의
문화 및 화용 교육 방안   **325**
1. 한류와 뉴미디어 시대, 교육 자료로서의 웹드라마   325
2. 한국어교육에서의 웹드라마 활용에 대한 고찰   326
3. 〈오피스워치 시즌1〉에서 도출할 수 있는 문화 및 화용 요소   327
4. 〈오피스워치 시즌1〉을 활용한 문화 및 화용 교육 방안   346
5. 교육 현장 적용을 위한 제언   354

13장 한국어 학습자의 문화적 문식력과 설화 교육 실행   **357**
1. 설화를 활용한 문화적 문식력 교육의 의의   357
2. 실행 연구의 개념과 특징   358
3. 실행 연구의 대상과 방법   361
4. 설화 교육 실행 연구 과정과 결과   364
5. 문화적 문식력 향상을 위한 설화 교육 실행 연구의 결과   381

14장 중도입국 청소년을 위한 하브루타 기반 언어문화 교육   **385**
1. 중도입국 청소년을 위한 언어문화 교육   385
2. 한국어 교재에 나타난 속담과 관용어   389
3. 하브루타 기반 언어문화 교육방안   391
4. 하브루타 기반 언어문화 교육방안의 의의   399

15장 하이브리드 러닝과 해외 학습자 대상
비대면 「한국어교육실습」   **403**
1. 비대면 시대, 「한국어교육실습」의 기회   403
2. 하이브리드 러닝 「한국어교육실습」 설계   404
3. 비대면 해외 강의실습 운영 사례   406
4. 비대면 해외 강의실습 운영 결과   411
5. 정리하기: 「한국어교육실습」과 비대면 교육의 미래   419

저자 소개 | 422

1부
공공 언어의 지형도 확장

01장
2019-2020년 '사람' 신어에 나타난 사회문화적 특성 | **송현주**

02장
옥스퍼드 사전에 등재된 한국어 어휘의 분석 | **윤효승**

03장
이날치 밴드의 「수궁가」를 통해 본 한국 문화코드로서의 동물상징 확산 현상 연구 | **김이은**

04장
지자체 홈페이지에 나타난 칭찬의 언어 | **김상훈**

05장
리메이크 영화와 드라마 속 한·미 남녀 발화의 비교문화적 화행 연구 | **임은영**

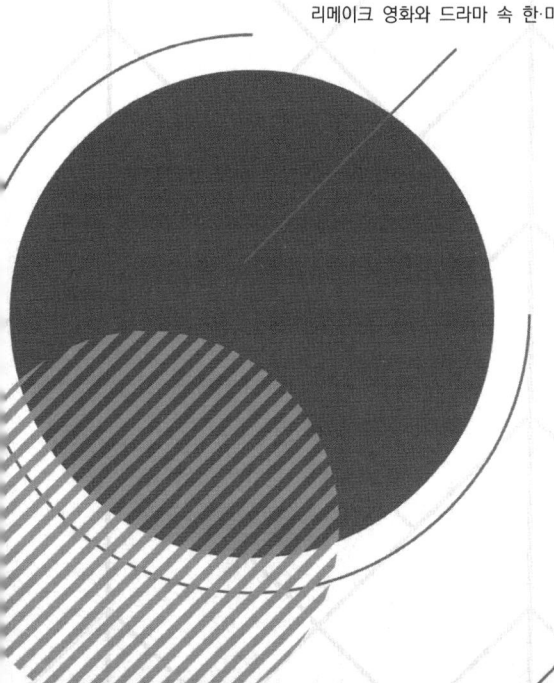

01장

2019-2020년 '사람' 신어에 나타난 사회문화적 특성

1. 신어에 대한 다양한 관심

　이 글은 2019년과 2020년에 수집된 신어 가운데 '사람'의 의미를 갖는 신어의 사회문화적 특성을 살펴보기 위한 것이다. 신어는 사회와 문화 전반에 걸쳐 새로운 사물, 제도, 현상 등을 포착하여 만들어지는데, 이 가운데도 사람과 관련한 신어가 많은 관심을 받아왔다. 신어의 초기 연구는 조어법상의 특성에 관한 논의가 다수였던 데 반해, 최근에는 신어 조사 결과물의 축적 및 신어 추출 방법론의 변화로 인해 언어학 분야뿐만 아니라 마케팅이나 자연언어 처리 등으로 신어의 연구가 다변화되고 있다.
　최근 10년간의 주요 연구를 살펴보면 다음과 같다. 어휘론 및 의미론적 관점에서의 신어의 특성에 대한 논의, 신어의 사회문화적 의미에 대한 논의, 신어에 대한 국어교육학적 논의, 소비 트렌드에 관한 논의 등이 있었다. 그리고 무엇보다도 대량의 데이터를 기반으로 한 신어의 포착 및 신어 생성과 정착 등에 관한 논의와 신어와 사전, 빈도에 관한 논의 등이 최근 활발하다. 이 같은 다양한 신어 연구 가운데, 이 글과 직접적으로 관련되는 사회문화적 관점의 주요 연구 사례를 살펴보면 다음과 같다.

첫째, 김한샘(2015)은 신어사전에 수록된 의생활 어휘를 통해 근대 사회문화를 분석한 것으로, 의생활과 관련한 근대 사회문화의 특징으로 의복의 공장 대량 생산으로 대표되는 '산업화', 양복의 보급을 통해 실현된 '획일화', 서양 옷차림을 따라하며 모던함을 경외하는 가운데 사회 전반에 걸쳐 추구했던 '서구화', 이런 배경 속에 경제적인 부를 동반하며 새롭게 형성된 계층인 '하이칼라'를 들고 있다. 정한데로(2019)는 신어가 형성되던 당시의 사회문화적 맥락을 포함하고 있는 신어에 대해 그 형성 문제를 '화자의 의도', '맥락의 관여', '언중의 승인'을 주제로 신어의 탄생을 살펴본 것이다. 이들 연구는 그간 국립국어원의 신어 보고서가 출간된 1990년대 이후의 신어를 중심으로 연구하던 데서 벗어나, 20세기 근대 한국의 신어를 중심으로 사회문화적 특성을 살피고 있다는 점에서 의의가 있다.

둘째, 이준영, 이제성(2016)은 신어를 통해 소비 트렌드를 살핀 연구로 2014년 신어를 대상으로 키워드를 분석하여 '불황과 취업난, 외모 중시, IT 하이테크, 남녀연애, 타자비하, 자녀육아, 비윤리/범죄, 취미/여가, 엔터테인먼트, 재테크/절약'으로 하위범주화하고, 신어를 촉발하는 요인으로 정부정책, 방송/보도, 문화/예능, 사건사고 등을 제시하였다. 이 연구는 신어에 대한 논의가 국어학 분야를 넘어, 소비 트렌드와 관련한 사회문화적 관점에서 논의될 수 있음을 보여준다는 점에서 의의가 있다.

셋째, 남길임, 송현주, 최준(2015)은 2012~2013년의 신어 가운데 [+사람] 신어를 대상으로 형태적 특성과 사회문화적 특성에 대해 논의한 것으로, [+사람] 신어의 사회문화적 의미를 사회·경제 분야, 외모·패션 분야, 통신 분야의 세 가지로 나누어 살펴본 것이다. 박선옥(2019ㄱ, ㄴ)은 2015~2017년 신어를 대상으로 사회문화적 의미를 연구한 바 있는데, 두 편의 논문을 통해 [+사람] 신어를 대상으로 하여 사회문화적 의미 범주를 '경제적 삶, 생활 방식, 사람의 성향/가치, 외모/패션, 요리/음식, 결혼/육아와 교육, 정치/행정/제도'의 7가지로 나누어 살펴보고 있다. 신어 가운데 적지 않은 수가 '사람'과 관련되므로 신어 전체가 아닌 [+사람]을 대상으로 신어에 나타난 사회문화적 특성을 이해하고자 한 연구로, 이들 신어가 보여주는 당시의 사회 모습의 단면을 확인할 수 있다는 점에서 의의가 있다.

이상의 연구들은 근대에서부터 최근까지의 신어를 통해 사회문화적 특성을 파악하고자 한 것이라는 점에서 가치가 있다. 다만, 가장 최근의 신어 자료인 2019년과 2020년 신어에 대한 사회문화적 특성에 대한 논의가 부족하고, 2020년의 경우 코로나19로 인해 특별히 큰 변화를 보인 시기임을 고려하여 이 글에서는 2019년과 2020년의 '사람' 신어를 대상으로 사회문화적 특성을 살펴보고자 한다.

신어는 해당 표현을 생성하는 사람의 다양한 욕구와 관심을 반영하기 때문에, 신어를 연구하는 것은 신어가 나타나는 시기에 해당 사회의 언중들이 중요하게 생각하는 대상과 가치, 사회적 관심사에 대한 이해를 가능하게 준다. 따라서 이 글은 2019년과 2020년의 '사람' 신어를 살펴봄으로써 지난 2년간 한국 사회와 문화에 대한 이해 증진에 기여하고자 한다.

2. 사람 관련 신어에 대한 유형 분류

이 글에서 살펴볼 '사람'의 의미를 갖는 신어는 2019년에 88개, 2020년에 32개로 총 120개이다. 2019년에 국립국어원에서 조사된 신어는 342개로 그중에 사람과 관련된 신어는 88개(25.73%)이고, 2020년 신어는 405개로 그 가운데 사람과 관련된 신어는 32개(7.90%)에 불과하다. 국립국어원의 신어 조사 사업은 1994년에 시작되어 2019년까지 이어져 오다가 2019년을 끝으로 중단되었는데, 2020년 신어는 남길임 외(2020)에서 확인할 수 있다. 2020년의 신어를 수록한 남길임 외(2020:7)는 "신어의 수집과 기술에서 1994년부터 2019년까지 지속되어 온 국립국어원 신어 조사 사업의 신어 수집 기준과 원칙을 되도록 그대로 유지하고자" 하였으므로,

2019년 국립국어원의 신어 조사 사업 결과물과 동일한 위상으로 묶어 함께 살펴보았다. 신어 조사 기간은 '2019년 신어'의 경우 2018년 7월부터 2019년 6월, '2020년 신어'의 경우 2019년 7월부터 2020년 6월까지이다.

2020년 신어는 이전 시기와는 달리, 사람과 관련된 신어가 적게 출현하는데, 이는 2020년 신어 가운데 206개가 코로나19와 관련될 만큼 사회적인 큰 변화가 있었던 데 기인하는 것으로 보인다. 2020년에는 '공적 마스크, 긴급 돌봄 제도, 긴급 재난 소득, 깜깜이 감염, 생활 방역 수칙' 등 사람과 관련된 일반적인 신어보다는 방역 및 금융·의료 지원과 관련한 다양한 제도에 더 많은 관심이 집중되었다. 이러한 점은 2019년과 2020년의 신어에 대한 의미 범주별 신어 빈도를 통해서도 확인할 수 있다. 즉, 2019년에는 신어가 '삶(29.1%) 〉 사회생활(26.5%) 〉 경제생활(13.6%)'의 순으로 나타났지만, 2020년에는 '보건·의학'을 '삶'의 범주에서 분리하여 별도로 다루었는데, 2020년 신어는 '정치와 행정(35.37%) 〉 보건·의학(21/83%) 〉 삶(13.1%)'의 순으로 나타나 이전 해와 상당히 다른 양상을 보인다.

남길임 외(2020:26)에서 제시한 의미 범주는 다음과 같다.

(1) 인간, 삶, 식생활, 의생활, 주생활, 사회생활, 경제생활, 교육, 종교, 문화, 정치와 행정, 자연, 동식물, 개념, 보건·의학

이 글에서는 위의 '인간' 범주에 해당하는 어휘는 물론이고, '삶'의 영역으로 분류된 '등린이', '사회생활'로 분류된 '식빵 세대' 등을 포함하여 포괄적으로 '사람'의 의미를 갖는 신어를 두루 살펴보기로 한다.

이러한 관점에서 선택된 2019년과 2020년 '사람'과 관련된 신어의 목록은 다음과 같다.

(2) 2019년 '사람' 신어(88개): 감정 대리인, 공홈족, 교과충, 그럴싸,

나나랜더, 나심비족, 남사직, 내시피족, 넵무새, 노 오더족, 노멀크 러시족, 놀앎러, 다꾸러, 덕메, 덕질 메이트, 도둑 환자, 돈알못, 런스타, 레파족, 리듀스테리언, 마덕, 마싸, 마이싸이더, 맘플루언서, 맵덕후, 맵찔이, 무나니스트, 미포족, 밀레니얼 가족, 서점 민폐족, 셀플루언서, 소피커, 손가락 여행족, 솔싸, 스앵님, 스텔스 자라니족, 실감 세대, 실버 돌싱, 실버 인싸, 쓰앵님, 아파트 줍줍족, 엠제트 세대, 연반인, 오놀아놈, 오피스 빌런, 요도족, 인싸 실버, 전시 노무 동원 피해자, 제설기 부모, 줍줍족, 중싸, 찍결 세대, 찐친, 초인싸, 츤도쿠, 컴포터리안, 콘셉러, 테크니큐리언, 토착 왜구, 퇴튜던트, 투알못, 파이 세대, 파이어족, 파잘알, 팡인, 펀슈머, 펀디족, 편샐족, 포서드족, 폰라니, 푼테크족, 프로 사망러, 프로 통학러, 피미족, 하비슈머, 할스타, 핵아싸, 핵인싸, 헬린이, 호모 더스트쿠스, 호모 여의도쿠스, 혼명족, 혼카족, 혼코노족, 홈디족, 홈소싱족, 화이트 사업자, 홈친 수저

(3) 2020년 '사람' 신어(32개): 기후 행동가, 긴급 돌봄 지원단, 낀 낀 세대, 동학 개미, 등린이, 랜선 여행족, 배달 거지, 산린이, 생활 지원사, 수사 심사관, 식빵 세대, 요린이, 유덜트, 의료 수어 통역사, 일시 귀국생, 재미 슬쩍꾼, 재양성자, 종합 지급 결제 사업자, 종합 지급 결제업자, 청포족, 촌므파탈, 캠린이, 코돌이, 코로나돌이, 코로나둥이, 코로나 베이비, 코로나 사피엔스, 코로나 세대, 탑골 스타, 퇴사 플래너, 플랫폼 운수 사업자, 확찐자

이상의 120개의 '사람'의 의미 범주를 귀납적으로 분류한 결과는 다음의 〈표 1〉과 같다.

표 1 2019~2020년 [+사람] 신어의 의미 범주별 신어 개수와 예

의미 범주	개수	비율	예
사회생활	52	43.33	초인싸, 혼카족, 코로나 사피엔스
경제생활	19	15.83	줍줍족, 파이어족, 동학 개미
식생활	10	8.33	맵찔이, 편디족, 배달 거지
정보통신	9	7.50	찍걸 세대, 손가락 여행족, 맘플루언서
정치행정	9	7.50	호모 여의도쿠스, 생활 지원사
취미	7	5.83	헬린이, 등린이, 캠린이
방송	6	5.00	쓰앵님, 촌므파탈
환경	3	2.50	피모족, 기후 행동가
교육	3	2.50	제설기 부모, 교과충
외모	2	1.67	확찐자, 유덜트
합계	120	100	

여기에서는 〈표 1〉에 따라 2019년과 2020년 신어를 사회생활, 경제생활, 식생활, 정보통신, 정치 행정, 그 외 분야로 나누어 살펴보기로 한다. 다만, 일부 신어는 둘 이상의 의미 범주에 포함할 수 있는 경우도 있는데, '배달 거지'는 식생활 문화의 변화에 따라 생성된 신어라고 보고 이 글에서는 식생활 분야에서 다루었다. 그러나 코로나19와 배달앱 사용의 증가라는 사회적 변화로 인해 생성된 신어로 보고 사회생활 분야에서 다룰 수도 있을 것이다. 이처럼 둘 이상의 의미 분야에 속할 가능성이 있는 신어의 경우 의미상 좀 더 가까운 범주가 무엇인지에 따라 하나의 분야에서 살펴보기로 한다.

3. 분야별 신어의 사회문화적 특성

1) 사회생활 분야

사회생활 분야에서는 '인간관계의 정도, 개인의 삶 지향, 가족 유형 및

세대 역할, 새로운 노인상, 사회적 지위'와 관련된 신어가 나타난다. 이들을 각각 살펴보면 다음과 같다.

첫째, 인간관계와 관련하여 무리에 어울리는 정도에 따라 사람을 범주화한 것이다.

(4) 초인싸, 핵아싸, 핵인싸, 그럴싸, 중싸

(4)의 '핵인싸'와 '핵아싸'는 서로 반대말로 사용되며, '그럴싸'와 '중싸'는 무리에 어울리기는 하나 적극적이지 않은 태도를 가진 사람을 이르는 말로 '아싸'와 '인싸'의 중간을 뜻한다. '인싸'와 '아싸'는 2008년 2월에 처음 등장하여 2014년 이후 그 쓰임이 확대되어 2020년 현재까지도 사용되는 어휘로, 2019년에는 '초, 핵' 등이 더해진 새로운 표현이 신어로 포착된 것이다. 처음에 '아싸'와 '인싸'는 대학생들 사이에 많이 쓰였다. 학과를 단위로 한 결속력이 강하고 개인보다는 단체가 강조되던 시기에는 얼마나 사람들과 잘 어울리는지에 따라 개인이나 무리를 유형화할 필요가 없었으나 개인주의 및 대학에서의 경쟁 심화, 경제 불황 등으로 무리와 잘 어울리지 않는 사람들이 늘어나면서 이와 같은 신어가 생성, 사용되기 시작했다.

둘째, 넓은 인간관계보다는 개인적 삶을 지향하는 인간형에 대한 것이다.

(5) ㄱ. 컴포터리안, 나나랜더, 솔싸, 마이싸이더
    ㄴ. 혼카족, 혼코노족, 홈소싱족, 혼명족
(6) ㄱ. 요즘 소셜미디어에는 남에게 보여주기 위한 것보다 '내가 편한' 삶을 추구하는 트렌드가 엿보인다. LG 계열 광고회사인 HS애드는 12일 이 같은 추세 속의 현대인들을 **'컴포터리안'**(Comfortable+ian)으로 명명하고 이들의 소비 성향을 분석해 발표했다(연합뉴스,

ㄴ. 나나랜드는 진정 자신을 아끼고 사랑하는 이들이 정착한 기회의 땅이다. '**나나랜더**'들은 있는 그대로의 자신의 모습을 사랑하기 때문에 자연스럽고 편안한 멋을 추구하며 다양성을 중시한다. 획일화된 규범과 관습의 거부는 이들의 가장 큰 특징이다(『부산일보』, 2018.12.6.).

ㄷ. 이어 전국 솔로들의 대변인으로 우뚝 선 OOO은 인싸보다 더 트렌디한 일명 '**솔싸**'가 되는 방법을 공개해 모두의 시선을 집중시킬 예정이다(엠비엔, 2018.11.25.).

ㄹ. 명절 편의점 도시락 매출 33%↑ ······CU '**혼명족**' 공략 (『매일경제』, 2019.1.24.)

ㅁ. 이른바 '**홈소싱족**'은 과거 밖에서 해야만 했던 일(아웃소싱)을 집에서 해결한다. 가정 방문 트레이너가 있어 피트니스 센터를 찾을 필요가 없고, LED 마스크 같은 용품 덕분에 값비싼 에스테틱이나 스파 시설도 마다할 수 있게 됐다(『경향신문』, 2019.3.16.).

어떤 집단 내에서 잘 어울리는 정도에 따라 사람을 범주화하여 지칭하기도 하지만, 집단이 아닌 개인의 삶에 집중하는 삶의 태도를 반영한 신어도 나타난다. 즉 (5ㄱ)의 '컴포터리안'은 다른 사람의 시선을 신경 쓰지 않고 자신의 편안함을 추구하는 사람, '나나랜더'는 타인의 시선에 개의치 않고 자신이 세운 기준을 중시하는 사람, '솔싸'는 배우자나 애인이 없이, 혼자서도 최신 유행을 잘 즐기는 사람, '마이싸이더'는 다른 사람의 시선을 의식하지 않고 자신의 기준에 따라 행동하는 사람을 뜻한다. 이들 신어는 자신의 기준과 삶을 중시하는 시대상을 반영한 것이다.

(6ㄴ)의 '혼카족'은 혼자 카페를 가는 사람, '혼명족'은 혼자서 명절을 쇠는 사람을 뜻하며, '혼코노족'은 혼자서 코인 노래방에 가는 사람을 뜻한

다. 또한, '홈소싱족'은 밖에서 하던 일을 집에서 해결하는 사람으로 일, 공부, 운동, 힐링 따위를 바깥에 나가지 않고 집 안에서 해결하려는 사람을 뜻하며, '혼명족'은 혼자 명절을 쇠는 사람을 이른다. 이들 신어는 일반적으로 다른 사람들과 함께 하는 활동인 카페 가기, 명절 쇠기, 노래방 가기 등을 혼자서 하는 사람이 많아진 사회문화를 반영한다.

셋째, 새로운 가족 유형 및 세대 역할에 관한 것이다.

(7) ㄱ. 밀레니얼 가족, 레파족
ㄴ. 파이 세대, 엠제트 세대
ㄷ. 낀 낀 세대, 식빵 세대, 코로나 세대
ㄹ. 코로나둥이, 코로나 베이비, 코로나 사피엔스

(8) ㄱ. 김난도 서울대 교수팀은 '트렌드 코리아 2019'에서 새해 트렌드 중 하나로 '밥 잘 사주는 예쁜 엄마', 즉 집안일을 가성비 있게 처리하고 남은 시간은 자기 계발에 투자하는 '**밀레니얼 가족**'의 여성을 꼽았다(주간동아, 2018.12.31.).

ㄴ. 개성이 강하고 경험을 중시하는 '**파이(P.I.E) 세대**'가 주 소비층으로 떠오르면서 소비시장을 좌지우지하고 있다. 특히 명품 패션, 경험용 여행, 과시용 수입차 등에서 이들의 영향력이 커지고 있다(『동아일보』, 2018.11.29.).

ㄷ. **낀낀세대**지만 그만큼 선배의 입장을 이해하고, 후배를 배려할 수 있는 장점이 있다. 서로를 이해하기 어려운 86세대와 밀레니얼 세대를 연결할 수 있는 세대라는 것이다. 이러한 가교(다리) 역할은 97세대의 장점이자 앞으로 우리 사회를 이끌어 갈 포용적 리더십의 원동력이 될 수 있다(이코노미 조선, 2020.1.5.).

ㄹ. 1970년대에 태어난 40대는 흔히 말하는 'X(엑스)세대'다. 그런데 이들은 요즘 자신들을 '**식빵세대**'라고 표현하기도 한다. 동

일한 모양으로 잘려 있어 서로 구별이 되지 않고, 주어진 목적에 매우 충실하게 자신을 맞춘 기능적인 사람들이란 생각에서다(『동아일보』, 2020.2.3.).

ㅁ. 또 신종 코로나바이러스 감염증(코로나19) 사태로 학업·취업에 어려움을 겪는 젊은이들을 '코로나 세대'라 칭하고 "**코로나 세대**를 살리는 방안을 함께 강구해 나가자"고 정부에 공개 제안했다(연합뉴스, 2020.4.8.).

ㅂ. 과거에 "정전 신생아(blackout babies)"란 우스갯소리가 유행한 것처럼 2033년에는 "**코로나 둥이**"와 "격리 10대(quaranteens)"란 농담을 주고받을지 모른다(『서울신문』, 2020.03.29.).

　(7ㄱ)의 '밀레니얼 가족'은 가정생활을 하는 데 있어 가족 구성원 개인의 희생을 당연시하지 않고 각자가 개인의 행복을 추구하는 것을 중요시하는 가족으로, 개인의 행복을 중요하게 생각하는 밀레니엄 세대가 결혼하여 가정을 이루면서 나타난 가족의 한 유형을 뜻한다. 트렌드 연구로 널리 알려진 서울대 김난도 교수는 최근 인기 가전은 로봇청소기와 식기세척기, 빨래건조기라며, 이는 밥 잘 사주는 엄마에게 필수인 아이템들로, 집안일보다 엄마들이 자신을 가꾸는 데 투자하는 새로운 가족의 등장, '밀레니얼 가족'에 주목할 필요가 있다고 조언한다(『헤럴드경제』, 2018.10.24.). '레파족'은 화목한 가정을 위해 함께 배우고 노력하고 실천하여 성취하는 사람으로, '배우고(Learn), 노력하며(Effort), 실천하여(Practice), 열매 맺는(Achieve)' 부부 관계를 추구하는 사람을 뜻한다.

　(7ㄴ)의 '파이 세대'에서 '파이(P.I.E)'는 personality, invest in myself, experience의 약자로, 개성과 자기 계발, 현재 할 수 있는 경험을 중요하게 생각하고 이와 같은 가치관을 가지고 소비하는 젊은 세대를 이른다. '엠제트(MZ) 세대'는 밀레니엄 세대와 제트 세대를 아울러 이르는 말로 1980~2010년 사이에 출생한 사람들로 개인의 취향을 중시하며 놀이처럼

소비를 즐긴다는 특징이 있다.

(7ㄷ)은 '낀 낀 세대'는 1970년대에 태어난 사람으로, 기성세대와 신세대 사이에 있는 '낀 세대'를 강조하여 이르는 말로 공동체주의적 성향과 개인주의적 성향을 모두 가지고 있는 세대를 이르는 말이다. '식빵 세대'는 1970년대에 태어난 세대로, 모양이 모두 같은 식빵처럼 개성이 없고 주어진 목적에 자신을 맞추고 순응하며 살아가는 세대를 이른다. '낀 낀 세대'와 '식빵 세대'는 모두 1970년대에 태어난 사람을 이르는 표현인데, 현재 40대인 이들의 어떤 점을 주요 특징으로 포착하느냐에 따라 달리 명명된다. '코로나 세대'는 코로나19로 인해 학업이나 취업 따위에 영향을 받는 세대를 이르는 말이다. 전 국민이 코로나19를 겪고 있지만, 특별히 학업과 취업에 영향을 받는 10대와 20대를 '코로나 세대'로 부르며, 1997년 외환위기로 인한 'IMF 세대', 2008년 '금융위기 세대'와 더불어 특정 사건을 겪은 세대를 범주화한 표현이다.

(7ㄹ)의 '코로나둥이'와 '코로나 베이비'는 동의어로 코로나19가 유행하는 기간에 잉태되어 태어난 아기를 뜻하며, '코로나 사피엔스'는 코로나19로 인해 기존과 달라진 삶의 방식으로 살아가게 된 인류를 의미한다. '코로나 사피엔스'는 최재천 외 학자들이 2020년에 출간한 책의 제목이기도 한데, 최재천 교수가 "코로나19 이후 인류는 완전히 다른 삶을 살게 될 것이다. 누구도 겪어보지 못한 신세계에서 살아갈 우리를 감히 코로나 사피엔스라 부른다."라고 한 데서 시작된 신어이다. 코로나19 이후 변화된 삶의 모습과 앞으로의 삶에 대한 사람들의 관심이 높아지면서 베스트셀러가 되기도 했고 강연 등을 통해 많이 언급됨으로써 상당히 높은 빈도로 사용되었다.

넷째, 노인의 새로운 모습을 포착한 신어이다.

(9) 할스타, 인싸실버, 실버인싸

'할스타'란 높은 인기를 얻고 있는 할머니나 할아버지를 이르는 말로, 2019년 지○○ 씨가 텔레비전 프로그램에 출연해 가수 손담비의 댄스곡을 춤과 함께 열창해 화제가 되면서 그를 '할담비(할아버지+손담비)'라고 부르기 시작하면서 '할스타'라는 말이 본격적으로 사용되었는데, 비슷한 시기에 60대 모델인 김칠두 씨, 70대 유튜버인 박막례 씨 등이 큰 인기를 끌면서 대중의 사랑을 받는 노인이라는 새로운 롤모델을 제시하고 있다. 또한, '인싸실버'와 '실버인싸'는 동의어로, 각종 행사나 모임에 적극적으로 참여하면서 사람들과 잘 어울려 지내는 노인을 이른다. 이들은, 종래의 사회적으로 소외된 존재이던 노인이 사회의 주목을 받는 존재로의 변화를 보여주는 신어이다.

다섯째, 사회적 지위에 따른 집단을 범주화한 것이다.

(10) 훔친 수저

(11) 직장인 정모 씨(27)는 "사기, 횡령 같은 경우엔 부모가 했던 일이라도 그 돈으로 호의호식한 세월이 있지 않냐. '금수저'가 아니라 **훔친 수저**다"면서 "사과하고 인정하는 건 그나마 양반이다. 가족의 범죄를 모른 척하며 활동하는 연예인들은 부끄러운 줄 알아야 한다"고 꼬집었다(머니투데이, 2018.11.22.).

(10)의 '훔친 수저'란 정당하지 않은 방법으로 부를 쌓거나 사회적 지위를 높인 가정에서 태어나 경제적 여유 따위의 좋은 환경을 누리는 사람을 비유적으로 이르는 말인데, 몇 해 전부터 널리 사용되는 수저계급론의 한 유형이라고 할 수 있다. 점차 계층 간의 이동이 어려워지고 부의 세습이 강화되는 과정에서 수저계급론 내의 계급은 더욱 다양화·세분화되고 있다.

2) 경제생활 분야

경제생활 분야에서는 '소비 태도와 재테크 방법, 노동 시장의 환경 변화를 반영한 신어가 나타난다. 이들을 각각 살펴보면 다음과 같다.
첫째, 변화하는 소비 태도와 방식 및 재테크 방법에 따라 나타난 인간형에 대한 것이다.

(12) ㄱ. 펀슈머, 하비슈머, 콘셉러, 나심비족, 공홈족
ㄴ. 줍줍족, 아파트 줍줍족, 청포족
ㄷ. 투알못, 푼테크족, 동학 개미

(12ㄱ)의 '펀슈머'란 재미있는 제품이나 콘텐츠 따위를 선호하는 소비자, '하비슈머'는 취미를 즐기는 데 필요한 제품이나 서비스를 적극적으로 구매하는 소비자를 의미한다. 또, '콘셉러'는 어떤 제품을 구매할 때 제품의 콘셉트를 중요하게 생각하는 사람을 이르는 말이며, '나심비족'은 정해진 시장 가격에 상관없이 어떤 품목이나 상품에 대하여 소비자로서 본인이 가지는 만족도를 중요시하는 사람을 뜻하고, '공홈족'은 재화나 서비스를 이용하기 위해 생산 및 유통을 담당하는 공식 홈페이지를 주로 이용하는 사람을 이른다. 이러한 유형의 신어가 나타나는 것은 사람들의 소비 방식이 다양해짐에 따라, 재미, 취미, 자기만족을 위한 소비라는 새로운 소비 목적과 공식 홈페이지를 통한 소비라는 소비 방식의 다양화에 기인한다.
(12ㄴ)의 '줍줍족'은 주로 싼 값에 나온 주가나 매물 따위를 매수하는 사람을 뜻한다. '아파트 줍줍족'은 특히 부동산 시장에서, 실제 분양 당첨자들이 계약하지 않아 남게 된 매물을 투기 목적으로 매수하는 사람들을 이르는 말이다. 부동산 투기가 과열되고, 규제 또한 강화되면서 청약 시장에서 자금력이 부족하여 계약을 포기하는 매물을 구매하는 사람들이 나타

났는데, 이런 현상을 보여주는 신어가 '줍줍족'과 '아파트 줍줍족'이다. 2020년에는 아파트 청약 제도를 이용해서 아파트를 구매하는 일을 포기하는 사람인 '청포족'이라는 신어가 나타나는데, 정부가 분양가 통제를 강화하면서 청약 경쟁률이 치솟아 청약을 포기하는 젊은 계층들이 나온 현실을 반영한 신어이다.

(12ㄷ)의 '투알못'은 '투자를 알지 못하는 사람'을 줄여 이르는 말로 투자하는 방법이나 투자에 대한 정보를 잘 알지 못하는 사람을 뜻하며, '푼테크족'은 생활 속에서 지출되는 푼돈을 줄여 목돈을 모으는 사람을 뜻한다. 2020년에 특별히 주목을 받은 신어 가운데 하나인 '동학 개미'는 '국내 개인 투자자들'을 이르는 말이다. 2020년 코로나19의 확산 및 그로 인한 경제 위기로 인해 해외 투자자들이 국내 주식을 팔아치우는 상황에서 국내의 개인 투자자들이 주식을 사들이는 일이 벌어졌는데, 이때 주식을 산 사람들을 '동학 개미'라고 한다. 2019년에는 근로 소득이나 사업 소득을 통해 부를 축적하는 것이 어려워짐에 따라 부동산이나 증권 등의 투자를 통해 경제적 이익을 확보하고자 하는 흐름이 커진 상황을 반영한 신어가 나타났지만, 2020년에는 전 지구적인 전염병인 코로나19로 인한 경제 상황의 변화를 반영한 신어가 발생하였다.

둘째, 노동 시장의 환경 변화에 따라 등장한 신어이다.

(13) 파이어족, 반프리

(14) ㄱ. 우리 마흔 전에 '은퇴'하자!" 불확실한 미래에 대한 불안감으로 울산에서도 조기 은퇴를 준비하는 사람들, 이른바 '**파이어족**'(Financial Independence Retire Early, FIRE) 청년층이 늘어나고 있다. 이들은 소비를 극단적으로 줄여서 재정적 독립을 이룬 뒤, 이르면 30대 말 늦어도 40대 초반까지 은퇴하겠다는 목표를 가지고 있다(『아시아 경제』, 2018.11.9.).

ㄴ. 무엇보다 '**반프리**'라 불리는 하청업체 직원들은 더 열악한 상

황에 내몰렸다. 갑인 원청과 을인 하청은 그렇다 치더라도 병인 재하청 업체, 개인사업자를 발급하거나 3.3% 원천징수 처리해 투입되는 프리랜서들은 포괄임금계약을 맺고 투입됐다(『국민일보』, 2018.12.12.).

'파이어족'은 근검절약하여 짧은 시간 동안 은퇴 이후에 필요한 자금을 모두 마련한 후 30대 후반이나 40대 초반 정도의 이른 나이에 은퇴하는 것을 목표로 하는 사람을 이른다. 또, '반프리'는 회사와의 이중 계약을 통해 정규직이면서 프리랜서로 일하는 사람을 뜻하는데, 이들은 회사와 정규직 근로 계약서를 작성하여 일부 급여를 받고, 나머지 임금은 프리랜서 계약을 통해 받는다. '파이어족'과 '반프리'는 경제 상황이 악화됨에 따라 고용 시장의 변화가 유발한 사회문화적 현상을 잘 드러낸다.

3) 식생활 분야

식생활 분야에서는 '매운 음식, 편의점 음식, 디저트'에 대한 선호 및 코로나19로 인한 음식 배달의 증가를 반영하는 신어가 나타난다. 이들을 각각 살펴보면 다음과 같다.

첫째, 매운 음식 및 마라와 관련된 신어이다.

  (15) 맵찔이, 맵덕후, 마덕
  (16) ㄱ. 종가집의 '갓 담금 생생아삭김치'와 '잘 익은 톡톡아삭김치'는 매운 음식을 잘 먹지 못하는 **'맵찔이'**를 포함해 엄마 김치 말고는 잘 먹지 않는 사람들 입에도 거부감이 없다(『서울경제』, 2020.3.9.).
  ㄴ. 이에 전현무가 **'맵덕후'**를 자처하며 카레를 맛봤다. 그는 "뭐가 매워?"라고 허세를 부렸지만, 장도연이 카레를 추가하자 음료

수를 찾으며 괴로워했다(TV리포트, 2019.11.13.).

ㄷ. 마라는 중국어로 얼얼하게 맵다는 뜻으로 혀가 얼얼할 정도로 알싸한 맛을 지칭하는 표현이다. SNS상에서도 마라탕 음식점과 역세권이 합쳐진 '**마세권**' 마라 음식을 즐기는 이들을 칭하는 '**마덕**(마라덕후)' 등의 신조어가 생겨날 만큼 대중적인 음식으로 자리매김했다(파이낸스투데이, 2019.8.12.).

최근 몇 년간 먹방, 맛집 등 음식과 요리에 관한 관심이 지속되면서, 2019년과 2020년 신어에서도 이를 반영한 다양한 신어가 나타난다. '맵찔이'는 매운 음식 따위를 잘 먹지 못하는 사람을 뜻하는데, '맵다'와 '찌질이'가 결합한 말이므로 낮잡아 이르는 말인데, 실제 쓰임을 보면, 상대에 대한 비하의 의미는 찾아보기 어렵다. '맵덕후'는 매운 음식을 열성적으로 좋아하는 사람을 뜻하고, '마덕'은 '마라 덕후'를 줄여 이르는 말로, 얼얼하면서 매운맛을 내는 '마라'라는 향신료를 넣은 음식 따위를 열성적으로 좋아하는 사람을 뜻하는 말이다. '마라탕'은 중국 쓰촨에서 유래한 음식으로, 맵고 얼얼한 맛의 탕 요리인데, 2019년에 젊은 층을 중심으로 큰 인기를 얻으면서 '혈중 마라 농도, 마세권, 마라 위크'와 같은 다양한 관련 신어가 나타났다.

둘째, 편의점 및 디저트와 관련한 신어로는 다음과 같은 것이 있다.

(17) 편디족, 편샐족, 홈디족

'편디족'은 편의점에서 판매하는 디저트를 즐겨 먹는 사람을 이르고, '편샐족'은 편의점에서 판매하는 샐러드를 즐겨 먹는 사람을 뜻한다. 『브릿지 경제』(2019.8.29.)에 따르면, "유통업계 전반에 불황의 그림자가 드리웠음에도 국내 편의점 사업은 꾸준히 성장하고 있으며, 2016년부터 매년 연간 10% 수준의 매출이 증가하고 있다."라고 한다. 이 보도에 따르면 특히 편의점 매출 증가의 1등 공신은 식품으로, 편의점 매출에서 식품이 차지하는 비중이 55%나 된다. 게다가 서울대 푸드비즈니스랩이 전망한 2019년 푸드 트렌드 중 하나가 '편의점에서 찾은 소확행, 편의점 디저트'였음을 고려할 때, 편의점이 영향력이 확대되는 모습을 잘 보여준다.

'홈디족'은 집에서 디저트를 즐겨 먹는 사람이나 무리를 뜻하는데, 작지만 확실한 행복이라는 소확행을 추구하는 분위기가 확산되고 배달앱을 통해 간편한 배달이 가능함에 따라 나타난 신어이다. 『헤럴드경제』(2019.2.5.)의 보도에 따르면 "배달앱 '요기요'를 운영하는 딜리버리히어로 코리아에서 2018년 신규 배달 인기 메뉴를 집계한 결과, 디저트류 주문량이 전년 대비 269% 증가"했다고 한다.

2020년 신어인 '배달 거지'는 코로나19로 인해 배달앱 사용이 증가하고 이와 관련한 새로운 사건이 발생함에 따라 신어가 나타난 경우이다.

(18) 배달 거지

(19) ㄱ. 주문한 사람과 가게 주인이 생각하는 배달 시간 기준은 역사가 오래된, 전통적인 분쟁이긴 한데, 요즘 문제가 커지고 있는 건 배달 음식이 중간에 사라지는 이른바 '**배달 거지**' 사태입니다(MBN, 2019.10.23.).

ㄴ. 단순히 '음식을 못 받았다'고만 하면 A씨처럼 배달 기사가 다시 돌아와 항의할 때 꼼수가 적발될 수 있으니, 아예 사람이 살지 않는 다른 주소로 배달이 이뤄지게 한 뒤 몰래 음식만 챙겨가는 '지능형 **배달 거지**'까지 등장했다(『헤럴드경제』, 2021.04.16.).

(19)에서 보듯이 '배달 거지'는 '배달 중인 음식을 고객에게 전달하기 전에 몰래 빼먹는 배달원'을 뜻하기도 하지만, '주문자가 음식을 받아 놓고서도 받지 못했다고 하며 환불받는 고객'을 이르기도 한다. 코로나19로 비대면 배달이 많아지면서 생긴 현상을 반영한 것이다.

4) 정보통신 분야

정보통신 분야에서는 '가상현실이나 스마트폰 사용의 대중화, 온라인을 기반으로 한 다양한 활동 및 사업의 증가'와 관련한 신어가 나타난다. 이들을 각각 살펴보면 다음과 같다.

첫째, 가상현실이나 스마트폰 사용의 일상화에 따른 것이다.

(20) ㄱ. 실감 세대, 찍결 세대
ㄴ. 손가락 여행족, 랜선 여행족

(21) ㄱ. 여행 계획을 세울 때도 모바일의 비중이 커지고 있다. 이른바 **손가락 여행족** 증가다. 지난해 발행된 구글의 컨슈머 인사이트에 따르면, 한국과 일본 여행객은 응답자 중 절반 이상, 인도는 무려 87%가 모바일로 여행을 계획하고 예약까지 마치는 것으로 나타났다(뉴시스, 2019. 3. 10.).
ㄴ. 유통업계가 '**랜선 여행족**'과 캠핑족을 겨냥한 마케팅을 강화하고 있다. 코로나19로 국외 여행길이 막히자 나타난 변화다(한겨레, 2020. 6. 29.).

(20ㄱ)의 '실감 세대'는 현실에서 직접 경험하는 것을 즐기는 세대로, 브이아르(VR) 게임과 같은 체험형 게임을 즐기거나, 실제로 상품을 보고 체험할 수 있는 매장을 찾아가는 등 실제적인 경험을 중요시한다. 스마트폰 사용자가 국민의 95%에 이르고, 스마트폰을 사용한 결제 시스템의 구축 및 보편화로 인해 결제 방법에도 변화가 초래되었다. '찍결 세대'는 스마트폰을 이용해 정보 무늬(QR code) 따위를 찍어 상품의 값을 치르는 세대로 '찍결'은 '찍어서 결제'를 줄여 이르는 말이다.

(20ㄴ)의 '손가락 여행족'은 여행을 떠나기 전 모바일 서비스를 이용해 여행을 계획하고 숙박 시설 따위를 예약하는 사람을 이르는 말이며, '랜선

여행족'은 현실 공간이 아닌 온라인상에서 간접적으로 여행을 하는 사람을 이르는 말이다. 2019년까지만 하더라도 모바일을 통한 여행 예약과 관련된 신어가 나타났으나, 2020년에는 코로나19로 인해 국외 여행이 거의 불가능해지자, 집 안에서 여행하고 싶은 장소와 관련된 영상을 보거나 SNS에 여행 사진을 게시하는 등의 온라인을 통해 여행하는 기분을 느끼는 현실을 반영한다.

둘째, 온라인을 기반으로 한 다양한 활동 및 사업을 하는 사람들에 관한 것이다.

(22) ㄱ. 셀플루언서, 런스타, 맘플루언서
　　 ㄴ. 플랫폼 운수 사업자

(23) ㄱ. 인스타그램에서 20대 '**셀플루언서**(Self+Influencer)'가 뜨고 있다. 셀플루언서는 '셀프(자신)'와 '인플루언서(온라인 마케팅에서 영향력 있는 인물)'가 결합된 신조어로, 인플루언서처럼 트렌드 추천을 즐기는 개인을 말한다. 19일 올리브영은 지난 9월 14~17일 #득템자랑 및 #올리브영세일 키워드로 올라온 인스타그램 게시물 5천여 건을 분석한 결과, '셀플루언서'를 Z세대의 새 트렌드 키워드로 선정했다고 밝혔다(아이뉴스 24, 2018.9.19.).

　　 ㄴ. 머리 질끈 동여매고 뛰는 모습을 소셜미디어 계정에 올렸을 뿐인데 어느새 '**런스타**(달리기 유명인)'가 됐다(『조선일보』, 2019.6.4.).

　　 ㄷ. '**맘플루언서**'란 엄마(Mom)와 인플루언서(Influencer)가 합쳐진 용어로, 소셜네트워크서비스(SNS)를 통해 감각적인 육아 라이프 소개로 많은 팔로워를 가진 엄마들을 말한다. 업계에서는 SNS를 통한 소통이 익숙한 요즘 젊은 엄마들이 닮고 싶은 워너비 맘들의 일상을 통해 육아 정보를 얻고 트렌드를

습득하기 때문에 맘플루언서 효과는 더욱 높아질 것으로 전망하고 있다(『한국경제』, 2018.10.30.).

ㄹ. 현재 국회에는 **플랫폼운수사업자**가 정부로부터 택시 면허를 할당받고, 그 범위 내에서만 영업을 해야 한다는 개정안이 올라와 있다(『경향신문』, 2019.10.29.).

(22)의 '셀플루언서'는 주로 소셜미디어에서 자신이 잘 알고 있는 분야나 주제와 관련된 제품에 대한 의견을 공유하면서 대중에게 영향력이 있는 사람이 되고자 스스로 노력하는 사람을 뜻하며, '런스타'는 달리기를 주제로 하는 글이나 영상 따위의 게시물을 누리 소통망 서비스(SNS)에 올려 높은 인기를 얻은 사람, '맘플루언서'는 육아 정보나 생활 정보 따위를 온라인에 공유하여 관련 정보를 얻고자 하는 사람들에게 영향을 미치는 엄마를 뜻한다. SNS를 기반으로 다양한 활동을 하는 사람들이 많아지면서 이들을 표현하기 위한 여러 가지 유형의 신어가 지속적으로 생산된 결과이며, SNS의 영향력이 소비나 취미, 정보 등 다양한 분야로 확대되고 있는 사회현상을 잘 보여준다. '플랫폼 운수 사업자'는 위치 기반 서비스와 같은 정보 시스템 환경을 구축하고 차량을 확보하여 사람 또는 화물을 운송하는 서비스를 제공하는 사람을 뜻한다.

5) 정치 행정 분야

정보 및 행정 분야에서는 '정치인의 특성, 보건 및 복지'와 관련한 신어가 나타난다. 이들을 각각 살펴보면 다음과 같다.
첫째, 정치인의 특성을 이르는 신어이다.

(24) 호모 여의도쿠스, 코돌이, 코로나돌이
(25) ㄱ. 사회 각 분야에서 주목할 성과를 이룬 전문가들이 일단 여의도

정치권에만 들어오면 자신도 모르는 사이에 '꿀먹은 벙어리'에 '손만 드는 거수기(擧手機)'이자 '줄 서는 눈치꾼'으로 변신할 수밖에 없는 **호모 여의도쿠스**'가 돼버리는 것이다(브레이크뉴스, 2019.6.18.).
ㄴ. 17대 총선 때 '탄돌이(탄핵 역풍)', 18대 총선 때 '뉴타운돌이(뉴타운 바람)'에 이어 이번 21대 총선에선 **코로나돌이**'가 대거 탄생하는 게 아닌가 모르겠습니다(JTBC, 2020.03.31.).

(24)의 '호모 여의도쿠스'란 여의도에 가서 국회 의원으로서 일할 때의 모습이 국회 의원이 되기 전이나 일상에서의 모습과 크게 다른 국회 의원을 뜻한다. '코돌이'는 '코로나돌이'의 준말로 코로나19가 유행하는 기간에 치른 선거에서 당선된 사람을 이른다.

둘째, 행정과 관련하여 보건 및 복지 분야 신어이다.

(26) ㄱ. 도둑 환자
ㄴ. 의료 수어 통역사, 생활 지원사, 긴급 돌봄 지원단, 재양성자

(26ㄱ)의 '도둑 환자'란 건강 보험에 가입하지 않은 상태에서 건강 보험 가입자의 인적 사항을 이용해 병원에서 치료받고 보험 혜택을 받는 사람을 뜻한다. 2019년 MBC 뉴스에서 병원에서 건강 보험 가입자 본인인지 확인하지 않는다는 점을 노려, 건강보험료를 내지도 않고 남의 건강 보험으로 병원에서 치료받는 사람들에 대해 보도하면서 '도둑 환자'라는 단어를 사용한 데서 시작되었다.

(26ㄴ)은 코로나19와 관련된 신어인데, '의료 수어 통역사'란 청각 장애인이나 언어 장애인이 의료 기관을 이용할 때 수화 언어를 모르는 의료진과 의사소통할 수 있도록 말을 전해 주는 사람을 뜻한다. '생활 지원사'란 노인 맞춤형 돌봄 서비스를 제공하는 사람으로, 전화나 방문을 통해 안부

를 확인하고 기초적인 일상생활을 도와주는 일 등을 하는 사람을 이르는데, 노인 인구의 증가와 함께 노인 돌봄의 주체가 가족에서 사회로 변하고 있는 현상을 잘 보여준다. '긴급 돌봄 지원단'이란 코로나19로 인해 발생한 노인, 장애인, 아동 등에 대한 돌봄 공백을 해소하기 위해 채용된 인력을 말한다. '재양성자'란 바이러스 따위의 병원체에 감염되어 완치되었다가 다시 같은 종류의 감염원으로 인해 감염된 사람을 뜻한다. 코로나19 양성자가 완치 판정을 받았으나 이후 다시 코로나19 양성 반응을 보인 경우가 발생하면서 해당 신어가 나타났다.

6) 그 외

앞에서 살펴본 유형 외에도 '취미, 방송, 교육, 외모, 환경'과 관련하여 다양한 신어가 나타났으며 이들을 각각 살펴보면 다음과 같다.
첫째, 취미와 관련한 신어이다.

(27) 헬린이, 등린이, 산린이, 요린이, 캠린이

'헬린이, 등린이, 산린이, 요린이, 캠린이'는 모두 '헬스, 등산, 요리, 캠핑'을 즐기는 초보자를 이르는 말로 사용된 것으로 다양한 취미 활동을 막 시작한 사람들에게 사용된다. '어린이'의 한 부분인 '-린이'는 초보자 또는 미숙한 사람이라는 의미를 지니면서 높은 조어력을 보인다. 초보자를 이르는 단어가 있다는 것은 새롭게 시작하는 사람이 눈에 띈다는 의미이므로, 2019년과 2020년에는 취미와 관련하여 '헬스, 등산, 요리, 캠핑'이 이전보다 더 많은 사람에게 관심을 받고 있음을 보여준다.
둘째, 방송과 관련된 신어이다.

(28) ㄱ. 쓰앵님, 스앵님, 촌므파탈

(29) ㄱ. "**쓰앵님**, 연말정산에만 전념하십시오." 행정안전부가 종전 딱딱한 보도자료에서 벗어나 재치 넘치는 드라마 패러디로 눈길을 끌고 있다(뉴스웨, 2019.1.16.).

ㄴ. 강하늘은 황용식을 연기한다. 우직하고 정의롭지만, 대책 없고 투박한 인물이다. '**촌므파탈**' 캐릭터. 무조건적인 사랑을 보여준다. 순박하면서도 섹시한 남자로 차별화된 매력을 발산할 계획이다(디스패치, 2019.7.9.).

'쓰앵님'과 '스앵님'은 동의어로 2018년 말부터 2019년 초까지 방영된 드라마 '스카이캐슬'의 등장인물이 대사 중 '선생님'을 '스앵님'으로 발음한 데에서 유래하였다. 한국의 교육 문제를 다룬 드라마로 상당한 인기를 누리면서 '쓰앵님, 스앵님'이라는 신어를 만들어내었다. 또한 '촌므파탈'은 세련됨이 없이 어수룩한 데가 있으나 매력적인 남성 캐릭터를 뜻하는데, '촌므파탈' 역시 2019년 9월부터 방영된 드라마 '동백꽃 필 무렵'의 남자주인공에서 비롯된 말이다. 두 드라마 모두 공중파에서 20% 이상의 높은 시청률을 보이며 많은 사람에게 관심을 받은 만큼, 이와 관련한 신어가 나타나는 데 영향을 미쳤다.

셋째, 교육과 관련한 신어이다.

(30) ㄱ. 제설기 부모

ㄴ. 교과충, 놀앎러

(31) ㄱ. '**제설기 부모**, 불도저 부모, 해파리 부모'란 용어가 있다. 자녀의 성공을 위해 공격적으로 밀어붙이고, 자녀의 힘들고 불편한 일을 쓸어버리는 것을 '제설기·불도저 부모'라고 한다(『경기신문』, 2019.6.16.).

ㄴ. 올해 서울 소재 사립대에 입학한 장모(19) 씨는 동기들과 수능 관련 대화를 할 때면 눈치가 보인다. 정시모집으로 대학에 입

학한 친구들이 농반진반으로 "학종충(학생부 종합전형)이나 **교과충**(교과전형)과 같은 급으로 비교하지 말라"는 말에 신경이 쓰여서다(이데일리, 2018.11.15.).

(30ㄱ)의 '제설기 부모'란 자녀가 어떤 일을 성취하는 데 어려움이 없도록 자녀에 대한 모든 일에 나서서 문제를 직접 해결해 주는 유형의 부모를 뜻한다. 자녀가 목표를 달성하는 과정에서 직면하게 될 장해들을 먼저 나서서 없애 버리는 행동을 길에 쌓인 눈을 치워 없애는 기계인 제설기에 비유하여 이르는 말이다.

(30ㄴ)의 '교과충'은 대학 입시에서 교과 우수자 전형으로 선발된 입학자를 낮잡아 이르는 말인데, 입시와 관련하여 '재외국민충, 논술충, 학종충(학생부종합전형), 지균충(지역균형선발전형)' 등 입시와 관련한 혐오 표현이 계속해서 등장하고 있다. 이와 관련하여, 『한국일보』(2017.11.2.)는 "군이 전형 방법에 따라 다르게 부르는 이유는 같은 방식이 아닌 다른 전형을 치른 학생들과 잘 어울리지 않고 밀어내는 배타적 문화가 형성되고 있기 때문이다. 경우에 따라서는 우월의식까지 작용하며 보이지 않는 서열화로 진행돼 문제"임을 보도한 바 있다. 이는 다양한 입시 전형이 존재하고, 이들 간의 서열화 및 배타적인 문화가 발생하고 있는 한국 사회의 현실을 잘 보여준다. 또한, '놀앎러'는 어떤 지식을 배울 때, 놀면서 배우는 사람을 뜻하는데 배움에 대한 새로운 모델을 제시한 신어라고 할 수 있겠다.

넷째, 외모와 관련한 신어이다.

(32) 확찐자, 유덜트

2019년에는 외모와 관련된 신어가 나타나지 않으며, 2020년 신어 가운데 외모와 관련된 것은 '확찐자, 유덜트' 둘 뿐이다. '확찐자'는 코로나19로 인해 외부 활동에 제약이 생기면서 활동량이 줄어들어 살이 찐 사람을 뜻하고, '유덜트'는 자기 자신을 꾸며 나이보다 젊어 보이는 성인을 의미한다. 사람의 외모나 패션과 관련한 신어가 꾸준히 출현하였는데, 외모·패션과 관련된 신어로 남길임 외(2015:50)에서는 36개(2012~2013년 신어), 박선옥(2019:988-991)에서는 17개(2015~2017년)를 제시하고 있다. 이에 반해 최근 2년간의 신어 보고서에는 사람의 외모나 패션 등에 대한 '사람' 신어는 찾아보기 어렵다. 이는 타인의 외모를 평가하거나 언급하는 것에 대해 불편해하는 사회 분위기에 기인하는 듯하다.

다섯째, 환경과 관련해서는 미세 먼지 및 기후 행동과 관련한 다음과 같은 신어가 나타난다.

(33) ㄱ. 호모 더스트쿠스, 피미족, 미포족
 ㄴ. 기후 행동가

(33ㄱ)의 '호모 더스트쿠스'는 미세 먼지에 적응하는 인간으로, 일상에서 미세 먼지를 피하기 위한 행동을 생활화하는 현대인을 이르며, '미포족'은 미세 먼지로 인해 받는 피해를 해결하지 않고 포기하는 사람을 뜻한다. 이에 반해 '피미족(避微族)'은 미세 먼지를 피하여 공기가 맑은 곳으로 옮기는 사람을 이른다. 미세 먼지 배출 및 문제에 대해서는 이미 1990년대부터 언론에서 보도되었으나, 최근 들어 미세 먼지 지수를 일기예보와 함께 제시하는 등 미세 먼지에 대한 경각심이 더욱 커졌다. 특히 어린아이를 둔 부모들은 미세 먼지 지수를 수시로 확인하고 외출 여부를 결정할 정도로 미세 먼지가 삶의 질과 밀접한 관련을 맺고 있으므로, 2019년에서는 미세 먼지와 관련한 여러 신어가 수집된 듯하다. 또한, (33ㄴ)의 '기후 행동가'는 기후 위기의 심각성을 느끼고 친환경적 행동을 실천하고 알리는 사람을 뜻한다. 환경 오염에 따라 기후 변화가 인간의 삶에 부정적인 영향을 지속해서 미치고 있는 현실을 해결하기 위한 신어로, 환경과 관련

된 신어는 앞으로 그 사용이 점차 확대될 것으로 보인다.

4. 신어가 보여주는 한국 사회의 모습

신어는 매년 새롭게 출현하는 어휘로 출현 당시의 사회적 관심과 문화적 초점을 즉각적으로 보여준다는 점에서 특별한 의미가 있다. 즉 사회의 변화는 신어를 만들고, 신어는 한국의 사회문화를 읽을 수 있게 해 준다. 따라서 매년 새롭게 등장하는 신어를 살펴보는 것은 해당 시기의 사회문화적 관심사와 쟁점을 알 수 있게 해 준다. 이상의 내용을 요약하고 남은 문제를 제시하면 다음과 같다.

첫째, 사회생활과 관련된 신어는 집단 내에서 어울리는 정도에 따라 '아싸'와 '인싸'를 넘어 좀 더 세분화된 단어가 나타났으며, 집단보다는 개인의 삶에 집중하고자 하는 사람들에 대한 단어가 등장하였다. 또한, 현재의 30대와 40대의 특성을 포착한 단어와 코로나19를 겪고 새로운 삶을 살게 될 20대에 대한 단어도 나타났다. 사람과 관련된 신어 중에서 사회생활과 관련한 것이 전체의 42%가 넘는데, 전체적으로 집단보다는 개인의 삶의 가치를 중시하는 경향을 반영하고 있다.

둘째, 경제생활과 관련된 신어는 재미, 취미, 자기만족을 위한 소비활동과 관련한 신어, 부동산과 관련한 정책이 다수 발표되면서 그 영향을 받은 결과로 나타난 신어, 노동 시장의 변화를 반영한 신어 등이 나타났다. 특히, 2020년에는 코로나19로 인해 국내 주식 시장이 큰 타격을 받자, 국내 개인 투자자들이 주식을 매수하면서 동학 개미라는 신어가 등장해 경제 상황의 반영과 대처와 관련한 신어를 확인할 수 있었다. 이들 신어는 개인 지향적 소비 방식, 부동산 문제, 경제 상황 악화에 따른 노동 시장의 변화, 코로나19로 인한 주식 시장의 변화와 대처라는 사회상을 반영한다.

셋째, 식생활과 관련된 신어는 마라, 편의점, 배달로 압축된다. 2019년에는 중국의 향신료로 매운맛이 특징인 마라를 넣은 음식이 인기를 끌면서 매운맛과 마라와 관련된 신어가 여럿 나타났으며, 편의점 음식, 그중에서도 디저트류에 대한 판매량이 증가한 현실을 반영하는 신어도 등장하였다. 특히 2020년에는 코로나19를 겪으면서 배달 음식에 대한 수요가 폭증하였는데 이와 관련한 신어도 나타났다.

넷째, 정보통신과 관련된 신어는 스마트폰의 일상화가 삶에 미친 영향이 커짐에 따라, 체험형 게임, 큐아르 코드를 찍어서 결제하는 방식에 익숙한 세대, 온라인을 통해 자신의 영향력을 극대화하는 활동이나 사업 등에 대한 신어가 나타났다. 이들 신어는 스마트폰을 활용한 게임, 상품 구매, 예약의 일상화와 함께 SNS를 기반으로 자신의 정보를 공유하면서 영향력을 높이는 사람들이 증가하는 현실을 반영한다.

다섯째, 정치행정과 관련된 신어는 코로나19로 인해 정상적인 선거를 치를 수 없었던 사회현상을 반영하며, 코로나19를 겪으면서 보건 및 복지와 관련한 신어가 여럿 나타났다. 의료 수어 통역사, 긴급 돌봄 지원단, 생활 지원사 등은 코로나19로 인해 특별히 수요가 증가하고 사회적 역할이 중요해진 분야를 보여준다.

여섯째, 그 외 취미, 방송, 교육, 외모, 환경 분야의 신어가 있다. 그 가운데 외모를 표현하는 신어의 출현은 이전 시기보다 줄었다. 환경과 관련한 신어의 등장은 미세 먼지 문제가 심각하며, 기후 변화를 막기 위한 행동이 필요하다는 사회적 요구를 반영하고 있다.

이 글은 가장 최근의 자료인 2019년과 2020년의 신어를 대상으로 한 연구라는 점에서 의의가 있다. 다만, 이전 연구와 비교하여 2019년과 2020년의 신어가 갖는 특수성을 충분히 설명하지 못했다는 점에서 한계가 있다. 이러한 한계를 극복하기 위해서는 단기 통시적으로 사회, 경제, 정보통신 등 분야별로 해당 시기에 주목받았던 신어를 나란히 놓고 비교해 보는 과정이 필요하며, 그 과정에서 짧은 시간 동안 현대 한국 사회에 어떤 변화가 있었고, 관심사가 어떻게 이동하였는지 살펴볼 수 있을 것이다.

참고문헌

김억조(2020). "인지언어학에 기초한 2017년 신어의 의미 구성 연구", *문화와융합* 42(4), 615-637.

김일환(2014). "신어의 생성과 사용 – 사람 관련 명사를 대상으로", *어문연구* 161, 147-176.

김정아, 김예니, 이수진(2013). "신어의 [+사람] 어휘의 형태·의미적 특성", *어문론총* 58, 51-76.

남길임 외(2020). *신어 2020:코로나 팬데믹 시대의 새로운 언어*, 한국문화사.

남길임(2020). "신어의 빈도와 관련한 몇 가지 문제", *한국어 의미학* 68, 213-239.

남길임, 송현주, 최준(2015). "현대 한국어 [+사람] 신어의 사회 문화적 의미", *한국사전학* 25, 39-67.

남길임, 송현주, 최준, 이수진(2022). *현대신어연구*, 한국문화사.

박선옥(2019). "2015~2017년 [+사람] 신어의 사회문화적 의미 연구 – 사람의 성향과 가치, 외모와 패션, 요리와 음식, 결혼과 육아·교육, 정치와 행정·제도 분야", *문화와융합* 41(4), 977-1008.

송현주(2022). "2019~2020년 신어에 나타난 사회문화적 특성", *문화와융합* 44(1), 1-22.

이선영, 이영경(2019). "신어 형성과 어휘의 확장 – '템' 관련 신어를 중심으로 –", *반교어문연구* 51, 169-189.

이유원(2019). "사전과 신어 – 국립국어원 《우리말샘》을 중심으로", *새국어생활* 29(3), 39-53.

정한데로(2019). "신어의 탄생, 사회와 문화를 담다", *새국어생활* 29(3), 9-23.

최형용(2019). "의미 관계와 신어 형성", *한국어 의미학* 66, 35-74.

최혜원(2018). "사회 변동에 따른 어휘 변화 – 국립국어원 신어 사업을 중심으로", *한국어교육학회 춘계학술발표논문집*, 37-50.

● 이 장은 문화와융합 학술지 44권 1호에 실린 필자의 논문(송현주, 2022)을 바탕으로 재구성되었다.

02장

옥스퍼드 사전에 등재된 한국어 어휘의 분석

1. '파이팅'과 OED

    수업시간에 학생들과 '파이팅'을 외치면서도 이것이 소위 말하는 콩글리시이기 때문에 대체어는 무엇일까 한 번쯤은 생각해 본 한국어 교원들이 있을 것이다. 〈우리말 나들이〉 등의 프로그램에서는 외국어를 순화어로 바꾸자는 취지로 '파이팅'을 '아자'로 바꾸어 쓰기를 권장한다. 하지만 한국어 모국어 화자라면 누구나 '파이팅'과 '아자'가 등가는 아님을 알고 있다. 국내에서 콩글리시로 치부하는 '파이팅'을 비롯한 한국어 어휘 26개가 최근(2021년 9월 표제어 기준) 옥스퍼드 영어사전(Oxford English Dictionary: 이하 OED)에 등재되었다. 지금까지 45년 동안 약 20개의 단어가 등재되었는데 한꺼번에 26개 단어가 추가된 것은 한류의 흐름과 무관하지 않을 것이다.

    OED 편집부는 영국, 미국 등 전통적 영어 사용 지역에서 벗어난 영어의 사용에 관심을 두고 있으며, 각 나라의 문맥에서 영어가 그 이전의 뜻과는 어떻게 다르게 사용되는지 혹은 그 지역에서 어떤 고유의 뜻으로 뿌리내려 사용되는지 등 현지에서 쓰이는 양상을 범주화하는 것에 초점을 두고 있다. 강용순(2016)은 영어 어휘 또한 영어권 국가 각 나라마다 독특한 표현을 가지고 있어서 따로 사전이 존재하며, 영어 표현이 한국에 들어와서 본래의 의미와 다르게 사용되는 것은 매우 자연스러운 현상으로 본다.

OED에 등재된 한국어 어휘들을 단어 형성법에 의해 분류해 보는 것, 그리고 그 뜻풀이를 표준국어대사전과 비교해 보는 등의 분석을 통하여 우리의 어휘를 역으로 외국인들이 바라보는 관점에서 생각해 볼 수 있을 것이다. 이를 통해 고유어뿐만 아니라 외래어나 외국어, 그리고 콩글리시를 대하는 우리의 생각 또한 전환하는 계기가 될 것으로 보인다.

2장에서는 OED를 소개하고, 3장에서는 OED에 등재된 한국어 어휘를 분류한 후, OED에서 인용한 동북아 지역의 자국어 어휘를 타임라인에 따라 비교함으로써 최근 등재 어휘가 한류의 영향임을 볼 것이며, 4장에서는 OED 등재 어휘의 그 뜻을 구체적으로 표준국어대사전과 비교하며 의미적으로 다른 특징을 살펴볼 것이다. 본 연구에서 OED에 등재된 어휘를 소개하는 것은 모두 한국어교육의 관점임을 밝혀둔다.

2. 옥스퍼드 영어사전 소개

옥스퍼드 영어사전의 역사는 1857년에 시작되었으며, 1884년부터 초판 작업을 거쳐 1928년에 10권의 첫 완성본이 발간되었다. 이후 1989년에 총 20권으로 된 제2판이 출판되었으며, 2000년부터 인터넷으로 온라인서비스를 시작하였으며 이것이 제3판의 시작이며 현재 진행 중이다. 2020년 기준으로 약 60만 개의 단어와 350만 개가 넘는 인용문이 실려 있다 (https://public.oed.com/history/oed-editions). 사전의 명칭은 1928년 초판 발간 당시 NED(A New English Dictionary on Historical Principles)였으며, 1933년 보급판을 발간하면서부터 오늘날의 OED(Oxford English Dictionary)라고 고쳐 부르게 된 것이다(박영배, 2004:22).

OED는 엘리트의 언어를 표상하였으나 현재는 다변화 시대를 반영하여 언중의 단어를 분석하고, 편집자들은 그들의 코퍼스에 들어온 어휘들을 빈도와 분포 추이를 통해 모니터링하여 분석한다. 등재의 근거는 객관적이지만 최종 결정은 편집자가 주관적으로 하는 것이다. 어휘는 분기별로 업데이트를 진행하는데, 한 단어의 등재 기준이 '지속성', 즉 특정 사용 기간을 따를 필요가 없음을 보여주는 것이 2020년 6월에 표제어가 된 'self-isolation(자가격리)', 이어 2020년 9월 어휘 목록에 들어간 'COVID-19(코로나19)'와 같은 단어이며, 영향력 있는 어휘를 빠르게 업데이트하는 것을 통해 현대 영어 단어에 대한 레퍼런스로서의 역할을 하고 있음을 알 수 있다(www.youtube.com/watch?v=jO7pa7G1u5M).

OED의 메인 화면에서 'kimchi(김치)'를 검색한 화면 〈그림 1〉을 통해 OED의 구성을 살펴보고자 한다. 표제어의 발음, 기원, 그리고 어원을 좌측에서 확인할 수 있으며, 우측의 [Entry history]를 클릭하면 〈그림 2〉에서 보는 것처럼 이 단어가 최초로 등재된 연도와 개정 작업이 이루어진 연도까지도 알 수 있다.

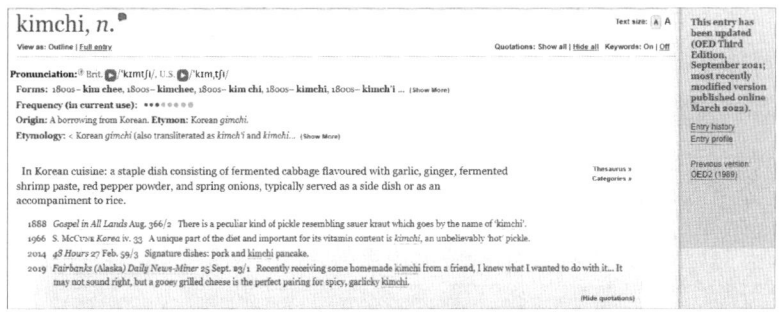

그림 1 'kimchi' 검색 결과 화면

〈그림 1〉에서 볼 수 있는 예문들은 해당 어휘가 처음 영어로 인용된 최초의 인용문을 오래된 순으로 보여주는 것으로 'kimchi'는 1888년에 처음 영어로 소개되었음을 알 수 있다. 이 최초의 인용문을 근거로 타임라

인을 만들 수 있으며 이는 3장에서 다시 살펴볼 것이다.

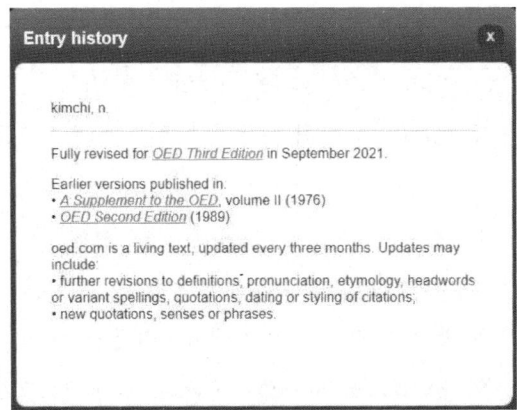

그림 2 'kimchi' 등재 연도와 개정된 연도 정보

'kimchi'는 1976년 OED에 우리말이 처음으로 등재된 해에 올라간 단어 중의 하나이며, 2021년 9월에 그 뜻이 〈표 1〉의 내용처럼 전면 수정되었음을 알 수 있다. 이처럼 OED는 한번 등재한 단어에 대해서는 무삭제 원칙과 함께 개정되기 전의 내용도 그대로 확인할 수 있기 때문에 단어의 의미나 인용문 등의 변화와 진화를 보여주는 연구 도구로서의 기능을 하고 있다. 처음 'kimchi'가 등록되었을 때의 뜻과 개정된 뜻은 아래와 같으며, 개정 후의 뜻에서는 김치가 한국의 요리임을 명시한 후 그 재료를 비교적 자세히 설명함을 알 수 있다.

표 1 OED에서 'kimchi'의 뜻 개정 전후 비교

	kimchi(김치)의 뜻 개정 전후 비교
제2판	A raw strongly-flavoured vegetable pickle, the Korean national dish.
제3판	In Korean cuisine: a staple dish consisting of fermented cabbage flavoured with garlic, ginger, fermented shrimp paste, red pepper powder, and spring onions, typically served as a side dish or as an accompaniment to rice.

살펴본 것처럼 OED는 각각의 어휘들을 위한 통시적인 검색 도구로서의 역할을 하며 어휘의 발달 과정을 이해하는 데 도움을 준다. 따라서 빠르게 한 어휘의 일상적인 뜻을 검색하려는 도구로는 오히려 Lexico Oxford Dictionary를 추천한다고 편집자들은 이야기한다(www.youtube.com/watch?v=jO7pa7G1u5M). 여기에서 'kimchi'를 검색하면 "A Korean dish of spicy pickled cabbage"로 OED와는 기술 방식이 다르기 때문에 같은 한류 단어를 비교하는 자료로 사용할 수 있을 것이다.

3. 옥스퍼드 영어사전 등재 한국어 어휘의 형태 분석

1) 2021년 9월 OED에 등재된 한국어 분석

2021년 9월에 새롭게 등재된 한국어는 총 26개로 〈그림 3〉과 같다.

옥스퍼드영어사전(OED) 2021년 등재 한국어

aegyo(애교)	banchan(반찬)	bulgogi(불고기)
chimaek(치맥)	daebak(대박)	dongchimi(동치미)
fighting(파이팅)	galbi(갈비)	hallyu(한류)
hanbok(한복)	japchae(잡채)	K-, comb(K-복합어)
K-drama(K-드라마)	kimbap(김밥)	Konglish(콩글리시)
Korean wave(한류)	manhwa(만화)	mukbang(먹방)
noona(누나)	oppa(오빠)	PC bang(피시방)
samgyeopsal(삼겹살)	skinship(스킨십)	tangsoodo(당수도)
trot(트로트)	unni(언니)	

그림 3 OED 등재 한국어 (2021년 9월)
https://www.donga.com/news/Culture/article/all/20211014/109696697/1

이들 단어를 품사로 나누어 보면, 'daebak(대박)', 'fighting(파이팅)' 두 개의 감탄사를 제외하고 24개 단어가 모두 명사이다. 사실 'daebak(대박)'은 표준국어대사전에서는 명사로 정의하고, OED에서는 명사, 형용사, 감탄사 세 품사로 모두 정의하고 있으나 본 분류에서는 사용 빈도가 높은 감탄사로 분류하였다. 주제어별로는 음식 어휘가 8개 — 'banchan(반찬)', 'bulgogi(불고기)', 'chimak(치맥)', 'dongchimi(동치미)', 'galbi(갈비)', 'japchae(잡채)', 'kimbap(김밥)', 'samgyeopsal(삼겹살)' — 로 가장 많고, 친족 어휘가 3개 — 'noona(누나)', 'oppa(오빠)', 'unni(언니)' — 로 나타난다. 한류를 명시적으로 나타내는 단어도 4개 — 'hallyu(한류)', 'K-comb(K-복합어)', 'K-drama(K-드라마)', 'Korean wave(한류)' — 가 포함되어 있다. OED 편집위의 자문을 담당하고 있는 옥스퍼드대 조지은 교수와 고려대 신지영 교수에 따르면 추가 등재 리스트 후보에 '막내, 형, 선배, 빙수, 전, 삼계탕, 냉면, 호떡, 붕어빵, 떡, 헐, 대박, 아이고' 등이 있다고 하니 한류와 더불어 주목을 받는 한국어 어휘들은 가족, 음식, 감탄사가 주를 이룬다고 할 수 있겠다.

이번에 등재된 단어 중 국립국어원의 표준국어대사전에는 수록되지 않은 단어도 있는데 이는 'chimak(치맥)', 'K-comb(K-복합어)', 'K-drama(K-드라마)', 'Korean wave(한류)', 'mukbang(먹방)', 'tangsoodo(당수도)' 총 6개 단어이다. 이들 6개를 제외한 나머지 20개를 단어의 형성 방법에 따라 구분하면 다음과 같다. 고유어가 총 7개 — 'bulgogi(불고기)', 'dongchimi(동치미)', 'galbi(갈비)', 'kimbap(김밥)', 'noona(누나)', 'oppa(오빠)', 'unni(언니)' —, 한자어는 총 6개 — 'aegyo(愛嬌)', 'banchan(飯饌)', 'hallyu(韓流)', 'hanbok(韓服)', 'japchae(雜菜)', 'manhwa(漫畫)' — 이다. 한자와 고유어의 합성어는 2개로 'daebak(大박)'과 'samgyeopsal(三겹살)'이다. 그리고 영어와 한자어의 합성어는 'PC bang(PC房)' 한 개이며, 영어에서 온 단어는 'fighting', 'konglish', 'trot', 'skinship'으로 총 4개이다.

본래의 어원과 달리 우리나라 자체에서 뜻이 바뀌어 사용하는 단어들이 다시 국외에서 바뀐 의미로 사용될 때, 이를 '부메랑 단어(Boomerang Words)' 또는 '재차용어(reborrowings)'라고 OED에서는 지칭한다. 차용어로 한국에서 쓰다가 의미의 확장, 변이, 축소 등을 거쳐 새로운 뜻으로 정착한 후, 다시 국외에서 국내에서와 동일하거나 혹은 유사하게 변한 의미로 쓰는 단어들이다. 국외에서 힘을 내라는 의미로 한국어 화자가 아닌 사람이 '파이팅'을 외친다면 이것이 바로 '부메랑 단어'가 되는 것이다. 세계적인 공용어로서 영어는 많은 언어에서 차용어의 원천이 되어 부메랑 단어를 낳고 있다(https://public.oed.com/blog/japanese-words-in-the-oed/).

표준국어대사전에는 없는 단어 중 신조어 형성법에 따라 구분할 수 있는 것은 'chimak(chi麥)'과 'mukbang(먹放)'으로 각 단어의 첫음절을 모아 만들어진 합성어로 구분할 수 있다. 이러한 신조어를 OED에서 표제어로 채택한 것을 두고 한국어교육에 있어 신조어를 적극적으로 지도해야 한다는 주장을 펼치고자 하는 것은 아니다. 신조어가 어휘 교육의 대상으로 정착하지 않은 것은 빠르게 변화하는 신조어를 교육에 반영하는 것이 어렵고, 새롭게 생겨난 말 중 많은 수가 생명력을 얻지 못하고 '임시어'나 '유행어'에 그치게 되므로 목표 어휘로 습득하는 것이 적절한가에 대한 근원적인 의문이 여전히 해결되지 않았기 때문이다(김보현, 2020:206). 따라서 한국어교육 현장에서 신조어에 있어서 교사가 유연한 태도를 가지고 고빈도 단어 위주로 형성 원리를 익히게 하는 등의 대처가 필요함을 피력하고자 하였다.

2) 타 언어와 OED에 등재된 어휘 수 비교

다른 언어의 OED에 등재된 총 어휘 수와 단어의 인용 시점을 비교해 봄으로써 이번 26개 단어 등재가 어떤 의미인지 유추할 수 있을 것이다.

〈표 2〉는 OED의 타임라인을 이용한 것으로 차용어 범주를 각 언어별로 제한할 경우 다음과 같은 그래프를 얻을 수 있다. 예를 들어, 세부 검색어 차용어란에 'Korean'을 입력할 경우에는 그 출처가 한국어에서 온 단어들만 검색되며, 그래프 가로축이 의미하는 것은 각 단어들이 영어로 처음 인용된 연도를 보여주는 것으로 2000년에서 2021년 사이에 5개의 한국어 단어가 영어로 최초 인용되었다는 뜻이다. 동북아 지역 중 일본, 중국과 비교한 결과, 한국어가 5개, 일본어와 중국어는 각 2개로 나타난다. 이 타임라인의 이해를 돕기 위해 예를 들어서, 'unni', 'aegyo' 등의 단어는 2021년 9월에 처음으로 등재되었지만, 영어 문장에서 최초로 인용된 시점이 1997년이기 때문에 타임라인에서는 1997년으로 나온다. 즉, 표제어로 등재된 날짜가 아닌 인용된 최초의 연도가 기준이 된다. 따라서 3개의 나라를 검색한 결과를 통해서 자국어가 영어로 인용된 어휘의 총 개수와 인용된 연도를 비교하는 자료로서의 가치를 지닌다고 할 수 있겠다. OED의 타임라인으로 비교할 수 있는 총 어휘 수는 한국어가 41개(한국어 등재 단어는 총 46개 정도이지만, 'K-drama'처럼 그 원천이 한국어가 아닌 경우에는 타임라인에 검색이 되지 않음), 일본어는 544개, 중국어는 263개로 한국어가 가장 적다. 한국어를 기원으로 하여 영어로 인용된 총 41개의 단어 중 5개 단어가 2000년 이후에 인용된 것이며, 이 중 표제어로 26개가 한꺼번에 최근 등재된 것은 분명 등재된 어휘 그대로 '대박' 사건임에 틀림없다.

표 2 OED에 인용된 자국어 어휘의 타임라인 비교

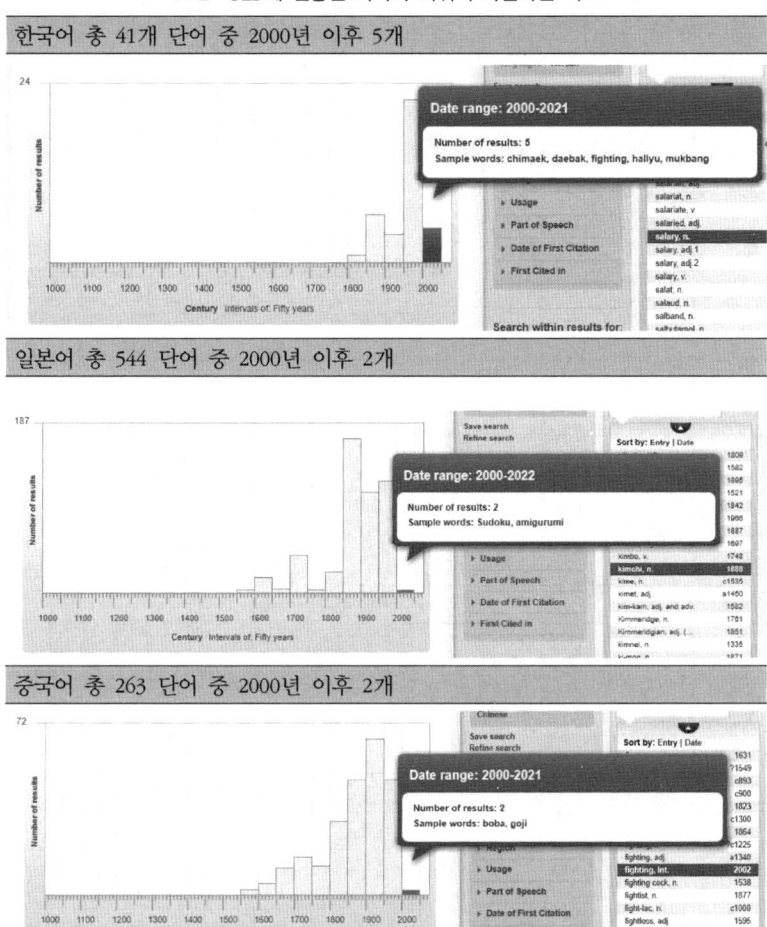

타임라인의 41개 단어를 영어로 인용된 시점에 따라 분류하면 다음과 같으며, 각 단어마다 그 뜻이 수정된 날짜는 반영하지 않았다. 최초로 인용된 단어는 거리 단위인 'ri(리)'이며, 가장 최근 인용된 단어는 'mukbang(먹방)'으로 2013년에 처음으로 인용되었다. 영어로 인용된 시기는 꽤 오래 되었으나 옥스퍼드 편집부의 검색 대상이 아니었던 어휘들이 한류의 영향을 받아 등재 어휘에까지 실리게 되었다고 볼 수 있다.

표 3 OED에 인용된 한국어의 연도 비교(타임라인의 41개 어휘)

번호	단어	첫 인용 연도	번호	단어	첫 인용 연도
1	ri	1817	21	hapkido	1963
2	onmun	1882	22	Juche	1963
3	kimchi	1888	23	oppa	1963
4	yangban	1888	24	doenjang	1966
5	gisaeng	1894	25	gochujang	1966
6	Kono	1895	26	kimbap	1966
7	sijo	1896	27	makkoli	1970
8	myon	1898	28	chaebol	1972
9	Hangul	1935	29	noona	1975
10	ondol	1935	30	bibimbap	1977
11	banchan	1938	31	hagwon	1988
12	won	1947	32	manhwa	1988
13	soju	1951	33	samgyeopsal	1993
14	hanbok	1952	34	aegyo	1997
15	japchae	1955	35	unni	1997
16	Tang Soo Do	1957	36	PC bang	1999
17	bulgogi	1958	37	fighting	2002
18	galbi	1958	38	daebak	2003
19	dongchimi	1962	39	hallyu	2003
20	taekwondo	1962	40	chimaek	2012
			41	mukbang	2013

4. 옥스퍼드 영어사전 등재 한국어 어휘의 의미 분석

OED에 등재된 한국어 어휘들을 두 가지의 특징으로 구분하여 의미적인 내용을 살펴보고자 한다. 첫 번째는 외래어, 콩글리시 그리고 순화어의 관점이며, 두 번째는 표제어를 표준국어대사전에서 정의하는 것과 비교하는 관점이다. OED 최근 등재어 41개의 모든 정의는 모두 〈표 4〉를 통해 확인하기 바란다.

1) 외래어와 콩글리시

　표준국어대사전의 정의에 따르면 외래어는 "외국에서 들어온 말로 국어처럼 쓰이는 단어"이고, 외국어는 "다른 나의 말, 타국어"이다. 정의에 관한 많은 의견 중 정희원(2004:20)은 외래어를 "국어로 굳어진 낱말뿐만 아니라 동화과정에 있는 외래 어휘들까지 포함하는 것"으로 정의하며, 본 논문에서도 이와 동일하게 외래어를 지칭할 것이다. 한국어 교재에 외래어를 반영할 때와 또 교육 현장에서 실제로 외래어를 어떻게 교육해야 할지에 대한 판단은 한국어 교사 개인의 몫이지만, OED에 등재한 한국어 어휘를 통해서 신조어나 외래어 등을 어떻게 지도할 것인지 교원들의 판단을 위한 참고 자료가 될 수 있을 것이다. 이러한 관점에서 OED 최근 등재된 어휘 중 주목할 것은 'fighting(파이팅)', 'skinship(스킨십)', 'Konglish(콩글리시)'이다. 이 세 단어는 모두 한국에서는 콩글리시로 여겨져 순화어 대상에 있는 것들이다. 국립국어원의 '순화 및 표준화 대상어'는 2019년 12월까지 총 422개이며 '파이팅'은 '아자'로, '스킨십'은 '피부교감'으로 순화하여 부를 것을 권장하고 있다. '스킨십'은 영어권에서는 쓰지 않는 어휘이며, '파이팅'은 영어권에서는 '싸움'의 의미로 사용하기 때문에 영어에서 알파벳만 가져왔을 뿐 한국어에서는 새로운 의미 또는 변형된 의미로 사용된다. 이러한 콩글리시 어휘들을 언어 사용에 있어서 매우 자연스러운 현상이자 언어적 창의성으로 보기도 한다. '파이팅'에 대하여 한국어를 알지 못하는 영어 모국어 화자들은 한국인들이 쓰는 의미로 이 단어를 사용하지 않는다. 그렇다면 이 말은 이제 한국어 어휘라고 간주해야 할 것이다. 모든 한국인들이 그 소리와 뜻을 알고 있는 단어가 한국어 단어가 아니고 무엇일까?(강용순, 2016:163)

　OED에서 '콩글리시'는 "A mixture of Korean and English, esp. an informal hybrid language spoken by Koreans, incorporating elements of Korean and English."로 정의하고 있으며 '영어와 한국어가 혼합된

비공식적인 하이브리드 언어'라고 일컫는다. 이에 반해, 표준국어대사전에서는 "정통 영어가 아닌, 한국어식 영어를 속되게 이르는 말. 한국어식으로 발음된 단어, 원어에 없는 방식으로 만들어진 영어 표현 따위를 가리키는 말이다."라고 정의하고 있으며 그 정의 속에 콩글리시에 대한 부정적인 견해를 드러내고 있다.

영어교육의 입장에서 콩글리시를 중간언어(Interlanguage)로 보는 이승복(2014)에 따르면, 자연주의 이론 맥락에서 한국인이 영어를 배우는 과정 가운데 흔하게 나타나는 오류인 콩글리쉬는 영어원어민 수준으로 접근해가는 중간 과정에서 나타나는 지극히 일반적이고, 자연스럽고, 보편적이고, 그리고 창조적인 긍정적 언어발달 현상으로 본다. 본 연구에서는 한국어교육의 입장에서 콩글리시는 중간언어라기보다는 이미 완성된 외래어로서, 외국인 학습자에게 교육의 대상으로 고려해야 할 어휘로 본다. 영어 외래어의 한국어 어휘 교육을 연구한 문금현(2020:533)에서는 '파이팅'을 [싸우는→잘 싸우라는 외침]으로 원래의 의미가 달라진 유형으로 분류하고 초급 학습자들에게 원어와 비교하여 지도할 어휘로 분류하고 있다.

외래어 교육에 있어서 한국어 교사들의 인식을 조사한 정희정(2016)은 한국어 교사들은 한국어 교재에서의 외래어 표기, 교육 현장의 교사말, 그리고 판서 표기가 각각 달라야 한다는 점을 인식하고 있다고 한다. 이 말은 규범적인 성격을 가지는 한국어 교재의 경우에는 표준국어대사전을 최대한 따라야 하지만, 교사가 설명하거나 보충 어휘를 제시하는 경우에는 고빈도의 외래어를 학습시킬 수 있음을 시사한다고 하겠다.

2) OED와 표준국어대사전의 정의 비교

(1) 친족 관련 어휘

OED에 최근 등재된 어휘 중에는 'unni(언니)', 'oppa(오빠)', 'noona(누

나)'와 같은 친족 어휘들이 포함되었다. 눈여겨볼 것은 이 어휘들을 설명하는 방식인데, 'unni'와 'oppa'는 OED에서 친족 의미 이외에 '유명한 배우나 가수인 여자, 남자를 각각 지칭하는 것'으로 확대된 의미 "an attractive South Korean man, esp. a famous or popular actor or singer/ in extended use with reference to an older female friend or an admired actress or singer"를 덧붙이고 있다. 표준국어대사전에서 이 어휘들의 정의를 살펴보면, 기본적인 '친족'의 의미와 남남끼리에서는 '손위' 관계를 명시하고 있으며, OED에서 정의하는 것처럼 [-친족], [-손위]의 의미로도 사용될 수 있음을 포괄하지는 않는다. 실제로 우리의 일상 생활에서 친족 어휘가 친족이나 손위의 의미와 무관하게 타인에 대한 지칭·호칭어로 비일비재하게 사용하고 있지만, 표준국어대사전에서는 이를 반영하지 않고 있다. 한류의 흐름 속에서 이 친족 어휘는 OED에서 자신이 좋아하고 응원하는 배우나 가수를 부르는 지칭·호칭어로서의 지위를 얻으며 [+실제성]을 가진 정의로 볼 수 있다.

(2) 음식 관련 어휘

앞서 살펴보았듯이 최근 OED에 등재된 한국어 중 음식 어휘들이 가장 많았으며 이들은 'banchan(반찬)', 'bulgogi(불고기)', 'chimak(치맥)', 'dongchimi(동치미)', 'galbi(갈비)', 'japchae(잡채)', 'kimbap(김밥)', 'samgyeopsal(삼겹살)'이다. 이들의 정의를 OED와 표준국어대사전을 비교한 결과, 대체로 두 사전에서의 기술하는 내용이 유사하나 'galbi'와 'samgyeopsal'은 유의미한 차이를 보인다. 표준국어대사전에서 갈비는 "소나 돼지, 닭 따위의 가슴통을 이루는 좌우 열두 개의 굽은 뼈와 살을 식용으로 이르는 말."이며, 삼겹살은 "돼지의 갈비에 붙어 있는 살. 비계와 살이 세 겹으로 되어 있는 것처럼 보이는 고기이다."로 정의한다. 반면에 OED에서는 갈비는 "In Korean cookery: a dish of beef short ribs, usually marinated in soy sauce, garlic, and sugar, and sometimes cooked on a grill at the table."로, 삼겹살은 "A Korean dish of thinly sliced pork belly, usually served raw to be cooked by the diner on a tabletop grill."이라고 정의하며 '요리'로서의 지위를 강조한다. 표준국어대사전에서는 명칭을 있는 그대로 설명하여 그것이 요리의 이름으로 쓰인다는 설명이 없으며, 반면에 OED는 요리로서의 뜻만을 설명하여 그 단어 자체의 본뜻은 전혀 알 수 없기에 [+실제성], [-원의미성]로 정의할 수 있을 것이다.

'dongchimi(동치미)'는 표준국어대사전의 정의인 "무김치의 하나. 흔히 겨울철에 담그는 것으로 소금에 절인 통무에 끓인 소금물을 식혀서 붓고 심심하게 담근다."보다 OED의 "In Korean cuisine: a type of kimchi made with radish and typically also containing napa cabbage, spring onions, green chilli, and pear, traditionally eaten during winter."가 그 재료 설명에서 더 구체적이다. 이번에 등재된 단어는 아니지만 대표적인 한류 단어를 'kimchi(김치)'를 OED에서는 "In Korean cuisine: a staple dish consisting of fermented cabbage flavoured with garlic, ginger, fermented shrimp paste, red pepper powder, and spring onions, typically served as a side dish or as an accompaniment to rice."라고 정의하는 것을 보아도 표준국어대사전의 정의 "소금에 절인 배추나 무 따위를 고춧가루, 파, 마늘 따위의 양념에 버무린 뒤 발효를 시킨 음식. 재료와 조리 방법에 따라 많은 종류가 있다."에 비해 그 재료가 구체적임을 알 수 있다. 따라서 이 두 단어는 한국에서의 정의에 비해 OED에서 [+구체성]을 띠고 있다.

(3) OED에서만 표제어인 어휘

'chimak(치맥)', 'K-comb.(K-복합어)', 'K-drama(K-드라마)', 'mukbang (먹방)', 'tangsoodo(당수도)', 'Korean wave(한류)' 이 6개의 단어는 표준국어대사전에서는 등재되어 있지 않다. 이 중 'chimak(치맥)'은 OED의

정의 "In South Korea and Korean-style restaurants: fried chicken served with beer. Popularized outside South Korea by the Korean television drama My Love from the Star(2014)."를 통해서 그 출처가 '별에서 온 그대(2014)'라는 드라마임을 구체적으로 보여주고 있다. 'mukbang(먹방)'은 "A video, esp. one that is livestreamed, that features a person eating a large quantity of food and talking to the audience. Also: such videos collectively or as a phenomenon."이라고 설명한다. 위 두 단어의 정의에서는 각각이 합성어 줄임말이라는 것이 전혀 드러나지 않고 의미적인 것에만 초점을 둔 정의로 [+구체성], [+실제성], [-어원성]으로 분류할 수 있을 것이다.

(4) 기타

2018년 1월에 OED에 등재된 단어인 'chaebol(재벌)'을 표준국어대사전에서 검색하면 "『경제』재계(財界)에서, 여러 개의 기업을 거느리며 막강한 재력과 거대한 자본을 가지고 있는 자본가 · 기업가의 무리"라고 나온다. 이에 비해 OED에서는 이러한 의미(In South Korea: a large business conglomerate, usually owned and controlled by one family. Also: a family which runs such an enterprise; a member of such a family.)와 동시에(Also in extended use: the privileged social status and wealthy, fashionable lifestyle associated with such businesses and families.) 확장된 의미로 '부유하고 세련된 생활 방식을 지칭함'을 덧붙이고 있다. 이러한 [+실제성]은 'skinship(스킨십)'의 정의에서도 보인다. 표준국어대사전은 "피부의 상호 접촉에 의한 애정의 교류. 육아 과정에서 어버이와 자식 사이, 또는 유아의 보육이나 저학년의 교육에서 교사와 어린이 사이에서 그 중요성이 강조된다."로 정의하는 반면에, OED는 "Esp. in Japanese and Korean contexts: touching or close physical contact between parent and child or (esp. in later use) between lovers or friends, used to express affection or strengthen an emotional bond."에서 보듯이 '연인이나 친구 사이에서'를 덧붙여서 [+실제성], [+구체성]을 보인다.

표 4 2021년9월 OED 등재 한국어 어휘의 정의 비교

번호	OED 최근 등재 단어		표준국어대사전 정의		OED 정의
1	aegyo	명	남에게 귀엽게 보이는 태도	명	Cuteness or charm, esp. of a sort considered characteristic of Korean popular culture. Also: behaviour regarded as cute, charming, or adorable.
				형	Characterized by 'aegyo', cute, charming, adorable.
2	banchan	명	밥에 곁들여 먹는 음식을 통틀어 이르는 말	명	In Korean cookery: a small side dish of vegetables, etc., served along with rice as part of a typical Korean meal.
3	bulgogi	명	쇠고기 따위의 살코기를 저며 양념하여 재었다가 불에 구운 음식. 또는 그 고기.	명	In Korean cookery: a dish of thin slices of beef or pork which are marinated then grilled or stir-fried.
4	chimaek		없음	명	In South Korea and Korean-style restaurants: fried chicken served with beer. Popularized outside South Korea by the Korean television drama My Love from the Star (2014).
5	daebak	명	어떤 일이 크게 이루어짐을 비유적으로 이르는 말.	명	Something lucrative or desirable, esp. when acquired or found by chance; a windfall, a jackpot.
				감	Expressing enthusiastic approval: 'fantastic!', 'amazing!'
				형	As a general term of approval: excellent, fantastic, great.
6	dongchimi	명	무김치의 하나. 흔히 겨울철에 담그는 것으로 소금에 절인 통무에 끓인 소금물을 식혀서 붓고 심심하게 담근다.	명	In Korean cuisine: a type of kimchi made with radish and typically also containing napa cabbage, spring onions, green chilli, and pear, traditionally eaten during winter.
7	fighting	감	운동 경기에서, 선수들끼리 잘 싸우자는 뜻으로 외치는 소리. 또는 응원하는 사람이 선수에게 잘 싸우라는 뜻으로 외치는 소리.	감	Esp. in Korea and Korean contexts: expressing encouragement, incitement, or support: 'Go on!' 'Go for it!'
8	galbi	명	소나 돼지, 닭 따위의 가슴통을 이루는 좌우 열두 개의 굽은 뼈와 살을 식용으로 이르	명	In Korean cookery: a dish of beef short ribs, usually marinated in soy sauce, garlic, and sugar, and sometimes cooked on a grill at

			는 말.		the table.
9	hallyu	명	우리나라의 대중문화 요소가 외국에서 유행하는 현상. 1990년대 말에 중국, 일본, 동남아시아에서부터 비롯되었다.	명	The increase in international interest in South Korea and its popular culture, esp. as represented by the global success of South Korean music, film, television, fashion, and food. Also: South Korean popular culture and entertainment itself. Frequently as a modifier, as in hallyu craze, hallyu fan, hallyu star, etc. The rise in popularity of South Korean culture, which began in the 1990s in East and South-east Asia, had become a worldwide phenomenon by the 2010s, driven largely by the success of various forms of Korean entertainment on social media, video-sharing platforms, etc. Itisunclearwhetherquot.2001 reflects the Korean word, or its equivalents in Chinese or Japanese
10	hanbok	명	우리나라의 고유한 옷. 특히 조선 시대에 입던 형태의 옷을 이르며, 현재는 평상복보다는 격식을 차리는 자리나 명절, 경사, 상례, 제례 따위에서 주로 입는다. 남자는 통이 허리까지 오는 저고리에 넓은 바지를 입고 아래쪽을 대남으로 묶으며, 여자는 짧은 저고리에 여러 가지 치마를 입는다. 발에는 남녀 모두 버선을 신는다. 출입을 할 때나 예복으로 두루마기를 덧입는다.	명	A traditional Korean costume consisting of a long-sleeved jacket or blouse and a long, high-waisted skirt for women or loose-fitting trousers for men, typically worn on formal or ceremonial occasions.
11	japchae	명	여러 가지 채소와 고기붙이를 잘게 썰어 볶은 것에 삶은 당면을 넣고 버무린 음식.	명	A Korean dish consisting of cellophane noodles made from sweet potato starch, stir-fried with vegetables and other ingredients, and typically seasoned with soy sauce and sesame oil.
12	K-, comb.	없음		명	Forming nouns relating to South Korea and its (popular) culture, as K-beauty, K-culture, K-food, K-style, etc.
13	K-drama	없음		명	A television series in the Korean language and produced in South Korea. Also: such series collectively.
14	kimbap	명	김 위에 밥을 펴 놓고 여러 가지 반찬으로 소를 박아 둘둘 말아 싸서 썰어 먹는 음식.	명	A Korean dish consisting of cooked rice and other ingredients wrapped in a sheet of seaweed and cut into bite-sized slices.
15	Konglish	명	정통 영어가 아닌, 한국어식	명	A mixture of Korean and English, esp. an

			영어를 속되게 이르는 말. 한국어식으로 발음된 단어, 원어에 없는 방식으로 만들어진 영어 표현 따위를 가리키는 말이다.	형	informal hybrid language spoken by Koreans, incorporating elements of Korean and English.
					Combining elements of Korean and English; of, relating to, or expressed in Konglish. In early use frequently depreciative.
16	Korean wave	없음		명	the rise of international interest in South Korea and its popular culture which took place in the late 20th and 21st centuries, esp. as represented by the global success of Korean music, film, television, fashion, and food; = hallyu n.; cf. K- comb. form.
17	manhwa	명	이야기 따위를 여러 장면으로 그린 그림. 대화를 삽입하여 나타낸다 사물이나현상의특징을과장하여인생이나사회를풍자·비판하는그림. 붓가는대로아무렇게나그린 그림. 웃음거리가되는장면을비유적으로이르는말.	명	A Korean genre of cartoons and comic books, often influenced by Japanese manga. Also: a cartoon or comic book in this genre.
18	mukbang	없음		명	A video, esp. one that is livestreamed, that features a person eating a large quantity of food and talking to the audience. Also: such videos collectively or as a phenomenon.
19	noona	명	1. 같은 부모에게서 태어난 사이이거나 일가친척 가운데 항렬이 같은 사이에서, 남자가 손위 여자를 이르거나 부르는 말. 2. 남남끼리나이가적은남자가손위여자를정답게이르거나부르는말.	명	In Korean-speaking contexts: a boy's or man's elder sister. Also as a respectful form of address or term of endearment, and in extended use with reference to an older female friend.
20	oppa	명	1. 같은 부모에게서 태어난 사이이거나 일가친척 가운데 항렬이 같은 손위 남자 형제를 여동생이 이르거나 부르는 말. 2. 남남끼리에서나이어린여자가손위남자를정답게이르거나부르는말.	명	1. In Korean-speaking contexts: a girl's or woman's elder brother. Also as a respectful form of address or term of endearment, and in extended use with reference to an older male friend or boyfriend. 2. An attractive South Korean man, esp. a famous or popular actor or singer.
21	PC bang	명	손님이 인터넷 따위를 이용할 수 있도록 개인용 컴퓨터를 갖추어 놓고 영업을 하는 곳.	명	In South Korea: an establishment with multiple computer terminals providing access to the internet for a fee, usually for gaming.
22	samgyeop	명	돼지의 갈비에 붙어 있는 살.	명	A Korean dish of thinly sliced pork belly,

	sal		비계와 살이 세 겹으로 되어 있는 것처럼 보이는 고기이다.		usually served raw to be cooked by the diner on a tabletop grill.
23	skinship	명	피부의 상호 접촉에 의한 애정의 교류. 육아 과정에서 어버이와 자식 사이, 또는 유아의 보육이나 저학년의 교육에서 교사와 어린이 사이에서 그 중요성이 강조된다.	명	Esp. in Japanese and Korean contexts: touching or close physical contact between parent and child or (esp. in later use) between lovers or friends, used to express affection or strengthen an emotional bond.
24	Tang Soo Do	없음		명	A Korean martial art using the hands and feet to deliver and block blows, similar to karate.
25	trot	명	우리나라 대중가요의 하나. 정형화된 리듬에 일본 엔카(演歌)에서 들어온 음계를 사용하여 구성지고 애상적인 느낌을 준다.	명	A genre of Korean popular music characterized by repetitive rhythms and emotional lyrics, combining a traditional Korean singing style with influences from Japanese, European, and American popular music. Also (and in earliest use) as a modifier, as in trot music, trot song, etc. This genre of music originated in the early 1900s during the Japanese occupation of Korea.
26	unni	명	1. 같은 부모에게서 태어난 사이이거나 일가친척 가운데 항렬이 같은 동성의 손위 형제를 이르거나 부르는 말. 주로 여자 형제 사이에 많이 쓴다. 2. 남남끼리의 여자들 사이에서 자기보다 나이가 위인 여자를 높여 정답게 이르거나 부르는 말. 3. 오빠의 아내를 이르거나 부르는 말. =새언니.	명	In Korean-speaking contexts: a girl's or woman's elder sister. Also as a respectful form of address or term of endearment, and in extended use with reference to an older female friend or an admired actress or singer.

5. 한국어 어휘 교육

옥스퍼드 영어사전(OED)에 최근 등재된 한국어 어휘 26개를 소개함과 동시에 OED의 구성을 구체적으로 살펴봄으로써 OED가 통시적인 연구 도구로서의 역할을 하고 있음을 확인하였다. 또한 사전의 타임라인으로 검색한 결과를 바탕으로 한류의 영향이 OED에도 반영되어 있음을 타 언어권과의 비교를 통해 알 수 있었다. 26개 어휘를 여러 층위로 분류해 본 결과, 명사로 된 어휘가 대부분으로 음식, 친족, 한류를 직접적으로 명시하는 단어 등이 다수 포함되어 있었다. 단어 형성법에 의해 분류해 보니 고유어로 된 단어는 7개, 한자어는 6개, 나머지는 합성어였으며, 영어에서 온 단어는 4개로 이들 중 'fighting(파이팅)'과 같은 단어들을 콩글리시, 외래어, 그리고 순화어의 관점에서 살펴보았다.

표준국어대사전과 OED에서의 각 어휘를 정의하는 내용의 비교를 통해 OED는 각 단어에 대한 실제 사용을 보여주는 레퍼런스로서의 역할을 하고 있음을 알 수 있었다. 정의하는 방식이 대부분 실제성과 구체성을 띠고 있지만, 단어 자체의 형성 어원을 설명하지는 않은 점은 아쉬운 부분이다. 한국어교육의 입장에서는 학습자에게 어휘를 설명할 때 표준국어대사전의 정의를 기본으로 전달하기 때문에 실제 사용이 잘 반영되어 있지 않은 것이 아쉽고, 또 한편으로 OED에서 대신 한국인들이 어떻게 사용하는지 용례에 맞게 그 뜻을 정의해 주니 반갑기도 하다. 누구나 알고 쓰는 한국어인데 표준국어대사전에 정의되어 있지 않은 것은 유감이나, 신조어의 생명력이 그리 길지 않은 것을 감안할 때 어휘 사용의 속도를 보수적으로 따라가는 것도 물론 이해되는 부분이다. 따라서 한국어교육 현장에서 콩글리시 단어나 신조어 단어를 교수할 때는, 기본 정의에 충실하되 고빈도 의미를 부가적으로 가르칠 것과 단어 형성법에 따른 원리를 함께 교수하는 등의 교사 개인의 역량에 따른 판단이 필요하다고 하겠다.

외래어는 점점 한국어에 침투하여 한국어 어휘를 풍부하게 할 것이며 이는 조어 과정에서 자연스럽고 창의적인 과정으로 보아야 한다. 외래어를 순화어로 대체하려는 노력보다는 오히려 한국어로 굳어진 외래어의 실제 사용되는 의미를 정확히 사전에 반영하는 노력이 더 필요하다고 본다. 언어는 만들어지고 변화하고 사라지고 또다시 살아나기도 한다. 본 연구의 OED에 반영된 어휘와 그 의미를 통하여, 교육의 입장에서 이런 변화에 민감한 자세를 가지고 한국어교육 현장에서 사전적인 의미뿐만 아니라 실제성 있는 예를 잘 반영하기 바란다.

이번 OED 등재 어휘를 계기로 우리가 일상생활에서 사용하지만 그 정의에 대해 간과했던 단어들을 살펴보고, 동시에 한류의 바람을 타고 날아간 단어들이 외국인들의 입장에서 어떤 의미로 그들의 눈에 정의되는지 연구하면서, 다음 OED에서 등재할 한국어 단어는 어떤 것일지 벌써 기대가 된다. 한국어교육 현장에서는 OED등재 어휘나 사전의 정의 방식을 참고하여 국내의 사전적인 의미와 더불어 그 용례를 학습자 수준에 맞게 지도하는 자세가 필요할 것이다.

참고문헌

강용순(2016). "콩글리시에 대한 언어학적 변론", *인문과학* 0.60, 149-173.
김보현(2020). "신조어를 활용한 한국어 단어 형성법 교육 내용 연구", *국제한국어교육학회 춘계학술발표논문집* 2020, 204-220.
문금현(2020). "변화된 영어외래어에 대한 한국어 어휘 교육", *국어국문학* 0.193, 515-541.
박영배(2004). "옥스퍼드 영어사전의 탄생 배경과 의의", *한국사전학* 4, 7-29.
심영숙(2016). "영어 외래어와 우리말 대응 순화어의 의미 관계 연구", *사회언어학* 24.3, 281-316.
윤효승(2022). "옥스퍼드 사전에 등재된 한국어 어휘의 분석: 한국어교육의 관점에서", *문화와융합* 44(2), 127-146.
이승복(2014). "영어교육과 콩글리쉬의 재조명: 자연주의 관점에서", *영어영문학연구* 56.2, 231-258.
정희원(2004). "외래어의 개념과 범위", *새국어생활* 14(2), 5-22.
정희정(2016). "한국어 교육과 외래어 – 한국어 교재와 한국어 교사의 인식을 중심으로", *문법 교육* 28, 211-236.
www.malteo.korean.go.kr
www.oed.com
www.lexico.com
https://public.oed.com/blog/meet-the-editors-danica-salazar/
https://www.youtube.com/watch?v=jO7pa7G1u5M The Oxford English Dictionary for Korean

users: resources to support teaching and academic research
https://www.youtube.com/watch?v=ht-IHqmlW8k
https://public.oed.com/history/oed-editions

● 이 장은 문화와융합 학술지 44권 2호에 실린 필자의 논문(윤효승, 2022)을 바탕으로 재구성되었다.

03장

이날치 밴드의 「수궁가」를 통해 본 한국 문화코드로서의 동물상징 확산 현상 연구

1. 「수궁가」의 신선한 신드롬

　2021년 7월 19일 도쿄의 한국 올림픽 선수촌에는 '범 내려온다'라는 문구와 함께 한반도 지도 위에 호랑이가 올라탄 모습이 그려진 새로운 응원 현수막이 걸렸다. 앞서 대한체육회는 도쿄올림픽을 준비하고 있는 도쿄 한국 선수촌의 응원 현수막으로, '신에게는 아직 5천만 국민의 응원과 지지가 남아 있사옵니다.'라는 문구를 걸었으나 임진왜란에서 활약한 이순신 장군의 유명한 말인 '尙有十二 舜臣不死 [아직도 열두 척의 배가 있고, 이순신은 아직 죽지 않았습니다'가 연상된다는 지적을 따라 철거했다. 정치적, 종교적, 인종적 표현을 엄격히 금지하고 있는 국제올림픽위원회(IOC)의 올림픽헌장에 따른 조치였다. 이에 새로운 현수막을 제작, 게시하였는데, 지난해부터 '이날치'라는 국악 밴드가 발표해 큰 인기를 끌었던 노래 '범 내려온다'라는 문구와 한반도를 호랑이로 형상화한 그림이었다(『조선일보』, 2021.7.20.). 세대별로 일부는 그 이미지에서 2020년 코로나 시기와 맞물려 답답한 일상에 신선한 활기를 만들어내 큰 주목을 받은 이날치 밴드의 흥 넘치는 영상을 떠올렸고 다른 일부는 과거 일본의 지리학자 고토 분지로(小藤 文次郎)가 1903년에 일본은 조선이 토끼처럼 나약하고 연약하다는 인식을 심기 위해 발표했던 『조선산맥론(朝鮮山脈論)』에서의 한반도 '토끼 형상론'을 떠올렸다. 육당 최남선은 이 '토끼 형상론'에 반발하여 1908년 『소년』 창간지에 호랑이가 한반도의 기상과 정체성을 상징한다는 의미로 한반도 대륙 위에 용맹스럽게 뛰어오르려는 호랑이의 모습을 표지에 사용한 바 있는데, 한국 선수촌의 현수막은 바로 이 이미지와 오버랩되면서 화제가 되었다.

한국관광공사가 2020년에 제작한 한국 홍보영상 '필 더 리듬 오브 코리아(Feel the rhythm of Korea)'의 서울 편에는 '범 내려온다, 범이 내려온다……'라는 「수궁가」의 한 대목의 가락이 흐른다. 자라와 범이 마주치는 장면을 묘사하는 가사가 시원하게 던져지며 독특한 복장의 댄서들이 등장해 중독성 강한 베이스 기타 중심의 음악의 비트를 타면서 무심한 듯하면서도 매력적인 춤을 반복한다. '이날치 밴드'라는 퓨전 국악 밴드의 음악과 춤으로 5억 뷰가 넘는 획기적인 조회수를 기록했고(『한경』, 2020.12.7) 국악의 재발견이라 할만한 「수궁가」 신드롬이 이어졌다. 「수궁가」는 별주부가 용왕의 병을 고치기 위해 토끼를 속여 용궁으로 데려오지만, 토끼가 기지를 발휘해 육지로 살아 나온다는 내용의 현전 대표 판소리 작품이다. 이 작품에서 토끼와 자라 두 주인공 외에 호랑이가 꽤 비중 있게 출연하는데, 이 호랑이 등장 신(scene)이 바로 이날치 밴드가 부른 '범 내려온다'의 대목이다.

이전 관광공사의 한국 홍보영상에선 주로 한류 스타가 중심이 되어 국제적 스타에 큰 제작비를 들여 고급스러운 광고를 선보였으나 한류 팬덤을 넘어선 외국 일반인들의 관심을 모으는 데 한계가 있었다. 이에 한국관광공사는 새로운 시도로써 외국의 일반적 MZ세대를 대상으로 완성도 있는 영상을 기획했고 이 홍보영상은 시리즈로 제작되어 1차로 서울 편, 부산 편, 전주 편을 시작으로 2차 강릉, 안동, 목포 등 한국의 주요 도시들을 새로운 방식으로 소개되었다. 유투브 통계로만 4개월도 되지 않는 짧은 시간 동안 5억 뷰를 달성하였고 각종 문화행사의 주역이 되었다(『한국경제』, 2020:12). 더욱 흥미 있는 일은 그 팬덤의 중심에 10~20대가 있다는 것이다. 광고 영상으로 이러한 폭발적 관심은 놀라운 기록으로 한국 정부의 홍보영상 중에 역대급 성공작으로 평가되었다.

한국 젊은이들의 국악 그리고 전통 판소리에 대한 이러한 관심도는 극히 이례적이다. 그간 우리 한국 전통음악의 대중화와 세계화를 위한 부단한 노력과 투자들이 있어왔지만 젊은 세대들이 국악과 판소리에 대해 이같이 열광하고 관심을 가지는 시기는 일찍이 없었다.

이날치 밴드는 판소리 「수궁가」를 바탕으로 가사를 만들었지만, 밴드 형태로 대중이 참여하기 쉬운 리듬과 춤을 가미하였다. 그러면서도 국악기를 쓰지 않고 전통음악의 형식을 차용하였고 한국 고유의 흥과 신명의 감각을 제공한다는 점에서 국악의 형식과 내용을 대중적인 양식으로 녹여 해외에 알릴 수 있는 문화적 경쟁력을 갖고 있다(이동연, 2020:63). 이 밴드의 영상은 전통과 현대를 공존시키며 동시대의 문화적 경계를 허무는 혼종문화를 보여준다. 문화의 차별성을 강점으로 각 국가 고유의 문화유산과 지역성을 홍보하여 관광객을 설득하고자 하는 기존 관광청 홍보물의 프로토콜과는 다른 최근의 글로벌한 문화 현상의 추세를 담아 기획했던 것이 주효했다.

「수궁가」의 독특한 재미는 동물들이 주인공이라는 점이다. 춘향가, 심청가, 흥보가, 수궁가, 적벽가의 판소리 다섯 마당 중 「수궁가」는 조선시대 구비문학 중 유일하게 동물들이 펼쳐가는 이야기이며 한국인에게 친근한 호랑이, 토끼, 자라 모두가 등장한다. 토끼와 자라가 벌이는 밀당과 승패의 에피소드 이면에는 생생한 공감 코드가 숨어 있다. 가사 속에 등장하는 동물 캐릭터들이 마치 내가 아는 누구와 같고 내가 겪은 어떤 상황과 같아 친근한 공감을 자아내는 풍자들을 곳곳에서 만날 수 있다. 이 세 가지 동물들은 한국의 가장 많은 설화에 등장하며 시대적 배경에 따라 각기 다른 상징성을 부여받는다. 오랜 시간 쌓인 동물의 원형적 상징은 현대에 와서는 한국 전통문화를 반영하는 캐릭터를 형성하며 한류콘텐츠의 저력으로 작용하고 있다.

과거, 현재, 미래가 공존하는 오늘날 전 세계의 현대성과 다양성의 문제에 있어 전통에 현대가 어떻게 융합되고 새로운 창조로 이어질 수 있는지에 대한 연구의 필요성이 대두된다. 이러한 배경에서 본 연구자는 조선시대 대표 판소리 중 하나인「수궁가」의 주인공인 토끼와 자라 그리고 호랑이가 가지는 원형성과 그 상징이 고대에서 현재에 이르기까지 당시 대중들에게 어떻게 인식되고 향유되어 왔는지를 동물들의 시대별 도상과 구비문학을 통해 분석해보고 그러한 원형성이 현대와 융합되어 확산되는 현상과 문화적 의미를 연구해보고자 한다. 먼저 2장에서는 신성(神性)을 부여받아 신앙의 대상이 되었던 동물상징의 기원, 3장에서는 도상과 이야기에 실제 나타난 동물상징을 분석하고 4장에서는 생성된 한국 전통 문화콘텐츠의 확산 현상과 그 의미를 연구하여 시대를 아우르는 한국 문화코드로서 동물 상징의 포괄적 가치와 역할을 밝혀보고자 한다.

2. 신수(神獸)로서 대상화

한국 문학에서 보기 드물게「수궁가」는 동물들을 주인공으로 한다.「수궁가」의 기본 구조는「구토지설(龜兎之說)」을 바탕으로 하고 있다.「구토지설」은『삼국사기』권41「열전」에 기록된 설화이다. 고구려에 구원병을 요청하러 갔던 김춘추가 죽령과 서북지방을 돌려 달라는 보장왕의 요구에 대해 거절하였다가 옥에 갇혀 목숨이 위태롭게 되었는데, 고구려로 가는 길에 뇌물로 두사지(頭斯支)에게 청포(靑布) 300보를 받았던 보장왕의 신하인 선도해(先道解)가 옥중으로 김춘추를 찾아와 술을 마시면서 들려준 이야기가「구토지설」이다.「구토지설」은「토끼전」과「별주부전」의 각종 버전의 근원설화라고 할 수 있다. 판소리인「수궁가」의 원작으로 본래 구전되던 것이 조선 후기에 기록되기 시작하여 지금까지 전한다. 필사본 및 목판본의 이본이 다수 존재하며 판본에 따라 결말과 내용이 다양하다. 「토타령(兎打令)」, 「토끼타령」, 「토별가(兎鼈歌)」 등의 명칭으로 불리기도 하며 「토끼전」, 「수궁전(水宮傳)」 또는 「별주부전(鼈主簿傳)」, 「토생원전(兎生員傳)」의 한국 고전 소설이다. 본래 구전으로 전해지던 것이 조선 후기에 기록되기 시작하여 지금까지 전한다. 목판본과 필사본의 이본이 다수로 존재하며, 판본에 따라 결말 및 내용이 각각 다르다.

동아시아 지역에서는 예부터 토끼에 대한 많은 서사 자료가 전승되어 오고 있다. 「수궁가」의 기본골격이 되는 「구토지설」은 인도의 본생설화(本生說話)를 종교적으로 수용한 중국의 불전 설화가 우리나라로 전파되어 성립되었다. 불교가 유입된 시기는 기원 전후로 알려져 있고 5~6세기에 걸쳐 집필된 중국의 여러 불교 경전 및 불교 관련 설화집으로는 『잡보장경』, 『구잡비유경』, 『육도집경』, 『경률이상』, 『보살본 연경』, 일본의 대표 설화집인 『금석물어집』을 들 수 있는데 유사한 토끼의 회생담이 서술되고 있다(문명제, 2006:76). 석가모니의 전생을 그린 『본생경(本生經)』에는 노인 한 명이 기아로 죽어가고 있을 때 자신의 몸을 불구덩이 던져 희생하는 설화가 등장한다(이어령, 2009:43-44). 또한 『금석물어집(今昔物語集)』에는 노인으로 변신한 제석천이 원숭이, 여우, 토끼가 있는 곳에 와서 먹을 것을 청하여 원숭이와 여우는 먹을 것을 구해왔으나 토끼는 구하지 못해 대신 스스로 노인의 먹거리가 되기 위해 불 속에 몸을 던졌고 의로운 토끼를 귀히 여겨 영원히 달 속에 토끼를 살게 하였다는 이야기가 나온다(김선풍 외, 1995:117). 이는 불도를 행하는 구도자의 모습을 기리는 이야기로 토끼의 도상을 만들어 기리는 풍습이 만들어졌고 토끼가 들어있는 '월상문(月像紋)'은 불교 전파와 밀접함을 설명한다.

토끼와 그 공간으로 작용하는 달과 관련된 설화로는 10개의 태양 중 9개 태양을 활로 쏘아서 백성들을 구했던 고대 궁신(弓神)인 예(羿)의 아내이자 선녀였던 항아가 서왕무가 준 불사약을 먹고 달을 지키는 월신이 되었다는 '항아분월(嫦娥奔月)' 신화가 일반인에게 널리 알려져 있다. 하(夏)나라의 전설적인 궁수이자 천신(天神)이었던 예(羿)와 항아는 3천년 걸려 만든 불사약을 서왕모(西王母)에게서 받아 왔으나 항아는 불사약을 혼자 먹어버리고 지상을 날더니 월궁(月宮)까지 달아나게 되었고, 이후 달에서 신선이 되어 광한궁(廣寒宮)에서 살았다는 내용이다(전인초, 김선자 역, 1999:474-479). 이러한 설화에 따라 항아는 달의 여신으로 여겨지게 되었다. 일부 학자들은 항아를 『산해경(山海經)』에 나오는 상희(常羲)로 보기도 하는데 『산해경』에 의하면, 제준(帝俊: 天神)의 아내인 상희가 달덩이 같은 알 12개를 낳고 대황(大荒)의 일월산(日月山) 골짜기에서 목욕을 하는 이야기가 나온다. 항아와 관련된 설화들은 많은 신선 사상을 낳았고 그 사상이 도교에 흡수되었으며, 중국 미술에서도 큰 비중을 차지하게 되었다. 이러한 과정에 토끼는 장수의 존재, 불로장생의 존재로 상징되었다. 이 설화에서 항아가 사는 곳을 월궁전(月宮殿) 혹은 항궁(恒宮)이라 부르며 월상(月象)에는 두꺼비라 표현된 것이 있는가 하면 두꺼비와 함께 토끼가 등장하는 것이 있다. 이 같은 내용의 신화는 동아시아 전역에 널리 유포되어 현대에도 흔히 옥토끼와 두꺼비가 있는 달 풍경의 전형적 이미지가 형성됐다. 현대에도 중국 사람들은 충추절, 즉 추석에는 고대 신화 속 월신이 된 항아를 떠올린다. 이후 예(羿)는 항아가 월신이 된 뒤 항아를 그리워하며 보름달을 닮은 월병을 만들어 제사를 지냈다고 하여 충추절에는 월병을 만들어 서로 선물하는 것이 인사이다.

중국 최초의 달 탐사 위성의 이름은 '창어[嫦娥]1호'이다. 유인 우주선을 달에 착륙시키려는 중국의 계획을 '항아 계획(嫦娥工程)'이라 하여 중국 신화에 나오는 달의 여신인 '항아'의 이름을 붙였다. 이름은 항아(姮娥)라는 이름으로 가장 많이 표기되며 항아(恒娥), 상희(常羲), 상의(常儀)로 쓰기도 한다. 항(姮)과 항(恒)은 서한(西漢) 문제 유항(劉恒)과

겹치는 것을 피해 상(常)과 상(嫦)으로 바꾸었고 희(羲)와 의(儀), 아(娥)는 고음(古音)이 같아 혼용되고 있다.

달과 토끼의 관련성은 『태평어람』에 서술되고 있는데 "月三日成魄 八日成光 蟾蜍體就 穴鼻始萌(달은 3일 만에 백(魄)이 되고 8일 만에 빛이 되며 섬여(蟾蜍)의 몸이 형성된 후에 토끼의 형상이 되기 시작한다.)"고 적고 있다. 이 설화는 서왕모가 신선화하면서 변이의 과정을 겪게 되면서 달에 계수나무가 있고 토끼가 약을 찧는데(또는 떡방아를 찧는데)는 등의 여러 버전으로 변천했다. 한대의 문헌에는 불사의 여신 서왕모를 중심으로 옥토끼 두 마리가 장생의 선약을 찧고 만드는 존재일 뿐 아니라 천년을 사는 영물로 알려져 있다. 당대 이후에는 서왕모의 위치를 항아가 대신하게 되는 등 변화를 겪게 된다. 당, 한대의 여러 문헌 기록에 나타나는 달 속의 두꺼비과 옥토끼는 '달 속의 계수나무' 신화가 부각되면서 아름다운 미인 항아가 계수나무 아래에 있고 옆에서 두 마리 사랑스러운 옥토끼가 약을 찧는 낭만적인 내용으로 변형되기도 한다. 달 속의 '계수'는 예로부터 주요한 한약 재료로 취급되어 불로장생의 관념과 연결되어 달 속 불사목의 상징으로 인식되었을 것이다.

또한 한국의 역사 문헌 자료에서 토끼가 처음 등장하는 역사적 기록은 고구려 6대 태조왕 25년(AD 77년)이다. 태조왕 25년 10월에 부여국에서 온 사신이 뿔 3개가 있는 흰 사슴과 꼬리가 긴 토끼를 바쳤고 왕은 이들이 상서로운 짐승이라 하여 죄수들을 풀어 주는 사면령을 내렸다는 기록이 있다(장방명, 2020:20). 한국 「수중가」에서도 토끼의 간이 만병통치약이라고 나오는데, 토끼는 묘방(卯方)인 동쪽을 맡은 방위신으로 양(陽)의 세계인 해에서 양기를 받아먹고, 음(陰)의 세계인 달에서 장생약인 음약(陰藥)을 받아먹어 그 음양 기운이 간경에 들어 눈이 밝은 동물로 생각하여 토끼의 간은 불로장생의 영약(靈藥)이라는 등가로 인식되고 있음을 알 수 있다. 이러한 과정에서 토끼는 장수의 상징이자 달의 정령으로 여겨진다.

토끼와 자라가 함께 등장하는 스토리텔링의 원형은 아시아 여러 권역에서 비슷한 유형을 보인다. 동남아시아권역인 말레이시아에서는 육지에 사는 사슴과 수륙 동물인 악어와 대치되는 이야기가 캄보디아와 베트남으로 이동하면 육지 동물이 토끼로 변하여 악어를 속이고 강을 건너는 이야기로 전해진다. 대부분 많은 관련 이야기가 육지 동물이 강 또는 바다를 건너기 위해 수중동물이 좋아하는 것이 많이 있는 곳을 알려 주겠다거나 바다를 건네주면 금은보화를 주겠다고 하며 육상동물과 수중동물과 속고 속이는 대립구조를 통한 패턴을 보인다(노성환, 2010:55-60). 한국 역사에도 수중에 사는 어족들이 다리가 되는 이야기가 나오는데『광개토대왕비문』의 고구려의 건국신화에 다음과 같이 나타난다.

'옛적에 시조(始祖)이신 추모왕(鄒牟王)께서 나라를 세우셨는데 (왕께서는) 북부여에서 나오신 천제(天帝)의 아드님이었고 어머니는 하백(河伯: 水神)의 따님이셨다. 알을 깨고 세상에 나왔는데, 태어나면서부터 성스러운 덕(德)이 있었다. □□□□□ 말을 타고 순행하시다가 남쪽으로 내려가는데, 부여의 엄리대수(奄利大水)를 거쳐가게 되었다. 왕께서 나룻가에서 "나는 천제(天帝)의 아들이며 하백(河伯)의 따님을 어머니로 한 추모왕(鄒牟王)이다. 나를 위하여 갈대를 연결하고 거북이를 물에 띄우라."라고 하셨다. 말이 끝나자마자 곧 갈대가 연결되고 거북 떼가 물 위로 떠올랐다.'

— 노태돈의 譯註 韓國古代金石文의 광개토대왕비문 해석본

거북은 인간의 역사와 함께 가장 원시적인 시간을 함께한 동물이라고 할 수 있다. 고대 상나라 시기에는 거북을 신성시하여 주술적 효능을 가지고 있다고 믿어 거북의 등껍질을 불에 구어 갈라지는 모양을 보고 미래의 길흉을 점을 치고 왕실과 귀족들이 친 점을 기록한 문서를 계문(契文), 갑골각사(甲骨刻辭) 또는 복사(卜辭)라고도 하는데 등에 나타난 무늬는

하늘이 왕에게 내리는 계시로 하늘의 비밀스러운 이치를 드러내는 기호로 여겨졌다. 낙수에서 나온 거북은 현원(玄遠)하여 깊은 하늘의 뜻을 전해주는 신수(神獸)라 생각하였고 음양의 조화를 토대로 한 하늘과 땅의 유기체적 세계관의 투영을 보여준다.

사신(四神)이자 사령(四靈)이라 하여 귀히 여겨졌던 거북은 『예기(禮記)』에서는 용, 기린, 봉황과 함께 거북을 사령이라 하며 네 가지 종류의 가축을 사육해야 하는데 그중 거북은 신령한 거북점에 의지하여 사람의 바른 심정을 상실하지 않아야 하므로 가까이 두어야 하는 중요성을 서술하고 있다(이상옥 역저, 2003:644). 또한 『사기』의 권 128 「귀책열전(龜策列傳)」에서 '점복서에 이르기를, 거북의 앞발의 뼈를 얻어서 구멍을 뚫어 몸에 지니거나 거북을 얻어서 집안 서북쪽 구석에 매달아두면 깊은 산이나 큰 숲 속에 들어가도 길을 잃지 않는다.[取前足臑骨穿佩之, 取龜置室西北隅懸之, 以入深山大林中, 不惑。], 남방의 어떤 노인이 거북으로 침상의 다리로 삼아 받쳐두었는데, 20년이 지나 노인이 죽어서 침상을 옮겼으나 거북은 여전히 죽지 않고 살아있었다. 거북은 특이한 호흡조절 방법으로 기를 조절할 수 있기 때문이었다.[南方老人用龜支床足, 行二十餘歲, 老人死, 移床, 龜尚生不死。龜能行氣導引。]'라는 내용을 언급하며 거북의 신령성과 거북점에 대한 무한한 신뢰와 기원에 관한 설명과 구체적인 사용법을 제시하고 있다.

거북의 생태적인 특성인 긴 수명과 육지과 바다에 동시에 서식이 신체적 강건함이 외연으로 확대되어 인간의 신화와 설화에서 오랜 시간 지속되는 복록을 상징하는 의미와 하늘의 뜻을 전하는 매개자로서의 직위를 부여받았을 것으로 유추된다. 거북의 강건한 외형 즉 그 모습이 위는 하늘처럼 둥글고, 아래는 땅처럼 편편하여 우주의 축도와 같다고 하여 중국에서는 여와씨가 거북의 네다리를 잘라 하늘을 떠받치게 했다는 신화와 연결된다. 한국의 신화에서도 거북은 지상과 수중을 연결하는 물의 신 또는 용궁, 용왕을 연결하는 매개체로 나타나 있다. 고구려의 주몽이 도망쳐 남쪽으로 갈 때 다리를 놓아 도운 것이 거북이었고 『삼국유사』 「가락국기」에서 신성한 군주의 출현을 요구하는 백성의 뜻을 신들에게 전달하는 역할을 했던 것도 거북이었다.

신화는 자연현상이나 사회현상의 기원과 유래를 설명하고 인류의 공통된 심층의식에서 발로된 원형 상징에 관한 내용을 담고 있다. 신화는 관념의 지표가 되는 내용을 전해 주기 때문에 국가 존립의 역사적 근거에 큰 의미를 담고 있다. 특히 건국신화의 시조가 국가적인 행사나 기념일에 모든 구성원의 숭배 대상이 되고 있는 것은 공동체 자체의 신성함을 재확인하고 보존하기 위해서이다.

한국의 신화 속에서 『단군신화』에서의 호랑이는 건국에서부터 고려 태조 왕건의 5대조인 호경(虎景)의 일화, 후백제 견훤의 일화, 조선 태조의 선조인 목조 이안사(李安社)와 연결된다. 즉 한국의 왕조는 역사의 시작에서부터 고려, 후백제, 조선 왕조의 출발이 호랑이와 연결된다는 뜻이다(강석근, 2019:269). 단군신화에서 곰과 호랑이가 사람이 되기를 원했는데, 곰은 환웅의 계율을 지켜 사람이 되었고, 호랑이는 그러지 못했다는 내용을 기록하고 있고, 『삼국유사』 권1 「진덕왕」 조에 의하면, 신라 진덕왕 때에 여섯 지도자가 남산에서 국사를 의논하고 있는데 별안간 큰 대호(大虎)가 나타났으나 알천공(閼川公)은 조금도 움직이지 않고 태연히 담소하면서 이 호랑이의 꼬리를 붙잡아 땅에 매쳐 죽였다는 일화가 있다. 『삼국유사』 권 2, 후백제 「견훤」 조에는 견훤이 어렸을 때 범이 와서 어린 견훤에게 젖을 먹여 키웠다는 기록이 있고, 권 5 「김현감호(金現感虎)」 조에는 흥륜사에서 탑돌이 하던 김현이 호랑이 처녀를 만나 인연을 맺은 일화가 실려 있다. 『삼국유사』에서 호랑이는 주로 영웅들의 보호자이자 양육자, 국가 시조의 조력자로 나타난다.

사람들에게 호랑이에 대한 공포는 두려움과 신성이라는 양가적 감정을 만들었고 그 양가성은 산신 혹은 산신의 사자로서의 신앙으로 연결된다. 『삼국지』의 「위지동이전(魏志東夷傳)」에 따르면 옛날에 호랑이를 산신이라 여겨 동예(東濊)에서는 "호랑이에게 제사 지내고 신으로 섬겼다(祭虎以爲神)"고 전한다. 이러한 점은 오늘날 산신도에 등장하는 호랑이의 속성과 맥을 같이한다. 호랑이에 대한 숭배와 신앙은 동예에만 국한된 것이 아니고 한때 한반도 전체의 보편적 신앙이었던 것으로 보인다(손진태, 1948:133).

불교와 습합된 형태로 남아 있는 산신각에는 호랑이와 함께한 산신의 모습이 그려진 산신도의 모습을 흔히 발견할 수 있는데 백발노인이 호랑이를 탄 모습이나 데리고 다니는 모습으로 나타난다. 경외심과 아울러 호랑이의 흉포한 맹수적 속성은 이흉제흉(以凶除凶)의 역설적 기능을 통한 벽사의 의미는 일상생활의 벽사구복(辟邪求福)을 구가하는 부적의 도상으로도 쓰였으나 일상생활의 예술품인 민화나 회화, 도기, 의류 등에서는 보다 해학적이고 친근한 이미지로 상징되었다.

한국 문학에서 대중의 정서를 구현하고 있는 대표적인 민담인 호랑이와 오누이의 갈등을 묘사한 「해님과 달님이 된 오누이」에서 호랑이는 산을 배경으로 사냥하며 생존하는 유목민족을 상징하며 희생된 어머니는 대지를 경작하는 농경민을 상징하는 것으로 신화적 해석으로 유목민족과 농경민족과의 갈등에서 농경민족의 우세를 암시하고 있다고 볼 수 있다(이어령, 2009:51).

이날치의 「범 내려온다」에서는 자라의 코믹스러운 실수로 만나게 되는 호랑이는 육지의 왕로서 무시무시하게 묘사되며 등장하지만 실제로 한국의 역사적 문화콘텐츠 속 호랑이는 두려움의 대상이자 우러러보는 신앙의 대상으로, 부정과 긍정의 모순을 안고 있는 양가적인 감정을 동반한다.

3. 도상과 이야기에 나타난 동물상징의 문화코드

1) 신성한 동물의 도상을 통한 벽사와 길상

고대 시기 신성시된 동물상징은 자신들이 염원하는 바를 실현시켜주도록 도와줄 수 있는 특별한 힘을 가졌다는 신앙에서 비롯되었다고 할 수 있다. 사람들은 가족의 안락함과 개인의 어려움을 극복하고 소망을 이루기 위해 특정한 동물의 형상을 그림으로 또는 조각으로 만들고 그것으로 그 신성함을 얻을 수 있다고 생각했다. 조각은 원시시대 토우부터 시작해 도자기에도 그 간절한 염원들을 담아 새겨놓았고 건축물로는 궁궐과 절에서 발견할 수 있으며 그림으로는 벽화묘와 절에 그려진 벽화부터 조선시기 민화 등에서 주로 발견할 수 있다. 상류층 사람들은 권력과 명예의 지속적인 유지를 위한 욕망을 담았고, 변화무쌍한 현실 속에 아무런 힘을 가질 수 없는 서민들은 가족의 건강과 안위에 대해 바램을 기원하였다. 3장에서는 토끼, 자라, 호랑이의 동물의 초월적 영성의 상징이 인간의 삶의 영역에 어떻게 표현되고 향유되고 있는지를 회화, 민화, 조각, 공예용품 등의 실물자료의 도상을 통해 고찰해보기로 한다.

춘추전국시대 이후 음양오행론이 본격적으로 사회 모든 영역의 기반이 되는 시기에 사신(四神)이라는 상서로운 동물의 개념이 등장한다. 먼저 가장 오랜 역사의 동물상징으로 거북은 '현무(玄武)'라는 이름으로 북방을 수호하는 방위신으로 거북과 뱀이 엉켜있는 모습으로 나타나며 신성시 되었다. 현무는 북쪽 방위와 수기(水氣)를 맡은 태음신(太陰神)이기도 하다. 현무를 포함한 사신(四神)에 대한 이론은 전한시대의 『회남자』 정도에서 완성된 형식으로 등장한다. 한국 문화사에서 보면 사신도 체계는 풍수지리 사상과 긴밀히 연결되나 고구려의 고분벽화로 거슬러 올라가면 일월상과 사방위 별자리와 함께 천상의 사방위 우주론을 구축하는 주요 구성원이었다. 사신도의 성립과정에서 가장 주목이 되는 것은 현무

도상의 출현이다. 당나라 공영달은 『예기(禮記)』 「곡례」 주석에서 '현무는 거북이다. 거북은 갑주가 있어 능히 업신여김을 막을 수 있다.[玄武, 龜也, 龜有甲, 能禦侮]'라고 하였고, 송대 고사손은 『위략(緯略)』에서 '현무는 곧 거북이의 이칭이다. 거북은 水에 속한다. 水는 북방에 속하므로 방색이 흑색으로 현이라 이른다. 거북은 갑주가 있다. 갑주가 능히 방어할 수 있으므로 무(武)라 한다.[玄武卽龜之異名, 龜水屬也, 水屬北色黑故曰玄, 龜有甲, 甲能捍禦故曰武]'고 적고 있지만(김일권, 2007:159-162) 거북과 뱀이 서로 얽혀있는 모양을 왜 현무라고 명명하였는지의 연원은 정확치 않다. 거북의 형태로만 이루어진 신구(神龜)의 연원은 갑골문화에서 찾아볼 수 있으나 복합체로서의 현무는 사신 중에 가장 늦게 편입되었다. 사방위 사신으로 정립된 내용은 『예기(禮記)』 「곡례」에 군대가 행군할 때 전후좌우의 포진을 동쪽에는 청룡, 서쪽에는 백호, 남쪽에는 주작, 북쪽에는 현무로[行 前朱鳥 而後玄武 左靑龍 而右白虎] 사신의 이름으로 정하고 각 방위에는 사신의 형상을 그린 깃발을 표지로 삼았음을 밝히고 있다(오동명, 2011:109).

고구려 시기의 사신도를 대표하는 강서대묘의 현무도는 섬세하면서도 힘차게 표현되어있으며 주변인 중국 집안 지역의 현무 도상들도 유사성을 가진다. 그러나 고려에서 조선 시대로 넘어가는 시점의 원주 동화리 노회신(1415~1456)의 묘(그림 12)에서 발견된 현무 도상의 형태를 보면 신령한 동물로서의 위상이라기보다는 「수궁가」에 등장하는 자라처럼 오히려 귀여운 외형의 사실주의적 도상으로 변이되고 있음을 볼 수 있다. 이후 거북의 신성성은 조선 말기까지 신구(神龜)의 도상으로도 나타나는데 실재의 동물에 상상적 요소를 가미하여 현실적 거북이 아닌 상상의 요소가 더해진 신구로 우주의 축도와 같고 천지음양의 힘을 상징하였다. 거북의 등껍질은 하늘처럼 둥글어 표면에 별자리가 나타나 있고 배는 평평하여 땅의 모습을 상징한다고 보아 하늘은 둥글고 땅은 네모나다는 천원지방(天圓地方)의 중국 고대의 우주관을 거북의 형상에 투영하였다. 오랜 세월 동안 현무가 변화하여 도상이 신구인 것으로 보인다(윤열수, 2010:296).

　세계에서 가장 오래된 기록인 중국 은나라의 갑골문(甲骨文)은 거북의 배딱지와 소 뼈에 새긴 문자를 뜻하며 주로 허난성 안양(安陽)시 샤오툰(小屯)촌 일대의 은허(殷墟)에서 발견되었고 그 의미가 인정되어 2017년 갑골문은 세계기록유산에 등재되었다. 하늘의 답을 묻는 중요한 점을 친 후 그 결과를 기록한 것으로 거북으로 점을 치는 이러한 행위는 동양의 전통적인 우주 모형과 천지인 삼재에 대한 원형적 사유가 내재되어 있으며 하늘의 뜻을 전하는 매개자로서의 거북은 예언적 신령성을 의미하는 상징이 되었다.

　민화에 나타난 거북의 종류는 다양하지도 않고 그 모습이 실제와 다른 경우가 많다. 자라처럼 생긴 것이 있는가 하면 용과 결합 된 귀룡(龜龍) 형태로 된 것도 있고 남생이 비슷한 것도 있다. 그러나 상류층 사람들에게는 그림의 거북이가 실제 모습과 다르다 해도 그것은 문제가 되지 않았다. 중요한 것은 외형 자체라기보다 그것이 가진 상징적 의미였기 때문이다. 이것은 결국 민화의 거북이 그 자체가 아니라 개념화된 하나의 상으로 존재하고 있음을 뜻한다. 민화가 장식 효과를 목적으로 하더라도 가장 중요한 의미와 가치는 인간의 현실적 욕망과 사상을 표현하는 수단이라는 데 있다. 사상과 욕망의 내용을 전달하는 매체가 그림의 소재인데 그런 메커니즘이 가능한 것은 화가와 수요자 모두가 소재가 갖는 상징적 의미를 공유하고 있기 때문이다.

표 1 거북 도상이 나타난 건축물과 미술품

〈그림 1〉 불영사 대웅보전, 〈그림 2〉 흥국사 대웅전 축대, 〈그림 3〉 창덕궁 금천교, 〈그림 4〉 신라토우, 〈그림 5〉 신귀가 새겨진 쌍귀별전, 〈그림 6〉 흥국사 대웅전 거북받침, 〈그림 7〉 태종무열왕릉 귀부, 〈그림 8〉 경주 분황사 당간지주 거북모양 받침돌, 〈그림 9〉 고종 거북모양 황제어새, 〈그림 10〉 불곡사 일주문위 거북, 〈그림 11〉 강서대묘 현무도, 〈그림 12〉 동화리 노희신묘 현무도, 〈그림 13〉 신귀도, 〈그림 14〉 불영사 대들보, 〈그림 15〉 효제문자도

유교에서 사람은 혼백(魂魄)의 결합체라고 한다. 죽으면 혼은 하늘로, 백은 땅으로 흩어진다고 한다. 혼에 해당하는 것이 신(神)이고 백에 해당하는 것이 영(靈)이다. 옛사람들이 거북을 신령스러운 존재로 인식했던 것은 신성과 영성을 동시에 갖추고 있다고 생각했기 때문이다. 민화에서 서기(瑞氣)를 뿜는 거북 모습을 흔하게 볼 수 있다. 효제문자도 중 '禮'자 (그림 15)의 한 획에도 신화 속 거북이 들어있다. 중국 고대사의 기록에 있는 '낙서'의 출현을 통해서도 신과 인간을 연결하는 매개자로서의 거북을 볼 수 있다. 낙수(洛水)에서 나온 신구(神龜)의 등에 마흔다섯 개의 점으로 된 아홉 개의 무늬에 담긴 상징을 해석한 것을 '낙서(洛書)'라 하는데 팔괘와 홍범구주가 여기에서 비롯한 것이라 전한다. 등에 새겨진 무늬를 통해 거북이 신의 뜻을 전하는 사자로 여기게 되었다. 고대인들에게 낙수에서 나온 거북, 즉 낙귀(洛龜)는 현원(玄遠)하고 깊은 하늘의 뜻을 전해 주는 메신저로서 그 이치를 드러내는 기호를 제시한다고 받아들였다.

'신귀부도(神龜負圖) 천지절문(天地節文)'이라고 쓴 화제가 말해 주고 있듯이 '禮'(그림 15)의 거북은 천하를 다스리는 유교의 규칙과 규범이 하늘에 근원을 두고 있음을 나타내고 있다. 조선시대 기념주화인 별전(그림 5)에서도 낙귀와 관련된 내용을 새겨놓은 것을 볼 수 있는데, 이것은 낙수의 거북이 유교 사회에서 매우 중요한 상징적 의미를 가진 존재임을 확인시켜 주는 것이기도 하다. 고대 시기 낙수의 신구는 근대 시기에 이르러 거북을 상서로움이나 수명의 상징으로 의미가 확장되어 민간의 일상 속에 자리하였다. 거북은 3천 년을 산다는 장수의 상징으로 민화의 십장생도에 그려지는 것을 물론 장수하는 사람을 경하하고 더욱 만수무강하기를 빌 때 '귀령학수(龜齡鶴壽)'라는 글귀를 적어 보내기도 했다. 그러한 길상적 의미는 오랫동안 거북의 원형적 상징으로 애용되어 벼루의 뚜껑이나 자물쇠, 도장의 손잡이, 비석이나 기념탑의 받침 등 여러 물건에 거북을 조각하게 되어 도장의 손잡이를 귀뉴(龜紐)라 하고 비석이나 기념탑의 받침을 귀부(龜趺)라 하여(윤열수, 2010:303) 그 의미를 숭상하였다.

특히 조선시대 궁궐에는 왕실의 안녕과 국가의 평화를 위해 주거 공간인 건축물에도 다양한 벽사적 의미의 상징물들을 배치했는데 창덕궁 금천교 다리 중앙부에는 홍예 기반석 남쪽 면에는 해태상을, 북쪽에는 〈그림 3〉과 같이 거북상을 설치했다. 다리 아래 물속에 잠기는 부분에 귀면과 거북을 조각해 둔 것은 땅으로부터 혹은 물로부터 침입할지 모르는 잡된 것을 예방하고자 한 것이다. 이러한 동물의 형상이 궁궐로 들어가는 금천교 다리 위와 아래에 장식되어 있다는 것은 수액 방지와 벽사의 기능을 지닌 부적의 목적과 흡사하다고 볼 수 있다. 울신 불영사 대웅진 기단 축대에도 〈그림 14〉와 같이 조형된 한 쌍의 거북과 건물내 대들보에 또 한 쌍의 거북이 있는데 이는 화재를 예방하기 위한 것으로 같은 맥락으로 보인다.

표 2 토끼 도상이 나타난 건축물과 미술품

도상	건축물과 미술품						
토끼	그림 16	그림 17	그림 18	그림 19	그림 20	그림 21	
	그림 22	그림 23	그림 24	그림 25	그림 26	그림 27	

〈그림 16〉 법천사 지광국사탑 달토끼, 〈그림 17〉 신라토우 토끼상, 〈그림 18〉 흥국사 대웅전 토끼, 〈그림 19〉 김유신묘 십이지신상 卯상, 〈그림 20〉 신라토우 거북, 〈그림 21〉 원통전 궁창의 토끼, 〈그림 22〉 통일신라시대 수막새 달토끼 도상, 〈그림 23〉 조선 일월장무늬각병 청화백자의 토끼, 〈그림 24〉 경복궁 근정전 토끼상, 〈그림 25〉 미황사 석조부조 달토끼, 〈그림 26〉 효제문자도의 토끼 도상, 〈그림 27〉 토구도를 그린 우표

토끼는 10천간과 12지지로 체계화된 음양오행론에서 지지에 순서에서 네 번째 묘(卯)에 해당하며 동쪽을 관장하는 동물로 여겨지며 달의 정령으로 불로장생을 의미하며 도교적인 신선 사상과 직결된다. 또한 생태적 특징으로 인해 풍요와 다산을 기원하는 대상으로 여성의 속성과 연계된 상징으로 나타나기도 하는데 달의 주기와 여성의 생리 주기의 유사성, 밤에만 뜨는 달은 음적 요소를 갖고 있기 때문이다. 토끼의 도상은 불교 설화와 관련하여 특히 사찰에 많이 나타난다. 토끼만의 도상으로 만들어진 경우도 있으며 거북과 함께 구성되거나 또는 거북만의 도상으로 남아 있는 경우도 있다.

2장에 논한 바와 같이 토끼는 인도의 본생경 설화에서 희생적인 제석천의 모습으로 불교의 전파와 함께 중국에 들어와 대개 3~5세기 중국에서 번역되어 불교 문헌으로 재구성된다. 처음에는 구전설화가 단순히 교훈적인 성격을 지녔으나 불경이 흡수되면서 종교적 색채를 띠게 되었다. 초기에는 원숭이와 악어의 대립 형태를 띠다가 중국의 한역 경전에는 자라와. 원숭이, 용과 원숭이로 변형되다가 한국에서는 자라와 토끼로 등장한다. 달 속에서 중생의 구원을 밝히는 본보기가 되도록 했던 것으로 보이나 항아 설화에서는 불노불사의 약방아를 찧는 도교적 도상으로 변이되어 있다. 한국의 창덕궁 대조전 뒤뜰의 굴뚝에 〈그림 20〉과 같이 토끼

의 형상이 새겨져 있는데, 이것은 여성들의 생활공간으로 월궁(月宮), 영생의 생활공간으로 형상화한 것이라 볼 수 있다. 달 속에는 아무런 근심 걱정 없이 영원한 삶이 보장되는 신선의 세계가 있다고 생각했고 그러한 선계에 대한 염원은 현실 공간의 토끼 도상으로 상징화되었다. 민화, 벽화, 와전, 벼루 등에 등장하는 토끼는 대부분 달과 관련되어 달 속 토끼로서의 불로장생의 바람을 담고 있다.

토끼는 다른 동물보다 수명이 긴 생태적 속성 때문에 도상으로는 장수의 길상적 상징으로 조선 시대 십장생도 또는 십장생도 유형의 민화에도 자주 등장한다. 유교의 핵심 윤리를 요약한 여덟 자를 소재로 그린 문자화인 효제문자도(孝悌文字圖) 중 마지막 글자인 〈그림 26〉의 치(恥)는 자신의 행동에 대하여 돌이켜 보며 부끄러워할 줄 알라는 의미이다. 치(恥)자에는 중국 고대 무왕이 은(殷)나라를 멸망시키고 주(周)나라를 세운 것을 부끄럽게 여겨 수양산에 들어가 숨어 살면서 달과 매화를 가까이하고 고사리로 연명하다 죽었다는 백이숙제(伯夷叔齊)의 고사에서 비롯되어 수양산과 달, 매화가 그려지며 때로는 백이숙제의 절개를 의미하는 상징물로 충절비와 누각이 묘사되기도 한다.

표 3 토끼·거북의 도상이 같이 나타난 건축물과 미술품

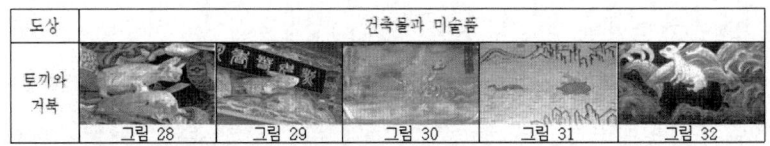

〈그림 28〉 화엄사 천불보전, 〈그림 29〉 경선원사 칠성각, 〈그림 30〉 남장사 극락보전, 〈그림 31〉 통도사 명부전, 〈그림 32〉 밀양 표충사 대광전 수미단

절에 있는 토끼·거북과 관련된 그림이나 조각은 주로 토끼가 거북을 타고 있는 모습으로 나타나는데 선암사, 금산사, 통도사 출입문 궁창이나 대웅전 축대 위에 토끼 그림이 있고 남장사 극락보전의 내부에는 거북(자라)이가 토끼를 유혹하여 용궁으로 데려가는 장면이 그려져 있다. 불교에

서 용궁은 바닷 속 불국정토를 의미하고 거북(자라)은 그 인도자를 의미한다(허균, 2000:60-66).

또한 호랑이는 고구려 고분벽화의 사신도에서는 백호로 신성시되었으며 우방을 상징하며 불교와 습합되면서는 산신, 산신령, 산군, 산영감 등 수호자의 이미지를 가진다. 이후 조선시대 왕릉 양식에서는 〈그림 41〉, 〈그림 42〉와 같은 석호로 상징되며 죽은 자의 무덤을 지켜주는 수호신의 역할을 부여하고 있으며 동시에 병풍석에 십이지로 존재하면서 시간을 관장하며 우주 질서의 본질을 함축적으로 담고 있다. 조선의 서울인 한양을 정할 때도 좌청룡으로 낙산, 우백호로 인왕산을 확인하는 작업을 거쳤으며 집집마다 문 뒤에 그려 붙였던 문배도의 호랑이 그림, 새해에 그려 붙인 세화, 민간에서 애용했던 호랑이 민화와 부적들은 호랑이의 신성으로 액을 막고 복을 바라는 염원을 드러낸 것이다. 〈그림 33〉, 〈그림 39〉와 같은 까치호랑이 그림, 화려한 호피도, 모란호도 병풍 등 호랑이 그림이 그려진 여러 공예품에 나타난 호랑이의 모습은 호랑이를 무서워하면서도 해학적이고 장난스럽고 친근하게 표현하는 것은 한국 호랑이 도상의 특징이다.

선사시대 암각화인 반구대, 경북 영천 어은동 출토의 호랑이 모양 허리띠 고리, 경주 미추왕릉 출토의 토기, 삼국과 통일신라 시대 토우 등 벽사적 의미의 호랑이는 다채로운 모습으로 등장한다(방병선, 2013:267). 토끼·거북과는 다르게 호랑이 도상은 한국인들이 가장 무서워하던 맹수로, 귀신을 물리칠 수 있는 신성성을 가지고 있다고 믿어 부적의 도상으로도 사용되었다. 제액초복(除厄招福)은 인간에게 가장 원초적이면서 간절한 염원으로, 인간의 원초적인 생명유지 욕구와 의지가 하나의 상징적 도상으로 표출된 것이 부적의 형태로 나타났다.

건축물 또는 공예품의 일부분에 괴수 얼굴을 표현한 귀면문 와당을 외적 혹은 귀신의 침입을 막아내는 벽사부로 사용하였듯이 통일신라시대의 분묘에서는 병풍석으로 두르고 있다. 무덤 주위에 12개의 호석을 두르고 각각의 호석에는 십이지신상을 방위에 맞추어 하나씩 동물의 모양을 새겼는데 이것은 나쁜 기운이 무덤을 침범하지 못하도록 부정을 예방하는 벽사부의 일종으로 볼 수 있다. 한편 세시풍속(歲時風俗)과 관련하여 세화(歲畫)와 문배(門排), 입춘첩(立春帖)과 단오첩을 사용하였는데 세화가 한 해를 축하하기 위한 성향이 강하다면 문배는 액막이의 기능이 강하다. 또한 설날에 항간에서 벽 위에 닭과 호랑이 그림을 붙여 액이 물러가기를 비는 세화 풍습을 행하기도 하였다(김영자, 2008:51-60).

표 4 호랑이 도상이 나타난 건축물과 미술품

도상	건축물과 미술품							
호랑이	그림 33	그림 34	그림 35	그림 36	그림 37	그림 38	그림 39	
	그림 40	그림 41	그림 42	그림 43	그림 44	그림 45	그림 46	

〈그림 33〉 조선 청화백자의 까치호랑이, 〈그림 34〉 민간 병풍의 호랑이, 〈그림 35〉 국립중앙박물관 산신도의 산신과 호랑이, 〈그림 36〉 직지사 산신도의 산신과 호랑이, 〈그림 37〉 조선시대 무관의 흉배, 〈그림 38〉 김홍도, 임희지 작: 대나무아래 호랑이, 〈그림 39〉 호작도, 〈그림 40〉 신라토기 고배 뚜껑 호랑이 도상, 〈그림 41〉 공민왕릉 석호, 〈그림 42〉 태종헌릉 석호, 〈그림 43〉 호랑이 부적, 〈그림 44〉 호랑이 삼재 부적, 〈그림 45〉 봉선사 삼성각 백호, 〈그림 46〉 호랑이발톱 노리개

2) 구비문학에 나타난 동물상징

서사적 장르에서 동물을 통한 의인법은 비인간인 동물 혹은 사물을 환상적 설정을 통해 인간에게 동화시키는 방법이다. 우화 형식은 당시 양반 중심사회에서 제시되기 어려운 풍자와 유머를 표현할 수 있는 풍성한 스토리텔링을 창작할 수 있도록 허용하는 장치였다고 할 수 있다.

조선시기 가장 새로운 문화코드는 판소리의 출현으로, 구전되던 민간 설화들 일부가 스토리텔링과 음악이 공존하는 판소리 형태로 표현되었다. 전통사회에서는 유랑 예능인들이 놀이판을 마련하고 거기서 갖가지 공연

을 하였는데 무당들이 굿을 하거나 광대들이 놀이를 하는 공간을 '굿판'이라 하였고 굿판에서 벌인 여러 예술 형태를 묶어서 '판굿' 혹은 '판놀음'이라 불렀다(강등학 외, 2002:371). 당시 문화코드로서 새로운 관점은 양반층이 아닌 일반 하층민들을 대상으로 시작된 예술 문화라는 점이다. 조선 후기 민중예술은 유랑 예능인들의 충원과 활동으로 크게 번성하였다. 판소리는 17세기 경에야 형상화된 음악성이 강조되는 시간예술이었으며 내용의 사설이 연극과 결합하여 이루어진 연행예술이다. 판소리 열두 마당 중「수궁가」는 유일하게 동물들이 주인공인 우화 형식으로 등장하는 동물들끼리 말씨름하는 대화로 되어있어 아기자기한 대목들이 유난히 많은 특징을 가진다.

현재까지 전하는「수궁가」의 이본은 창본, 판각본, 필사본, 활자본을 망라하여 약 120종으로 알려져 있다. 명칭도 매우 다양하며 이본 간의 차이 역시 다른 판소리 작품에 비해 큰 편이다. 초기의「수궁가」는「토끼타령」으로 불리다가 이것이 이후 점차 사설·음악적으로 분화되어 창본 계열과 소설계열로 파생된 것으로 보인다(전경욱, 2014).

「수궁가」의 주제는 관점에 따라 여러 측면에서 해석될 수 있다. 19세기 중엽 송만재는『관우희(觀優戲)』의 관극시에서 용왕을 속인 토끼의 지략을 요설로 폄하하는 반면 별주부의 충심을 일심(一心)으로 미화해 유교적인 충의 가치를 긍정적으로 평가하였다. 또한 이유원은『관극팔령팔수(觀劇八令八首)』중「수궁가」를 감상한 후 관극시에서 토끼를 신령스런 동물로 여기고 토끼에 대한 긍정적이고 우호적인 태도를 드러내고 있는 반면 정현석은 1872년『교방제보(敎坊諸譜)』에서 '「춘향가」, 「심청가」, 「흥부가」등 권선징악을 지향하는 작품을 제외한 나머지 소리는 들을만한 것이 못 된다'며 수궁가는 권선징악이라는 주제를 벗어나고 있다고 비평하였다(김동건, 2007:28). 또한 신재효는 이전까지 불리던「수궁가」의 사설을 별주부의 충성이 긍정적인 관점에서 강조된「토별가」로 개작하기도 하였다. 그는 '모족회의(毛族會議) 대목'에서 호랑이와 다른 동물들을 갈등의 대립 구도로 나타내며 호랑이는 지방 수령, 사냥개를 아전, 멧돼지나 다람쥐를 일반 백성으로 의인화하는 방식으로 당시 사회상에 대한 날카로운 비판의식을 보여주기도 했다. 부패하고 무능한 용왕, 국가가 더 이상 회생의 가망을 보이지 않는 상황에서도 별주부는 맹목적인 충성을 보이지만 토끼는 불합리한 희생을 거부하며 아직도 현실을 직시하지 못하는 지배층을 비판한다. 「수궁가」는 별주부의 충성과 당시 지배층의 횡포와 무능력함을 대비적으로 그렸고 그러한 시대적 상황에 힘겨워하는 서민들의 애환을 풍자로 표현하였다.

「수궁가」의 원전인 「토끼전」을 비롯한 토끼와 별주부의 서사를 담은 다른 작가들의 버전에서도 토끼와 별주부의 대립적 입장은 고대의 육자용궁, 강자-약자의 대립구조 사회 양상은 봉건국가-개인의 문제, 혁신-보수의 이념이 충돌하는 궤적을 담고 있으며 작품의 갈등을 심화시켜 긴장을 강화함으로써 풍자와 해학이라는 미의식을 구현하고 있다. 조선 후기 서민 의식의 성장과 함께 용왕과 자라가 대변하는 봉건제도와 유교 이념을 부정, 비판하는 한편 충에 대한 찬양, 봉건 지배층의 무능과 위선에 대한 풍자 외에 다양한 결말을 제시한다. 별주부와 호랑이의 대립은 별주부가 육지로 나가 토끼를 찾아가는 과정에서 발생하는데 '토 선생'을 부른다는 것이 잘못 발음하여 '호 선생'이라 불러 일어난 사건이었다. 용궁에서는 용왕의 목숨을 구해야 할 큰 과제를 지고 있는 벼슬아치 별주부라도 육지에서는 호랑이의 음식 거리에 불과한 약자로 전락한다. 별주부의 정체를 확인하는 대화에서 어수룩한 거짓말을 연거푸 늘어놓고 겨우 벗어나는 장면이 연출된다. 사실 전체작품과의 필연성은 떨어질 수 있지만, 동물들의 캐릭터를 통한 사건의 전개상 개연성을 열어놓은 장면을 만들어냄으로써 독자들의 긴장감과 흥미성을 더할 수 있는 독특한 전개이다. 「구토지설」의 트릭담이 매우 단순한 내용이나, 설화의 단계를 지나 판소리와 소설로 확장된 18세기 「수궁가」에는 각종 용궁설화, 중국 전등신화, 쟁장설화 등의 영향이 녹아있다고 보아야 할 것이다.

공간적으로 자라는 토끼와 함께 용궁 설화에 등장한다. 이러한 상상은 조선 초기 김시습이 지은 『금오신화』의 한 편인 「용궁부연록」에서 용궁에 관한 이야기로 이어지며 조선 후기에 판소리 「심청가」와 「별토가」에도 용궁의 묘사를 매우 섬세히 다루고 있다. 용궁은 물속의 세계로 하늘의 세계와 대비되는 이중적 구조를 이루며 한국 설화에서 중요한 배경이 되고 있는데 이곳으로 인도하는 인도자는 거북으로 상징되고 있다. 거북은 인도자로서뿐만 아니라 용궁으로 가기 위한 탈것인 동시에 사찰의 특정 공간을 바닷속 용궁으로 이끌기 위한 상징물로 존재하기도 한다. 작품의 공간은 '수궁→육지→수궁→육지'로 반복되면서 이야기가 전개되는데, 공간의 변화와 함께 사건 전개 또한 위기와 극복의 반복 구조로 되어있다. 용왕과 자라로 대표되는 세계는 강자, 즉 통치자·지배자의 세계이고, 토끼와 여우로 대표되는 육지 세계는 약자, 즉 서민층·피지배층의 세계로, 수궁가의 동물과 그 동물이 의미하는 세계 또한 '강자'와 '약자'의 대립 관계를 보인다(국립민속박물관, 2013:101).

일제 강점기 시기 판소리가 전래동화로 개작될 때 「심청가」와 함께 제일 먼저 전래동화화 된 것이 「수궁가」였다. 조선 후기 「수궁가」와 같은 작품이 인기를 끌 수 있었던 것은 동물을 등장시킨 우화라는 특성에 기인한 바가 크다. 사회적인 다양한 해석이 가능하여 조선 후기의 다양한 대중들의 지향성을 반영하기에 용이했던 것이다. 다른 한 가지로는 어린 시절 누구나 한 번쯤은 듣고 자랐던 「해와 달이 된 오누이」를 들 수 있다. 먼저 '떡 하나 주면 안 잡아먹지······.'라는 현재도 자주 회자하는 후크 문구가 있는 어릴 적 할머니들이 들려주는 옛날이야기에 등장하는 호랑이를 떠올릴 수 있다. 이 설화에서 우리는 호랑이를 사람을 잡아먹는 괴물이나 무서운 맹수로서보다는 어쩐지 친근한 캐릭터로 생각하게 된다. 일제 강점기에 출간된 『조선물어집(1910)』, 『조선동화집(1924)』, 『조선동화대집(1926)』, 『조선전래동화집(1940)』에 수록된 호랑이 서사, 토끼 서사의 양상을 정리해보면 호랑이 서사는 30편, 토끼 서사는 8편이며, 이 중에서 호랑이와 토끼가 함께 등장하는 작품은 3편이다. 작품의 빈도수를 살펴보면, 「해와 달이 된 오누이」, 「은혜 모르는 호랑이」, 「호랑이와 곶감」이 각각 3회씩으로 가장 많이 나와 있고 호랑이 서사는 20편의 작품이 어리석은 호랑이 유형이고 토끼 서사는 토끼를 트릭스터(trickster)로서 성격화하고 있다. 호랑이 서사는 호랑이를 조롱하는 약자들, 특히 토끼와 결합하여 새로운 문화적 의미를 생성한다. 토끼는 약한 듯하지만, 꾀 많고 재치 있는 민중을 상징한다.

육당 최남선은 '조선은 호담국(虎談國)'이라며 범 이야기만으로 『아라비안나이트』, 『태평광기 (太平廣記)』, 『천일야화』나 『데카메론』 같은 책을 꾸밀 나라는 우리나라밖에 없으리' 라고 썼다. 우리나라처럼 호랑이 이야기가 흔한 나라는 드물다. 조선 후기의 정수동은 옛날 얘기를 해 주는 조건으로 남의 노자로 금강산을 다녀오는데, 동소문에서 출발해 돌아오기까지 수십일 동안 호랑이 이야기 한가지만 하였다는 일화가 있다(김호근, 윤열수, 1985:69). 『조선조문헌설화집요(朝鮮朝文獻說話輯要)』 속에 62편, 『어우야담(於于野談)』에 8편 등 그만큼 호랑이 얘기는 많기도 하고 호랑이의 생태적인 형태에서 비롯되는 무서운 측면을 비롯하여 효심의 모습, 뛰어난 사람을 알아보고 은혜를 갚은 모습 등 다채로운 의미로 해석되는 호랑이의 모습이 그려진다.

표 5 전통문화에서 생성된 동물별 상징성

구분	전통문화에서 생성된 상징성	
	도상에서	「수궁가」에서
토끼	달, 불로장생, 소신공양(燒身供養), 육지동물, 불사약, 동방 수호	민초, 지략이 있고 꾀가 많음, 약자, 비판의식
거북	수중동물, 수명 장수, 물의 대표성, 불토정국의 인도자, 수륙 횡단 가능, 북방 수호	충절, 충신, 우둔함
호랑이	산신, 수호신, 수호자, 벽사, 액막이, 귀신퇴치, 서방 수호	효심, 보은, 양반세력가, 권력자, 기득권자, 어리석음

가장 오래된 호담이라 하면 사실 건국신화인 단군신화의 이야기 속에 호랑이는 우리의 조상이 될 뻔도 했다. 또한 『삼국유사』의 「기이」 편에는 견훤이 포대기에 싸여 있을 때 범이 와서 젖을 먹였다는 구절이 나온다. 왕조의 시작은 출생에서부터 범상치 않은 신이출생담으로 이루어지며 인간이 초인간적 동물과 접합하므로 반신다워지는 계단을 밟는다(이어령, 2009:48-49). 『청구야담(青邱野談)』과 『기문총화(記聞叢話)』에 실려 있는 화담 서경덕의 이야기와 같은 호랑이가 사람으로 변신하는 이야기는 호랑이를 산신이나 사자로 보는 시선으로 호랑이 설화에 흔하게 등장한다. 이러한 호랑이의 신성성을 인물의 신성성과 연결한 이야기로는 기문총화에 기록된 것으로 이성계의 고조부인 목조의 전설이 호랑이가 옷을 물어 목숨을 구했다는 이야기로 개조가 될 인물을 하늘이 점지했음을 상징하여 고려 태조 5대조인 호경의 이야기와 흡사하다. 호랑이를 신앙시하고 숭배의 대상으로 보다가 점차 신성성이 퇴색되면서 호랑이의 상징은 다양하게 분화되었다. 산군으로 군림하는 호랑이의 늠름한 자태, 공포와 외경의 대상이었던 호랑이는 조선에 와서 문학의 각 분야에서는 해학과 질타, 비유, 은유로 다양하게 상징되었다. 동물 중에 가장 강한 동물에 대하여 인간은 주목하고 긴장하며 무엇인가 상상과 상징을 만들어내기 마련이다. 호랑이 모습이 표현된 다채로운 시각문화와 스토리텔링은 한국 전역 곳곳에 남겨져 있다.

4. 복제되는 동물상징을 통한 전통문화의 확산

한국관광공사의 홍보영상의 배경이 되는 공간은 이 영상 제작의 목적이 되는 한국의 대표적인 관광명소들인 청와대, 리움(삼성아트뮤즘), 덕수궁, 자하문 터널, 동대문디자인플라자(DDP) 등의 대표적인 관광지가 차례로 뮤직비디오처럼 펼쳐진다. 장소를 홍보하는 영상이나 제시하고자 하는 장소는 오히려 무심하게 배경으로 흐르고 댄서들은 새로운 비트와 융합된 판소리에 맞춰 강렬한 동작의 춤을 춘다. 춤은 스토리가 있는 춤사위를 구성하는 것이 아니라 낯선 움직임을 연결하여 반복시킨 것으로 묘한 집중력을 가진다. 그리고 소리의 내용은 우리 기억 속에 언제나 친근한 호랑이와 자라, 토끼와 자라의 코믹스러운 이야기와 대화들이다.

두 번째 공개한 2탄(안동, 목포, 강릉)에선 영상마다 '수궁가 코드'를 숨겨놓았다. 강릉 편에서는 영상 한쪽에서 자라 인형 옷을 입은 쏜 모델이 바다를 보고 있고 목포 편에서는 토끼 인형 옷을 입은 쏜 모델이 케이블카를 타고 도망치는 장면을 볼 수 있다. 시청자들은 강릉 편에 '거북아 목포 편에 토끼가 도망간다'라는 댓글로 소통하였고, 함께 즐기며 상호작용을 할 수 있게 하는 장치들이다. 시각적으로는 먼저 댄서들의 패션과 음악이 먼저 수용되지만, 이야기가 있었던 펼쳐지는 공간에 이입되면서 옛날 그 시절, 우리의 역사가 있었던 저 장소가 궁금하고 그곳에 가면 재미있는 일이 생길 것 같은 환상을 제공한다. 한 번쯤은 가봤던 기억이 있는 익숙한 유명 관광지임에도 불구하고 전통 판소리의 스토리텔링과 현대 음악의 조합 그리고 키치적 의상과 춤은 새로운 흥미를 이끌어낸다. 외국인들은 물론 한국인들에게조차 늘 지나는 낯익은 곳임에도 마치 처음 보는 새로운 장소성을 제공하고 있다.

표 6 한국 관광홍보 영상에서의 혼종 양상

구분	현대성	전통성
음악적 융합	밴드 연주 (기타, 드럼)	전통악기 없음
	밴드 보컬 없음	소리꾼이 노래
시각적 융합	댄서들의 춤	너름새 없음
	키치 컨셉의 패션	전통복식과 장식 차용

고정된 화석처럼 생기를 잃고 있는 전통 문화유산에 낯설지만 새로운 살아있는 생동감을 부여함으로써 활력있는 이미지로 현대와 과거의 시간

간극을 순식간에 메우고 새로운 대상으로 제시된다. 누구나 '범내려온다 범이 내려온다……'는 흥겨운 비트가 시작될 때 우리는 한국 어딘가의 그 장소로의 신나는 언젠가의 여행을 상상해본다. 「수궁가」에 나오는 「범 내려온다」의 판소리 가사는 다음과 같다.

'범 내려온다 범이 내려온다 /장림 깊은 골로 대한 짐승이 내려온다 /몸은 얼숭덜숭 /꼬리는 잔뜩 한 발이 넘고 누에머리 흔들며/ 전동 같은 앞다리/ 동아 같은 뒷발로/ 양 귀 찌어지고 /쇠낫 같은 발톱으로/ 잔디 뿌리 왕 모래를 촤르르르르 /흩치며 주홍 입 쩍 벌리고/ '워리렁' 하는 소리 하늘이 무너지고 /땅이 툭 꺼지난 듯/ 자래 정신없이/ 목을 움추리고 가만이 엎졌것다……'

— 이날치 밴드의 '범 내려온다' 가사 중에서

한류는 꾸준히 성장하여 2020년 9월에는 BTS가 〈다이너마이트〉라는 곡으로 빌보드 차트에서 1위를 차지하였고 블랙핑크, 세븐틴 등 아이돌뿐 아니라 이제 국악을 바탕으로 한 이날치 밴드의 한국관광공사의 영상 바이럴까지 K-pop의 열풍이 지속되고 있다. 이러한 지속적 영향력은 적극적인 한국인들의 적극적 SNS 소통을 통한 '참여 문화'라고 할 수 있다. 다양한 영상콘텐츠에 대해 항상 적극적인 참여가 이루어지는데 이러한 참여는 선택의 과정을 거쳐 해당 콘텐츠의 '밈(Meme)'의 행위를 통해 짧은 시간 내에 빠른 확산 현상을 생산한다.

이날치 밴드의 국악 퓨전 영상은 '1일 1범'이라는 별칭을 얻으며 2차, 3차적인 재생산의 확산 과정으로 세계적인 인기를 기록하였다. '범 내려온다'를 '양 내려온다'로 바꾸고, '소 내려온다'로 바꾸고, '복 내려온다'로 바꾸고 '떡 내려온다'로 바꾸어 노래하며 춤추는 흥이 지속적이고 재미있게 확산되었다. 우리나라 육군이 설 연휴에 '범 내려온다'를 '복 내려온다', '떡 내려온다'로 바꾸어 군악대 연주와 노래와 춤을 유튜브와 페이스북에 올려 1만 회의 조회 수를 기록했다. 이날치 밴드를 패러디하려는 현상과 함께 '범 내려온다'는 노래가 SNS를 통해 국경을 넘어 외국의 대중들에게도 폭발적인 확장세를 구가하였다.

밈(Meme)은 주로 인터넷 공간에서 집단적으로 특정 콘텐츠를 복제 또는 모방하여 빠르게 전파시키는 돌림 소재로 사용하는 문화를 뜻하게 되었다. 주로 SNS를 통해 확산되는 사회적이고 문화적인 현상을 뜻한다. 도킨스는 원래 그의 저서 『이기적유전자(The Selfish Gene)』에서 인간의 유전자의 특성을 설명하며 문화의 전달과 확산과정에도 생물학적 유전자처럼 자기 복제 기능을 한다고 하였으며 이러한 문화복제 현상을 '밈'이라고 정의하고(R. Dawkins, 1989:192) 이러한 원리는 생물학, 사회학, 경제학, 인류학, 예술학 등 인문사회과학 분야까지 영향을 미치며 사회현상을 설명하는 포괄적인 이론으로 적용되고 있다.

표 7 한국관광공사 홍보영상의 동물 이미지와 SNS밈현상

쉬프만(Shifman, L., 2012:187-203)은 그의 논문에서 유튜브에서 영상의 밈을 유발하는 6가지 특성을 제시하고 있다. 밈의 첫 번째 단계인 대중의 '선택'을 유도하는 요소인데 그 6가지 특성은 첫째 평범한 사람(ordinary people) 등장, 두 번째 조금 모자란 듯한 마초주의 남성(flawed masculinity), 세 번째 유머 (humor), 네 번째 반복성(repetitiveness), 다섯 번째 단순성(simplicity), 여섯 번째 특이한 콘텐츠(whimsical content)라고 설명한다. 한국관광공사의 영상 바이럴은 대부분이 이 조건에 상응하고 있으며 동시에 사람이 대신「수궁가」라는 전통 콘텐츠의 스토리텔링 속 동물들이 주인공으로서 사람이 등장하는 것보다 풍성한 상상력을 가능하게 하여 다양한 복제를 양산할 수 있는 원동력이 되었다. 효과적인 밈일수록 충실도가 뛰어난 '장기기억'을 만들어내는데(수잔 블랙모어, 1999:129) 민담을 포함한 설화야말로 '장기 기억'이 가능한 단위를 형성하는 아이디어의 단위를 가장 구체적으로 보여줄 수 있는 자료일 것이며 현대의 영상매체는 현대사회에서 가장 효과적으로 사용되고 있는 밈의 복제 도구이다.

　유전자의 진화 형태는 복제-변이-결합-배제 등의 과정으로 상호작용 및 피드백이 되면서 지속적인 유기적 진화가 가능하다. 문화가 진화 및 확산되는 과정도 유전자의 진화 시스템과 비슷한 성격을 갖는데 밈은 문화적 유전자로서 인간의 뇌에서 뇌로 '복제-상호작용'을 통해 선택 배치된 밈 '복합체-진화적'으로 안정된 유전자 세트로서 유전의 단계를 거쳐 보다 우수한 문화 유전자로 진화한다(이현진, 이상준, 이찬, 2014:60-69). 밈은 사람들의 뇌에 저장되며, 모방을 통해 전달된다. 이를테면 A가 B에게 어떤 이야기를 들려주었는데, B가 그 이야기를 기억했다가 C에게 전달한다면 이는 모방이라고 할 수 있다. 그런데 B가 C에게 이야기를 전달할 때에는 A가 B에게 이야기를 들려줄 때의 액션이나 단어를 그대로 모방하는 것이 아니다. 그렇지만 분명 무언가가 모방되고 전달된다. 이때의 '무언가'는 '스토리 요지(gist)' 또는 이야기의 '심층 구조'라고도 할 수 있는데, 이것이 바로 '문화적 유전자 밈(meme)'과 관련된다(나지영, 2019:93).

　관광 홍보대상이 되는 지역에 따라 음악은 각각 다른 곡이 삽입되어 이러한 밈 현상를 더욱 복합적으로 연계시켰다. 서울은 '범내려온다', 목포에서는 '별주부가 울며 여짜오되', 강릉은 '약이리레라', 안동은 '신의 고향, 부산은 '어류도감', 전주는 '좌우나졸' 로 구성되었다. 토끼의 입장, 자라의 입장, 호랑이의 입장에서의 밈, 또는 각 지역의 특정 장소성과 연계된 밈 등이 다양하게 전개되었고 이에 대한 공감대는 빠르게 복제, 전달, 확산의 과정을 거치며 급격한 인기를 형성하였다. 현대 일반인들의 문화소비와 공유 방식은 SNS를 통해 이루어진다. 거대한 네트워크 구조를 통하여, 콘텐츠는 사용자에 의해 수많은 이야기로 재탄생되며 기존에 주요매체였던 TV 영상은 참여자들의 쉽고 빠른 접근성을 위해 짧은 콘텐츠로 편집되어 확산된다.

5. 동물상징으로 연결되는 시공(時空)의 문화정체성

전통문화의 원형이 되는 신화와 설화에 등장하는 동물은 신이기도 했고 인간의 조상이기도 되기도 한다. 그리고 거기에 나타난 상징은 현실세계와 관념체계의 모순을 조정하고 조화롭게 하는 역할을 갖는다. 대중의 다각적인 공감과 지지를 담아낼 수 있는 동물의 상징성은 고대로부터의 원형적 상징성과 시대를 살아가는 대중의식이 투영된 또 다른 의미작용을 통한 새로운 상징성은 지속적 상호작용을 하며 확장되어간다. 동물상징은 인간의 일상 속에 가장 가까이에 살아 숨 쉬는 기호이다. 도상과 구비문학 속 토끼와 거북 그리고 호랑이라는 동물의 가지는 원형적 의미작용은 무한한 기호작용의 연속된 개념이 채널화하는 방식으로 나타났다.

동물의 신성화된 상징성은 고대 시기에는 신수(神獸)로서 신앙의 대상이 되거나 외경의 대상이 되었고 점차 도상과 이야기에 담겨 대중들의 미래에 대한 불안감을 위로하였다. 점차 주인공들은 신성을 잃고 의인화되어 인간이 아니지만, 인간의 모든 기능을 구비한 인격으로서 자유스럽게 사고하고 행동할 수 있는 캐릭터의 확장성을 가지고 인간과 인간사회를 표현하는 서사에서 대중의 의식을 대변하였다.

현대의 미디어콘텐츠 속에서 토끼는 자신을 희생하는 불자의 상징으로 해석되기보다는 동물 세계에서 비록 그 지위는 미약하더라도 지혜로 위기를 돌파하는 상징하는 캐릭터로 회자되며 거북은 건강과 장수를 기원하는 도상으로서의 의미를 가지면서도 동시에 처음에는 다소 둔하고 느리지만 종당에는 자신의 목표를 달성하는 은근과 끈기를 상징하는 캐릭터로 그려진다. 또한, 호랑이는 맹수로서의 위엄과 고대부터 신격화되어 산신 또는 산신의 사자라는 인간 수호자의 지위를 획득하게 되었고, 두려움과 외경이라는 양가적 상징성은 대중들에게 동물 중에서도 가장 다양한 이야기들을 생산하도록 했다. 사납고 무서운 호랑이보다는 효자를 돕는 인정담, 보은하는 호랑이 이야기 또는 희화화되어 꾀가 많은 동물에게 잘 속은 코믹한 모습으로도 나타난다.

한국의 토끼, 거북, 호랑이는 고대 원시 신앙으로 출발하여 시대에 따라 양반층과 서민층 모두의 욕망과 염원을 수용하여 때로는 인간의 육체적 건강과 수명을 지켜주고 병을 낫게해 주며 귀신을 물리쳐 액을 면하게 해 주고 인간의 안위를 지켜줄 수 있는 신성한 영역을 가진 존재로서 삶에 찌든 인간들에게 위로와 안정을 주었고 때로는 사회의 약자의 모습 혹은 강자의 모습을 상징하며 이면에 감춰진 쓸쓸한 현실을 해학과 웃음으로 만들어냈다. 그리고 오랜 세월 동안 누적된 의미작용들이 만들어낸 상징들을 담은 스토리텔링은 현대에 보여지는 한국이라는 공간, 그들이 춤추는 장소에 현대성과 동시에 동물들이 다투던 시절의 장구한 역사가 있다는 묵직한 메세지를 흥미있게 전달해준다.

이날치 밴드의 '범 내려온다'는 새로운 「수궁가」 해석을 통하여 한국 문화속에 면면히 녹아있는 동물상징의 역사를 현대를 살아가는 우리의 시간과 공간 위에 전통음악과 현대 음악의 조합, 전통복식과 현대패션의 조합, 독특한 춤사래에 녹여 한국 곳곳의 현재와 과거를 연결하였다. 동물들의 이야기인 동시에 인간의 역사 이야기이지만 인간이 주인공이 아니기 때문에 마치 지금의 어딘가에도 일어날 수 있는 일인 것만 같은 시공의 자율성과 이야기의 개연성 그리고 환상을 허용한다. 홍보영상에 소개된 한국의 장소들은 이러한 개연성이 발생하는 새로운 장소로서의 기대감과 여행에 대한 기대감과 융합되었고 그 장소는 한국의 그 어느 곳도 될 수 있는 것이다. 대중들은 자신들의 장소에 「수궁가」 속 동물들을 끌어들여 밈으로 참여하면서 자신들의 이야기를 덧붙여간다.

문화적 전통은 국가라는 상상의 공동체 유지와 영속화에 필수적 요소가 되어 역사적으로 일관성과 지속성, 가변성을 가지며 사회 구성원들에게 역사 속에서 반복되며 재현되는 민족적 서사, 신화, 상징의 형태로 전통과 의례를 통해 현재와 이어지게 하며 동시에 개인에게는 정체성의 규명에 따른 심리적 안정감을 주는 사회 통합적 기능을 한다. 우리는 「수궁가」의 동물 주인공들인 토끼, 거북이 그리고 호랑이라는 동물들의 다양한 상징을 공유하며 같은 한국인, 한민족임을 자각하고 타자와의 의미 관계 속에 개인들은 자신이 속해 살고 있는 세계의 가치, 상징, 의미 등과 상호작용하면서 한국인이라는 소속감을 형성한다. 즉 문화콘텐츠 속에 재현되는 상징이라는 기호를 통해 각자의 문화적 뿌리를 교감하고 소비하면서 다른 민족들과의 문화정체성의 차이를 느끼며 개인의 정체성을 재확인한다.

최근 극심한 글로벌화의 영향으로 일부 국가들은 자국의 전통문화가 다른 국가들과 혼합되어 사멸되어버리거나 타국가들의 역사로 변질되는 상황에 직면하고 있어 자국의 정체성을 담고 있는 민족 고유의 문화를 지키기 위해 부단히 노력하고 있다. 문화정체성을 이루는 전통문화의 상징이 가진 기억들은 과거와 현재를 이어준다. 단순히 화석화된 과거 문화의 답습이 아닌 현재성이 함께 반영된 문화콘텐츠로서 소비되고 재현될 때 문화 본연의 역동성을 가지게 된다.

참고문헌

강석근(2019). "한국호랑이의 문화 상징적 가치과 의미", 국제언어문학 42, 267-293.
김동건(2007). 수궁가 토끼전의 연변 양상 연구, 보고사.
김이은(2021). "한국 문화코드로서의 동물상징 확산 현상 연구 - '이날치밴드'와 「수궁가」를 중심으로", 문화와융합 43(11), 173-198.
김호근, 윤열수(1985). 한국호랑이, 열화당.
나지영(2019). "영상매체를 통한 '진짜-가짜 대결' 밈(meme)의 전승 양상", 문화콘텐츠연구 16, 91-111.
리처드 도킨스. 홍영남, 이상임 역(2018). 이기적 유전자, 을유문화사.
방병선(2013). "조선후기 백자에 나타난 호랑이이미지와 표현 고찰", 미술사학연구 12, 267-294.
수잔 블랙모어. 김명남 옮김(1999). 밈: 문화를 창조하는 새로운 복제자, 바다출판사.
유미나(2016). "민화 속의 거북 도상과 상징", 한국민화 12(7), 132-161.
윤열수(2010). 신화속 상상동물열전, 한국문화재단.
이동연(2021). "예술한류의 형성과 문화정체성 - '이날치' 현상을 통해서 본 문화세계화", 한국예술연구 32, 53-74.
이어령(2009). 십이지신 호랑이, 생각의 나무.
이현진, 이상준, 이찬(2014). "재생공간에 나타나는 밈(Meme)적 특성 연구", 한국실내디자인학회 논문집 23(6), 60-69.
일레인 볼드윈 외. 조애리 외 역(2008). 문화코드, 어떻게 읽을 것인가?, 한울엠플러스.
R. Dawkins(1976). The Selfish Gene, Oxford University Press.
Shifman, L. "An anatomy of a youtube meme", In: New Media and Society 14(2), New Media and Society, 187-203.

● 이 장은 문화와융합 학술지 43권 11호에 실린 필자의 논문(김이은, 2021)을 바탕으로 재구성되었다.

04장
지자체 홈페이지에 나타난 칭찬의 언어

1. 일상이 된 비대면 소통 시대의 비대면 칭찬

　한국인은 대체로 상대방을 칭찬하는 것을 쑥스러워하거나 민망해하는 경향이 있으며, 이로 인해 칭찬을 아끼다 보니 서양사람들과 비교하여 우리 스스로를 '칭찬에 인색하다'라고 이야기한다. 칭찬을 해로운 것으로 여기고 칭찬을 받아도 그저 기뻐하기보다는 먼저 겸손을 표현하라는 오랜 유교의 영향에서 문화로 자리 잡아 왔기 때문이다(김정섭, 2018:158). 지금까지 국어학에서 칭찬과 관련된 연구가 '대면 상황에서 응답하기' 다시 말해 '칭찬-응답(반응)화행'을 중심으로 이루어진 것도 예의 바른 대답을 중시하는 한국인의 정신 깊숙이 내재한 유교 문화의 영향임을 미루어 짐작할 수 있다.

　그러나 인터넷의 발달과 그것의 일상으로의 흡수는 칭찬에 대한 연구 방향의 전환을 요구하고 있다. 인터넷은 글말을 통한 비대면 소통을 일상적인 커뮤니케이션으로 자리잡게 하였다. 이러한 변화가 칭찬하기에 미치는 가장 큰 영향은 사람들이 대면 상황에서 칭찬하고 반응하는 것에서 겪었던 겸연쩍음과 쑥스러움에서 벗어나 통신망을 통해 보다 쉽고, 더 빠르고 그리고 훨씬 구체적으로 글을 사용하여 칭찬할 수 있게 되었다는 점이다. 이로 인해 언중들은 말보다 글이 줄 수 있는 진실함을 더 깊이 전달하게 되었고, 네트워크의 전파력으로 인해 칭찬의 대상이 되는 사람에게도 더 빠르게 기쁨과 감동을 주고 있다.

이러한 기술의 발달에 따른 시대의 변화는 국어학에서의 칭찬관련 연구가 첫째, '응답 표현 중심'에서 칭찬 방법이나 칭찬 전략과 같은 '칭찬 표현 중심'으로 옮겨져야 한다는 것과 둘째, 칭찬과 관련된 연구가 입말에서 글말로 폭넓게 확대되어야 한다는 것을 뜻한다. 더불어 기업이나 기관의 홈페이지, 블로그 및 SNS등을 통해 칭찬하는 글을 쓸 수 있는 환경이 확대되고 편리해졌으며 그 결과, 연구 자료로써 텍스트가 대량 생산되고 있으므로 칭찬하는 글에 관한 연구의 양도 함께 늘어나야 함도 의미한다. 그러나 지금까지 칭찬관련 연구는 구어를 중심으로 한 칭찬의 유형, 발화 양상, 효능감 등 현상과 기능을 분석하는 것에 집중해 왔다. 또한 칭찬의 방법 즉 칭찬 전략에 관한 연구가 부족하고 칭찬 대상에 따른 전략 연구는 더욱이나 적극적으로 이루어지지 않은 것으로 보인다.

우리는 비대면 칭찬의 한 부분으로써 글말 텍스트 안에 나타나는 칭찬 대상을 확인하고 글쓴이가 어떤 방법을 사용하여 칭찬하는 글을 기술하고 있는지를 분석한 후 그 전략이 칭찬 대상에게 어떤 의미와 가치가 있는지에 관하여 살펴볼 것이다. 분석을 위하여 사용한 자료는 2020.1.1.~12.31. 기간 동안 부산광역시 민원신청 사이트에 '칭찬' 카테고리로 분류된 165건의 텍스트 중 지자체의 무형의 행정제도나 시설물을 대상으로 한 칭찬 4건을 제외하고 사람을 칭찬 대상으로 한 161건의 텍스트이다. 작성연도를 기준으로 가장 최근 1년간 작성된 텍스트를 분석 대상으로 하였고, 가능한 많은 텍스트 자료를 수집하기 위하여 인구수가 가장 많으면서 민원인이 작성한 칭찬 사례를 누구나 열람할 수 있는 홈페이지를 운영중인 자치단체를 선정하였다.

홈페이지에서는 칭찬하는 사람과 칭찬 대상간에 교감할 수 있는 통로가 없기 때문에 일방적인 소통이다. 따라서 고객 혹은 민원인으로 불리우는 글쓴이들은 어떻게 하면 나의 마음이 상대방에게 진실되게 전달될지 표현하는 데 심사숙고할 것이고, 나아가 칭찬의 효과를 더 극대화하기 위한 여러 가지 방법을 사용하여 노력을 기울일 것이다. 다시 말해 칭찬하는 사람은 칭찬 대상의 모습이나 행동을 더욱 돋보이도록 하기 위하여 전략적 장치를 사용할텐데, 지금부터 그 전략이 무엇인지를 기본전략과 강화전략 두 가지로 분류하여 알아보기로 한다.

2. 칭찬의 대상과 전략적인 칭찬의 중요성

분석한 161건의 텍스트에서 칭찬·대상은 공무원과 운전종사자로 분류되었다. 공무원에 대한 칭찬은 76건으로 행정공무원과 소방공무원에 대한 칭찬이 각각 32건과 43건으로 분류되었고, 운전종사자에 대한 칭찬은 85건으로 버스기사와 택시기사에 대한 칭찬이 각각 82건과 3건으로 분류되었다. 칭찬 대상이 4개의 직업으로 나뉜 것은 주목할 만한 것이다. 이들 직업은 사람들과 빈번하게 접촉하는 대민 업무를 수행하며 받는 스트레스에 노출되어 있다는 공통점이 있다. 고용노동부 감정노동 종사자 건강보호 핸드북(2017)에서는 이들 두 그룹에 속한 직업을 가진 사람들을 감정노동종사자로 분류하고 있는데, 과거 승무원, 판매원, 콜센터 상담사 등이 감정노동 종사자의 대표격이었다면 최근에는 분석 텍스트 내의 직업처럼 공무원(소방공무원은 일찍부터 분류되어 있음)과 버스운전자도 감정노동을 수행하는 직업으로 분류하고 있다.

감정노동은 실제 감정을 속이고 보여지는 감정으로 고객을 상대해야 하는 노동으로 자신의 감정과 기분을 통제하여 고객을 언제나 친절하게 대해야만 하는 일이다(국립국어원 우리말 샘). 앞선 같은 핸드북 자료에 따르면 주로 고객, 환자, 승객, 학생 및 민원인 등을 직접 대면하거나 음성, 대화매체 등을 통하여 상대하면서 상품을 판매하거나 서비스를 제공하는 고객응대업무 과정에서 어려움이 발생하며, 그 업무는 노동자의 감정보다 고객의 기분을 중요시하게 여겨 문제가 발생하기도 한다고 정의한다. 노동자가 친절하게 응대해도 고객이 친절하다고 느껴야 친절한 서비스를 제공한 것이 되기 때문이다. 감정노동의 어려움은 어떤 상황에도 불구하고 상대방의 감정이 상하지 않도록 친절한 모습을 보여줘야 하는 데서 오는 것이다.

분석 텍스트의 짜임은 화행에서와같이 '칭찬-응답(반응)'의 구조를 갖는데, 대화에서 응답(반응)을 청자가 한다면 여기에서는 민원처리담당 공무원이 대신하고 있는 것에서 차이가 있다. 공무원이 칭찬내용의 전달자 역할을 하고 있다는 점이다. 칭찬하는 글에서 칭찬하는 사람과 칭찬받는 사람은 상호간에 단절되어 있지만 칭찬 대상은 공무원이라는 매개를 통하여 자신이 칭찬을 받았다는 사실을 알 수 있고 또 칭찬을 들음으로써 생기는 감정 변화도 있을 것이다. 분석 텍스트에서 담당 공무원의 응답글을 보면 '칭찬 내용은 전달되어지고 우수공무원이나 우수직원으로 선발될 수 있게도 하며 소속기관에 널리 전파되어서 우수 사례로 남길 수도 있다'라고 하고 있기 때문이다.

결과적으로 버스 운전자 전체와 승객 전체, 공무원 전체와 시민 전체는 단절되어 있지 않고, 집단간의 원만하고 부드러운 관계를 형성할 수 있다는 점에서 결국 연결되어 있다. 이는 대상에 따른 차별된 칭찬의 중요성과 그것이 감정노동 종사자에게 긍정적인 변화를 가져다 줄 수 있다는 예측은 전략적인 칭찬을 익히는 것이 중요한 것임을 의미한다. 한국어 화자에 있어 전략 사용의 양상은 칭찬의 주제 및 대화 참여 상대방과의 사회적 관계에 따라서 달라지기 때문이다(곽지영, 2013:186). 고객 혹은 민원인의 칭찬 방법과 감정노동 종사자로 분류된 공무원 및 운전종사자들이 얻을 정서 및 직무상 효과에 대해 이해한 후 그들에게 전략적으로 적절한 칭찬을 할 필요가 있는 것이다.

3. 칭찬의 기본이 되는 전략

　칭찬은 좋은 점이나 착하고 훌륭한 일을 높이 평가하는 말(표준국어대사전) 즉, 긍정적으로 보이는 어떤 모습이나 행동을 평가하는 말이며 화자와 청자가 긍정적으로 평가하는 어떤 것에 대해 화자가 아닌 다른 이에게 명시적으로나 암시적으로 인정하는 행위이다(Holmes, 1988:446). 또한 화자가 청자 또는 제3자와 관련하여 행위, 대상, 성취, 물건, 취향 또는 질 등에 대해서 높이 평가하고 인정하는 행위이다(김형민, 2003:260). 이상의 정의를 종합하면 칭찬은 평가와 직접적인 관련이 있는 것으로 보인다.
　칭찬과 평가의 연관성은 칭찬이 개인의 정서와 연결되어 있음을 증명해 주는 고리이다. 이 관련성은 Halliday의 체계기능언어학에 뿌리를 가진 평가어 이론을 통해서도 확인할 수 있다. 평가어는 텍스트 내에서 협상되는 사회적 인간관계를 표현하는 핵심적인 언어 요소이다(Martin & Rose, 2003:22). 그것은 태도, 개입, 강도의 세 가지로 분류되며 그 중 태도는 저자 및 화자의 감정과 느낌을 표현하는 감정, 인물과 그 인물에 대한 평가를 표현하는 판단, 사물이나 현상에 대한 가치를 보여주는 평가 표현으로 나뉜다. 이상과 같이 칭찬은 평가와 연관되어 있고, 평가는 평가어 이론에서와 같이 상호간의 감정과 관련되어 있음을 종합해 볼 때, 칭찬은 개인의 감정과 관련이 있음을 알 수 있다. 그 중에서도 이 연구의 분석 텍스트에서는 긍정적인 감정인 감사 및 감동과 연결되어 있음을 알 수 있었다.
　감사표현하기를 칭찬하는 방법 중 기본이 되는 것으로 분류한 것은 161건의 분석 텍스트 중 감사함을 명시적으로 표현하고 있는 텍스트가 74.5%(120건)를 차지하고 있기 때문이다. 칭찬하는 글에서 감사하기가 차지하는 비중이 이렇게 높은 것은 칭찬과 감사가 어떤 관련이 있음을 짐작해 볼 수 있다.

감사는 오랫동안 인간의 보편적 덕목이며 문화와 시대를 초월하여 인간이 기본적으로 갖추어야 할 미덕으로 간주되어 왔다(Emmons & McCullough, 2003:1). 칭찬 또한 인간에게 요구되는 아름다운 덕행이자 상대방의 좋은 점을 드러내고 인정하는 행위(표준국어대사전)이기에 감사와 칭찬은 동일한 가치 맥락에 있다. 또한 감사는 고마움을 나타내는 인사 또는 고맙게 여기는 마음이라는 의미로, 감사를 뜻하는 영어 gratitude는 호의를 뜻하는 중세 라틴어 gratus에 뿌리를 두고 있으며 친절함, 은혜, 고마움, 관대함, 선물, 대가성 없이 무엇을 얻는 것, 상부상조의 미덕과 같은 의미를 내포하고 있다(Emmons, 2007:3). 친절함은 감사가 담고 있는 의미 중 하나이므로 결국 칭찬과 감사는 의미적으로도 연결되어 있는 것이다. 데일카네기의 인간관계론에서는 칭찬과 진심에서 우러나온 감사로 대화를 시작하라고 하였는데(임상훈 역, 2019:261), 이것은 칭찬과 진심이 동등한 가치를 내포하고 있으며 이것들이 감사와 연결이 되어있음을 말해주는 것으로 해석이 가능하다. 민원인이 홈페이지에상에 작성한 예문을 통하여 감사와 감동 그리고 칭찬간의 관계를 살펴보자.

(1) 편안하게 대해 주셔서 감사드리고 칭찬합니다.
(2) 잘 챙겨주셔서 칭찬해 드리고 싶습니다. 친절하게 상담해주셔서 감사했습니다.

(1)~(2)의 예문과 같이 명시적인 감사가 드러나는 120건의 텍스트 중 '감사'와 '고맙-' 형태는 총 226번 출현하고 있다. 비명시적인 표현까지 고려한다면 칭찬하기 텍스트 자체가 곧 감사하기 텍스트라고 여겨도 될 정도로 감사 표현이 텍스트 내에서 잘 드러나고 있다. 분석 텍스트의 글쓴이들은 상대방의 말이나 행동으로 표현되는 호의로 감정에 긍정적인 변화가 생겼고 이것이 칭찬하는 글을 작성하는 동기임을 명확하게 밝히고 있다.

우리는 칭찬을 들으면 상대방이 나한테 감사함을 느낀다고 여기지 않지만 누군가로부터 감사함의 인사를 받는 경우 칭찬받았다고 생각하는 경향이 있다. 이것은 감사함을 받거나 칭찬을 듣는 것 모두 내 감정을 좋게 만드는 기분 좋은 말이기 때문이며, 감사와 칭찬이 동시에 발생하는 경우가 많아 듣는 이가 감사와 칭찬을 명확하게 분리할 수 없기 때문이기도 하다. 칭찬은 '고마운 마음을 전달하는 한 방법'으로 감사에도 동일한 의미가 내재된 것은 아니다. 전달하고자 하는 긍정적인 감정의 크기가 동일하다는 것이지 칭찬표현이 곧 감사표현은 아니라는 말이다.

인지중심의 인간행동을 연구한 Bernard Weiner(1985)는 인간의 특정한 행동이 발생하는 원인을 추론하는 귀인 이론을 체계화하였는데 칭찬하는 글에서 감사함이 주로 드러나는 것도 여기에서 관련성을 찾아 볼 수 있다. 이 이론은 유발한 원인에 대한 판단(귀인)에 근거한 정서를 귀인-의존적 정서로 구분하고 감사, 분노, 자긍심 등을 예로 들고 있다. 그 중 '감사'는 자신에게 긍정적 결과가 발생하였음을 인식하는 과정과 긍정적 결과가 발생한 원인이 자신이 아닌 외부에서 있음을 인식하는 두 가지 정보처리과정의 결과로 경험되는 정서라고 하였다. 이렇게 자신에게 발생한 긍정적 결과를 인식하는 것이 감사라면 감동의 정서도 그와 같은 과정을 통하여 산출되는 것임을 미루어 짐작해 볼 수 있다.

(3) 오늘 제 마음을 움직이신 기사분이 계셔서 이렇게 칭찬하고자 합니다.
(4) 친절한 소방안전관이 설명해주신데에 감동받아 소방관님을 칭찬합니다.
(5) 수 년을 대중교통을 이용하였지만 이런 감동은 처음입니다. 꼭 칭찬하고 싶습니다.
(6) 오랜만에 이용한 대중교통에서 감동받아 글 씁니다.

(3)~(6)의 예문과 같이 감동을 받아서 칭찬한다는 명시적 표현이 드러

난 텍스트는 전체 텍스트의 35%(40건)를 차지했다. 감사 표현에 비해서 출현 빈도는 적지만 감동은 감사와 더불어 칭찬과 밀접한 관련이 있는 정서이다. 정서와 관련된 감동은 정서의 순화와 고양을 가져다주는 중요한 심리적 기제이며(박인기, 2009:302), 감동 받아서 칭찬하는 것 역시도 감사와 마찬가지로 의도나 목적을 가지지 않는다(Brophy, 1981:6).

이상에서 살펴본 칭찬하기 텍스트에서 드러난 감사와 감동을 표현하는 문장을 구조화 해보면 아래와 같은데, 감사는 칭찬의 한 방법이며 감동은 칭찬의 직접적인 요인임을 알 수 있다.

- 나는 당신의 호의에 대한 감사함을 표현하기 위해서 칭찬한다.
- 나는 당신의 호의로 감동을 받아서 칭찬한다.

그렇다면 감사와 감동에서 말하는 호의는 무엇인가? 분석 텍스트에서 공무원과 운전종사자 이 두 직업군에 대한 칭찬의 공통 주제는 '뜻하지 않게 제공받은 친절 이상의 그 무언가'에 관한 것이었다. 친절이 칭찬의 직접적인 원인이 된 것은 아니지만 친절과 같은 요소로 인해 감동을 받고 친절에 대한 감사 표현으로 칭찬하고 있다는 일관된 흐름을 확인할 수 있는 바, 이 두 정서의 동기인 호의는 곧 '친절'이라 할 수 있다. 칭찬하는 글에서 감사하기가 두드러지게 나타나고 감사의 원인이 되는 것이 대부분 친절함이라는 점에서 칭찬, 감사와의 관계에서 덧붙여 친절도 밀접한 관련이 있음을 짐작할 수 있는 것이다.

상대방에게 감사하다는 것은 당신의 공헌으로 나에게 작은 변화가 왔다는 표현, 다시 말해 상대방의 가치를 최고로 올리는 표현이다. 분석 텍스트에서 칭찬의 대상(서비스 제공자)과 민원인(서비스 이용자)은 기업과 고객의 관계와도 같다. 그래서 자칫 상하관계에 있다고 생각하기가 쉽지만 감사의 개념이 접목되면 이러한 수직적인 관계는 수평적인 관계로 바뀐다. 칭찬하는 사람과 받는 사람 사이에는 사회적 지위의 차이가 있고

(Brophy, 1981:7), 칭찬하는 사람의 대부분은 의도나 목적을 가지고 칭찬한다(Henderlong & Lepper, 2002:777)는 연구 결과들은 칭찬 전반에 수평적 구조로의 변화 요인인 '감사함'이 깔린 칭찬하기 텍스트에 적용하기에는 다소 무리가 있어 보인다.

칭찬하는 글에 감사 표현이 주를 이루고 있다는 것은 민원인 스스로가 수평적 관계임을 드러내는 것이다. 그럼에도 많은 기관과 기업의 홈페이지에 칭찬하기 카테고리가 존재하는 것은 민원인과 칭찬의 대상이 되는 사람들이 수직적인 관계임을 암묵적으로 인정하고 있다는 의미일 수 있다. 감사는 받은 은혜나 도움을 인식하게 그에 대한 고마운 정서를 가지는 일반화된 경향성이므로 굳이 칭찬하기가 아닌 '감사표현하기'라는 카테고리로 명칭을 바꾸는 것이 좋을 것 같다.

칭찬하기 카테고리가 있다는 것 자체가 좋은 취지로 만들어진 것은 맞지만 '칭찬합시다'를 통해 친절이 강요되고 친절해야만 한다는 강박같은 것이 생길 수 있다는 점에서 '칭찬합시다' 보다는 '감사합시다'로 표현되어야 할 것 같다. 칭찬에는 통제하려는 의도가 숨겨져 있기 때문에 칭찬을 폭력적 언어로 보고 상대방을 통제하려는 의도가 없는 비폭력적 언어인 감사가 더 좋은 표현이기 때문이다(Rosenberg, 2005:185). 칭찬의 목적은 감사함의 표현이며 칭찬은 내적 감정인 감사함에 대한 표현이다.

언어적 칭찬은 행동적 칭찬과 더불어 감정노동과 직무만족과의 관계에서 조절작용을 하는 변수이며 감사는 감정노동과 조직몰입과의 관계에서 조절효과를 가진다(김진강, 2013:91). 따라서 내부에서 발생하는 칭찬 외에도 외부에서 발생하는 칭찬도 같은 역할을 수행할 수 있을 것으로 추측된다. 교통과 민원서비스의 이용자인 고객의 칭찬의 결과가 개인의 직무태도에 대하여 긍정적인 영향을 미쳐 직무만족이 높아지고 서비스 품질 제공수준에도 긍정적인 기여를 한다는 경영학 분야의 연구도 많이 있다. 또한 정서적 소진과 스트레스 상황에서의 감정노동을 다루는 많은 연구는 감정노동 종사자가 법적인 보호를 받는 데 있어 긍정적인 영향을 주고 있다. 고객의 언어폭력의 정도가 심할수록 감정노동 종사자의 정서적 소진이 커지는 것으로 나타났다는 결과는 이를 뒷받침해 준다(Grandey, Dickter 외, 2004:402).

그러나 원인을 해결하지 않고 결과만을 가지고 서비스 이용자들의 인식과 태도를 변화시키기에는 한계가 있기 때문에 사용자들의 언어사용 자세의 변화가 필요하다. 반대로 이야기하면 고객의 따뜻한 언어사용이 감정노동 종사자의 정서적 충족을 이룰 수 있다는 말이다.

- 오늘 고생했다. 잘 끝났네.
- 오늘 고생했다. 덕분에 마무리 잘 됐어.

형용사 '덕분에'의 사용을 통한 감사는 칭찬의 대상에게 이러한 만족감을 제공할 수 있다. '덕분에'를 사용한 감사는 상대방의 수고로움과 공로를 있는 그대로 인정하고 그것이 나에게 영향을 줄 때 일어나는 정서이므로 그러한 조건에서 사용되는 표현은 감사하기와 관련된 것으로 볼 수 있다. 상기 예문과 같이 동일한 결과에 따른 칭찬이라 하더라도 '덕분에'의 사용은 어떤 사건의 결과가 중심이 아니라 상대방이 중요한 역할을 감당했다는 점에 중점을 두고 있어서 칭찬 받는 사람의 기분을 더욱 좋게 만들어 주며 개인의 정서와 깊숙하게 연결시켜 주고 있다. 분석 텍스트에서는 총35번의 '덕분에'가 출현하고 있다. 아래 예문 (7)~(9)는 분석 텍스트에서 '덕분에'가 사용된 예이다.

(7) 덕분에 즐겁게 출근할 때가 많습니다. 항상 감사합니다.
(8) 덕분에 버스타고 오는 20분이 기분좋고 행복했습니다.
(9) 덕분에 목적지까지 기분좋게 왔던 것 같아요.

감사함의 표현은 '사회적 인정'과도 관련이 있는데 이것은 상대방의 행동을 구체적으로 언급하고, 그 후에 '덕분에' 또는 '고맙다'를 덧붙여서 칭찬받는 사람에게 자신이 한 행동이 사회에 미치는 영향을 느끼게 해주는 칭찬이다(Rosenberg, 2005:185). '덕분에'의 사용과 같이 칭찬은 자기 효능감을 높이는 중요한 기제이므로(Henderlong & Lepper, 2002:776) 칭찬의 또다른 중요한 표현방법인 감사하기는 감정노동 종사자에게 중요한 언어 자극인것이고 해당 직업군에는 감사표현을 담은 칭찬이 전략적인 칭찬 방법인 것이다.

긍정심리학의 창시자 마틴셀리그만(2020)은 핵심연구 주제를 세 가지로 분류하고 그 중 하나인 긍정경험은 기쁨과 감사가 포함된 긍정정서라고 하였다. 또한 감사는 남달리 돋보이는 어떤 사람의 도덕적 품성을 감상하는 하나의 정서로서 경이로움과 고마움을 느끼며 삶 자체를 감상하는 정신 상태라고 하였으며, 고마움을 아는 사람은 자신에게 일어난 일을 늘 기쁘게 생각하며 당연한 것으로 받아들이지 않기에 항상 고마움을 전할 시간을 마련한다고 하였다.

이는 칭찬하는 글을 작성하는 저자는 상대방의 칭찬 받을만한 품성을 보며 고마움을 느끼고, 이러한 자신의 긍정경험을 전달하기 위하여 지자체 홈페이지에 들어와서 글을 다 작성할 때까지의 수고로움을 마다하지 않는 적극적인 정서적 나눔을 실천하고 있는 것을 의미한다. 다른 사람의 호의에 감사함을 느끼고 그 정서를 표현하는 것을 중요하게 생각하여 그 마음을 담아 칭찬하기 코너에 글을 남기는 적극적인 행동을 보이는 민원인들은 작은 기쁨에도 감사함을 느끼고 표현하는 사람들이기에 칭찬하는 글에 감사와 감동이 담길 수 밖에 없다.

4. 칭찬의 효과를 높이는 전략

상대방은 칭찬의 동기가 되는 사실에 대해서 들은 것만으로도 자신이 칭찬받고 있음을 느끼게 된다. 분석 텍스트에서의 대부분의 글쓴이들은 감사와 감동을 기본표현으로 하는 칭찬에 덧붙여 상대방의 긍정적인 면모를 최대화함으로써 칭찬 대상의 체면을 더욱 살려주고자 한다. 이때 언중들이 자연스럽게 사용하는 표현들을 칭찬의 효과를 극대화하기 위한 강화 전략으로 정의하고 어떤 표현을 전략으로 사용하는지를 아래와 같이 분류하였다.

1) 만족감 표현하기

나의 행동이 상대방에게 칭찬받을만한 것으로 여겨졌다는 이야기를 듣는 것만으로도 기분좋은 일일 텐데, 거기에 더하여 다른 사람의 마음까지도 움직였다는 이야기를 함께 듣는 것은 칭찬하는 사람과 칭찬받는 사람 모두 기분이 좋아지는 일이다. 거의 모든 분석 텍스트에서는 감사함의 표현과 함께 직간접적으로 만족스러움을 표현함으로써 상대방의 칭찬의 원인 행동을 더욱 돋보이게 한다.

　　(10) 너무 흐뭇했습니다.
　　(11) 마음은 너무 따뜻하네요.
　　(12) 생각지도 못한 행복을 받았습니다.

2) 감정이입하기

감정이입은 누군가와 나의 감정을 동일시하게 되는 아주 강한 감정 변화의 양상이라고 할 수 있다.

　　(13) 그러는 것을 보니 제가 대신 싸워주고 싶은 마음이 들 정도였습니다.
　　(14) 나도 못한 일을 누군가가 대신해 준 것에 대한 고마움에~

(13)~(14)의 예문은 기사와 승객의 모습을 이미 승차해 있던 다른 승객 즉, 제3자가 칭찬하는 문장의 일부다. 누가 보아도 친절할 수 없는 상황에서도 기사가 누군가에게 친절을 베푸는 상황을 지켜본 것을 글로 작성한 것이다. 어떤 행동을 칭찬받을 만한 것이라고 기술하는 데 그치지 않고 그 일에 감정이 이입됨을 표현함으로써 상대방의 행동을 더욱 좋은 것으로 부각시키고 있다. 감정이입은 감동에 가장 중요하게 작용하는 정의적 자질이며, 대상에 대한 공감적 이해를 적극적으로 시도하겠다는 태도적 요소로 감동에 개입되는 태도적 요소들은 이전의 자기경험 또는 자기감정과 어떤 방식으로든 유기적 의미망을 형성하려는 긍정적 태도와 호응된다(박인기, 2009:307). 칭찬의 효과를 높이는 전략으로서의 감정이입하기는 이러한 주장을 명확하게 보여주고 있다.

3) 반성하기

반성하기는 나를 낮추어 상대방의 체면을 세워주는 전략이다. 칭찬 대상이 보여준 행동을 통해서 자기를 돌아보거나 칭찬 대상에게 미안한 마음을 통한 고마움을 표현함으로써 칭찬 대상이 그럴만한 자격이 있다는 것을 보여준다.

(15) 저의 잘못인데~
(16) 저 한사람의 부주의로~
(17) 괜히 자신을 스스로 되돌아보게하는 계기가 되었습니다.
(18) 과연 나였으면 저렇게 도와드렸을까~

(15)~(16)의 예문과 같이 직접적으로 표현하기도 하고, 아래 (17)~(18)의 예문과 같이 칭찬 대상이 보여준 행동이 자신의 삶을 점검하게 하는 원인으로 작용하고 있으며, 상대방과 나의 불일치를 깨달았음을 표현함으

로써 상대방의 행동을 높이 평가하면서 반성적 사고의 과정을 보여준다. 반성은 어떤 깨달음의 결과로 얻어지는 것이고 깨달음이라는 것은 정서적인 반응이므로 이러한 반성하는 표현을 통한 칭찬 강화전략은 감동 표현의 한 종류라고 볼 수도 있을 것이다.

4) 양보의 의미 표현하기

양보표현 {-(으)ㄴ/는데도 불구하고}를 '불구하고'를 생략한 형태로 주로 사용하고 있다. '불구하고'가 출현하는 경우도 있지만 대부분 '불구하고'가 생략된 '-(에)데도'를 사용하고 있다.

(19) 작지만 지키기 어려운 것들이라고 생각하는데~
(20) 화가나거나 짜증 날 법도 한데~
(21) 그렇게 하는게 쉽지 않은데~

(19)~(21)의 예문과 같이 '나는 이러한 상황이라고 생각하는데, 너는 그것과 관계없이 어떤 행동을 하였다'의 문장 구조를 가지고 있다. 상대방의 행동이 누구나 쉽게 할 수 없는 것이 아님을 보여주면서 그것이 더욱 칭찬받을만한 것임을 확대하여 드러내는 강화 방법이다.

5) 기원하기

이 강화전략은 칭찬하는 글을 마무리 부분에서 가장 많이 보이는 표현이다.

(22) 이런 분들이 더 많아졌으면 좋겠다라는 생각이 많이 드네요.
(23) 이런 멋진 모습 이어가길 바랍니다.

(24) 다른 기사님들도 알 수 있게 널리 전파가 되기를 원하여~

　칭찬 대상이 보여 준 사례와 같이 그들의 소속 집단이 모두 그렇게 되었으면 좋겠다고 표현하며 기대행위를 표출하거나 그렇지 않은 사람들도 모두 그랬으면 좋겠다는 소망을 담는다. 한 사건으로서의 칭찬에 그치지 않고 칭찬 대상과 그의 행동이 모범사례가 되기를 바라는 표현을 통하여 칭찬의 효과를 더욱 높여주는 전략으로 사용되고 있다.

6) 희소성 나타내기

　칭찬하기에 요구되는 것 중 하나가 진실성이다. 상대방에게 나의 마음이 거짓없이 전달되려면 칭찬의 내용이 칭찬받을 만한 것으로서 상대방도 인정하는 것이어야 한다. 평소 칭찬을 잘 하지 않던 사람이 칭찬을 한다던가 또는 언어행실이 바른 사람이 칭찬을 하는 등 상대방이 기쁨과 감사함으로 그 칭찬을 받아들일 수 있는 칭찬이 진실된 칭찬이다.

(25) 고민하다가 오늘은 꼭 적어야겠다 생각해서~
(26) 원래 이런 글 안 쓰는데~
(27) 태어나서 처음으로 올려봅니다.

　(25)~(27)의 예문과 같은 칭찬은 상대방을 더욱 인정하고 기분좋게 만들어 칭찬의 효과를 극대화하는 전략이라고 볼 수 있다. 특히 (25)~(26)의 경우 처음으로 자신의 의지로 홈페이지에 들어와서 글을 남긴다는 표현은 상당히 칭찬할 만한 가치가 있는 일이기 때문이라는 느낌을 준다. 희소성을 드러내는 표현은 작성자의 진실함을 드러내 주어 칭찬의 효과를 향상시킨다.

7) 칭찬 부탁하기

일반적으로 칭찬하는 글을 작성하는 이는 응답자가 존재하지 않는 것처럼(실제로는 담당공무원이 있음을 인지하고 있겠지만) 글을 남기고 있으면서도, 어떤 면에서는 공무원과 소통하듯 글을 남기고 있는 느낌을 주는 것이 다소 특이하다. 다만 칭찬 대상은 칭찬하는 사람이 작성한 글을 직접 볼 일은 없을 것으로 보인다. 그래서 그런지 칭찬 내용을 그 대상이 접할 수 있도록 도움을 요청하는 것 같다. 글쓴이들은 이 내용이 꼭 전달될 수 있도록 다시 한 번 못 박고 있다.

(28) 꼭 찾아서 칭찬해주세요.
(29) 이 분 찾으셔서 감사한 마음 전해주십시오.
(30) 이 상황을 아셨으면 하여 글을 씁니다.

(28)~(30)의 예문과 같이 표현하는 방법은 은혜를 베푼 사람 혹은 제삼자의 복지에 기여하고자 하는 행동경향성 때문으로 보인다(노지혜, 이민규, 2011:160). 칭찬을 부탁하기도 하고, 본인이 이미 칭찬했지만 제3자에게 그 사실을 다시 한 번 주지시킴으로써 칭찬의 당위성을 전파하고 확대 및 확정함으로써 칭찬을 강화하는 기능을 하고 있다.

8) 사실에 개입하기

상대방의 호의를 경험한 사실 그대로만 기술하는 것이 아니라 그 사실에 내 생각을 덧붙여 상대방의 행동이 더 좋은 것처럼 보일수 있도록 표현하는 것이다. 여기에서의 경험한 사실은 내가 사건의 당사자로서 겪은 것과 제3자로서 관찰한 것을 모두 포함하고 있다. 이들 표현의 공통점은 사실을 기술하는 것을 넘어서서 그 모습을 평가하고 있다는 점이다.

(32) 끝까지 침착함을 유지하시고~
(33) 한 분 한 분 정성스레 인사하시고~
(34) 힘들고 어려운 일이라도 솔선수범 나서주시고~
(35) 어르신들을 진심으로 대하는 태도에~

예문 (32)은 침착함을 유지했는지 알수는 없으나 칭찬하는 사람이 그렇게 느끼는 것이고, 예문 (33)는 가리지 않고 모든 사람에게 인사했다는 사실에 '정성스럽다'라고 글쓴이가 개입하였다. (34)의 예문은 본인이 본 것을 힘들고 어려운 일이라고 먼저 판단하였고 그 행동을 하는 모습을 '솔선수범 나섰다'라고 표현하면서 인격을 칭찬하고 있다. (35)의 예문도 마찬가지로 친절하게 대하는 태도라고만 해도 되나 '진심으로 대한다'고 표현하고 있다. 사실에 주관적인 견해를 개입시켜 기술하는 방법으로 하여금 칭찬의 느낌을 더욱 사실적이고 효과적으로 보이게 만드는 전략이다.

9) 비교하기

비교하기는 칭찬 대상을 다른 사람들과 비교하여 칭찬받아야 할 이유를 더 부각시켜 칭찬의 효과를 증대하는 기능을 한다. 비교하는 방법은 크게 두 가지로 나뉘었다. 하나는 아래 (36)~(39)의 예문과 같이 칭찬 대상이 속해있는 그룹 전체나 그 그룹이 보여주는 어떤 행동을 낮춤으로써 칭찬 대상은 그들과 다르게 구별되고 그렇기 때문에 칭찬받을 자격이 있다는 것으로 기술하는 것이다.

(36) 이렇게 안전하게 타 본 적이 없었던 것 같습니다.
(37) 요즘 세상에 이런 기사님 잘 없는데~
(38) 부산 살면서 이런 기사님 보기 정말 힘든데~
(39) 잘 해주시는 기사님들을 잘 못 봐서 더 감동이었요.

다른 하나는 아래 (40)~(41)의 예문과 같이 칭찬 대상이 속해있는 그룹 전체가 글쓴이가 가치있게 생각하는 어떤 모습을 다 잘 보여주고 있지만, 특별히 칭찬의 대상이 그들보다 더욱 뛰어남을 기술하면서 칭찬의 효과를 높이고 있다.

(40) 대다수 부산 기사분들이 이러하겠지만~
(41) 모든 기사님들이 코로나로 힘드시겠지만~

10) 칭찬범위 확대하기

칭찬범위 확대 전략은 두 가지로 구분된다. 하나는 칭찬의 대상뿐만 아니라 칭찬받는 사람이 속한 집단의 구성원이 전체나 그 집단 자체를 칭찬하는 것이고, 다른 하나는 칭찬하는 사람이 내가 아니라 '시민'으로 표현되는 집단임을 기술하여 효과를 주는 전략이다.

(42) 북구소방서장님, 고마운 소방공무원을 지도 교육해주셔서 감사합니다.
(43) 소방관님들 모두 고생하시는 거 같아요.

(42)~(43)의 예문은 칭찬 대상 한 사람으로 그 집단이 모두 그렇게 칭찬받을 자격이 있다는 식으로 표현한다. 예문 (42)는 칭찬 받는사람이 그렇게 될 수 있었던 것은 그 사람이 소속된 집단의 관리자의 역할 때문이라고 표현하면서 칭찬의 범위를 한 개인에서 조직의 장으로 확대하고 있고 (43)의 예문은 한 개인으로부터 받은 친절이 그 직군 전체에 대한 칭찬으로 이어지고 있다. 이는 토크쇼 진행자와 게스트 사이의 대화문을 분석하면서 칭찬을 하는 행위에서 자신이 칭찬하고자 하는 특정 범주로 전환하거나 범주간의 비교를 통해서 그에 대한 칭찬을 더욱 극대화 하는

것을 밝혀낸 유여란(2018)의 연구 결과와도 동일한 양상이다.

한편 칭찬범위의 확대는 개인의 행위를 부각시키는 것일 뿐만 아니라 구성원 전체에게도 동일한 칭찬 효과를 불러올 수 있기에 아주 좋은 칭찬 강화전략이라고 할 수 있다. 또한 칭찬은 한 개인 뿐만 아니라 화자(저자)와 청자(독자)가 속한 공동체의 구성원들에게도 힘과 용기를 불어넣어 준다(김형민, 2013:260).

(44) 차분하게 시민이 민원을 해결할 수 있도록 잘 안내해주셔서 감사합니다.
(45) 적극적으로 시민의 소리에 귀를 기울여주어 감사했고~
(46) 여러분들의 노고가 시민 모두에게 힘이된다는 자긍심을 가져주시면 좋겠습니다.
(47) 시민들을 웃게 만들고 따뜻한 정이 느껴져 너무 흐뭇했습니다.

(44)~(47)의 예문은 내가 칭찬하고 있음에도 나를 '시민'으로 지칭함으로써 마치 칭찬의 대상을 부산 시민 전체가 칭찬하고 있는 것처럼 표현하거나 내가 겪은 일임에도 시민 전체가 겪은 것처럼 집어넣어 표현하고 있다. 칭찬의 행위를 하는 주체를 개인이 아니라 집단으로 표현하여 마치 그 칭찬의 깊이나 강도가 상대방으로 하여금 큰 것으로 느껴지게 하고 그 행동이 개인이 아니라 지자체 전체에게 보여준 것으로 인식되게 하여 칭찬의 효과를 극대화하고 있다.

5. 정서 충족을 위한 칭찬

지자체 홈페이지에 탑재된 칭찬하는 글에서는 어떤 칭찬 전략을 사용하고 있는지를 살펴보던 중, 칭찬의 대상이 공무원과 운전종사자에 한정되었으며 이들은 불특정 다수를 대상으로 하는 감정노동 직업군으로 분류된다는 공통점을 지니고 있음을 알게 되었다. 칭찬 대상이 하나의 직업군으로 특정화되어 있다는 사실은 언중들이 이미 대상에 맞추어 전략적으로 칭찬하고 있음을 유추할 수 있다. 이것은 해당 텍스트를 작성하는 곳이 지자체의 홈페이지라는 환경이 주는 당연한 결과일 수 있으나, 감정노동 종사자의 정서적 소진에 대해서 언급하고 있는 많은 연구에 덧붙여 정서의 충족을 위한 하나의 전략으로 연구될 충분한 가치가 있는 것으로 생각된다.

분석 결과 74.5%의 텍스트에서 직접적인 칭찬 대신 감사와 감동을 표현하고 있었다. 칭찬하는 글은 경험을 기반으로 한 개인의 감정을 가능한 가장 긍정적으로 표현하는 텍스트이므로 다양하고 풍부한 정서 표현이 사용될 것으로 추측이 가능하지만 그 중에서도 감사와 감동의 표현이 두드러지게 나타났다. 칭찬과 감사 및 감동 사이에는 연결고리가 있었으며 칭찬하는 원인은 대부분 친절에 있었다. 칭찬하는 사람의 대부분은 의도나 목적을 가지고 칭찬한다는 기존의 주장과는 달리 분석한 칭찬하는 글은 친절함으로 인해 감사와 감동을 표현하는 글이므로 의도나 목적이 존재하지 않는 것으로 해석할 수 있었다. 즉 상대방에게 감사와 감동을 표현하는 것이 곧 칭찬이라고 볼 수는 없으나 친절이라는 연결고리를 통해서 칭찬의 기본적인 전략으로 볼 수 있는 것이다.

또한 칭찬의 효과를 극대화하기 위해 사용된 만족감, 반성하기, 감정이입, 양보표현 사용하기, 기원, 희소성, 칭찬부탁, 사실에 개입하기, 비교하기, 칭찬범위 확대하기와 같은 여러 가지 장치는 감사와 감동을 표현하는 글에서 상대방에 대한 칭찬을 더욱 돋보이게 하고 비대면 상황에서 글쓴이의 마음을 더욱 강하게 표현하여 주는 적극적 전략이라고 할 수 있다.

한편, 지자체 홈페이지의 '칭찬하기' 메뉴명만큼은 '감사하기'로 바꾸어야 할 필요성이 있었다. '만큼'이라고 칭한 것은 일반적으로 칭찬이 감사는 아니기 때문이며 지금까지의 분석 결과에 따라 최소한 홈페이지 칭찬글

코너에서의 칭찬하기는 곧 감사하기라는 것이 확실하다는 것을 말한다. 칭찬은 자칫 내가 한 수고에 대해서 상대가 그것을 인식하는 것에 그칠 수 있는 반면, 감사는 그것에 덧붙여서 나의 역할이 크게 작용하였음을 인정받고 그 안에 상대방이 나에 대한 고마움이 들어있음을 느낄 수 있게 하는 감정의 흐름 혹은 긍정 정서의 상호 간 연결이 일어나고 있는 것이다. 칭찬만 받으면 자칫 상대방의 의도와 목적을 해석할 여지가 있기때문에 오해의 소지가 생기지만, 감사함을 받으면 기뻐하는 것에서 생각의 흐름이 멈추게 되어 마음이 따뜻해질 수 있게 된다. 감사는 개인의 기쁨과도 연결되어 있는 것이다.

칭찬 결과는 개인의 직무태도에 대하여 긍정적인 영향을 미친다. 말이나 격려로서 감사와 칭찬을 하게 되면 직무 만족이 높아지고 서비스 품질 제공수준에도 긍정적인 기여를 하게 되므로 언어 사용자들에게 감사하는 마음과 표현을 갖도록 교육하는 것은 대단히 중요한 일이다. 특별히 대학원 진학, 취업 및 비즈니스 등 한국 사회의 구성원으로 편입되는 외국인이 늘어남에 따라 전략적으로 칭찬하는 방법을 배우는 것은 조화롭게 사회적 관계를 맺으며 일상을 영위하는 데 도움이 될 것이다. 한국어 학습자 역시도 대중교통을 이용하거나 주변의 관공서(학위 과정에 있는 한국어 학습자의 경우 행정업무를 중심으로 하며 공공성을 갖는 대학의 직원들에게도)의 직원들과도 접촉할 기회가 많고 그들과의 원만한 관계를 통해 한국에서의 생활은 더 부드러워질 수 있기 때문이다. 물론 칭찬에 따른 겸손한 반응은 문화 보편적이지만 공손함을 특히나 중요시하는 한국 문화를 습득해야 하는 한국어 학습자에게 '공손하게 응답하기'라는 기능을 충분히 훈련하고 달성한 후에 이루어야 할 과업이다.

이 연구는 칭찬하는 글에서 나타난 칭찬 전략에 대해서 분석하는 것을 목적으로 하였다. 그러나 분석 과정에서 칭찬의 대상이 감정노동직업군에 한정되어 있는 것이 나타남으로써 이 연구의 결과가 감정노동직업군에 적용 가능한 칭찬 전략을 분석하는 것으로 그 방향이 바뀌게 되었다. 이것은 실제 언어생활에서 칭찬 대상에 따른 칭찬의 전략이 명확하게 존재하고 있음을 나타내 주는 것이라 할 수 있다. 또한 분석된 전략이 기술적인 칭찬의 방법에 관한 것이 아니라 존재로서 가장 가치있게 여김을 받고 있다는 느낌을 줄 수 있는 '감사' 및 즐거움과 행복함을 넘어서 사람이 느끼는 고양된 감정이라고 할 수 있는 '감동'이라는 정서적인 접근이 가장 기본적인 전략으로 분류된 것은 자칫 방법적인 칭찬 전략에 그칠 수 있는 범위를 넘어섰다고 할 수 있겠다.

다만, 모든 칭찬하는 글을 분석하지 못하고 분석 텍스트가 지자체의 홈페이지에 제한되어 있었다는 점과 다른 부분의 정서적 요소, 통사 및 화용적인 언어학적 요소가 많이 드러난 강화전략에 대해서 더 깊이 있게 분석하지 못한 것은 후속연구에서 이루어져야 할 것으로 보인다. 대면하는 것에 익숙하지 않은 사람들이 점점 늘어가는 사회를 살아가면서도 사람간의 온기를 느끼게 해 줄 수 있는 그래서 인간의 긍정적인 감정이 더욱 풍부해지고 직업 영역에서도 만족감을 느끼게 하는 칭찬에 관한 연구가 더욱 확대되기를 바란다.

참고문헌

곽지영(2013). "미국 영어와 한국어에서의 공손성 비교 연구: 대학생들의 칭찬과 칭찬 반응 화행을 중심으로", 연세대학교 대학원 박사학위 논문.

김상훈(2022). "지자체 홈페이지의 칭찬하는 글에 나타난 전략 분석", *문화와융합* 44(1), 73-92.

김정섭(2018). "한국과 중국 대학생의 칭찬성향과 감사성향의 차이 및 관계", *문화교류연구* 7(1), 157-174.

김진강(2013). "호텔 종사원의 감정노동과 직무태도의 관계에서 감사, 칭찬의 조절효과", *관광레저연구* 25(2), 77-96.

김형민(2003). "한국 대학생의 칭찬 화행 수행 및 응대 상황에 대한 연구", *한국어의미학* 12, 255-290.

노지혜, 이민규(2011). "나는 왜 감사해야 하는가?: 스트레스상황에서 감사가 안녕감에 미치는 영향", *한국심리학회지: 임상* 30(1), 159-183.

데일카네기. 임상훈 역(2019). *인간관계론*, 현대지성.

마틴셀리그만. 김인자, 우문식 역(2020). *마틴 셀리그만의 긍정심리학*, 물푸레.

박인기(2009). "감동의 사회문화적 현상에 관한 연구". 한중인문학회, 제23회 국제학술대회 자유발표자료, 301-310.

유여란(2018). "인터뷰 대화에서 나타나는 관계범주 조정에 기반을 둔 칭찬전략 연구", *담화와 인지* 25(2), 49-72.

Bernard Weiner(1985). "An attributional theory of achievement, motivation, and emotion" *Psychological Review* 92, 548-573.

Brophy,J(1981). "Teacher praise: A functional analysis", *Reviews of Educational Research* 51(1), 5-32.

Emmons, R. A.(2007). *Thanks!: How the NewScience of Gratitude Can Make You Happier*. NY: Houghton-Mifflin.

Emmons, R. A., & McCullough, M. E.(2003). "Counting blessings versus burdens: Anexperimental investigation of gratitude andsubjective well-being in daily life", *Journal of Personality and Social Psychology* 84(2), 377-389.

Grandey, A. A., Dickter, D. N., & Sin, H. P.(2004). "The customer is not always right: Customer aggression and emotion regulation of service employees.", *Journal of Organizational Behavior* 25(3), 397-418.

Henderlong, J., & Lepper, M. R.(2002). "The effects of praise on children's intrinsic motivation", A review and synthesis. *Psychological Bulletin* 128(5), 774-795.

Holmes(1988b). "Compliments: a sex preferential politeness strategy" *Journal of Pragmatics* 12, 445-465.

Martin, J.R. & Rose, D.(2003). *Working with discourse: meaning beyondthe clause*. London: Continuum.

Martin, J. R., & White, P. R. R.(2005). *The Language of Evaluation-Appraisal in English*, London: Pal Grave MacMillan.

Rosenberg, M. B.(2005). *Speak peace in a world of conflict, what you say next will change your world*, Puddle Dancer Press: Encinitas, CA, Chapter 12: Gratitude.

● 이 장은 문화와융합 학술지 44권 1호에 실린 필자의 논문(김상훈, 2022)을 바탕으로 재구성되었다.

05장

리메이크 영화와 드라마 속 한·미 남녀 발화의 비교문화적 화행 연구

1. 한국어 의문문의 지시화행

이 글은 한국이 원작이고 미국에서 리메이크 한 영화와 드라마를 바탕으로, 한국 남녀 화자의 '의문문 지시화행'이 미국 남녀 화자의 발화에서 어떻게 실현되는가를 (유사하거나 동일한 상황 맥락에서) 분석하여, 한·미 양국 남녀 화자의 발화에 관한 대조 연구를 한다. 이를 통해, 한·미 남녀 발화와 화행의 실현 양상에 나타나는 차이점과 공통점을 밝히고, 이러한 차이에 영향을 미치는 사회문화적 요인을 밝히는 것이 이 연구의 목적이다.

의문문은 화·청자 간의 상호교류적 대화의 구성체로서 여러 문장 유형 중에서 구어적 특성을 가장 잘 드러내는 문장 유형으로 문어보다 구어에서 더 많이 사용되고, 의문문은 구어의 성격을 특징짓는 주요 요소이다(권재일, 2002:169). 의문문은 다른 문장 유형보다 유표적인데, Siemund(2001)에 의하면 억양, 의문사, 의문첨사, 동사 어미변화, 어순 변화, 부가의문, 이접구조가 의문문의 표지이다. 그러나 한국어와 영어의 의문문 표지로는 의문사, 억양, 의문형 종결어미, 어순, 의문문 부가사 등을 들 수 있다(임은영, 2017). 의문문은 본래 질문을 하기 위한 문장이다. 그러나 실제 의사소통에서는 주장, 서술, 요청, 명령, 제안 등 다양한 발화수반력을 드러내는 데에 자주 사용된다. 한국어 직관력이 부족한 외국인 학습자들은 이러한 발화 형식과 발화수반력의 불일치로 인해 의사소통에서 장애를 일으키기 쉽다.

특히 한국어 의문문이 실제 담화에서 지시화행으로 수행될 때, 외국인 학습자들은 의문문으로 발화된 화자의 지시적 발화수반력에 대한 그릇된 해석으로 화용론적 실패(pragmatic failure)(Thomas, 1983:4)를 경험할 수 있다. 뿐만 아니라 지시화행은 발화의 기능상 화자가 청자에게 어떠한 행동을 요구하는 발화행위이기 때문에 지시화행에는 기본적으로 부담성이나 강제성이 수반되고, 이 점은 화·청자 모두에게 체면 손상의 위험적 요인이 된다.

이에 이 글에서는 문장 유형 중에서 상호교류성이 큰 '의문문'이 의사소통에서 체면 손상의 위험이 큰 '지시화행'으로 수행될 때 한국과 미국에서 어떠한 실현 양상의 차이를 보이는지 살피고자 한다. 이를 위해 이 글에서는 먼저 한국 원작에서 '의문문 지시화행'의 실현 양상을 살핀 후, 이와 유사하거나 동일한 상황 맥락을 지닌 미국 리메이크 작품에서 남녀 발화와 화행의 실현 양상을 살펴, 이를 한·미 간 대조 분석한다. 이때 양국의 발화와 화행에 영향을 미치는 사회문화적 요인도 분석에 포함한다.

이러한 비교문화적 화행 연구는 미국인 한국어 학습자들이 한국어 의문문 지시화행에서 일으킬 수 있는 화용론적 오류를 이해하고 예측하는 데 기여할 뿐만 아니라, 한국인 영어 학습자들의 화용론적 이해에도 도움을 줄 수 있을 것으로 기대한다.

2. 리메이크 작품과 비교문화연구

1) 리메이크 작품

이 연구의 자료는 첫째, 한국 원작 영화 "엽기적인 그녀"와, 이를 미국에서 리메이크 한 영화 "My Sassy Girl"이다. 한국 원작 영화 "엽기적인 그녀"는 제작사가 신씨네이고 2001년에 개봉되었다. 감독은 곽재용이고, 주연 배우는 전지현과 차태현이다. 미국 리메이크 영화 "My Sassy Girl"은 2008년에 폭스 홈 엔터테인먼트에서 제작하여 DVD로 판매되었다. 감독은 얀사무엘이고, 주연 배우는 엘리샤 커스버트와 제시 브래포트이다. 둘째, 한국이 원작인 드라마 "굿닥터"와, 미국에서 이를 리메이크한 드라마 "Good Doctor"이다. 한국 원작 드라마 "굿닥터"는 2013년 8월 5일부터 10월 8일까지 KBS 2TV에서 방송하였다. 미국 리메이크 드라마 "The Good Doctor(season 1)"은 ABC방송사에서 2017년 9월 25일부터 2018년 3월 26일까지 미국 서부시간 기준으로 9시(시청자들이 하루 중에 TV를 가장 많이 보는 시간대)에 방송되었다(방송 트렌드 & 인사이드 2017호 Vol. 11 참고). 아래 〈표 1〉은 드라마 자료에 대한 표이다.

표 1 한국 드라마와 미국 리메이크 드라마

		방송기간	편수	방송사
드라마	굿닥터	2013. 8 ~ 2013. 10	20	KBS 2TV
	The Good Doctor (season1)	2017. 9 ~ 2018. 3	18	ABC

순수 구어 자료는 실제 대화를 녹음하여 전사한 자료이며, 준구어 자료는 말해지기 위해 쓰여진 드라마나 영화 대본과 같은 것들이다. 순수 구어 자료에는 모어 화자 개개인의 언어 습관 및 지역과 생활환경에 따른 언어 사용의 분명한 차이로 폭넓은 언중들의 언어 사용 양상을 보여주는 데에

는 한계가 있다(임은영, 2020:17). 이에 이 글에서는 순수 구어 담화 자료의 한계성을 보완해 주면서(권재일, 2002:171) 언중들의 실제 언어 사용이 최대한 반영된 대중 매체(전은주, 2013:22)인 준구어 자료를 분석자료로 취한다. 그리고 준구어 자료 중에서 한국이 원작이고 미국에서 리메이크한 작품을 이 연구의 자료로 삼은 이유는, 한국 원작에서 한국인들이 수행하는 '의문문 지시화행'이 미국의 사회문화적 배경에 의해 어떻게 이해되고 해석되어, 유사하거나 동일한 상황 맥락을 지닌 미국 작품에서 남녀의 발화로 실현되는지를 살피기 위함이다.

한·미 리메이크 영화 중에서 한국이 원작이고 헐리우드에서 리메이크 된 영화는 올드보이(Old Boy), 시월애(Lake House), 거울 속으로(Mirror), 엽기적인 그녀(My Sassy Girl); 장화, 홍련(Uninvited), 중독(Possession)이 있다. 이 중에서 공포물, 환타지물, 폭력물, 미스테리물은 본 연구에 부적절하다고 판단하여 엽기적인 그녀(My Sassy Girl)가 본 연구의 영화 자료로 쓰였다.

본고는 한국 원작에서 수행된 남녀의 '의문문 지시화행'이 미국 리메이크 작품(유사하거나 동일한 상황 맥락에서)에서 어떠한 발화와 화행으로 실현되는지 분석하고, 이에 영향을 미치는 사회문화적 요인도 분석한다. 다시 말해, 이 연구는 한국 원작이 미국에서 리메이크 되는 과정에서, 한국 남성과 여성이 의문문으로 발화한 지시화행이, 미국 남성과 여성의 발화에서 어떠한 발화와 화행의 양상으로 실현되는지를 (동일하거나 유사한 상황 맥락에서) 대조 분석한다. 그리고 이러한 언어적 실현의 차이에 기인하는 상이한 사회문화적 요인을, 'Hofstede' 문화 모델과 'Hall'의 문화 모델을 통해 비교하여 논의한 후, 향후 한국어 지시화행 교육의 방향 및 연구 과제에 대해 제언한다.

2) 비교문화연구

비교문화연구는 19세기 영국의 문화인류학자 타일러(Edward Birnett Tylor)가 지역별 인종 간의 문화 차이를 비교하면서 시작된 문화인류학의 분과 학문으로, 둘 이상의 문화 집단이 지닌 문화 항목 간의 상관관계를 비교하여 문화의 보편성과 특수성을 규명함으로써 문화 집단 간의 차이를 밝히는 연구 분야이다.

'비교문화연구는 그 연구 방법으로 문화모델을 필요로 하는데, 본고에서는 '문화적 차이를 분석하는 모델로 가장 널리 사용되는 'Hofstede' 문화 모델(황선대, 2004:173-174)'과 'Hall'의 문화 모델을 중심으로 살피고자 한다.

(1) Hofstede의 문화모델

Geert Hofstede(2010)는 인간의 생각, 감정, 행동을 정신 프로그램(mental programm) 혹은 정신의 소프트웨어(software of the mind)로서의 '문화'라고 부른다. 즉, 문화(culture)란 라틴어의 '땅을 경작하다'라는 뜻에서 유래한 광의의 문화 개념으로서, 여기에는 정신을 세련화시키는 교육, 예술, 문학을 비롯하여 인사, 식사 등과 같은 일상 생활의 일들도 포함된다. 또한 문화는 한 집단 혹은 한 범주의 사람들을 다른 집단 혹은 범주의 사람들과 구별짓는 집단의 정신프로그램이 된다(G. Hofstede, 2010:25).

문화는 크게 관행(practice)과 가치(values)로 나뉜다. 관행이란 상징, 영웅, 의식과 같이 외부에서 관찰 가능한 것이고, 가치란 같은 문화권 사람들의 관행에 대한 해석으로, 관찰되지 않는 암묵적인 문화의 핵이다. 이러한 가치는 한 문화권 사람들의 행동 방식을 통해 추론할 뿐인, 사람들이 선호하는 경향성을 말한다. 관행으로서의 문화가 상당히 빠르게 변화한다 할지라도 가치로서의 문화는 안정적이다.

Geert는 전 세계 IBM 다국적 기업에 근무하는 50여 개국 국민의 가치 조사 자료를 검토하게 되었고, 통계 분석 결과 이들이 지닌 공통적인 문제는 다음과 같았다.

1. 권위와의 관계가 포함된 사회적 불평등
2. 개인과 집단 간의 관계
3. 남성성과 여성성 개념
4. 불확실성과 애매성에 대처하는 방식(Geert Hofstede, 2010:54-55).

Geert의 연구 결과는 20년 전 인켈리스와 레빈슨의 예측과 놀라울 정도로 일치하였고, 위의 기본 문제는 여러 문화에 대해 측정할 수 있는 '문화의 차원(권력거리-power distance, 개인주의-individualism, 남성성/여성성-masculinity/femininity, 불확실성회피-uncertainty avoidance)'가 되면서 각 국가는 문화차원 점수로 나타나게 된다.

문화 차원 중 권력거리(power distance)란 "한 국가의 제도나 조직의 힘 없는 구성원들이 권력의 불평등한 분포를 기대하고 수용하는 정도라고 정의할 수 있다(G. Hofstede, 2010:87)." 권력거리가 큰 사회 조직 안의 위계는 고위 간부와 하위 직원 간의 불평등을 반영하고, 상사 인원이 많으면서, 고위 간부와 하위 직원 간의 임금 격차가 클 뿐만 아니라 부하 직원들은 지시에 따라 일을 하는 특징이 있다. 권력거리가 작은 사회의 부모와 자식, 그리고 교사와 학생은 서로를 동등한 존재로 대하며 수업 시간에 교사는 학생이 주도적으로 나올 것을 기대하고 학습의 질은 학생과 교사의 커뮤니케이션과 학생들이 얼마나 우수하냐에 따라 달려 있다고 본다(G. Hofstede, 2010:98-101). G. Hofstede(2010)의 76개국 연구 결과, 권력거리 지수 상위 국가는 말레이시아(104), 슬로바키아(104), 과테말라, 파나마(95) 등이며, 하위 국가는 오스트리아(11), 이스라엘(13), 덴마크(18) 등이다. 한국(60)은 41~42위이고, 미국(40)은 59~61위이다.

개인주의(individualism)란 개인 간의 구속력이 느슨한 사회를 말한다. 개인주의 사회에서 모든 사람은 자기 자신과 직계 핵가족만을 스스로 돌볼 수 있도록 성장하고, 정직한 사람의 특성은 자신의 생각을 그대로 말하는 것이며, 성인 자녀는 부모의 집을 떠난다. 또한 개인주의 사회의 의사소통 방법은 저맥락적 의사소통이 우세하고, 어린이는 '우리'보다는 '나'라는 의미 안에서 생각하는 법을 배우게 된다. 그러나 집단주의 사회에서는 고맥락적 의사소통이 우세하고 규칙 위반은 자기 자신과 집단에 수치심과 체면 손상을 가져온다. 뿐만 아니라, 집단주의 사회에서는 인간관계가 일보다 우선시 되며 집단의 이익이 개인의 이익에 우선시되고 경제 체제에 정권이 지배적인 영향력을 갖는 특성이 있다(G. Hofstede, 2010:144-158). G. Hofstede(2010)의 76개국 연구 결과, 개인주의 지수 상위 국가는 미국(91), 호주(90), 영국(89) 등이며, 하위 국가는 과테말라(6), 에콰도르(8), 파나마(11) 등이다. 한국(18)은 65위이다.

남성적(masculine), 여성적(feminine)이라는 용어는 문화적으로 결정되는 사회적 역할에 대한 것이며 생물학적인 남성(male), 여성(female)과는 구분되는 개념이다. 즉 "남성적 사회에서는 감정상 남녀 차이가 명확하게 구별되지만, 여성적 사회에서는 감정상 남녀 역할이 중첩되어 나타난다. 또한 남성적 사회에서는 남성들이 자기 주장이 강하고 거칠고 물질적 성공에 집중하지만 여성들은 겸손하고 부드러우며 삶의 질에 관심이 있다. 한편, 여성적 사회에서는 남성과 여성 모두가 겸손하며 부드러우며 삶의 질에 관심이 많아야 하는 것으로 간주된다(G. Hofstede, 2010:168)." 남성적 사회에서는 승자를 가려 결판을 내는 것으로 갈등을 해결하는 반면에 여성적 사회에서는 화해와 협상에 의해 갈등을 해결하려 한다. 뿐만 아니라, 남성적 사회에서는 선출된 여성 정치인이 거의 없고 전문 직종에 여성 근로자가 차지한 비중이 보다 낮은 반면에, 여성적 사회에서는 선출된 여성 정치인이 많고 전문 직종에서 여성 근로자가 차지한 비중이 보다 높다(G. Hofstede, 2010:183-200). G. Hofstede(2010)의 76개국 연구 결과, 남성성 지수 상위 국가는 슬로바키아(110), 일본(95), 헝가리(88) 등이며, 하위 국가는 스웨덴(5), 노르웨이(8), 라트비아(9) 등이다. 한국(39)은 59위이고, 미국(62)은 19위이다.

불확실성 회피(uncertainty avoidance)란 "한 문화의 구성원들이 불확실한 상황과 미지의 상황으로 인해 위협을 느끼는 정도"를 말한다(G. Hofstede, 2010:222). 불확실성 회피 문화에서는 '스트레스와 불안 지수가 높고, 아이들을 위한 규칙이 엄할 뿐 아니라, 공격성과 감정은 적당한 조건에서 분출시켜도 좋으며, 실효가 없는 규칙일지라도 감정적으로 더 필요하다(G. Hofstede, 2010:234-255)'고 느끼는 경향이 있다. 뿐만 아니라, 불확실성 회피 문화에서는 타인에 대한 호칭이 여러 가지이며 자녀 양육 비용을 걱정하고, 결과는 행운이나 상황의 탓으로 보는 경향이 있다. 반면에 불확실성 수용 문화에서 불확실성은 생활의 일상적인 일이며, 매일을 그대로 받아들이는 태도를 갖는다. 또한 불확실성 수용 문화에서는 타인에 대한 호칭이 비슷하고 가정생활에 만족할 뿐만 아니라, 발명은 잘 하지만 실행을 잘 하지 못하고 일은 필요할 때만 한다(G. Hofstede, 2010:234-248). G. Hofstede(2010)의 76개국 연구 결과, 불확실성 회피 지수 상위 국가는 그리스(111), 포르투갈(104), 과테말라(101) 등이며, 하위 국가는 싱가포르(8), 자메이카(13), 덴마크(23) 등이다. 한국(85)은 23~25위이고, 미국(46)은 64위이다.

(2) Hall의 문화모델

Edward T. Hall(1976)은 문화란 '인간의 매체'이고 문화의 차이점은 그 사회의 구성원들이 사물을 인식하는 방법(맥락)의 차이라고 정의한다. Hall(1976)에 따르면 맥락은 특정한 사건 주변에 존재하는 여러 정보들이고 주변 사건의 의미와 불가분적 관계로 묶여 있다.

Hall(1976)은 고맥락 문화와 저맥락 문화로의 범주화 작업에서 '고도로 선택적인 여과막'을 중요시하였다. 그가 말한 문화란 그 사회에서 주목해야 할 것에 대한 선택적 정보인 '선택적 여과막'이고, 이 '선택적 여과막'에 대한 인식에 따라 맥락의 척도가 결정된다는 것이다.

어느 사회의 문화를 저맥락 혹은 고맥락으로 명확하게 이분화하기는 어려우나 척도의 연속체 상에서 분류는 가능하다. 예컨대, 비교적 단일 민족으로 구성된 사회는 맥락의 의존도가 높기 때문에 짧고 추상적인 표현도 맥락에 의해 쉽게 이해한다. 이러한 사회는 고맥락 문화로서 사람들은 서로 깊이 개입되어 있고 많은 양의 정보를 공유하며, 간단한 메시지라도 (저맥락 문화에 비해) 깊은 의미를 담고 원활하게 흘러간다. 즉 고맥락 문화에서는 자기 마음속에 있는 이야기를 할 때 핵심을 건드리지 않고 돌려서 이야기하며 핵심을 집어내는 일은 듣는 사람의 몫이지 말하는 사람이 핵심을 일러주는 것은 듣는 사람의 인격에 대한 모욕이자 침범이 된다고 여긴다(Edward Hall, 1976:162). 한편 다양한 민족으로 구성된 사회는 문화적 배경의 다양성으로 인해 맥락에 대한 의존도가 낮으며 표현이 길고 구체적이 된다. 이러한 사회는 저맥락 문화로서 상황 의존도가 낮고 사람들이 구체적인 정보에 의해 행동하기 때문에 메시지가 분명하고 언어적 커뮤니케이션이 더욱 중요해진다. 따라서 저맥락 문화 사람들은 실제 대화로 대부분의 정보가 공유되는 직설적 언어표현을 선호하는 경향이 있다.

Hall(2013)의 문화 범주화 작업에 또다른 주요 요소는 '시간 관념'인데, 그 사회가 '폴리크로닉(polycronic)'하느냐 '모노크로닉(monocronic)'하느냐에 따라 상이한 문화 유형을 갖게 된다. '폴리크로닉(polycronic)'한 사회는 한 번에 다량의 업무를 처리하고, '모노크로닉(monocronic)'한 사회는 일, 절차, 스케줄을 중요시하고 선형적인 일처리를 하게 된다. 고맥락 문화는 '폴리크로닉(polycronic)'하고 비언어적 커뮤니케이션을 선호하는 반면에, 저맥락 문화는 '모노크로닉(monocronic)'하고 언어적 커뮤니케이션을 선호하는 경향이 있다.

3. 한·미 대조 분석

1) 한·미 남성의 발화

다음은 한국 원작에서 남성이 수행한 '의문문 지시화행'의 실현 양상에 관한 실제적인 예시(가 1-아 1)와, 미국 리메이크 작품 속 (원작과 유사하거나 동일한 상황 맥락에서) 남성 화자의 발화의 실현 양상에 관한 실제적인 예시(가 2-아 2)이다.

전문의는 장애를 가진 의사가 자신의 팀원이 되는 것을 못마땅하게 여긴다. 한국 원작 속 남성 화자는 시온이 의사가 될 수 없다고 단정하여 말한 후, 이를 시온 스스로 자각하고 포기하기를 종용하는 발화로 '의문문 지시화행'을 한다. 한편, 미국 작품 속 남성 화자는 Shaun이 앞으로 겪게 될 일, 그래서 스스로 꿈을 포기하게 될 일을 명시적으로 설명하면서 설득하는 발화로 '서술문 진술화행'을 한다(가 1, 가 2).

미국 리메이크 작품(가 2)는 한국 원작(가 1)과 동일한 상황 맥락 속 담화이다. 그러나 이 담화 속에서 한국 남성이 수행한 의문문 지시화행과 동일한 의도를 지닌 발화가 미국 작품(가 2)에서는 발화되지 않고 있다. 그럼에도 불구하고 미국 작품(가 2)는 전체적인 상황맥락이 한국 원작(가 1)과 동일한 담화이어서 한·미 간의 언어·사회·문화를 비교하는 비교문화 대조분석에 포함하였다.

> (가 1) 도한: 니가 지금 말한 제너럴 서전…… 넌 절대 될 수 없어. 대신! 될 수 없는 이유를 정확히 자각하는 거, 그걸 목표로 삼아!
> 시온: (큐브에 정신 팔려 있고)……
> 도한: 지금 어디 정신 파는 거야?!!!!!
> 시온: (놀라) 죄……죄송합니다.

(가 2)   Melendez: Bet you've seen many of these. I remember my first. (Kept thinking) "It doesn't get any better than this". And for you, I'm afraid, that's literally true. You're a nice kid, and you're obviously very smart, but you don't belong here. So, as long as you're part of my team, this is all you're ever going to be doing suction.

교수(회사 대표)는 강의실에서 학생의 이름을 부르며 나가도 된다고 말한다. 한국 원작 속 남성 화자는 견우가 나가봐도 되는 이유에 대한 아무런 설명 없이 앞으로 할 일(아이를 낳아서 기르다)에 대한 권고성 발화로 '의문문 지시화행'을 한다. 한편, 미국 작품 속 남성 화자는 Charlie가 취업설명회에서 나가도 되는 분명한 근거(책임감)을 들어 논리적으로 설명하는 발화로 '서술문 진술화행'을 한다(나 1, 나 2).

(나 2)의 'The Tiller King representative'는 미국 리메이크 영화 "My Sassy Girl"의 남자 주인공(Charlie)이 취직하고 싶어하는 회사(The Tiller King)의 대표이다.

(나 1)   교수님: 견우가 누구지?
견우: 네 전대여, 교수님!
교수님: 자네, 출석 인정해 줄 테니까 나가봐!
견우: 네?
교수님: 나가보라고.
견우: 왜요?
교수님: 아까 그 여학생이 자네 친구라며?
교수님: 그러니까 나가보라고.
견우: 감사합니다. 교수님!

교수님: **견우 학생, 웬만하면 낳아서 길러라, 잉?**
견우: ……?

(나 2)   The Tiller King representative: Is there a Charles Bellow in this room?

Charlie: Damn it! Yes, sir.

The tiller King representative: Mr. Bellow, I believe you'd better go with this young lady.

Charlie: I―I don't--I don't…… I don't think that'll necessary.

The tiller King representative: Oh, Mr. Bellow, I believe you had better go with his young lady. **Now, if there is anything we prize at the Tiller King Company, is a man with the strength to take responsibility for his own actions.**

Charlie: Yes, sir.

남녀는 지하철에서 진 사람이 맞는 게임을 한다. 한국 원작 속 남성 화자는 요청의 간절함을 효과적으로 표현하기 위해 애교스럽게 발화하면서 청자의 거절화행 수행 시 입게 될 체면 손상을 보호하기 위해 의문문 발화로 '의문문 지시화행'을 한다. 한편, 미국 작품 속 남성 화자는 화자 중심적 서술문 발화로 청자에 대한 신뢰를 표현함으로써 청자의 마음을 동요시켜 자신의 요청에 응하기를 구하는 '서술문 지시화행'을 한다(다 1, 다 2).

(다 1)   견우: 알았어…… 너 따귀…… 난 손가락……

그녀: 좋아, 그게 더 공평한 거지?

견우: 으응.

그녀: 온다, 온다!

　　　……금 앞에서 발을 착착 바꿔 죄다 왼발을 딛는 신병들.

그녀: 엉? 엉? 지나가는 사람이 왼발로 금 밟은 거 너 봤지? 봤지?

견우:……

그녀: ^_____^

견우: <u>꼭 때려야 돼?</u>

(다 2)　Charlie: You know what?

　　　　I know…… <u>that you don't really want to hurt me.</u>

　놀이공원에 숨어 있던 탈영병은 남녀를 우연히 만나게 된다. 한국 원작에서는 탈영병이 남녀에게 '손을 머리에 얹는 행위'에 대한 지시화행이 수행되지 않고, '조용히 하는 행위'와 '빨리 움직이는 행위'를 강하게 명령하는 부정의문문 발화로 '의문문 지시화행'을 한다. 한편, 미국 작품에서는 탈영병이 '먼저 손을 머리에 얹는 행위', '손을 머리에 얹고 움직이는 행위', 그리고 '입을 다물고 조용히 있는 행위'에 대한 직접적인 명령문 발화로 '명령문 지시화행'을 반복한다. 그러나 이때 탈영병은 그 어떤 행위보다 '먼저 머리에 손을 얹는 행위'에 대한 명령문 발화로 '명령문 지시화행'을 하고 있다. 이는 총기 소유가 법적으로 금지된 한국과 그렇지 않은 미국과의 사회문화적 차이에서 발생된 발화 및 화행의 차이이다(라 1, 라 2).

(라 1)　탈영병: 조용히 못해? 빨리 빨리 안 움직여?

　　　　　　니들 들어와! 야, 니들 앉어!

　　　　　　입 벌리는 날엔 죽여 버릴 거야! 알겠어?

(라 2) Solder: **Hands on your heads,**
Hands on your heads and move! Shut up!

탈영병이 입에 총을 물고 죽으려는 모습을 지켜본 남녀가 이러한 자살 방식에 대해 이야기한다. 한국 원작에서는 현재의 슬프고 긴박한 현실에 대해 희화적으로 대화하는 방식을 통해 로맨틱 코미디 영화의 코미디적 요소를 극대화하면서 비극적 현실을 승화하고 있다. 뿐만 아니라 이런 대화 방식을 즐기고 있는 그녀와 견우의 모습을 지켜본 탈영병이 부정의 문문 발화로 매우 강한 '의문문 지시화행'을 수행함으로써, 언어적으로는 부담성 및 강제성이 강화되는 지시화행을 수행하고 있으나, 언어적 희화성은 더욱 증가하고 있다. 한편, 미국 리메이크 영화에서는, 한국 영화와 동일한 내용의 발화가 Jordan에게서 이루어지지만, Jordan의 발화는 한국 화자들의 발화보다 훨씬 사실적이며 설명적이다. 이러한 대화 방식은, 언어의 코미디적 요소 및 희화성을 감소시키고, (한국 원작에서 보는 것처럼) 청자의 인내심 폭발을 유도하여 청자가 강제성 및 부담성이 극대화된 지시화행 수행에 언어적 방해 요인이 된다. 결국 미국 남성(Solder) 화자는 의문문 발화와 서술문 발화로 '죽으면 그만이지'라는 의미의 '진술화행'을 하고 있다(마 1, 마 2).

(마 1) 그녀: 야, 총을 입에 물고 쏘면 뒤통수 다 확 날라 간 대매?
견우: 응, 엄청나게 큰 구멍으로 뇌가 산산조각 나면서 튀어나가는 거지.
그녀: 야, 근데 총구멍은 작은데 구멍이 그렇게 커?
탈영병, 열이 확 받는다.
탈영병: **야! 너희들 지금 뭐하는 거야?** 엉?
(어이가 없어서) 이것들이 정말……

(마 2) Jordan: You know, I heard when you fire a bullet into your head, your entire kull explodes. You know, as opposed to this sort of little, red bullet-hole thing you see in the movies.

Solder: **What's the difference? You're dead!**

포로가 된 남자가 자신의 여자친구를 놓아주면 좋겠다는 제안을 탈영병에게 한다. 한국 원작 속 남성 화자는 의문문 발화로 비교적 단순하게 제안하는 '의문문 지시화행'을 수행하고 있다. 한편, 미국 작품 속 남성 화자는 (Solder(군인)이 남성화자의 눈썹이 마음에 안 들어서 포로로 삼으려는) 이 문제는 이 여자와는 아무런 상관이 없다.'는 설명적 발화를 통해 청자가 이 문제에 대해 직시하도록 설득하는 화행을 한 후, 그녀를 보내주자고 제안하는 (영어의 Let'과 같은 청유형 문장을 포함한) '명령문 지시화행'을 하고 있다(바 1, 바 2).

(바 1) 견우: (끼어들며) **저, 군인 아저씨…… 여자는 보내주죠?**

(바 2) Charlie: This is between you and me. **Let her go.**

데이트하러 나온 그녀가 높은 구두 때문에 발이 아프다고 투덜거린다. 한국 원작 속 남성 화자는 의문문 발화로 그녀에게 제안하는 '의문문 지시화행'을 수행한다. 한편, 미국 작품 속 남성 화자는 자신의 의향에 대한 진술적 발화로 그녀에게 제안하는 '서술문 지시화행'을 하고 있다(사 1, 사 2).

(사 1) 그녀: 엄마가 상품권 얻어서 산거라고 자꾸 조르기에 신었더니 발 아파 죽겠네.

견우: **다리 주물러 줄까?**

그녀: 아니, 괜찮아…… 대신 우리 신발 바꿔 신자.

견우: 그 자리를 도망가려고 하자 그녀가 붙잡는다.

(사 2) Jordan: Aw, my feet are killing me.

Charlie: **I could give you a foot rub.**

Jordan: No, no, we'll just exchange shoes.

Charlie: ……

Jordan: What?

Charlie: No! No!

Jordan: Fine!

Charlie: Fine!

바다를 보며 남녀가 대화한다. 한국 원작 속 남성 화자는 간단한 의문 발화로, 그녀 스스로 '왜 또 그런지'에 대한 생각을 이끌어 그녀의 요구가 부당하다고 알리는 효과가 있고, 그녀가 엉뚱한 행동 요구를 멈추라고 지시하는 '의문문 지시화행'을 한다. 한편, 미국 작품 속 남성은 반복되는 서술적 발화로, 사실적 근거를 들어 그녀의 요구가 부당하다고 논리적으로 반박하는 '서술문 진술화행'을 한다(아 1, 아 2).

(아 1) 그녀: 얼마나 깊을까?

견우: 글쎄?

그녀: (호기심 가득) 너 한 번 들어가 봐.

얼마나 깊은지 보고 싶어!

견우: (겁나서) **왜 또 그래?**

(아 2) Jordan: I bet the water isn't very deep. What do you think?

Charlie: Uh, I was…… I was kind of in the middle of a.
 I don't know. I don't have any way to.
Jordan: Why don't you come sit up here and tell me what
 you think?
Charlie: **That's not gonna help me fi…… It's kind of
 dangerous, actually.
 We can go to tourist information, or maybe on
 the Internet.**

2) 한·미 여성의 발화

다음은 한국 원작 속 여성이 수행한 '의문문 지시화행'의 실현 양상에 관한 실제적인 예시(A 1 - J 1)와, 미국 리메이크 작품 속 (한국 원작과 유사하거나 동일한 상황 맥락에서) 여성 화자 발화의 실현 양상에 관한 실제적인 예시(A 2 - J 2)이다.

기차역에서 대형 유리 설치 공사가 진행되는 가운데 공중에 매달려 있던 유리가 바닥으로 떨어지는 큰 사고가 난다. 유리가 공중에서 떨어지면서 마침 그때 그 밑을 지나던 소년은 유리에 맞아 정신을 잃고 바닥에 쓰러져 있다. 소년은 유리 파편이 목에 박힌 채 심한 출혈을 하고 있다. 크게 놀란 소년의 엄마가 도와 달라고 주변 사람들에게 간청한다. 한국 원작 속 여성 화자는 의문문 발화로 요청하는 '지시화행'을 한다. 한편, 미국 작품 속 여성 화자는 명령문 발화로 명시적인 도움을 구하는 '지시화행'을 하고 있다(A 1, A 2).

(A 1) 현우 엄마: 도와주세요. **아무도 없어요?** 도와주세요.

(A 2) Adam's mom: Adam?! Oh, my God! Adam?!

Somebody call 911! Oh, my God!

지하철 안에서 한 청년이 좌석에 앉아 있고, 그 앞에 어느 할아버지가 서 있다. 그 청년은 일부러 할아버지를 못 본 체하고 있다. 이를 지켜본 그녀가 그 청년에게 다가가 할아버지께 자리를 양보하라고 한다. 한국 원작 속 여성 화자는 부정의문문 발화로 '지시화행'을 한다. 한편, 미국 작품 속 여성 화자는 직접적인 명령문 발화로 '지시화행'을 한다(B 1, B 2).

(B 1) 그녀: **야, 너 얼른 안 일어나?**

(B 2) Jordan: **Hey, Hey! Give the gentleman your seat!**

그녀가 그 남자에게 만나자고 전화해서 처음 만나게 된 남녀가 음료를 주문하고 있다. 한국 원작 속 여성 화자는 상대를 위협하는 의문문 발화로 청자가 그녀의 의견을 따르기를 강요하는 부담·강제성이 매우 큰 '지시화행'을 한다. 한편, 미국 작품 속 여성 화자는 아주 짧게 상대의 의사를 무시하면서 자신의 의사를 따르기를 강압하는 서술문 발화로 '지시화행'을 한다(C 1, C 2).

(C 1) 웨이터: 뭐 먹을래?
       견우: ⋯⋯?!
       그녀: 커피 두 잔 주세요.
       견우: 전 ⋯⋯콜라⋯⋯
       그녀: **야, 죽을래?**
       견우: ⋯⋯커피요.

(C 2)　Jordan: Hmm. I'll take a red.

　　　　Charlie: Ah!

　　　　Waiter: Red for the lady. And for you, sir?

　　　　Charlie: Um, I--I think the-- I think the white.

　　　　Jordan: **So red, yeah.**

　　　　Waiter: OK then.

　남성 화자는 그녀의 부탁 때문에 할 수 없이 그녀가 쓴 글을 읽고 있다. 한국 원작 속 여성은 청자와 타협의 여지가 없는 자신의 마음을 위협적인 표현과 청자 선택형 의문문을 나열하여 발화함으로써 강한 지시적 의도를 드러내는 '지시화행'을 하고 있다. 한편, 미국 작품 속 여성은 직접적인 명령문 발화로 '지시화행'을 하고 있다(D 1, D 2).

(D 1)　견우: 뭐 이래? 글씨를 못 알아보겠어……

　　　　그녀: **죽을래? 끝까지 볼래?**

　　　　견우: 볼게!

(D 2)　Jordan: **Turn the page, already!**

　　　　Charlie: I-- Give me a minute!

　　　　Jordan: Aw! Parrots read faster than you.

　지하철 바닥에 한 아이가 립스틱으로 줄을 긋고 있다. 한국 원작 속 여성 화자는 판정의문문과 설명의문문 발화로 지하철에서 낙서하는 행위에 대한 책망·금지하는 '지시화행'을 한다. 한편, 미국 작품 속 여성 화자는 선택의문문 발화로 한국어 화자와 동일한 '지시화행'을 한다(E 1, E 2).

(E 1)   그녀: **야! 꼬마야, 지하철이 네 공책이야?**
 왜 낙서하고 그래?

(E 2)   Jordan: **Hey! Hey, kid, is this a subway platform or your**
 own personal piece of drawing paper?

엄마의 립스틱으로 지하철 바닥에 낙서한 후, 낯선 그녀에게 혼이 난 아들과 엄마의 대화이다.

한국 원작 속 여성 화자는 자신의 립스틱이 망가진 것에 화가 난 발화를 한 후, 자신의 말을 듣지 않는 아이를 혼내면서 아이의 잘못된 행동을 금지하는 '지시화행'을 한다. 한편, 미국 작품 속 여성은 아들은 잘못이 없고 아들을 혼낸 낯선 그녀가 나쁘다는 서술적 발화로 '진술화행'을 한다(F 1, F 2).

즉 한국 원작 속 여성은 자신의 아들이 공공장소에서 바람직하지 못한 행동을 함으로써 낯선 사람에게 혼이 나는 것 때문에, 자신의 '긍정적인 영구적 자기 이미지 또는 상대로부터 요구되는 성격(성품)이 인정받고 승인받고 싶은 소망(욕구)'인 '적극적 체면(Brown &' Levinson, 1987)'이 손상을 입어서 아들을 혼내고 있는 것이다. 그리고 아들에게 '왜 내 말을 자꾸 듣지 않아서 이렇게 낯선 사람에게까지 혼이 나느냐, 제발 말 좀 들어라.'고 지시하는 것이다(F 1, F 2).

한편 미국 작품 속 여성은 아들의 바람직하지 않은 행동보다는 자신의 아들을 혼내는 낯선 그녀의 행동에 집중하는 발화를 한다. 이는 보호받고 존중받고 싶은 개인의 사적인 생활을 침해하는 그녀의 행동이 무례하다고 판단한 것이고, 이로 인해 '자신의 영토에 대한 기본 권리, 개인적인 보존 및 방해받지 않을 권리 등 행동의 자유, 부담으로부터의 자유를 의미'하는 '소극적 체면(Brown &' Levinson, 1987)'이 손상을 입은 것이다. 그리고 이를 아들과의 대화에서 진술하고 있는 것이다. 이러한 양국 간 발화와 화행의 차이는 한국 사회와 미국 사회의 개인주의 및 불확실성 회피 문화의 차이에서 비롯된 것이라고 볼 수 있다. 즉 네덜란드의 인류사회학자 Geert Hofstede가 개발한 문화 차원에 의하면, 한국의 개인주의는 18점이고, 미국의 개인주의는 91점이다. 그리고 한국의 불확실성 회피는 85점이고, 미국의 불확실성 회피는 46점이다. 이는 다시 말해, '불확실성 회피와 집단주의 문화가 강한 한국은 규칙에 대한 정서적 욕구가 강한 편인 반면에, 개인주의 문화가 강하고 불확실성 회피 문화가 약한 미국은 자유와 평등을 전제하고 많은 규칙을 요구하지 않는 편으로(https://www.hofstede-insights.com/product/compare)', 이러한 상이한 사회문화적 특성이 양국 발화와 화행에 영향을 미친 것으로 볼 수 있는 대목이다(F 1, F 2).

(F 1) 꼬마 엄마: 이게 뭐야? 엄마 립스틱이잖아?
엄마 립스틱으로 장난치지 말라고 그랬잖아?
왜 이렇게 말을 안 들어?

(F 2) Kid: What did I do wrong?
Kid's mom: **Some people are bad, Tommy.**
Kid: Well-- Like Uncle Herb in jail?

그녀는 자신이 쓴 글이 재미있을 거라고 확신하고서 또다시 남자 친구에게 자신의 글을 내밀지만 남자 친구는 별로 읽고 싶지 않은 태도를 보인다. 한국 원작 속 여성 화자는 자신의 요구할 바를 더욱 강조하기 위한 전략의 일환으로 읽는 행동에 대한 부담감을 증가시켜서 결국 그녀가 원하는 바를 이루기 위한 '의문문 지시화행'을 한다. 한편, 미국 작품 속 여성 화자는 남자 친구가 흥미를 보일 것으로 확신한 바에 대한 의구심을 드러내는 발화로 확인을 구하는 '질문화행'을 한다. 이처럼 동일한 상황 맥락 속 발화에서 화행의 차이를 보이는 것은 한국과 미국의 상이한 언어적 성향에서 비롯된 것이라고 할 수 있다. 즉 미국은 명시적, 사실적, 설명적인 언어 수행의 성향이 한국에 비해 더 강하고, 한국은 간접적, 함축적인 언어 수행의 성향이 미국에 비해 더 강한 편이다(G 1, G 2).

(G 1) 그녀: 재미겠지?
견우: 또 야?
그녀: 왜? **읽기 싫어?**
견우: 재미겠다야. 읽을게……

(G 2) Jordan: Ta-da!
Charlie: Oh, good!
Jordan: What? **You don't wanna read it?**
Charlie: No, I--I--I most certainly do. Thank you.

그녀가 구두 때문에 발이 아프다고 하자 그녀의 남자친구가 그녀의 아픈 다리를 안마해 주겠다고 제안한다. 그런데 그녀가 안마보다는 신발을 바꿔 신어 달라고 부탁한다. 한국 원작 속 여성 화자는 자신의 요청을 거부하고 도망치는 상대를 붙잡고 '그러지 말고 내 부탁 좀 들어줘.'라고 부탁하는 의도의 의문문 발화를 한 후, 상대가 자신의 요청을 용이하게 승낙할 수 있도록 또 다른 제안성 발화를 하면서 계속적으로 요청하는 '지시화행'을 하고 있다. 한편, 미국 작품 속 여성 화자는 요청에 실패하자 토라진 자신의 감정을 상대가 눈치챌 수 있도록 의문문 발화로 '반응화행'을 하고 있다(H 1, H 2).

(H 1) 그녀: 엄마가 상품권 얻어서 산거라고 자꾸 조르기에 신었더니 발 아파 죽겠네.
견우: 다리 주물러 줄까?

그녀: 아니, 괜찮아…… 대신 우리 신발 바꿔 신자.
견우: 그 자리를 도망가려고 하자 그녀가 붙잡는다.
그녀: **왜, 싫어?**
견우: 남자가 어떻게 뾰족구두를 신냐?
그녀: 구겨 신어도 돼.
견우: ……아이…… 어떻게……
그녀: 그래? 알았어!

(H 2)   Jordan: Aw, my feet are killing me.
Charlie: I could give you a foot rub.
Jordan: No, no, we'll just exchange shoes.
Charlie: ……
Jordan: **What?**
Charlie: No! No!
Jordan: Fine!
Charlie: Fine!

그녀가 그녀의 남자친구에게 전화해 자신이 있는 곳으로 오라고 말하고는 전화를 끊어 버린다. 그리고 다시 전화해서 지금 오고 있는지를 확인한다. 이는 꾸물거리지 말고 빨리 오라고 재촉하는 의문문 발화의 '지시화행'이다. 한국과 미국 작품 속 여성은 동일한 발화 의도를 지닌 '지시화행'을 의문문 발화로 동일하게 수행하고 있다(I 1, I 2).

(I 1)   견우: 여보세요?
그녀: (소리) 나야, 오늘 일곱 시까지 그 까페로 와. 만나자.
견우: 왜?
그녀: 뭐? 왜? 나 오늘 남자 만난단 마랴. 사십 오분 내로 와!

견우: ……나도 여자 만난단 마랴!

끊어지는 전화.

견우의 핸드폰이 울린다.

그녀: **오고 있는 거야?**

견우: 나도 여자하고 같이 있단 마랴!

그녀: 빨리 와.

뚝 끊어지는 전화."

(Ⅰ2)   Charlie: Hi.

Jordan: Come to the restaurant near the park. Now.

Charlie: Uh, why?

Jordan: 'Cause there's someone I want you to meet.

Charlie: Who?

Jordan: A guy.

Charlie: I can't.

Jordan: Why not?

Charlie: I am out with a girl.

Jordan: No, you're not.

Charlie: Yeah, I am.

Jordan: **Are you on your way?**

극적으로 남자친구를 다시 만난 그녀는 남자 친구의 포옹을 잠시 받아 주더니 갑자기 정색을 하고 말한다. 한국 원작 속 여성 화자는 현재의 행동을 금지하는 '지시화행'을 의문문 발화로 한 후, 남자친구의 턱을 후려 친다. 한편, 미국 작품 속 여성 화자는 '날 껴안으면 안되잖아.'를 의미하는 수사의문문 발화로 '진술화행'을 한다. 그리고 남자친구의 포옹에 긍정적인 발화를 한 후, 키스를 한다. 이는 남자친구의 스킨십이 마음에 든 여성

화자가 부정적 언어 뉘앙스로 표현하는 화자의 특수한 발화로 볼 수 있다 (J 1, J 2).

한국 원작 속 여성은 미국 작품 속 여성에 비해 더 강하고 남성적인 언어·신체적 행위를 한다면, 미국 작품 속 여성은 한국 작품 속 여성에 비해 더 여성스러운 언어·신체적 행위를 한다. 이러한 한국 여성의 행동은 좋아하는 남성에게 할 수 있는 친밀함 전략에 따른 행동이며 원작의 로맨틱 코미디적 요소를 증강시키는 요인이 된다. 그러나 미국 사회에서는 한국처럼 이성 혹은 동성을 가볍게 때리거나 후려치는(?) 행동은 이상한 행동으로 여겨지고 심지어는 금기시되기도 한다. 다시 말해, 한국에서는 여성들이 (친밀함 전략으로) 좋아하는 이성 및 동성 친구를 가볍게 때리기도 하고, 친한 동성 친구와 팔짱을 끼거나 손을 잡고 걸어가는 모습을 쉽게 볼 수 있는데, 미국 여성들에게는 한국 여성들의 이러한 행동이 이해하기 어렵다. 따라서 미국 작품 속 여성은 좋아하는 남성에게 (한국처럼) 강하고 남성적인 언어·신체적 행위 대신에 여성스럽게 완화된 친밀함 전략으로 화행을 수행하고 있다고 볼 수 있다(J 1, J 2).

(J 1)   *에스컬레이터를 거슬러 올라가 그녀에게 달려가는 견우.*
그녀를 덥석 껴안는다.
그녀, 잠시 포옹을 받아주는 듯하더니—
그녀: (글썽이며) **누가 껴안으랬어?**
견우의 턱을 사정없이 날리는 그녀.
견우, 퍽 맞고 턱이 휙 돌아간다.
그녀: (미소와 눈물) 바보야! 피했어야지!

(J 2)   Jordan: Wait! **Who said you could hug me?**
Charlie: Nobody!
Jordan: I like the way you handle me. Come on!

3) 분석 결과

이 장에서는 본 연구에서 미국 리메이크 작품 속 남녀 발화의 실현 양상을 분석한 결과에 대해 기술하고 밝힌다.

(1) 미국 작품 속 남성 화자 발화의 실현 양상

한국 원작 속 남성 화자의 '의문문 지시화행'이 (동일하거나 유사한 상황 맥락을 지닌) 미국 리메이크 작품 속 남성 화자의 발화에서 실현된 양상을 분석한 결과, 미국 남성 화자의 12개 발화 중, 6개의 발화가 '진술화행(S)'으로 수행되었고, 6개의 발화가 '지시화행(O)'으로 수행되었다.

'진술화행(S)'으로 수행된 6개의 발화 중, 5개의 발화가 '서술문 형식(S.S)'으로 실현되었고, 1개의 발화가 '의문문 형식(I.S)'으로 실현되었다. '지시화행(O)'으로 수행된 6개의 발화 중, 4개의 발화가 '명령문 형식(C.S)'으로 실현되었고, 2개의 발화가 '서술문 형식(S.S)'으로 실현되었다. 아래 〈표 2〉와 〈그림 1〉은 '문장 형식'과 '화행'의 실현 양상에 관한 빈도수 조사 결과이다. 그리고 〈표 3〉은 본고 3.1에서 분석한 결과이다. 즉 본고에서는 화행을 Q (질문화행), S (진술화행), O (지시화행), R (반응화행)으로 분류하였다. 그리고 문장 형식은 I.S (의문문 형식), S.S (서술문 형식), C.S (명령문 형식)으로 분류하였다. 다만, 〈표 3〉의 (예시 1)은 한국과 미국 작품에서 동일한 상황맥락 속 담화이지만, 한국 남성이 수행한 의문문 지시화행과 동일한 의도를 지닌 발화가 미국 작품에서는 발화되지 않고 있다. 그럼에도 불구하고 (가 1)과 (가 2)는 전체적인 상황맥락이 한국 원작과 동일한 담화이어서 한·미 간의 언어·사회·문화를 비교하는 비교문화 대조분석에 포함하였다.

표 2 미국 남성의 발화

	I.S	S.S	C.S	Total
Q	0	0	0	0
S	1	5	0	6
O	0	2	4	6
R	0	0	0	0
	1	7	4	12

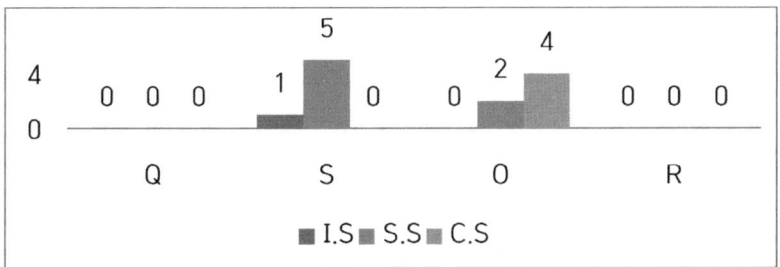

그림 1 미국 남성의 발화

표 3 미국 남성의 발화 분석

예시	문장 형식	화행
1		
2	서술문(S.S)	진술화행(S)
3	서술문(S.S)	지시화행(O)
4	명령문(C.S)	지시화행(O)
	명령문(C.S)	지시화행(O)
	명령문(C.S)	지시화행(O)
5	의문문(I.S)	진술화행(S)
	서술문(S.S)	진술화행(S)
6	명령문(C.S)	지시화행(O)
7	서술문(S.S)	지시화행(O)
8	서술문(S.S)	진술화행(S)
	서술문(S.S)	진술화행(S)
	서술문(S.S)	진술화행(S)

(2) 미국 작품 속 여성 화자 발화의 실현 양상

한국 원작 속 여성 화자의 '의문문 지시화행'이 (동일하거나 유사한 상황 맥락을 지닌) 미국 리메이크 작품 속 여성 화자의 발화에서 실현된 양상을 분석한 결과, 여성 화자의 10개의 발화 중, 6개의 발화가 '지시화행(O)'으로, 2개의 발화가 '진술화행(S)'으로, 1개의 발화가 '질문화행(Q)'으로, 1개의 발화가 '반응화행(R)'으로 수행되었다.

'지시화행(O)'으로 수행된 6개의 발화 중, 3개의 발화가 '명령문 형식(C.S)'으로, 2개의 발화가 '의문문 형식(I.S)'으로, 그리고 1개의 발화가 '서술문 형식(S.S)'으로 실현되었다. '진술화행(S)'으로 수행된 2개의 발화 중, 1개의 발화가 '서술문 형식(S.S)'으로, 1개의 발화가 '의문문 형식(I.S)'으로 실현되었다. '질문화행(Q)'으로 수행된 1개의 발화는 '의문문 형식(I.S)'으로 실현되었다. '반응화행(R)'으로 수행된 1개의 발화는 '의문문 형식(I.S)'으로 실현되었다. 아래 〈표 4〉와 〈그림 2〉는 '문장 형식'과 '화행'의 실현 양상에 관한 빈도수 조사 결과이다. 그리고 〈표 5〉는 본고 3.2에서 분석한 결과이다.

표 4 미국 여성의 발화

	I.S	S.S	C.S	Total
Q	1	0	0	1
S	1	1	0	2
O	2	1	3	6
R	1	0	0	1
	5	2	3	10

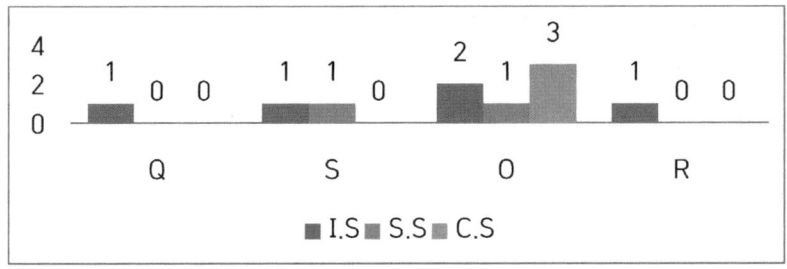

그림 2 미국 여성의 발화

표 5 미국 여성의 발화 분석

예시	문장 형식	화행
1	명령문(C.S)	지시화행(O)
2	명령문(C.S)	지시화행(O)
3	서술문(S.S)	지시화행(O)
4	명령문(C.S)	지시화행(O)
5	의문문(I.S)	지시화행(O)
6	서술문(S.S)	진술화행(S)
7	의문문(I.S)	질문화행(Q)
8	의문문(I.S)	반응화행(R)
9	의문문(I.S)	지시화행(O)
10	의문문(I.S)	진술화행(S)

4. 상이한 사회문화적 요인에 의한 한·미 남녀의 발화

이 연구는 한국 원작에서 '의문문 지시화행'이 수행될 때, 미국 리메이크 작품에서는 어떠한 발화와 화행, 그리고 문장 형식이 실현되는지를 살펴, 한·미 양국 간의 발화 양식 및 화행의 차이, 그리고 이에 영향을 미치는 사회문화적 요인을 밝히는 데 그 목적이 있다. 이를 위해, 이 연구는 한국 원작에서 남녀 '의문문 지시화행'과 미국 리메이크 작품에서 남녀의 발화를 '동일하거나 유사한 상황 맥락'에서 대조 분석하였다. 그 결과,

한·미 남녀의 발화 및 화행에 다음과 같은 차이점과 공통점이 나타났다.

한국 작품에서 남성이 의문문 지시화행을 수행할 때, 미국 리메이크 작품에서 남성은 한국 남성처럼 지시화행으로만 수행하지 않고, 진술화행과 지시화행을 같은 빈도로 수행하였다. 그리고 미국 남성이 진술화행을 수행한 문장 형식은 주로 서술문이었다. 또한 미국 남성은 지시화행을 한국 남성처럼 의문문 형식으로 수행하지 않고 명령문과 진술문 형식으로 수행하였다.

한국 작품에서 여성이 의문문 지시화행을 수행할 때, 미국 리메이크 작품에서 여성은 한국 여성처럼 지시화행으로만 수행하지 않고 질문·진술·지시·반응화행을 모두 수행하였다. 그러나 이 중에서 지시화행의 수행 빈도가 가장 높았다. 그리고 미국 여성이 지시화행을 수행하는 문장 형식은 한국 여성처럼 의문문도 있었으나 명령문이 더 많았다.

한·미 간 발화 양식의 차이를 살펴보면, 한국인들의 발화는 대체적으로 짧고 간략하면서 함축적인 경향이 두드러진 반면에, 미국인들은 명시적이고 사실적이면서 구체적으로 설명하는 경향이 더 두드러졌다.

이러한 양국 간 발화 양식의 차이는 미국 여성보다는 미국 남성에게서 더 뚜렷하게 발견되었다. 즉 미국 남성은 명시적이며 사실적으로 발화하는 경향, 그리고 어떠한 주장을 할 때에도 분명한 근거를 들어 논리적으로 하는 경향이 한국 남성보다 더 두드러졌다.

한·미 발화에 나타난 이러한 차이는 양국 간의 상이한 사회문화적 요인에 기인한다고 할 수 있다. 예컨대, 문화 인류학자 Hall(1976)에 의하면 고맥락 문화 사람들은 서로 간의 긴밀한 유대 관계로 의미 깊은 간단한 메시지로 정보를 널리 공유하고 의사소통 방식은 보다 암시적이고 간접적이다. 그러나 저맥락 문화 사람들은 개인적이고 다른 사람과의 긴밀한 관계가 상대적으로 적고 의사소통 방식은 보다 명시적이고 직접적이며 개인적이지 않다(E. Hall, 1976). Hall의 이러한 관점에서 보면 미국은 저맥락 문화이고 한국은 고맥락 문화로서, 이러한 상이한 문화는 양국의 발화 양식 전반에 영향을 미치고 있음을 알 수 있었다.

또한 본고 2.2에서, '한·미 여성의 발화' 예시(F)와 예시(G)에서도 양국 간의 사회문화적 차이에 기인한 양국 화자들의 발화나 화행의 차이 및 행동 양식의 차이를 볼 수 있었다. 예컨대, 예시(F)에서 한·미 그녀는 지하철 바닥에 낙서하는 처음 본 아이에게 낙서하는 행위를 금지하는 매우 강한 지시화행을 수행한다. 그런데 이때 양국의 화자(아이의 엄마)는 전혀 다른 반응·발화·화행의 양상을 보인다. 즉 한국 화자는 자신의 아이를 크게 혼내며 아들의 현재 행동을 금지하는 지시화행을 수행하였고, 미국 화자는 아이를 혼내는 그녀가 나쁜 사람이라고 말하는 진술화행을 수행하였다. 이러한 차이는, 한국이 상대적으로 강한 집단주의와 불확실성 회피 문화로 인해 규칙에 대한 정서적 욕구가 강한 반면에, 미국은 상대적으로 강한 개인주의와 약한 불확실성 회피 문화로 인해 자유와 평등을 전제하고 많은 규칙을 요구하지 않는, 양국 간의 상이한 사회문화적 요인에 의한 차이로 볼 수 있는 대목이었다.

그리고 예시(G)에서 보이는 한국 여성과 미국 여성의 화행과 행동 양식의 차이는, 미국과 한국의 서로 다른 남성성 문화의 차이에 의한 것으로 볼 수 있었다. 즉 Hofstede의 문화 모델에 의하면, 미국이 한국보다 남성성 문화가 더 강하다. 이는 다시 말해 미국 여성이 한국 여성보다 여성스러운 측면이 더 강하다고 할 수 있다. 이러한 상이한 사회문화적 배경은, 한·미 간 (남자 친구가 그녀를 껴안는) 동일한 상황에서 한국 여성은 '껴안지 마.'라고 명령하는 지시화행을 수행하였고, 미국 여성은 '껴안으면 안되잖아.'라고 주장하는 진술화행을 수행하는 차이로도 나타났다. 뿐만 아니라 자신을 껴안은 남자 친구에게 한국 여성은 턱을 후려치는 강한 남성적 행동을 하고, 미국 여성은 처음에는 거부하는 듯하다가 남자 친구의 행동을 수용하는 상대적으로 여성적인 행동을 보이는 행동 양식의 차이로도 나타났다.

결론적으로, 본고는 한·미 양국 남녀 발화가 (동일하거나 유사한 상황

맥락에서) 실현되는 양상에 어떠한 차이가 있고, 이러한 차이는 어떠한 사회문화적 요인에 의해 발생하는가를 살핀 결과, 한·미 남녀 발화의 문장형식, 화행, 발화 양식 및 행동 양식에는 명백한 차이가 있고, 이러한 차이는 고맥락·저맥락, 집단주의·개인주의, 불확실성 회피, 남성성과 같은 상이한 사회문화적 요인이 영향을 미치고 있음을 알 수 있었다. 따라서 한국어 교육에서는 미국인 학습자들을 위한 의문문 지시화행 교육을 할 때에 이러한 문화적 차이에 대한 인식 교육을 병행해야 할 필요성이 있고, 차후의 연구 과제 또한 이러한 문화적 차이를 반영한 한국어 의문문 지시화행에 대한 교육 설계 및 교육 방안이 되어야 함을 밝힌다.

참고문헌

권재일(2002). "한국어 의문문의 실현 방법과 그 언어유형론적 특성", *한글 257*, 167-200.
임은영(2017). "한국어와 영어의 의문문 대조연구", 전남대학교 석사학위논문.
_____(2020). "한국어 의문문 화행: 한·영 비교문화화용론적 관점에서", 동신대학교 박사학위논문.
_____(2021). "리메이크 영화와 드라마 속 한·미 남녀 발화의 비교문화적 화행 연구 - 한국어 의문문 지시화행을 중심으로", *문화와융합* 43(9), 215-239.
전은주(2013). "드라마 직장 대화에 나타난 질문 화행 분석", *화법연구 22*, 221-257.
황선대(2004). "문화모델의 비교연구", *사회과학연구 18*, 173-186.
Brown, P. & Levinson, S.(1987). *Politeness: Some universals in languageusage*, Cambridge: Cambridge University Press.
Hall, E. T.(1976). *Beyond culture*, New York: Anchor Books.
_____(2013). *생명의 춤*, 한길사.
Hofstede, G. 차채호, 나은영 역(2010). *세계의 문화와 조직 [Culturesandorganizations: Softwareofthemind]*, 학지사.
Thomas, J.(1983). "Cross-cultural pragmatic failure", *Applied Linguistics* 4, 91-112.
신씨네(제작사). 곽재용(감독)(2001), 엽기적인 그녀, [영화] 서울: 아이엠 픽쳐스.
이홍구(제작자). (2013. 8. 5.~2013. 10. 8.), 굿닥터, 서울: KBS.

Lee, R.(Producer). Yann Samuell.(Director)(2008). My Sassy Girl, [Film], 20th Century Fox Home Entertainment.

Hoffstede insights. https://www.hofstede-insights.com/product/compare.

Shore, D.(Producer)(2017. 9. 25.~2018. 3. 26.). Good Doctor, America: ABC Studios.

● 이 장은 문화와융합 학술지 43권 9호에 실린 필자의 논문(임은영, 2021)을 바탕으로 재구성되었다.

2부
공적 리터러시의 진화

06장
한국어 교재 개발에서 문화 다양성 반영 사례 연구 | **이미혜**

07장
여성결혼이민자를 위한 한국 경조사 어휘장 구축에 관한 연구 | **김의숙**

08장
유튜브 방송과 독서의 융합 방안 | **윤신원**

09장
1950년대 '글 쓰는 여성'의 문화적 의미 연구 | **김윤경**

10장
제도의 문체와 지식인의 글쓰기 | **박영순**

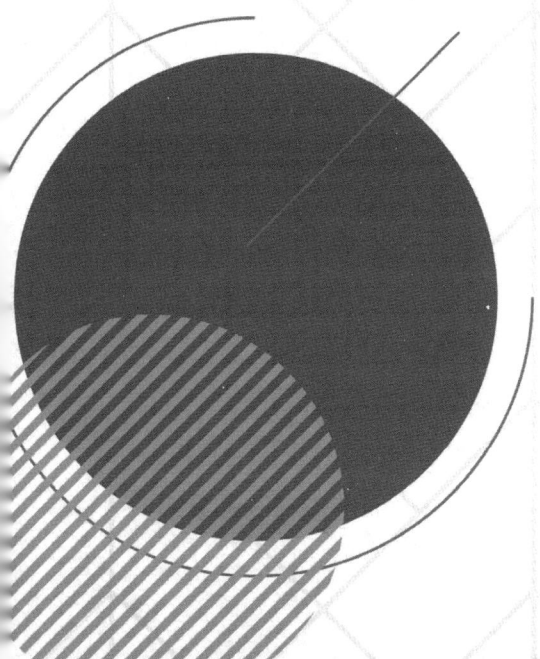

06장

한국어 교재 개발에서 문화 다양성 반영 사례 연구

1. 한국어 교재와 문화 다양성

　문화 다양성(cultural diversity)은 흔히 인류 사회가 다양한 문화로 구성되어 있다는 현상을 표현하는 비교적 중립적인 용어로 인식되지만, 단지 현상 기술적인 의미를 넘어서 다양한 문화를 가치 있는 것으로 인정하고 유지해야 한다는 가치 판단을 내포하는 개념이다(박윤경, 성경희, 조영달, 2008:6). 따라서 한국어 교재 개발 과정에서도 단순히 다양한 문화를 포함해야 함을 넘어서 다양성을 가치 있게 다루고 편견과 고정관념이 포함되지 않도록 경계해야 한다.

　문화는 생활양식의 총체이므로 문화 다양성은 성, 인종, 계층, 종교, 지역, 언어, 장애 여부 등을 포괄한다. 최근 사회적으로 성인지 감수성이 높아지면서 한국어 교재 연구에서도 성평등 인식을 반영해야 한다는 지적(박덕재, 2009; 기준성, 2018; 김혜진, 2014; 박은하, 2015; 박혜란, 남은영, 2019)이 활발히 이루어지고 있다. 그러나 '성'을 넘은 문화 전반에 대한 관심은 아직 부족한 현실이며, 단순히 문제점 분석을 넘어 문화 다양성을 교육 자료에 어떻게 반영해야 하는지, 교재 개발 시에 어떤 오류가 발생하며 어떤 점을 주의해야 하는지에 대한 논의는 거의 이루어지지 않고 있다.

『사회통합프로그램(KIIP) 한국어와 한국문화』 교재는 이민자를 위한 사회통합프로그램용 교재이다. 사회통합프로그램은 법무부가 주관하는 교육 프로그램이지만 국립국어원 주관으로 교재 개발이 이루어져, 2020년 12월에 총 13권의 교재를 출간하게 되었다. 이민자 대상의 교재라는 특수성을 고려해 국립국어원은 성인지 감수성 및 문화 다양성 감수를 주관하고 그 결과를 연구에 반영하도록 하였다. 특히 문화 다양성 감수는 처음 실시된 것이기 때문에 다문화 전문가들이 한국어 교재에서 검토할 '문화 다양성'이 무엇인지에 대한 논의부터 진행한 것으로 알고 있다. 문화 다양성 감수 과정에서 발견된 교재의 부족한 점을 수정·보완하면서 교재 개발 과정에서 문화 다양성을 어떻게 반영해야 하는지, 어떤 오류들이 빈번히 발생하며 그 이유는 무엇인지를 파악하였고 그 사례를 본 논문을 통해 공유하고자 한다.

본고는 『사회통합프로그램(KIIP) 한국어와 한국문화』라는 특정 교재의 개발 사례이므로 우선 이 교재가 갖는 특성과 교재 개발 절차를 소개하고, 문화 다양성의 개념과 세부 내용이 무엇인지, 한국어 교육에서 관련 연구가 어떻게 이루어졌는지를 살펴보고자 한다. 그리고 문화 다양성 감수 내용을 교재에 어떻게 반영하고 수정했는지 살펴보고 사례에 근거한 시사점을 정리할 것이다. 이러한 사례 연구를 통해 한국어 교재 개발자에게 문화 다양성을 반영하기 위한 구체적인 방법과 자료를 제공해 줄 수 있을 것이며, 또한 한국어 교육 전문가의 문화 다양성 인식을 제고하여 관련 연구를 촉진하는 데도 기여할 것으로 생각된다.

2. 교재 특성과 교재 개발 과정

  사회통합프로그램은 결혼이민자, 근로자, 유학생, 전문인력, 재외동포 등 국내 체류 이민자를 대상으로 하는 법무부 주관의 교육 프로그램이다. 교육 이수자에게 체류 허가 및 영주권·국적 부여 혜택을 제공하는 등 이민정책과 연계되어 있어, 교육과정의 교육 내용과 교육 이수를 엄격하게 관리한다. 지정 교재를 시수에 맞게 사용하도록 하고, 학생들의 출결이나 평가도 엄격하게 관리하고 있다.

  사회통합프로그램은 '한국어와 한국문화' 과정과 '한국사회이해' 과정으로 이루어진다. 0~4단계인 '한국어와 한국문화' 과정은 총 415시간으로 0단계(기초, 15시간), 1단계(초급1, 100시간), 2단계(초급2, 100시간), 3단계(중급1, 100시간), 4단계(중급2, 100시간)로 이루어져 있다. 이 과정의 지정 교재는 2009년에 사회통합프로그램이 시범 운영된 이래 세 차례에 걸쳐 개정되었는데, 『사회통합프로그램(KIIP) 한국어와 한국문화』 교재는 가장 최근에 개발된 것으로 2021년 1월부터 전국의 운영기관에서 사용되고 있다.

  교재 개발 사업은 국립국어원 주관으로 진행되었다. 2018년에 기초 연구를 진행하고, 2019~20년에 본격적으로 교재 개발 연구가 이루어졌다. 교재 개발 절차를 간략하게 도식화 하면 〈그림 1〉과 같다.

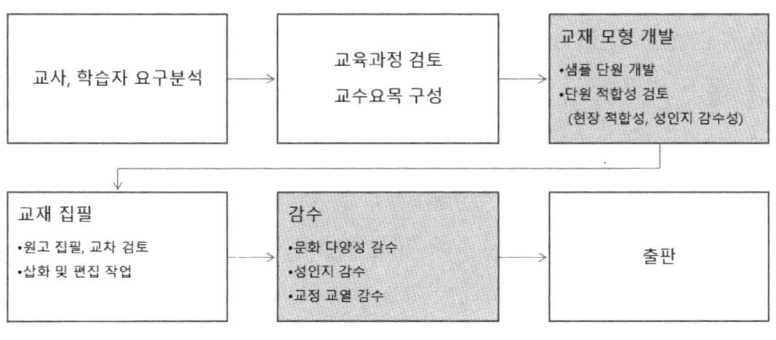

그림 1 교재 개발 절차

교재 개발 첫 단계로 사회통합프로그램 교육 현장의 교사, 학습자 대상으로 요구 조사를 실시하고 이를 바탕으로 기존 교육과정을 검토하고 교수요목을 구체화하였다.

교재 모형을 개발하기 위해 등장인물을 구성했으며, 각 권의 샘플 단원을 집필하여 삽화 제작 및 편집을 하였고, 사회통합프로그램 현장 교사와 전문가 자문을 받아 수정·보완하였다. 교재 모형 개발 단계에서 문화 다양성 감수를 거치지는 않았지만 성인지 감수성에 대한 검토를 거쳤다. 결혼이민자, 근로자, 유학생 등 다양한 이민자가 등장인물로 등장하기 때문에 이민자 유형(체류 자격)과 국적, 성별, 연령 등 고려할 점이 많다 보니 등장인물 구성에도 많은 시간을 할애하게 되었으며, 등장인물의 이미지를 정하는 것도 쉽지 않았다. 그래도 본격적인 집필 이전에 모형 개발 단계에서 등장인물을 검토한 것은 등장인물 설정에서 드러날 수 있는 성차별적 요소와 문화적 편견을 시정하는 계기가 되었다.

단원을 집필하고 삽화와 편집 작업을 하는 과정에서 4~5차례의 연구진 간 교차 검토 및 수정이 이루어졌다. 그리고 1차적으로 완성된 교재 편집본으로 전문가 감수를 진행했는데 이 단계에서 다문화 전문가의 문화 다양성 감수가 진행된 것이다.

교재의 특징적인 부분으로 이 장에서는 등장인물 구성과 주제 설정을 간략히 살펴보겠다. 사회통합프로그램은 모든 이민자를 대상으로 하므로 교실 수업에 참여하는 학습자의 연령, 학습 능력, 학습 속도, 학습 양식, 학습 배경 등이 다양한 것이 특징이다(이미혜, 2019:808). 다양한 이민자 변인을 고려해야 하는 부담은 등장인물 선정이나 내용 구성 과정에서도 고스란히 나타난다. 학습자는 자신의 역사적, 문화적 경험을 접할 때 강하게 동기가 유발되며 높은 성취를 이루게 되므로 이민자들의 모습과 이야기를 교재에 반영하는 것은 중요한 과제이다. 이러한 점을 고려하여 주요 등장인물은 사회통합프로그램의 주요 학습자인 결혼이민자, 근로자, 유학생 및 전문인력 등으로 구성하고, 이민자가 한국어 선생님을 중심으로 교실 내에서 수업하는 상황, 교실 밖에서 가족, 이웃, 직장 동료 등 한국 사회 구성원과 소통하는 상황을 담는 것으로 계획하였다.

사회통합프로그램 참여자 2,500여 명을 대상으로 설문조사를 실시한 자료를 보면 이민자 국적이 53개로 조사되었고 체류 자격도 비자 유형이 20개 이상으로 집계되었다(이미혜, 2019:816). 이러한 양적 조사 결과를 바탕으로 하고 현장 교사들이 의견을 수렴하여 등장인물의 국적, 인종을 구성하였다. 결혼이민자 중에서 가장 많은 비중을 차지하는 국가가 중국, 베트남이고 그 다음이 일본과 필리핀이 순서임을 고려하여 다문화 가족을 구성하였고, 근로자의 국적이 결혼이민자와 중복되어 특정 국가에 치우치는 것을 방지하기 위해 우즈베키스탄, 방글라데시로 정하였다. 그리고 현장 교사들의 조언에 따라 근로자의 직업은 새시 공장 직원과 이삿짐센터 직원으로 정하였다. 초기의 등장인물 구성은 〈그림 2〉와 같다.

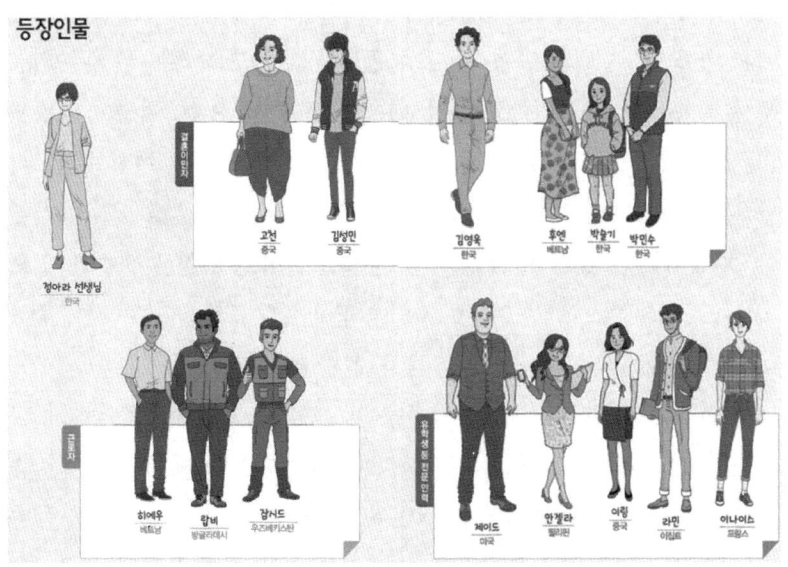

그림 2 초기의 등장인물

다문화가족으로는 고천(중국)과 후엔(베트남) 가족이 등장하며, 근로자인 히우에(베트남, 택배회사 직원), 랍비(방글라데시, 새시 공장 직원),

잠시드(우즈베키스탄, 이삿짐센터 직원)가 등장하는 것을 볼 수 있다. 또한 유학생으로 라민(이집트), 아나이스(프랑스)가 등장하며 그 밖에 안젤라(필리핀, 무역회사 직원), 제이슨(미국, 영어 강사)이 전문직에 종사하는 이민자로 등장한다.

그러나 등장인물을 구성하고 교재 모형을 개발한 후 전문가 자문을 거치는 과정에서 문화 다양성을 반영하지 못한 점이 발견되어 전문가 의견을 수렴하여 수정, 보완하게 되었다.

첫째, 등장인물을 제시할 때 이민자 집단을 구분 짓지 말고 섞어서 배열해야 하며, 내용 구성에서도 이들 간의 상호작용을 담아야 한다는 지적에 따라 인물도를 수정하였다. 둘째, 다문화 가정 모습에 한부모 가정을 포함하여 다양한 가족 모습을 제시하는 것이 좋겠다는 의견을 수렴하여 한부모 가정으로 안젤라 가정을 추가하였다. 셋째, 남녀 간, 동남아시아 근로자와 서양권 이민자 간의 체격 차이를 크게 부각하지 않음으로써 이에 대한 고정관념을 반영하는 오류를 범하지 않도록 해야 한다는 의견을 반영하여 인물의 외모를 수정하고 집필하였다. 넷째, 여성이 남성에 의존적인 모습으로 그려진 듯하며, 여성의 의상, 태도 등에 여성성이 드러난다는 지적을 반영하여 자립적이고 적극적인 여성의 모습을 담고자 하였다. 다섯째, 근로자의 열악한 작업 환경이나 작업복 입은 모습을 필요 이상으로 담지 않도록 하고, 근로자의 다양한 일상 모습을 담는 것이 좋겠다는 의견을 수렴하여 삽화 및 내용에 반영하였다.

이러한 수정 방향에 따라 등장인물을 〈그림 3〉과 같이 재구성하게 되었다. 주요 등장인물을 설정하는 과정에서 이민자들이 체류 자격별 비중이나 국적 등은 변하지 않았지만 가족 구성의 모습이나 외모, 태도 등이 많이 수정된 것을 확인할 수 있다. 이러한 인물 구성의 변화는 자신을 소개하는 장면, 대화문 구성 등에도 영향을 미쳐 적극적이고 자립적인 태도를 갖는 데 영향을 주었다.

그림 3 수정된 등장인물

    다음으로 교재의 내용 구성 측면을 보면, 이민자들이 한국 사회에서 경험하는 일들 중 공통된(이민자 집단에게 포괄적으로 적용 가능한) 내용을 주제로 선정하고, 과제 활동을 고안했으며, 단원별 주제와 관련된 한국 문화와 정보를 포함하는 것을 원칙으로 하였다. 이러한 방향 설정은 사회통합프로그램 참여자 집단이 다양하므로 집단별 특성을 반영한 특화된 주제(내용)은 별도의 보조 자료를 활용하는 것이 타당하다는 논의의 결과이다. 따라서 교재의 주제는 「국제 통용 한국어 표준 교육과정」에서 제시한 숙달도별 주제 범주에 맞게 구성하되 이민자와 관련된 소주제(하위 주제)를 단원 주제로 부각시킴으로써 이민자 대상 교육 내용으로 차별화를 꾀하였다.

    초급 1에서는 '인사, 교통, 음식, 주말, 쇼핑' 등 개인의 기본적인 생활과 관련된 주제와 기초적인 복지 생활을 영위하기 위한 '병원, 공공장소' 등의 주제를 다루며, '한국 생활'이라는 주제를 명시적으로 드러내서 고향과는 다른, 한국 생활의 정보를 공유하고 생활 적응을 유도하였다. 초급 2에서는 공공장소에서의 간단한 과제 수행이 가능하도록 하고 '우체국과 은행, 공공기관, 행사' 등의 주제를 다루었으며, '명절, 초대와 방문, 실수와 경험'

등의 주제를 통해 한국 문화와 적응에 관련된 내용을 다루었다. 중급 1에서는 이민자들에게 친숙하고 필요한 사회적 주제, 사회적 관계에 초점을 맞추며, 대부분의 이민자에게 공통적으로 필요한 '복지, 주거, 취업, 직장, 고민과 상담' 등의 주제를 다루었다. 중급 2에서는 일반적인 사회적 주제로 '가족의 변화, 생활 속의 과학, 현대인의 질병, 정보화 사회, 교육 제도, 환경 보호' 등을 다루었다. 그리고 사회 구성원으로 지켜야 할 '법과 질서', 정치 참여와 관련된 '선거와 투표'를 다루고 '한국 생활 적응, 이민 생활' 등 이민 생활 문제를 부각하여 다루었다(이미혜 외, 2020:20).

3. 문화 다양성의 개념과 요소

1) 한국어 교재의 문화 다양성 분석 연구

유네스코는 2001년 31차 총회에서 '세계 문화 다양성 선언'을 채택하고 문화 다양성을 인류 문화의 핵심 가치로 설정하였다. 문화 다양성은 언어나 의상, 전통, 사회를 형성하는 방법, 도덕과 종교에 대한 신념, 주변과의 상호작용 등 사람들 사이의 문화적 차이를 포괄하는 것으로 인류의 지속적인 발전에 중대한 가치를 갖는다는 것이다(이정금, 이병환, 2020; 권희옥, 권혁일, 2014). 학교 교육에 문화 다양성을 반영하고 교사의 문화 다양성 태도를 제고하려는 노력 속에서 문화 다양성을 개념은 좀더 명료해졌다. Banks(2008:1)는 다양성이 국가의 자산을 풍부하게 하고 사람들이 개인적, 공적 문제를 인식하고 해결하는 방식을 풍부하게 한다고 하였다. 아울러 모든 사람에게 타문화를 체험할 수 있는 기회를 제공하고 문화적, 인종적으로 편협한 상태에서 벗어나게 하며 타문화의 관점에서 자문화를 바라보게 하여 자기 이해를 증진시킨다고 하였다. 이렇게 다문화 교육에서 강조하는 문화 다양성은 다양한 문화를 가치 있는 것으로 인정하고 유지해야 한다는 가치 판단을 내포하는 개념(박윤경, 성경희, 조영달, 2008:6)으로 이해되고 있다.

한국어 교육 연구에서는 문화 다양성을 어떻게 접근하고 있는가? 한국어 교재와 관련한 문화 다양성 선행 연구를 살펴보면 문화 요소 중 주로 '성'에 초점을 두고 있으며, 성에 대한 편견이나 남성 중심의 문화를 비판적으로 분석하고 대안을 제시하는 방향으로 문화 다양성을 연구하고 있다. 출간 교재를 대상으로 문화 다양성을 양적, 질적으로 '분석'하는 연구들이 많은데 최근 연구로 올수록 성 이외에 직업, 연령, 국적의 다양성을 다루고 이러한 문화 요소가 '균형 있게, 평등하게, 편견 없이' 다루어져야 함을 주장하고 있다.

조남민(2011)은 2000년대 초·중반에 개발된 대학 부속 기관의 한국어 통합 교재를 대상으로, 성별에 따른 '호칭어/지칭어, 직업, 행위 묘사, 남녀 대상 표현'을 분석해서 문화적 인식이 어떻게 반영되어 있는지를 살펴보았다. 성별 언어 분석이라고 볼 수 있다. 왕혜숙, 콰지에하오(2019)는 미국대학에서 사용하는 한국어 교재 2종을 대상으로 성차별적 요소가 어떻게 드러나는지를 분석했는데, 남성과 여성의 텍스트 등장 횟수, 남성과 여성의 그림 등장 횟수, 남성과 여성이 먼저 발화하는 횟수, 남성과 여성이 문장의 주어 또는 목적어로 등장하는 횟수, 남성과 여성의 형용사와 부사 사용 횟수 등으로 살펴보았다. 그리하여 교재 간에 어떤 차이가 있는지를 보았는데 여성이 남성에 비해 상대적으로 출현 빈도가 낮거나 정형화된 이미지로 묘사되는 경향이 있다고 하였다.

기준성(2018)은 대화문을 대상으로 성적 요소를 분석하였다. 결혼이민자 대상 한국어 교재에서 부부간 대화 양상을 분석하면서 남편과 아내가 동등한 위치에서 상호작용하지 못하고 남성이 주도권을 쥐는 등 성차별적인 요소가 있음을 지적하였다.

성 고정관념을 언어 내적, 외적으로 좀더 다양한 측면에서 살펴본 연구로는 김해진(2014)이 있다. 일반목적 중급 교재 등장인물에 나타난 성 고정관념을 분석하였는데 대화 외적 영역으로는 여성과 남성의 출현 빈도, 외모, 태도와 성격, 감정 표현하기, 활동, 직업, 사회적 지위와 역할, 가정 내 모습은 어떠한지를 살펴보고 대화 내적 특징으로는 대화 개시자, 대화 내 주요 등장인물, 목표 문법 발화, 청유형 문장 발화, 성별 대화 주제를 살펴보았다.

'성'을 넘어 문화의 다양한 측면을 분석한 연구로 박선옥(2013)이 있다. 한국어 교재 등장인물의 국적, 성별, 나이, 직업 분포를 양적으로 분석했는데 학습자의 실제 국적 분포를 고려하지 않고 등장인물의 국적을 정했으며, 등장인물에 고령의 인물이 포함되지 않은 점, 등장인물의 직업이 다양하지 않고 유사한 직업군에 한정된 점을 지적하는 정도로 성 이외의 문화 요소를 포함하였다. 박은하(2015)도 성 이외의 지역, 계층 등을 포함했는데 분석 교재를 결혼이민자, 이주노동자, 북한이탈주민 대상 교재로 삼았다. 세 교재 모두 성역할에 대한 사회적 차별이 심하게 반영되어 있음을 지적하고, 그 외에 지역 요소로 지방이나 지역 언어에 대한 부정적 인식이 드러나는 점 등을 지적했으며, 각 교재에서 등장하는 사람의 사회적 계층이나 경제적 지위가 다름을 언급하였다.

사회통합프로그램 교재를 대상으로 분석한 박혜란, 남은영(2019)은 개편 전 교재인『이민자를 위한 한국어와 한국문화』를 대상으로 문법 예문, 읽기 지문, 듣기 지문, 삽화를 살펴보았으며, 성 고정관념을 분석하고 집필진의 인식 개선이 필요함을 주장하였다.

한국어 교재를 대상으로 문화 다양성을 다룬 연구들은 교재에 다양한 문화 현상을 객관적으로 편견 없이 다루어야 한다는 점에서는 같은 입장을 취하고 있다. 그러나 문화 다양성을 교재에 어떻게 반영할지, 어떤 기준으로 분석하고 평가할지에 대해서는 충분히 논의가 이루어지지 않은 상태라고 생각된다.

2) 한국어 교재의 문화 다양성 감수 기준

『사회통합프로그램(KIIP) 한국어와 한국문화』 교재 개발 과정에서는 교재의 1차 편집본을 완성한 후에 국립국어원 주관으로 문화 다양성 감수를 진행하였다. 다문화 전문가를 섭외하고, 전문가 간에 문화 다양성 평가 기준을 협의한 후에 교재 네 권에 대해 평가하는 방식으로 진행하였다. 그리고 감수 결과를 문서로 받아 연구진이 검토하고 수정, 반영 여부를 정하면 국립국어원에서 최종적으로 확인하는 과정을 거쳤으며, 텍스트 및 이미지 수정을 진행하였다.

문화 다양성 검토 기준을 소개하면 다음과 같다(이미혜 외, 2000e:91).

- 평가 영역: 텍스트(내용), 이미지(삽화, 사진 등)
- 평가 대상: 피부색 · 외모, 민족 · 인종 · 종족 · 국적, 언어, 종교, 지역(도시/농촌), 계층, 세대 · 연령, 성별, 종교, 장애
- 평가 기준: 다양성, 고정관념과 편견, 집단 간 상호작용

문화 다양성 감수 기준인 '다양성, 고정관념과 편견, 집단 간 상호작용'에 대한 구체적인 설명은 없었지만 감수 결과를 통해 집필진이 이해하고 해석한 바를 바탕으로 한국어 교재에 반영할 문화 다양성에 대해서 살펴보고자 한다.

문화 다양성은 다양한 문화(인종, 민족, 성, 장애 여부, 연령, 계층, 종교 등)를 포함하는 것에서 출발한다. 하지만 다양한 문화를 균등하게 포함하는 양적 차원의 문제가 아니라 다양한 문화를 가치 있게 다루려는 질적 차원의 접근을 포함해야 한다. 이는 특정 문화를 중심(표준)으로 제시하거나 타 문화를 부정적으로 기술하지 않아야 하는 것과도 연관된다. 한 예로 동남아시아 근로자가 교재에 많이 등장한다고 해도 이들의 외모를 서양인에 비해 왜소하게 표현하거나 시장, 작업장 등 상대적으로 열악한

장면에 출현한다면 문화 다양성을 온전히 반영했다고 보기 어렵다.

문화 다양성을 반영하려면 특정 문화를 왜곡된 시선으로 기술하여 고정관념, 편견을 드러내는 오류를 범하지 않아야 한다. 교재 개발자가 의도하지 않았다고 해도 사회 전반에 부정적 인식이 팽배한 상황에서는 고정관념이나 편견이 반영될 가능성이 있고, 잘못된 점을 인지하고 수정하는 능력을 잃을 수도 있다. 무의식적인 고정관념이나 편견이 교재에 반영되는 것을 가장 경계해야 하는데 삽화를 제작하는 과정에서 특히 주의해야 할 부분이다.

다양한 인종이나 국적의 등장인물이 출현하고 이들에 대한 왜곡된 기술이 없다고 할지라도 집단 간에 상호작용이 활발하지 않거나, 특정 유형의 상호작용만 이루어진다면 다양성의 반영이라고 보기 어렵다. 예를 들어 결혼이민자는 결혼이민자나 한국어 교사, 가족과만 이야기를 나눈다거나, 유학생은 유학생끼리 관계를 맺는다면 바람직하지 않은 것이다. 또한 상호작용 시에도 이민자는 도움을 구하는 사람으로 등장하고 한국인은 조언자로 그려진다면 다양한 상호작용이 반영된 것으로 보기 어렵다. 다양한 문화 집단 구성원 간의 의사소통 상황을 포함하려면 이민자 집단 간의 대화가 포함되고, 두 명 이상의 세 명 간의 대화를 반영해야 하는 것이 좋다. 또한 서로 갈등하는 상황, 경쟁하는 상황, 협력하거나 지지하는 모습, 정보나 생각을 교환하는 것 등 다양한 상호작용을 포함하는 것이 필요하다. 다양한 이민자, 다양한 문화는 사회의 한 단면, 구성원으로 존재하는 것을 넘어서 서로 교류하고 관계를 맺을 때 의미 있기 때문이다.

4. 문화 다양성 반영 사례

1) 교재 반영 사례

교재 개발 과정에서 문화 다양성 감수를 거치며 텍스트와 이미지 자료를 수정·보완하게 되었다. 먼저 '다양성' 측면에서 지적받은 점과 수정된 내용을 살펴보면, 여성과 남성 출현 수에 있어서는 문제가 되지 않았지만 특정 장소, 직업, 상황에서 여성과 남성의 비율이 불균형을 이루는 경우가 있어 수정이 이루어졌다. 예를 들면 여성 종업원이 많이 등장하거나 사무실 장면에서 남성이, 카페나 시장 장면에서는 여성이 더 자주 등장하는 경우가 있었는데 성역할에 대한 고정관념을 강화할 수 있다는 지적에 따라 수정하였다.

등장인물 설정에서부터 등장인물의 국적을 신중하게 정했기 때문에 국적은 대체로 다양하게 출현한 것으로 보인다. 그런데 국적이 달라도 외모가 동질적이라서 인종의 다양성을 표현하지 못하는 문제가 발견되기도 하였다. 〈그림 4〉는 중급 2단계의 '한국 생활 적응' 단원에서 이민자들이 한국 생활 초기의 경험을 이야기하는 장면이다. 남자 4명, 여자 5명이 등장하는데 남자는 서양권과 동양권 외모가 명확하게 드러나는 반면에 여자 5명은 아시아계 이민자들이 많아서 피부색이나 외양이 동질적으로 보인다는 지적이 있었다. 중국, 필리핀, 베트남 등의 국적을 표현하다 보니 인종, 외모에 있어서는 상대적으로 동질적으로 보여지는 것이다. 이러한 문제를 해결하기 위해 백인이나 흑인, 아랍계 여성을 포함하는 것으로 수정하였다. 이러한 문제는 교육 자료에 등장하는 주변 인물들의 인종과 외모를 어떻게 계획할지 세밀한 검토가 필요함을 알게 한다.

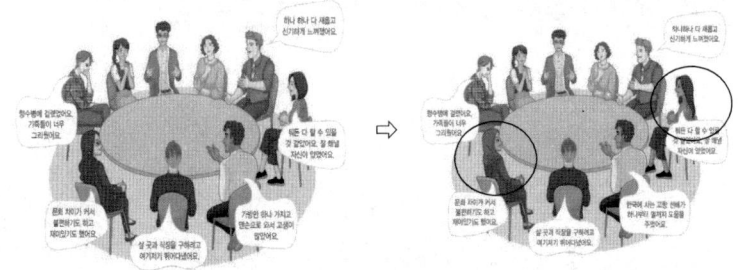

그림 4 인종 다양성 반영

대부분의 한국어 교재는 '어휘' 학습 부분에 삽화를 많이 활용하는데 어휘의 의미 전달에 중점을 두다 보면 인물의 외모, 인종을 고려하지 않을 때가 많은데 이 부분에서도 등장인물을 다양하게 구성하는 게 좋겠다는 의견이 있었다. 한 예로 〈그림 5〉는 중급 2단계의 증상 어휘 학습 부분인데 이러한 어휘 의미 전달 자료에 포함된 인물, 배경을 구성할 때도 가능하면 다양한 인물이 등장하도록 구성하는 것이 필요하다.

그림 5 어휘 학습 부분의 동질적인 인물 구성

지역의 다양성을 반영하기 위해 수정한 사례도 있다. 신분증, 우편물, 서류의 주소가 서울 지역으로 한정한 사례나 지명으로 강남, 신촌 등이 자주 등장하는 것을 지방 주소로 일부 수정하였다. 〈그림 6〉은 주민등록증의 '서울시 광진구'를 '강원도 홍천군 홍천읍'으로 구성한 사례이다. 서울이나 부산 등의 대도시가 많이 등장하는 것은 인지도 높은 지역명을 제시해서 학습 내용에 친근함을 갖게 하고 학습 동기를 유발하려는 의도이기도 하다. 그러나 이러한 시도는 대도시를 표준으로 삼고 소도시나 시골을 특수하게 취급하는 오류를 범할 수 있으므로 주의해야 할 부분이다.

그림 6 　지역 다양성

　문화 다양성을 반영한다는 것은 특정 문화를 표준, 중심으로 제시하지 않는 것이기도 한다. 초급 2단계 교재에서 '김치 볶음밥을 만드는 방법'을 읽기 자료로 제시했는데 글의 제목이 '둘이 먹다가 하나가 죽어도 모르는, 세상에서 제일 맛있는 김치 볶음밥!'이었다. 이런 표현에 대해 전문가들은 한국 음식을 중심 문화로 보는 시선이 반영되었다고 보아 수정을 권유하였다. 이에 따라 '세상에서 제일'이라는 표현을 삭제한 경우도 있다. 또한 서구 문화를 중심으로 한 세계지도를 활용했다가 수정한 사례도 있다. 〈그림 7〉과 같이 초기에 서구 중심의 세계지도를 사용했다가 베트남 지도로 교체하였다.

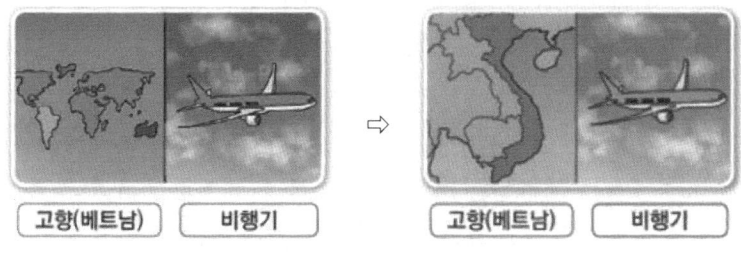

그림 7 　서구 중심의 세계지도 수정

다음으로 문화에 대한 고정관념과 편견, 왜곡된 묘사가 이 드러나서 수정한 것을 살펴보겠다. 선행 연구에서도 지적된 것처럼 여성성을 강조한 삽화나 내용이 발견되어 수정한 부분이 있다. 여성은 머리가 긴 모습을 많이 포함하거나 붉은 계열의 옷을 입고 있어서 중성적인 모습으로 수정하거나 푸른 계열의 옷으로 교체하였다. 교재 검토 과정에서 의식적으로 삽화 오류를 발견하려고 노력하지 않으면 이러한 문제가 빈번하게 발생하게 되는 것 같다.

'문화의 왜곡된 묘사'와 관련한 사례를 보면, 결혼이주여성 대상 문화 수업 장면 자료로 한복 입은 이민자 사진을 활용하거나 송편 빚기나 서예, 다도 등의 사진을 사용하는 것은 동화주의적 접근에 가깝다는 의견이 있었다. 이민자의 한국 사회 기여 이미지나 다양한 민족 구성원이 문화 수업에 참여하는 사진으로 교체할 것을 제안받아 수정이 이루어졌다. 유사한 사례로 한국 명절을 다룬 단원에서 한국인이 모두 한복을 입고 등장하는 그림을 제시했었는데, 한국 문화를 지나치게 정형화하여 일반화 한 것으로, 수정이 필요하다는 지적이 있었다. 현대의 명절에는 한복을 입지 않을 때가 많으니 한복을 입은 모습과 입지 않은 모습을 혼합해서 보여주는 것이 적절하다는 것이다. 이러한 예들은 한국의 문화를 다루는 다른 한국어 교재에서도 자주 볼 수 있는 장면들이다. 돌잔치나 결혼식, 장례식 등 한국의 의례를 다룰 때도 다양한 개인 차이를 인정하기보다 집단의 동질성을 부각함으로써 획일화하는 오류를 종종 범하게 되는데 이러한 것도 한국 문화를 왜곡하는 예라고 할 수 있다.

이민자가 한국 생활에 어려움을 겪는 사람이라거나 한국인의 도움을 필요로 하는 사람으로 기술하는 것도 주의해야 할 부분이다. 주변 사람과의 갈등을 해결하거나 문화 차이를 극복하는 경험을 얘기할 때 이민자가 적극적으로 갈등을 해결하려는 모습을 제시하는 것이 바람직하다. 예를 들어 "시간이 지나면 해결될 거라고 생각해요"라고 말하도록 하는 것보다 "저는 한국 사람과 적극적으로 소통하면서 상대방을 이해하려고 노력했어요, 문화 간 차이를 극복하는 게 중요하다고 생각해요." 등으로 자립적이고 주체적인 사회 구성원으로의 이민자 모습을 그려내야 한다는 것이다.

한국인과 이민자가 대화하는 상황에서 도움 구하기, 의견 말하기, 조언하기 등을 이끄는 사람은 한국인이거나 남성인 경우가 많은데 이러한 것도 인물 관계를 수평적이 아닌 상하관계로 보는 것이므로 주의해야 할 부분이다. 교사와 이민자의 관계 설정에서도 한국인 교사가 성인 이민자에게 일반적으로 지시하는 내용을 담거나 이민자를 어린이 같은 모습으로 담는 것은 바람직하지 않다. 〈그림 8〉은 중급 2에서 그런 예가 발견되어 변명하는 이민자가 아니라 당당하게 자신의 의견을 말하는 이민자 모습으로 수정한 예이다.

그림 8 한국인과 이민자의 관계 설정 및 이민자 태도 수정

마지막으로 상호작용 측면에서의 다양성 반영 여부를 살펴보겠다. 다양한 상호작용을 반영하려면 대화 참여자 구성이 다양하고 참여자 수도 2명, 3명, 4명 등으로 다양해야 한다. 본 교재에서는 이민자들이 다양한 관계를 맺으며 대화에 등장하지만 대부분 2명의 대화로 이루어져 3명 이상의 대화가 부족하다는 의견이 있었다. 대화 내용의 측면에서는 의견이나 생각을 나누고 조언을 구하는 등의 상호작용이 다양하게 포함되었지만 갈등을 표출하거나 갈등을 해결하는 대화, 의견 차이를 보이거나 의견이 충돌하는 대화, 의견을 제시하고 설득하는 대화 등은 부족하다는 의견

이 있었다.

한국어 교재의 대화문이 대부분 2명의 대화로 구성되는 한계가 있음이 선행 연구에서 지적된 바 있는데 본 교재로 이러한 문제를 극복하지 못했던 것 같다. 그리고 이민자 간, 한국인과 이민자 간의 갈등 상황을 표출하거나 의견 대립 상황을 담는 것은 조화를 이루어야 하는 사회 모습에 위반되는 것 같아서 집필자들도 피했던 것으로 생각된다. 그러나 다양한 상호작용의 양상을 포함하고 문제 해결 과정에서 이민자들이 적극 참여하여 협력 방안을 모색하는 연습을 하도록 구성하는 것이 바람직하므로 수정이 필요한 부분이다.

상호작용이 풍부한 텍스트를 구성하려면 과제를 설계할 때 '조언하기, 불평하기, 의견 제시하기, 갈등 해결하기, 설득하기' 등 다양한 의사소통 기능을 포함해야 하므로 교수요목 설계 단계에서부터 계획되어야 한다. 상호작용을 통한 의사소통이 단원의 학습 목표가 되도록 말하기, 듣기 과제를 구상해야 하는 것이다. 그러나 본 교재 개발 과정에서는 집필이 완성된 자료로 감수를 진행하여 상호작용양상을 수정하기 어려웠고, 결국 문제점 인식으로만 그치게 되었다. 일반적으로 삽화 수정이 더 어려운 것으로 인식되지만 텍스트의 상호작용은 의사소통 상황, 참여자, 대화 내용과 연계되기 때문에 더 수정하기 어렵다는 것을 알게 되었다. 추후에 이러한 문제가 발생하지 않으려면 교수요목 검토 단계에서 상호작용의 다양성을 면밀하게 검토할 필요가 있겠다.

지금까지 문화 다양성의 세부 요소들을 중심으로 어떤 수정이 이루어졌는지 살펴봤는데 텍스트(내용)과 이미지(삽화, 사진)로 구분해 보면 텍스트(내용)에 대한 지적은 20건인데 비해 이미지(사진/삽화)에 대한 지적이 42건으로 훨씬 많았으며 다양성 요소 중에서는 '고정관념과 편견'에 대한 지적이 가장 많았다. 교육 내용에 중점을 두고 자료를 구성하다 보니 삽화에서 등장하는 인물의 성별, 외모, 인종 등에 대해 세밀하게 검토하지 못해 발생한 문제라고 생각된다. 문화 다양성 감수 의견을 대부분 반영하여 교재를 수정했지만 대화 내용에 다양한 상호작용을 반영하는 수정은 진행하기 어려운 한계가 있었다.

2) 시사점 및 제언

　문화 다양성 감수 및 교재 수정 경험을 바탕으로, 문화 다양성을 반영하기 위해 어떤 노력을 기울여야 할지 몇 가지 제언을 정리하고자 한다.
　한국어 교재에 문화 다양성을 반영하기 위해서는 우선 교재 집필자의 다문화 인식을 제고하는 것이 가장 중요하다. 한국어 교사를 위한 다문화 교육에서부터 교재에서 문화적 편견을 분석해 내거나, 문화 다양성을 반영하여 대화문을 구성하는 등 전문적인 내용을 포함한다면 문화 다양성 인식과 태도를 기르는 데 도움이 될 것이다. 교재 개발 과정에서는 개발자로서의 교사뿐만이 아니라 편집자, 삽화가가 참여하는데 디자인이나 삽화 제작에 관여하는 전문가들도 넓은 범위의 교재 개발자로서의 교육이 필요하다. 본 사례 연구에서도 삽화의 문제가 많이 발견되었는데 삽화 제작은 경제적, 시간적 제약이 있어 수정이 어려운 경우가 많고, 집필자가 일일이 삽화의 세세한 부분을 지시하고 교정하는 데 한계가 있으므로 삽화가나 편집자를 대상으로 한 맞춤교육을 통해 문제를 해결해야 한다고 생각한다. 구체적인 방법으로 성인지 감수성 제고를 위해 자료집을 배포하는 것처럼 문화 다양성을 반영하기 위한 지침이나 잘못된 사례를 정리한 자료집을 배포하여 참고하도록 한다면 문화 다양성 태도를 기르는 데 도움이 될 것이다.
　교재 집필 과정에서 문제점을 발견하고 시정하기 위한 점검 장치도 다양하게 마련해야 한다. 집필자 이외에 제3자가 교재를 검토하는 자문, 감수, 평가가 반드시 포함되어야 하고 검토 기준에 문화 다양성 관련 항목을 포함해야 할 것이다. 또한 완성된 결과물을 대상으로 검토하기보다는 샘플 단원을 개발하거나 등장인물을 구성하는 단계에서부터 두세 차례에 걸쳐 의견 수렴이 이루어지는 것이 필요하다.

집필 과정에서 개발자들의 자가 점검을 위한 장치도 중요하다. 원고 집필자는 내용에 중점을 두다 보면 삽화, 편집을 꼼꼼하게 보지 못해 수정 기회를 놓칠 수 있기 때문이다. 일반적으로 원고 집필자는 〈그림 9〉와 같이 삽화 설명을 적어서 요청하는데 인물과 행위를 명료하게 전달하는 것이 좋으며, 삽화가의 스케치 자료에 대해서도 세밀하게 검토해야 한다. 〈그림 9〉의 삽화 설명 단계에서 '친구들'이라고 기술하는 대신에 '여자 1명, 남자 2명'이라고 성별을 지정하거나, 스케치 삽화 검토 단계에서 남녀의 비율이 맞지 않는다는 점을 인지하거나, 모두 긴 머리 여성으로 그려진 것을 문제로 인식한다면 채색 단계로 가기 전에 수정 보완이 가능한 것이다. 따라서 원고를 이미지화 하는 각 단계마다 문화 다양성의 반영 여부를 점검하려는 노력이 필요하다.

그림 9 원고(삽화 설명)-삽화 스케치-채색 단계

본 논문 개발 과정에서는 다수의 이민자들이 다양하게 상호작용하는 대화를 구성하지 못한 한계가 있다. 이러한 점을 보완하기 위해서는 교수 요목의 의사소통 기능을 설계하는 단계나 대화문 내용을 구성할 때 참여자 간의 관계 설정, 대화 내용 구성, 대화 전개 방식 등을 어떻게 해야 할지에 대한 깊이 있는 연구가 필요하며(기준성, 2017; 이미향, 이윤주, 2018), 다양한 상호작용 양상을 목록화 하고 이를 반영한 대화를 구성하는 연습이 필요하다.

5. 문화 다양성 반영에 대한 반성과 제언

본고는 『사회통합프로그램(KIIP) 한국어와 한국문화』 교재 개발 과정에서 다문화 전문가들의 문화 다양성 감수 의견을 교재에 어떻게 반영했는지 사례 중심으로 살펴보았다.

문화 다양성 평가 대상은 『사회통합프로그램(KIIP) 한국어와 한국문화』 주교재 네 권의 텍스트(내용), 이미지(삽화, 사진) 자료였으며, 평가 기준은 '다양성, 고정관념과 편견, 상호작용'이었다. 텍스트보다 삽화에 대한 지적이 많았는데, 대화문에 이민자 간의 다양한 '상호작용'을 반영하는 것을 제외하고는 대부분의 지적 사항을 반영하여 수정하였다.

'다양성'을 기준으로 교재를 평가했을 때 몇몇 삽화와 텍스트 자료에 인종, 지역, 연령, 성의 다양한 측면을 반영하는 것이 부족하다는 의견에 따라 보완했으며, 한국 문화를 표준/중심인 듯이 기술한 읽기 자료에 대해서는 한국 문화를 객관적인 시선으로 기술하고자 노력하였다.

집필자나 삽화 제작자가 미처 인식하지 못한 '고정관념과 편견'이 드러난 부분도 발견되었다. 여성의 외모나 태도, 역할, 사회적 업무와 관련된 부분이었는데 이러한 점도 양적, 질적으로 성평등 의식이 반영되도록 수정하였다. 또한 한국의 특별한 날, 명절, 의례 등을 기술한 부분에서 한국 문화를 지나치게 정형화하거나 일반화하는 것을 지양하고 다양한 개인 차이가 있음을 드러내는 방향으로 수정하였다.

교재가 출판되기 전에 문화 다양성을 검토하고 수정하게 된 것은 다행스러운 일이지만 이미 원고 집필이 완료되고 편집도 1차적으로 완료된 상황이기에 수정하는 데 한계가 있었던 것이 사실이다. 이러한 문제가 발생하지 않으려면 교재 개발 과정에서 제3자의 시선으로 문화 다양성을 분석하고 평가하는 절차를 2~3회 포함하는 것이 좋을 것이다. 또한 교재 개발자가 검토, 수정하는 단계에서 활용하도록 점검 목록을 작성해 두면 좋겠다고 생각된다.

본 논문을 통해 교재 개발 사례를 공유함으로써 교재 개발 시에 문화 다양성을 반영하는 구체적인 방법과 예시 자료를 제공해 주었을 것으로 생각되며, 앞으로의 연구 과제에 대해서도 생각해 보는 계기가 되었을 것으로 생각된다.

참고문헌

기준성(2018). "결혼이민자 대상 한국어 교재의 부부간 담화 속 성차별적 요소 분석", *한국언어문화학* 15(3), 24-47.

김해진(2014). *한국어 교재의 사회문화적 가치 분석: 등장인물에 나타난 성 고정 관념을 중심으로*, 이화여자대학교 석사학위논문.

박덕재(2009). "외국어로서의 한국어 교육콘텐츠에서의 성별언어에 대한 인식", *한국콘텐츠학회논문지* 9(8), 423-432.

박선옥(2013). "다문화주의 관점에서 한국어교재의 등장인물 분포연구", *어문론집* 55, 395-420.

박윤경, 성경희, 조영달(2008). "초·중등 교사의 문화다양성과 다문화가정 학생에 대한 태도", *시민교육연구* 40(3), 1-28.

박은하(2015). "한국어 교재에 표현된 사회적 차별 요소", *사회언어학* 23(1), 55-83.

박혜란, 남은영(2019). "사회통합프로그램 한국어 교재에 나타난 성 고정관념 양상에 관한 연구", *사회언어학* 27(4), 117-139.

왕혜숙, 콰지에하오(2019). "미국대학 한국어 교과서의 성차별 연구", *외국어로서의 한국어교육* 52, 159-189.

이미향, 이윤주(2018). "이민자를 위한 특수 목적 한국어 교재의 대화문 분석 연구: 상담의 기본 원리를 기반으로", *어문론총* 78, 45-71.

이미혜(2019). "사회통합프로그램 한국어 교재 개발을 위한 참여자 요구분석", *문화와융합* 41(5), 805-834.

_____(2021). 한국어 교재 개발에서 문화 다양성 반영 사례 연구, *문화와융합* 43(10), 75-92.

이미혜 외(2020a). *사회통합프로그램(KIIP) 한국어와 한국문화 초급 1*, ㈜도서출판 하우.

_____(2020b). *사회통합프로그램(KIIP) 한국어와 한국문화 초급 2*, ㈜도서출판 하우.

_____(2020c). *사회통합프로그램(KIIP) 한국어와 한국문화 중급 1*, ㈜도서출판 하우.

이미혜 외(2020d). *사회통합프로그램(KIIP) 한국어와 한국문화 중급 2*, ㈜도서출판 하우.

_____(2020e). *2019-20 사회통합프로그램 한국어 교재 개발: 2차 연도*, 국립국어원.

이정금, 이병환(2020), "문화다양성 교육정책 분석과 발전 방안 탐색", *문화교류와 다문화교육* 9(2), 1-24.

전희옥, 권혁일(2014), "수업 설계에서 '문화적 다양성' 고려의 의미", *사회과교육연구* 21(2), 63-79.

조남민(2011). "한국어 교육과정에 반영된 사회문화적 현상에 대한 연구", *언어와 문화* 7(1), 211-239.

Banks, J. A.(2008). *An introduction to multicultural education(4th ed.)*, Massachusetts: Allyn & Bacon.

● 이 장은 문화와융합 학술지 43권 10호에 실린 필자의 논문(이미혜, 2021)을 바탕으로 재구성되었다.

07장

여성결혼이민자를 위한 한국 경조사 어휘장 구축에 관한 연구

1. 원활한 소통, 그 방안을 모색하다

　외국인을 대상으로 한 한국어 교육의 최종 목표는 의사소통 능력을 향상시키는 것이다. 한국어 학습자가 의사소통을 잘 하기 위한 요소 중 하나는 바로 목표 언어의 문화를 습득하는 것이다. 미국의 언어학자 사피어(Edward Sapir)는 '언어는 문화를 떠나서 존재할 수 없다'(최상옥, 임규홍, 2019:177)고 한 것처럼 언어와 문화는 떼려야 뗄 수 없는 관계에 있다. 그 나라의 문화를 잘 안다는 것은 곧 그 나라 사람들의 주요 사상이나 그들이 중시하는 삶의 형식을 잘 이해할 수 있다는 것이다.
　여기에 제2 언어교육에서 가장 기본이 되면서 간과하지 말아야 할 것이 바로 어휘교육이다. 어휘 습득량이 부족하다면 그 나라의 문화를 아무리 잘 이해한다고 하더라도 학습자의 의사소통능력은 더 이상 발전할 수 없기 때문이다. 따라서 학습자들은 되도록 많은 양의 어휘들을 익혀야 주어진 상황에 맞게 상대방과 원활한 소통을 할 수 있을 것이다. 그런데 많은 어휘들을 잘 들여다보면 그 어휘들 간의 연관성을 찾을 수 있다. 예컨대 '한국 음식'에 관한 어휘를 학습할 때 김밥, 김치볶음밥, 비빔밥,

보리밥, 떡국, 만둣국, 미역국, 김치찌개, 된장찌개, 고추장찌개 등이 학습 목표어휘라고 가정해 보자. 이들을 연관성 없이 따로 따로 학습하는 것보다는 어휘의 연관성이나 공통점을 찾아내어 어휘장을 만들 수 있다는 것이다. 밥을 기준으로 하여 '김밥, 김치볶음밥, 비빔밥, 보리밥……'으로 구성할 수 있고 국을 기준으로 하여 '떡국, 만둣국, 미역국……'으로 나눌 수 있으며 찌개를 기준으로 하여 '김치찌개, 된장찌개, 고추장찌개……' 등 음식 종류별로 세부 어휘장 구축을 할 수 있다. 이처럼 어휘는 각각의 개별적인 의미만을 갖는 것이 아니라 서로 유기적으로 관계를 맺고 있다. 이러한 유기적인 관계의 어휘들을 하나의 범위에 모아서 '어휘장'을 구성할 수 있는데 이 '어휘장'을 활용한다면 학습자들은 어휘들의 규칙성에 따라 더 잘 기억할 수 있을 것이다. 또한 어휘교육을 할 때 오직 어휘만을 다루기보다는 어휘 속에 담겨져 있는 문화적인 요소도 함께 학습할 수 있는 '문화 어휘를 통해 학습자들이 더 자연스럽게 문화를 이해하고 받아들일 수 있을 것이다. 강현화(2002)에서는 문화어휘를 '한국어 교육에서 반영하여야 할 문화적 요소나 문화적 배경을 담고 있는 어휘라고 하였으며 전미순, 이병운(2011:14)에서는 한국의 사회 문화적 의미가 직접적이거나 간접적인 형태로 반영되어 있어 한국 문화를 이해하는 키워드가 되는 것이라고 하였다(주월랑, 2013:276). 이처럼 우리는 문화 어휘를 통해서 사람들의 다양한 문화를 들여다 볼 수 있는 것이다. 따라서 학습자는 목표 언어의 문화를 잘 이해하고 상황에 맞는 어휘를 습득하여 활용할 수 있을 때 비로소 원활한 의사소통을 이루었다고 말할 수 있다. 문화교육의 중요성이 강조되고 있는 이 시점에서 학습자의 특성에 맞게 조금 더 다양한 문화별 어휘장에 대한 논의가 이루어질 필요가 있다. 최상옥, 임규홍(2019)에서도 어휘에는 일반적인 의사소통을 할 때 사용되는 일반어휘와 학습어의 문화를 이해하는 데 더 효과적으로 사용할 수 있는 문화어휘로 구별할 필요가 있다고 제안하였고 이에 따라 문화어휘를 '문화 어휘장'으로 구축하여 제시하였다. 따라서 본고에서도 여러 가지 다양한 문화 요소 중에서 조금 더 세부적으로 접근하여 '경조사'를 주제로 한 어휘장을 구축하고자 한다.

  표준국어대사전에 따르면 경조사는 경사스러운 일과 불행한 일을 가리킨다. 이는 사람들이 살면서 겪게 되는 일들 중에서 집안에 경사스러운 일이 생기면 모여서 축하하고 기쁜 일을 서로 나누며 슬픈 일이 생기면 그 슬픔을 나누면서 서로 돕는 상부상조의 의미로 발전되어 왔다. 그리고 옛날부터 경조사를 배경으로 한 한국의 전통 의례나 의식들이 우리가 살고 있는 현대사회에서도 뿌리 깊게 자리 잡고 있고 현대 사회와 분리시켜 생각할 수 없을 정도로 생활 속 비중이 크다고 할 수 있다. 따라서 경조사와 관련된 어휘 또한 한국의 의례 문화를 이해하기 위해 가장 필요한 문화어휘라고 할 수 있는 것이다. 한국의 의례 문화에는 일상생활 속에서 반드시 거치게 되는 '통과의례'라는 개념이 자리 잡고 있다. 보통은 출생을 하고 성인이 되어 결혼을 하고 죽음으로 이어지는 과정을 겪게 되는데 통과의례는 기존 과정에서 그 다음 단계로 나아가는 기간에 공식적으로 새로운 의미를 부여하는 의례이다.

  요즘 다문화 시대로 접어들면서 여성결혼이민자들이 늘어나고 있고 이들은 한국에서 시댁과 함께 사는 경우가 많다. 반드시 시댁과 함께 거주하지 않더라도 가족과 관련된 여러 가지 경조사들을 챙기거나 참여해야 하는 경우가 많을 것이다. 하지만 여성결혼이민자가 경조사를 진행하거나 참여할 때 사용되는 경조사 어휘에 대해서 학습이 되어 있지 않다면 상황에 맞는 원활한 의사소통이 힘들 것이다. 따라서 한국에 거주하고 있는 여성결혼이민자들은 한국 사회에서 사용되는 경조사 어휘를 학습하는 것이 무엇보다 중요할 것이다. 그런 점에서 만 띠뚜엔(2020)이 여성결혼이민자를 위한 교재를 분석하면서 의례와 관련된 교육이 부족함을 심각하게 지적한 것은 시사하는 바가 크다. 만 티 뚜엔(2020)에서는 『여성결혼이민자를 위한 한국어 초급』, 『이민자를 위한 한국어와 한국문화 초급 1』, 『여성결혼이민자와 함께 하는 한국어 1』을 중심으로 경조사와 관련된 교재의 내용을 분석하였다. 이 교재들은 한국 생일 문화, 집들이, 돌, 환갑 등에 대한 이해를 돕고 있지만 제시한 내용이 너무 부족하기 때문에 실제 여성결혼이민자들이 어려움을 겪고 있다고 하였다.

지금까지 한국어 어휘 교육에 대한 연구가 지속적으로 진행되어 왔는데 그 중에서도 '어휘장' 이론을 적용한 연구는 문금현(2010), 문금현(2011), 장안영(2012), 박참희(2012), 권애선(2016), 김보은, 박종호(2015), 김의숙(2015) 등이 있다. 이러한 연구들은 다음과 같은 경향을 보이고 있었다. 첫째, 어휘장 이론을 통한 어휘 교육은 대부분 2000년대부터 진행이 활발하게 이루어지고 있다. 이는 예전에 중심이 되었던 문법중심의 교육이 시간이 지나면서 의사소통 중심 교육으로 점차 변화하게 되고 이 흐름에 따라 어휘교육 또한 중요시되어오고 있다는 것을 알 수 있다. 둘째, 대부분의 연구에서는 어휘장을 구축하는 것에서 그치는 것이 아니라 한국어 교육 현장에서 실험을 통해 어휘장 교육의 효율성을 입증하고자 하였다. 따라서 실제 교육 현장에서 어휘장을 활용한 학습을 한다면 그 효과를 기대한다고 볼 수 있다.

본고에서는 앞서 논의된 연구를 수용하면서 여성결혼이민자를 위한 경조사 문화어휘장을 구축해보고자 한다. 이를 위해 통과의례 중에서 현대 한국 사회에서 가장 중요시되고 있는 의례를 '출생의례, 혼인의례, 상장의례'로 나누어 각각의 경조사 어휘장을 구축하여 제시함으로써 여성결혼이민자의 한국어 교육에 도움을 주고자 한다.

2. 경조사 연구의 범위

1) 경조사의 개념 및 범위

경조사(慶弔事)란 경사(慶事)와 상사(喪事)를 의미한다(김은겸, 2008:3).

여기에서 경사는 '축하할 만한 기쁜 일'을 뜻하고 상사는 '사람이 죽은 사고'를 말한다(네이버 국어 사전 참조). 사람은 인생을 살다보면 누구나 이러한 경조사를 겪게 될 것이다. 한국 사회에서는 옛날부터 서로 더불어 살아왔는데 축하할 일이 생기거나 슬픈 일이 생기면 그 기쁨과 슬픔을 함께 나누었다. 그 기쁨과 슬픔을 마음으로만 전달하는 것이 아니라 모두 함께 정해진 격식을 갖춰서 상황에 맞는 의례를 거행하였는데 한국 사회에서는 옛날부터 이러한 상부상조(相扶相助)의 정신을 강조해왔고 지금까지도 그 미풍이 이어져오고 있다.

경조사의 범위는 지역이나 연구자에 따라서 그 종류나 범위가 다소 차이가 있는데 본고는 김미성(1999)과 김은겸(2008)에서 분류한 경조사 표를 참고하여 연구자별로 다시 정리하였다.

표 1 경조사의 분류

	연구자	년도	경조사 분류
1	김진영	1990	혼례식, 장례식, 탈상
2	저축추진중앙위원회	1994	결혼식, 장례식, 백일잔치, 돌잔치, 회갑잔치, 칠순잔치
3	김영숙	1996	혼례, 상례, 백일, 돌, 환갑, 생일
4	통계청	1998	결혼, 상례, 백일, 돌, 환갑, 생일
5	김혜연·김미성	2001	혼인식, 백일/돌잔치, 집들이, 회갑/칠순잔치, 장례식, 기타(개업, 병문안 등 행사)
6	엄문자 외	2002	신년인사, 출산, 생일, 크리스마스, 약혼과 결혼, 문병, 문상
7	김혜영·최인려	2006	혼인, 생일/수연, 개업, 정년퇴임, 승진/영전, 문병, 문상

위와 같이 김진영(1990)을 기점으로 경조사의 분류가 이루어졌는데 경조사의 범위는 시대의 변화에 따라 점차 달라지고 있다는 것을 발견할 수 있다. 우선 공통적으로 경조사에 포함되어 있는 것은 '결혼'과 '상례'이다. 결혼의례는 인생의 전환점이라고 할 수 있는 남녀 간의 혼인을 축하해

주는 의례이고 상장의례는 한 사람의 죽음과 남은 가족들을 위로해주는 의례라고 할 수 있다. 결혼의례와 상장의례는 우리 인생에서 아직까지도 중요한 부분을 차지하고 있다는 것을 알 수 있다. 그리고 백일과 돌잔치 또한 경조사 중에서 많은 비중을 차지하고 있는데, 이는 '출생의례'에 포함될 수 있다. 또한 회갑잔치, 칠순잔치 등과 관련한 생일잔치 또한 빠지지 않고 등장하고 있는데 이렇게 생일에 음식을 차려놓고 다 함께 모여서 축하하는 잔치를 '수연의례'라고 칭할 수 있을 것이다.

대부분 사람들은 출생을 해서 성인이 되어 결혼과 잔치를 하면서 축하를 받고 죽음으로 그 슬픔을 나누는 과정을 겪게 될 것이다. 이렇게 기존 단계에서 그 다음 단계로 나아갔다는 것을 공식적으로 밝히고 새로운 의미를 갖게 되는데 이것을 모두 '통과의례'라고 할 수 있다. 한국의 의례 문화에는 통과의례라는 틀 속에서 이루어지는 경우가 많기 때문에 본고에서는 통과의례를 어떻게 분류했는지 살펴보았다.

표 2 통과의례의 분류

	연구자	년도	통과의례의 분류
1	신승미·손정우	2008	출생, 백일, 돌, 혼례, 수연례, 상례, 제례 등
2	포정영	2010	출생의례, 성년의례, 혼인의례, 수연의례, 상장의례
3	안미애	2020	출생, 삼칠일, 백일, 첫 돌, 책례, 관례, 혼례, 회갑, 회혼, 상례, 제례 등

통과의례 또한 경조사 분류와 비슷한데, 주로 '출생, 백일, 돌, 혼례, 수연의례, 상례'가 많은 비중을 차지하고 있다. 또한 시간이 지날수록 통과의례의 분류가 점차 세분화되어 나타나고 있음을 알 수 있다. '출생, 백일, 돌'을 '출생의례'로 구분하고 그 외에 '수연례, 회갑'은 '수연의례'에 포함할 수 있으며 '상례'를 상장의례라고 칭할 수 있겠다. 이처럼 경조사와 통과의례의 분류는 대부분 비슷한 개념과 기준으로 나뉘었음을 알 수

있다.

또한 문금현(2011)에서는 문화 어휘장이라는 큰 카테고리 안에 경조사와 관련한 어휘들을 경조사 어휘장으로 아래와 같이 분류하고 있다(문금현, 2011:11).

표 3 문금현(2011)의 경조사 어휘장

	연구자	년도	경조사 어휘장
1	문금현	2011	결혼, 집들이, 잔치(돌/생일/환갑), 병문안, 문상 문화

또한 문금현(2011)에서는 문화 어휘장 안에 경조사 어휘장으로 '결혼, 집들이, 잔치, 병문안, 문상 문화'를 제시하고 있다. 경조사는 정해진 격식을 갖춰서 상황에 맞는 의식을 거행하는 것이 중요한 기준이 된다면 결혼식, 잔치, 문상문화는 그 행사 안에서 정해진 격식에 맞춰서 진행된다고 볼 수 있지만 집들이나 병문안은 정해진 행동규범이나 그에 따른 형식적인 의식은 없다고 볼 수 있다. 따라서 본고에서는 '결혼식, 잔치, 문상문화'를 주요 의례로 보고 '결혼식'을 혼인의례로, 잔치 중에서 '돌'을 출생의례, '환갑'을 수연의례 그리고 '문상 문화'를 상장의례로 구분할 수 있다고 보았다.

이처럼 경조사와 통과의례의 분류 그리고 경조사 어휘장 목록까지 살펴보았는데 공통적으로 나타난 의례로는 '출생의례, 혼인의례, 수연의례, 상장의례'라고 정리해 볼 수 있겠다. 옛날에는 평균수명이 짧아 부모가 오래 살아 있는 것에 대해 축하하고 더 오래 살기를 바라는 마음으로 회갑잔치를 성대하게 열었지만 현대에 와서는 의학이 발달하면서 100세 시대라고 할 정도로 평균 수명이 높아졌다. 요즘은 이러한 추세에 따라 회갑잔치의 경우 대부분 어떤 절차나 의식을 거쳐서 성대하게 치루기보다는 음식점에 가서 맛있는 식사를 대접하는 것으로 대체되는 경우가 많다. 또한 칠순잔치나 팔순잔치를 진행하는 경우도 있지만 요즘에는 다소 간소화되고 있는 추세이기 때문에 본고에서는 현대에 와서 이렇게 간소화된 수연의례를 연구 범위에서 제외하기로 하였다. 하지만 집안의 행사 중 하나인 돌잔치는 옛날부터 현대에 이르기까지 '돌잡이'와 같은 절차나 의식을 꾸준히 해 오고 있으며 빠뜨리지 않고 중요하게 생각하여 사람들의 의식 속에 많은 비중을 차지하고 있다. 본고는 옛날 선조들이 거행했던 의례를 현대사회에서도 지속적으로 해 오면서 사람들의 의식 속에서 중요한 자리를 차지하고 있는지를 기준으로 연구 범위를 정하였기 때문에 집안의 잔치 중에서는 간소화되어 가는 환갑, 칠순, 팔순 잔치를 제외하였고 그 대신에 많은 비중을 차지하고 있는 돌잔치를 연구에 포함시켰음을 밝힌다. 그리고 포정영(2010)에서 제시했던 '성년의례' 같은 경우, 옛날에는 어린이가 성인이 되었음을 상징하기 위해 남자에게는 상투를, 여자에게는 비녀를 꽂아주는 의식을 하였다. 하지만 요즘에는 이러한 의례가 변형되었거나 생략하는 경우도 많기 때문에 본고의 연구 영역에서는 성년의례를 경조사 범위에 포함시키지 않았다. 그 밖에 '집들이, 문병, 신년인사, 크리스마스' 등은 현대사회에 접어들면서 새롭게 등장한 의례라고 할 수 있지만 이 의례들은 특별히 정해진 의식이나 행사 안에서의 행동 규범이 많지 않다고 보았기 때문에 본 연구 범위에서 제외하였다.

따라서 본고에서 연구할 경조사의 범위를 '출생의례, 혼인의례, 상장의례' 3가지로 나누어서 경조사별로 여성결혼이민자에게 필요한 어휘장을 구축하여 제시하고자 한다.

2) 경조사 연구의 범위

(1) 출생의례

출생의례는 아기를 갖기를 기원하는 기자로부터 임신과 해산을 거쳐 아기가 태어난 후 만 1년이 되는 돌까지의 기간에 행해지는 의례이다(포정영, 2010:10).

옛날에는 아기가 태어나기 전부터 여러 가지 의례를 진행하였지만 오늘날에 가장 중요하게 행해지는 의례는 백일잔치와 돌잔치라고 할 수 있다. 또한 앞서 제시했던 경조사나 통과의례의 분류에서도 백일과 돌은 많은 비중을 차지하고 있는데 그 중에서 '돌잔치'는 아기의 첫 번째 생일이기 때문에 아기의 건강과 밝은 미래를 기원하는 자리이다. 특히 아기 앞에 여러 가지 물건들을 놓고 아기가 선택한 물건으로 아기의 장래를 점치는 풍습이 있는데 바로 '돌잡이' 의식이다. 이 의식은 현대에 와서도 돌잔치에서 빠질 수 없는 흥미로운 의례로 계속 이어지고 있다. 따라서 본고에서는 한 생명이 세상에 태어난 후를 기점으로 하여 아기의 건강을 기원하고 축하해 주는 대표적인 출생의례인 '돌잔치'에 초점을 맞춰 연구를 하고자 한다.

(2) 혼인의례

혼인의례는 성인이 된 남자와 여자가 부부로서 연을 맺는 의식이다. 결혼은 남녀가 새로운 가정을 이루어서 그 집안을 번성하게 하는 것으로 인생의 새로운 출발점이 되는 하나의 큰 행사인 것이다. 옛날에는 신랑신부 본인들이 주도하지 않고 양가 부모가 결정한 것에 따라야했기 때문에 부모가 혼사를 논의하는 의혼에서부터 신랑의 사주와 편지를 전달해주는 납채, 혼인 날짜를 정하는 납기, 예물과 혼서지를 함에 넣어 보내는 납폐 등 여러 가지 복잡한 의례들이 있었다. 물론 집안마다 다소 차이는 있겠지만 현대사회에 와서는 복잡하다고 여기는 형식적인 의례들은 간소화하거나 생략하는 경우도 많다. 그중에서 혼인의식에 해당되는 결혼식은 현대에 와서도 정해진 의식과 절차 속에서 성대하게 이루어지고 있는데 개화기에 기독교의 문화가 전파되면서 한국의 결혼식 문화도 대부분 서양식으로 바뀌게 되었다.

현재 한국에는 옛날 결혼 풍습을 그대로 반영한 '전통혼례'가 있고 한국의 혼인의례가 서양식으로 바뀐 '서양식 혼례'가 있다. 현대사회에서는 비교적 서양식 혼례가 보편화되어 많은 사람들이 서양식 혼례를 올리고 있지만 한국 전통의 멋을 담아내기 위해 전통혼례를 올리는 경우도 많아지고 있다. 이렇게 현대사회에서는 '전통혼례'와 '서양식 혼례' 두 종류의 결혼 의례가 혼재되어 있음을 알 수 있다. 따라서 본고에서는 이러한 경향을 참고하여 전통혼례와 서양식 혼례 모두 연구 범위에 포함하여 어휘장을 구축하고자 한다.

(3) 상장의례

한국의 전통 상례는 유교의 영향을 받아 형성된 문화이며 이는 사람이 죽음으로써 인생의 마지막 통과의례를 거치는 것이기 때문에 엄숙하고 중요한 예법이라고 할 수 있다. 상장의례는 '상례'와 '장례'가 혼합된 명칭인데, 상례는 주검을 매장하기 전까지 다루는 의례이며, 장례는 매장에 필요한 의례이다(포정영, 2010:58).

옛날에는 집에서 여러 가지 절차에 의해서 장례식을 치르는 것이 원칙이었지만 요즘에는 집이 아니라 병원 장례식장에서 상례를 치르는 추세이다. 보통 첫날에는 시신의 운구와 안치가 이루어지고 병원 측과 상세한 사항에 대해 상담이 이루어진다. 예를 들면, 장례일정, 장례방법, 빈소 선택, 영정 사진과 각종 장례용품 선정 및 서류 준비 등이 있다. 둘째 날은 습렴(襲殮) 및 입관이 끝나면 성복을 하고 조문을 받은 후 셋째 날은 발인 및 운구가 진행되는데 시체를 차에 싣고 장지 혹은 화장터로 떠난다(송현동, 2003:308).

바쁘게 살아가는 현대인들도 지인의 부고 소식을 들으면 하던 일을 멈추고 달려가거나 아무리 바빠도 문상을 꼭 가는 경우가 많은데 이를 통해 우리는 현대 사회에서도 장례문화를 가볍게 여기지 않고 있음을 알 수 있다. 하지만 장례의식에 대한 지식이나 경험이 없으면 누구나 생소하게 다가올 수 있는 영역이기도 하다. 현대사회에서는 장례문화가 병원 장례식장에서 치러지면서 아무리 간소화가 되었다고 하지만 장례 과정

중 중요한 의식 및 절차는 아직까지 남아 있다. 따라서 본고에서는 현대사회에서 여전히 진행하고 있는 상장의례의 전반적인 절차를 중심으로 고찰할 필요가 있다고 보았다.

3. 한국어 교재에 나타난 경조사 어휘 목록 분석

여성결혼이민자가 가장 쉽게 접할 수 있는 것은 바로 한국어 교재이기 때문에 본고에서는 한국어 교재를 살펴보고 교재 안에 경조사 어휘가 제시되어 있는지, 제시되어 있다면 어떤 어휘들이 담겨 있는지에 대해 주목하였다. 그리고 한국어 교재 중에서 여성결혼이민자를 위해 편찬하였거나 여성결혼이민자들이 자주 사용하는 교재를 선택하여 한국 경조사 어휘를 조사하였다.

1) 분석 대상 한국어 교재

본고에서는 여성결혼이민자를 대상으로 하는 한국어 교육 현장에서 대부분 자주 사용되고 있는 교재 총 18권을 선별하였는데 이는 국립국어원과 한국이민재단에서 발행한 한국어 교재이다.

국립국어원에서 발행된 교재로는 『결혼이민자와 함께 하는 한국어』, 『다문화가정과 함께 하는 즐거운 한국어』, 『다문화가정과 함께 하는 정확한 한국어』이다. 『결혼이민자와 함께 하는 한국어』는 2011년도에 출판된 결혼이민자를 위한 한국어 교재로서 초급은 1~2단계, 중급은 3~4단계 그리고 고급은 5~6단계로 구성되어 있다. 그리고 『다문화가정과 함께 하는 즐거운 한국어』와 『다문화가정과 함께 하는 정확한 한국어』는 초급을 1과 2로, 중급을 1과 2로 조금 더 세분화해서 학습단계를 나누었다.

한국이민재단에서도 이와 같은 학습 단계로 분류한 교재 『이민자를 위한 한국어와 한국문화』가 있다. 이 교재는 대부분 초급과 중급 수준의 학습자들이 사용하고 고급 수준의 학습자들은 보통 『사회통합프로그램을 위한 한국 사회 이해』를 사용한다. 이 교재는 총 50과로 영역을 세분화하여 1권으로 집필되었다. 이 두 교재는 법무부가 진행하는 '사회통합프로그램'에서 주교재로 활용되고 있고 이 프로그램에 많은 여성결혼이민자들이 참여하고 있기 때문에 분석 교재로 적합하다고 판단하였다. 다음 〈표 4〉는 본고에서 분석할 교재 목록을 정리한 것이다.

표 4 분석 대상 한국어 교재

	교재명	단계	출판 년도	저자	발행 기관
1	결혼이민자와 함께 하는 한국어	1 2 3 4 5 6	2011	김선정, 강현화, 황인교 /최은규, 이미혜, 이영숙	국립국어원
2	다문화가정과 함께 하는 즐거운 한국어	초급1 초급2 중급1 중급2	2019	이선웅 외	
3	다문화가정과 함께 하는 정확한 한국어	초급1 초급2 중급1 중급2	2019	이선웅 외	
4	이민자를 위한 한국어와 한국문화	초급1 초급2 중급1 중급2	2015	이정희, 김중섭,안경화,이영숙, 조현용/ 이미혜 외	한국이민재단
5	사회통합프로그램을 위한 한국 사회 이해		2015	설규주,구정화,한진수,차조일, 김찬기	

최은지(2011)에서 『결혼이민자와 함께 하는 한국어』는 전국의 다문화가족지원센터의 방문교육 교재로서, 현재 여성결혼이민자를 대상으로 하는 한국어 교육 현장에서 가장 널리 사용되고 있다고 하였다. 또한 『이민자를 위한 한국어와 한국문화』는 법무부의 '사회통합프로그램'에서 사용되고 있는데 이 프로그램을 이수한 학생은 귀화필기시험 면제 등의 혜택을 주어 많은 여성결혼이민자들이 이 과정에 참여하고 있는 것으로 알려져 있다.

2) 교재 분석 결과

본 연구는 여성결혼이민자를 위한 교재를 분석함으로서 해당 교재에 어떤 경조사 어휘들이 제시되었는지에 대하여 알아보고자 하였다. 해당 주제와 관련된 어휘들을 '중심어휘'와 '보조 어휘'로 구분하여 수집하였는데 중심어휘는 해당되는 경조사 주제와 직접적으로 연관되어 있으면서 주로 그 의례과정에서만 사용되는 어휘이다. 그리고 중심어휘를 뒷받침해 주면서 해당 의례뿐만 아니라 다른 상황에서도 사용이 가능하다면 그것을 보조어휘라고 보았다.

(1) 국립국어원에서 발행된 한국어 교재

다음은 국립국어원에서 발행된 총 14권의 교재에서 경조사 제시 여부를 살펴보고 교재에 나타난 경조사 어휘의 분포를 알 수 있도록 표로 정리하였다. 단, 앞서 언급했듯이 본고에서는 경조사의 범위를 '출생의례, 혼인의례, 상장의례'로 한정하여 교재어휘를 분석하였음을 명시한다.

표 5 국립국어원에서 발행된 한국어 교재 경조사 어휘 제시 여부

교재	단계	경조사 어휘 제시 여부	관련 제시 어휘
결혼 이민자와 함께 하는 한국어	1	○	출생의례 (돌잔치/ 환갑)
	2	×	
	3	○	출생의례 (돌잔치)
	4	○	관혼상제 (전통혼례/ 상례와 제례)
	5	○	상장의례 (장례식)
	6	×	
다문화가정과 함께 하는 즐거운 한국어	초급 1	×	
	초급 2	×	
	중급 1	○	혼인의례(결혼)
	중급 2	×	
다문화가정과 함께 하는 정확한 한국어	초급 1	×	
	초급 2	×	
	중급 1	○	혼인의례 (결혼)
	중급 2	×	

국립국어원에서 발행된 3종 한국어 교재 모두 본고에서 기준으로 삼은 경조사 어휘가 나타났는데 특히『결혼이민자와 함께 하는 한국어』에서는 출생의례, 혼인의례, 상장의례에 관련한 어휘들을 대체적으로 의례별로 다양하게 다루고 있음을 알 수 있다. 이 교재 1~4단계는 '언어편'과 '문화편'으로 구성되어 있는데 특히 1권에서 초급교재임에도 불구하고 '문화편' 코너에서 '돌잔치와 환갑잔치'에 대한 내용을 다루고 있다는 점을 특징으로 볼 수 있다. 이에 반해 고급에 해당되는 교재 6단계에서는 한국의 명절을 주제로 한 단원은 있었지만 경조사 의례에 대한 단원이나 어휘는 찾아 볼 수 없었다.

그리고『다문화가정과 함께 하는 즐거운 한국어』와『다문화가정과 함께 하는 정확한 한국어』에서는 중급 1에서만 '혼인의례'와 관련한 어휘를 제시하고 있다. 따라서 경조사에 대한 내용을 조금 더 폭넓고 다양하게 다룰 필요가 있다고 보았다. 또한 학습 단계별로 보았을 때 초급에서는

경조사 어휘를 전혀 다루고 있지 않는데 이는 경조사에 관한 내용으로 학습단원을 구성하기에는 초급학습자들에게 어렵다고 보았을 것이다. 하지만 경조사의 내용을 학습단원이 아니라 『결혼이민자와 함께 하는 한국어』 교재처럼 '문화코너'나 '문화편'으로 따로 구분하여 쉽게 구성한다면 초급 학습자들도 한국의 경조사뿐만 아니라 다른 문화들도 쉽게 접할 수 있을 것이다.

다음은 국립국어원에서 발행된 교재에 나타난 경조사 어휘를 수집한 것이다. 해당 교재의 단계와 단원명을 기본 정보로 제시하고 제시된 경조사 어휘를 중심어휘와 보조어휘로 나누었다.

표 6 국립국어원에서 발행된 한국어 교재 경조사 어휘 수집 목록

교재	단계	단원명	중심어휘	보조어휘
결혼이민자와 함께 하는 한국어	1	문화편 2과) 생일문화	출생의례 어휘	
			돌, 돌잡이, 아기 돌잔치	골프공, 금반지, 금팔찌, 돈, 마이크, 부자, 실, 쌀, 아기 옷, 연필, 책, 청진기, 초대, 컴퓨터 마우스, 학자, 현금
	3	20과) 승헌이는 커서 훌륭한 사람이 될 모양이네요.	출생의례 어휘	
			돌떡, 돌반지, 돌상, 돌잔치 초대장, 돌잔치, 돌잡이, 첫 번째 생일	골프공, 금반지, 놓다, 돈, 마우스, 마이크, 부자, 뷔페, 생일잔치, 신용카드, 실, 연필, 잡다, 책, 축구공, 큰 잔치
	4	8과) 축의금을 붉은색 봉투에 넣는다지요?	혼인의례 어휘	
			결혼식, 축의금, 상견례, 택일, 예식장, 혼수, 예단, 결혼 예물, 청첩장, 함, 폐백, 이바지 음식, 하객, 피로연, 신혼여행, 신랑, 신부, 전통혼례, 혼례상	교회, 국수, 기러기, 대추, 밤, 붉은색 봉투, 비둘기, 성당, 시부모님, 양가 부모님, 자녀, 집구하기, 친정, 하룻밤, 흰색 봉투

			혼인의례 어휘 (전통혼례)	
다문화가정과 함께 하는 즐거운 한국어		문화편 2과) 관혼상제	결혼식, 신랑감, 신붓감, 연예결혼, 예물, 예식전통혼례, 중매결혼, 택일, 폐백, 함, 현대 결혼식, 혼기, 혼서, 혼인	국수, 궁합, 기러기, 사주, 선을 보다, 청혼
			상장의례 어휘	
			3일장, 49제, 5일장, 9일장, 문상, 문상객, 부고, 상복, 상주, 유족, 장례, 제복	번성하다, 위로, 유교 의례, 조상, 후손
	5	11) 생활 상식	상장의례 어휘	
			고인, 관, 명복을 빌다, 묏자리, 묘지, 묵념, 문상, 발인, 발인제, 빈소, 상갓집, 상을 당하다, 상을 치르다, 상주, 애도, 영정사진, 유가족, 유족, 장례식, 장사, 절, 조문객, 조의금, 초상, 향, 화장	검은색 옷, 납골당, 명당, 묘지, 무덤, 작별, 좋은 기운, 치르다, 표하다, 풍수지리, 화장, 후손
	중급 1		혼인의례 어휘	
		3과) 자가 씨가 결혼한다고 해요.	결혼식, 모바일 청첩장, 상견례, 소규모 결혼식, 신랑, 신부, 신혼여행지, 신혼집, 야외 결혼식, 예식장, 웨딩드레스, 웨딩홀, 작은 결혼식, 종이 청첩장, 청첩장, 하객, 혼사를 치르다, 혼수품	양가 친척들, 품앗이 전통
			혼인의례 어휘	
		4과) 다음 달에 결혼하기로 했어요.	결혼반지, 결혼식, 국제결혼, 부케, 사회자, 상견례, 신랑, 신부, 신혼여행, 예식장, 전통결혼식, 주례, 주례사, 청첩장, 현대적인 결혼식, 혼례상	건강, 교회, 기쁨, 다산, 성당, 인연, 장남, 장수, 차녀, 축복

			혼인의례 어휘	
다문화가정과 함께 하는 정확한 한국어	중급 1	3과) 자가 씨가 결혼한다고 해요.	결혼식, 결혼소식을 전하다, 신혼여행을 가다	
			혼인의례 어휘	
		4과) 다음 달에 결혼하기로 했어요.	결혼식, 상견례를 하다, 신랑, 신부, 신혼여행을 가다, 예물, 예식장을 예약하다, 웨딩드레스, 웨딩촬영, 종이 청첩장, 주례, 청첩장을 돌리다, 청혼하다, 턱시도, 폐백, 피로연, 휴대 전화 메시지 청첩장	부부, 시댁, 친정

　『결혼 이민자와 함께 하는 한국어』교재를 살펴보면 1, 3, 4, 5권의 교재에 출생의례, 혼인의례 그리고 상장의례를 중심으로 학습 단원을 구성하여 관련 경조사 어휘가 비교적 다양하게 나타나고 있음을 알 수 있었다. 1권에서는 문화편에 '생일문화'라는 단원으로 돌잔치를 소개하는 읽기 지문과 간단한 확인문제들을 제시하고 있다. 그리고 3권에서는 아기가 돌잡이하는 그림과 함께 돌잔치 관련 어휘와 돌잡이 물건의 어휘들을 제시하면서 해당 물건이 갖고 있는 의미들을 익힐 수 있도록 하였다. 이를 통해 출생의례에 해당되는 돌잔치 문화는 주로 '돌잡이' 의식을 중심으로 출생의례 어휘를 제시하고 있음을 알 수 있다. 그리고 4권의 문화편에서는 관혼상제를 주제로 하여 한국의 전통혼례와 상례 그리고 제례를 소개하고 있었다. 5권에서는 생활상식을 주제로 한 단원에서 '죽음 관련 어휘'와 '장례식 관련 표현'으로 나눠서 어휘를 제시하였고 한국의 장례문화에 대한 설명문과 함께 관련 어휘를 소개하고 있다.

　그리고『다문화가정과 함께 하는 즐거운 한국어』중급 1단계,『다문화가정과 함께 하는 정확한 한국어』중급 1단계 그리고『결혼 이민자와 함께 하는 한국어』4단계에서는 결혼을 주제로 한 '혼인의례'와 관련된 어휘를 가장 많이 다루고 있기 때문에 대체적으로 '결혼'과 관련어 어휘에 편중된 경향을 보인다고 할 수 있겠다.

(2) 한국이민재단에서 발행된 한국어 교재

본고에서는 한국이민재단에서 발행된 교재 『이민자를 위한 한국어와 한국문화 초급 1~ 중급 2』, 『사회통합프로그램을 위한 한국 사회 이해』 총 5권을 분석하였다. 그 중에서 '경조사'와 관련된 단원과 어휘가 제시된 교재는 총 2권으로 『이민자를 위한 한국어와 한국문화 중급 2』, 『사회통합프로그램을 위한 한국 사회 이해』가 있다. 먼저 한국이민재단에서 발간한 '이민자를 위한 한국어와 한국문화'와 '사회통합프로그램을 위한 한국 사회 이해'는 한국에 체류하고 있는 모든 이민자들을 대상으로 사회통합 교육을 할 때 조금 더 쉽고 효과적으로 한국문화와 사회에 대한 이해를 높일 수 있도록 사회통합프로그램 교재를 제작한 것이다. 다양한 이민자 중에서 여성결혼이민자들이 사회통합교육에 다수 참여하여 이 교재를 사용하고 있기 때문에 본고에서는 한국이민재단에서 발행된 교재에 나타난 경조사 어휘를 분석하고자 하였다.

표 7 한국이민재단에서 발행된 한국어 교재 경조사 어휘 제시 여부

교재	단계	경조사 어휘 제시 여부	제시 어휘
이민자를 위한 한국어와 한국문화	초급 1	○	출생의례 (백일, 돌)
	초급 2	×	
	중급 1	×	
	중급 2	○	혼인의례 (결혼, 축의금) / 상장의례 (조의금)
사회통합프로그램을 위한 한국사회 이해		○	한국의 여러 가지 의례 (출생의례/ 혼인의례 /상장의례)

『이민자를 위한 한국어와 한국문화』 초급 1에서는 제9과 마지막 부분에 문화를 소개하는 부분이 있는데 '특별한 생일잔치'라는 제목으로 백일, 돌, 환갑 그리고 칠순의 뜻을 간단하게 제시하고 있다. 그리고 중급 2 교재에서는 '결혼'을 주제로 한 단원에서 혼인의례 관련 어휘를 '결혼 관련 어휘'와 '결혼 준비 관련 어휘'로 나누어서 제시를 하고 있고 이어서 '한국 사회와 문화' 코너에서는 축의금과 조의금에 대해서 간략하게 언급하고 있다. 그리고 중급 2교재에 학습단원으로 다룬 주제는 '결혼'으로 혼인의례에 관한 어휘들을 살펴볼 수 있었지만 그 외에 출생의례나 상장의례를 주제로 한 학습단원은 찾아볼 수 없었고 초급 2와 중급 1교재에서는 의례와 관련된 단원이나 어휘가 나타나지 않았다. 이를 통해 혼인의례에 관한 내용이 주를 이루고 있다는 것을 알 수 있었고 경조사와 관련된 어휘를 여러 학습 단계에 조금 더 균일하게 담아내는 것이 좋겠다고 보았다. 그리고 『사회통합프로그램을 위한 한국사회 이해』에서는 '한국의 여러 가지 의례'라는 주제로 결혼식, 장례식, 제사, 돌잔치, 환갑잔치 등에 대해서 소개하면서 지문의 측면에는 의례 관련 어휘와 뜻을 보여주고 있었다.

다음은 한국이민재단에서 발행된 한국어 교재 경조사 어휘를 수집한 목록이다.

표 8 한국이민재단에서 발행된 한국어 교재 경조사 어휘 수집 목록

교재	단계	단원명	중심어휘	보조어휘
이민자를 위한 한국어와 한국문화	초급 1	문화) 특별한 생일잔치	출생의례 어휘	
			백일, 돌, 돌잔치, 돌잡이	태어나다, 1년이 되다, 날
	중급 2	1과) 결혼	혼인의례 어휘	
			결혼날짜를 잡다, 결혼식을 하다, 결혼식장을 잡다, 상견례를 하다, 신랑, 신랑감, 신부, 신혼여행을 가다, 신혼집,	연애하다, 선을 보다, 약혼하다, 청혼하다, 음식을 대접하다, 시부모님, 이혼하다

			연애결혼, 연지, 예단/예물을 준비하다, 주례, 중매결혼, 청첩장을 돌리다, 축의금, 폐백을 드리다, 피로연을 하다, 하객, 함을 보내다/받다, 혼수를 장만하다	
		한국 사회와 문화) 한국의 전통 결혼식	혼인의례 어휘 (전통 결혼식)	
			결혼풍습, 곤지, 사회자, 신랑, 신부, 연지, 예복, 전통결혼식, 족두리, 주례, 혼례상	기러기, 대나무, 대추, 밤, 소나무, 수탉, 암탉, 자녀, 절을 하다
		한국 사회와 문화) 축의금과 조의금	혼인의례 / 상장의례 어휘 (축의금과 조의금)	
			결혼식, 빈소, 신랑 댁, 신부 댁, 예식장, 장례식, 장례식장, 조의금, 축의금	교회, 돈, 성당, 위로, 하얀 봉투, 호텔
사회통합프로그램을 위한 한국사회 이해		17과) 한국의 여러 가지 의례	출생의례 어휘 / 혼인의례 어휘 / 상장의례 어휘	
			결혼식, 돌잔치, 돌잡이 물건, 돌잡이 행사, 문상객, 신혼여행, 유족, 장례식, 조의금, 청첩장, 축의금, 폐백	금반지, 기러기, 묻다, 미역국, 복, 부부, 위로하다, 조상의 덕, 추모하다, 혼인신고, 화장

『이민자를 위한 한국어와 한국문화』 초급1을 살펴보면 관련 사진과 함께 백일과 돌의 의미를 중심으로 간단하게 제시하고 있기 때문에 교재에 제시된 출생어휘는 많지 않다고 할 수 있다.

하지만 중급2 교재에서는 '결혼'을 주제로 한 학습단원에 현대식 결혼을 하기까지의 과정을 순서대로 보여주면서 관련 어휘를 학습할 수 있도록 하였고 결혼 관련 어휘는 '약혼하다'부터 '이혼하다'까지 교재에서 나타나는 어휘 제시 범위가 넓다. 또한 결혼 준비 관련 어휘는 결혼 전 '청혼하기'부터 '신혼여행'까지 일련의 과정들을 나열하면서 관련 어휘를 학습할 수 있도록 하였다. 따라서 이 단원에서는 비교적 결혼과 관련된 어휘들을 상세하게 다루고 있음을 알 수 있었다. 그리고 '한국사회와 문화' 코너에서 전통결혼식과 축의금과 조의금에 대해서 다루고 있는데 중급 2교재에서는 여러 가지 경조사 중에서 '결혼'에 초점을 두어 단원이 구성됨에 따라 '혼례어휘'에 편중되어 제시되었다고 보았다. 그리고 『사회통합프로그램을 위한 한국 사회 이해』에서는 출생의례어휘, 혼인의례어휘, 상장의례어휘가 균등하게 제시되어 있지만 한 단원에 여러 가지 의례를 한꺼번에 소개하다보니 의례에 따른 상세한 어휘 제시가 부족하다고 할 수 있겠다.

4. 의례문화별 경조사 어휘장 구축

1) 경조사 어휘장의 분류 기준

어휘장이론으로는 트리어(Jost Trier)가 대표적이라고 할 수 있다. 트리어의 어휘장이론은 어휘장 안에 계층이 있고 각 계층마다 독립된 부분장을 이루는데 상위계층은 조금 더 포괄적이고 넓은 의미를 갖고 하위계층은 세부적이고 좁은 의미를 갖는다. 이러한 어휘들이 서로 유기적으로 연결되고 결합하여 어휘장을 구성하는 것이다. 본고에서 구축하는 어휘장은 트리어(Jost Trier)의 어휘장 이론을 따르기로 한다.

2) 어휘장별 어휘 선정 과정

먼저 본고에서는 한국민속대백과사전 속 『한국일생의례사전』에 나타난 표제어들을 살펴보았다. '일생의례'는 민간에서 행해지는 출생의례, 관·계례, 혼례, 수연례, 상장례, 제례를 말하는데 이 사전에서는 일생의례의 역사와 변화를 이해할 수 있도록 고대에서부터 현대까지를 수용하였다. 이 사전은 일생의례를 크게 출생의례, 관·계례, 혼례, 수연례, 상장례,

제례로 구분하고 사전에 실린 내용을 이해하는 데 반드시 필요하다고 판단되는 자료들도 표제어로 선정하였다(『한국일생의례사전』 발간개요 참조). 본고에서는 『한국일생의례사전』에 나타난 표제어를 추출한 다음 '연세 20세기 한국어 말뭉치'에서 어휘들을 확인해 보았다. 이 말뭉치는 20세기 문헌을 출판시기와 텍스트 유형을 기준으로 수집하여 구축한 문어 원시 말뭉치로서 총 1억 5천만 어절이 구축되어 있다고 한다. 빠진 부분은 한국어 교재에 제시된 경조사 어휘들로 보충하였고 이렇게 구축된 어휘들을 자모순으로 배열하였으며 이를 중심어휘와 보조어휘로 나누어 보았다. 김의숙(2015)에서는 은행 어휘장을 구축하였는데 이때 '은행 중심 어휘'와 '은행 보조 어휘'로 분류하였고 그 판단 기준으로 활용성과 목적성 그리고 생산성을 제시하였다(김의숙, 2015:17). 제시된 판단 기준 중에서 본고에서는 '활용성'을 기준으로 보았는데 해당 의례를 진행할 때 주로 활용하는 경조사 어휘를 중심어휘로, 다른 상황에서도 그 어휘가 활용될 수 있다면 보조어휘로 구분하기로 한다. 즉, 중심어휘는 해당 의례 과정에서 필수적으로 사용되어 빠뜨릴 수 없는 어휘를 말하고 보조어휘는 해당 의례 과정에서도 중심어휘를 뒷받침하거나 중심어휘와 함께 사용되지만 다른 상황에서도 사용되어 사용범위가 넓은 어휘라고 볼 수 있겠다.

3) 의례별 경조사 어휘장

(1) 출생의례 어휘장

본고는 출생의례 어휘장을 '의례도구, 의례음식, 의례용어' 3가지의 부분 어휘장으로 나누어서 다음과 같이 제시하였다. 그리고 부분 어휘장의 어휘들을 중심어휘와 보조어휘로 나누어서 출생의례 어휘장을 구축하였다.

표 9 출생의례 어휘장

	부분 어휘장	중심어휘	보조어휘
1	의례도구	돌반지	골프공, 금반지, 금팔찌, 놓다, 돈, 마이크, 뷔페, 쌀, 실, 신용카드, 아기 옷, 연필, 잡다, 청진기, 책, 축구공, 컴퓨터 마우스, 현금
2	의례음식	돌떡, 돌상	
3	의례용어	돌, 돌잔치, 돌잡이	부자, 복, 생일잔치, 잔치, 첫 번째 생일, 학자

(2) 혼인의례 어휘장

현대사회로 들어오면서 예식장에서는 현대식으로 진행하는 서양식 혼례가 중심이 되어 진행을 하지만 서양식 혼례가 끝난 후 폐백이라는 전통적인 혼례가 함께 이루어지는 경우도 있다. 그리고 예식장이 아닌 다른 공간에서는 서양식 혼례 대신 전통혼례만을 진행하는 경우도 있다. 폐백은 신부가 시댁에 와서 시부모를 비롯한 여러 시댁어른들에게 인사를 드리는 옛날의 전형적인 혼례이므로 본고에서는 폐백을 전통혼례에 포함시켰다(한국민족문화대백과 참고). 따라서 본고에서는 혼인의례 어휘장을 폐백을 포함한 '전통혼례'와 서양식으로 진행하는 '현대식 혼례'로 나누어 보았다. 그리고 '의례도구, 의례음식, 의례용어, 의례 관련 인물, 의례의복, 의례절차'로 부분 어휘장을 구축하였고 부분 어휘장의 어휘들을 중심어휘와 보조어휘로 나누었다.

① 전통혼례

표 10 전통혼례 어휘장

	부분 어휘장	중심어휘	보조어휘
1	의례도구	부조, 부케, 사주단자, 예물, 청첩장, 폐백, 함, 혼서, 혼수	기러기, 대나무, 대추, 밤, 소나무, 수탉, 암탉,
2	의례음식	혼례상	국수
3	의례용어	국제결혼, 결혼식, 전통혼례,	

		택일, 혼기, 혼인성사, 혼례	
4	의례 관련 인물	사돈, 신부, 신랑, 신랑감, 주례	자녀
5	의례의복	곤지, 연지, 예복, 족두리, 혼례복	
6	의례절차	맞선, 상견례, 신혼여행, 예식, 폐백, 혼인신고	궁합, 사주, 선을 보다, 절을 하다, 청혼, 첫날밤, 허락

② 현대식 혼례

표 11 현대식 혼례 어휘장

	부분 어휘장	중심어휘	보조어휘
1	의례도구	예물, 결혼반지, 부케, 예단, 청첩장, 함, 축의금, 혼수, 혼수품	붉은색 봉투, 흰색 봉투
2	의례음식	혼례상	국수
3	의례용어	국제결혼	건강, 기쁨, 다산, 인연, 장수, 축복, 품앗이 전통
4	의례 관련 인물	사회자, 신랑, 신랑감, 신부, 주례, 하객	부부, 시댁, 시부모님, 자녀, 양가 부모님, 양가 친척들, 장남, 차녀, 친정
5	의례의복	웨딩드레스, 턱시도	
6	의례절차	결혼식, 상견례, 신혼여행, 주례사, 택일, 폐백, 피로연, 혼사, 혼인신고	신혼집, 약혼하다, 집구하기, 청혼하다, 하룻밤
7	의례장소	결혼식장, 신혼집, 예식장	교회, 성당

③ 상장의례 어휘장

본고에서는 상장의례의 부분 어휘장으로 '의례도구, 의례용어, 의례 관련 인물, 의례의복, 의례절차, 의례장소'를 제시하였다. 그리고 제시된 여러 어휘들을 중심어휘와 보조어휘로 나누어서 상장의례 어휘장을 구축하였다.

표 12 상장의례 어휘장

	부분 어휘장	중심어휘	보조어휘
1	의례도구	관, 영정사진, 조의금,	검은색 옷, 향
2	의례용어	명복을 빌다, 장례, 장례식, 호상	기리다, 번성하다, 애도, 위로하다, 유교, 의례, 작별, 조상의 덕, 좋은 기운, 추모하다, 치르다, 표하다
3	의례 관련 인물	고인, 문상객, 상주, 유족, 조문객	조상, 후손
4	의례의복	상복, 수의, 제복	
5	의례절차	3일장, 49제, 5일장, 9일장, 매장, 문상, 발인, 발인제, 부고, 삼일장, 상례, 상을 당하다, 상을 치르다, 이장, 임종, 입관, 장례, 장사, 초상, 하관, 화장	묵념, 절
6	의례장소	납골당, 묏자리, 묘지, 빈소, 상갓집, 수목장, 장례식장, 장지	명당, 무덤, 풍수지리

5. 경조사 어휘장의 구축에 대해서

본 연구는 여성결혼이민자들을 위한 문화 어휘장 중에서 경조사 어휘를 중심으로 구축하는 것에 목적을 두었다. 우선 경조사는 연구자에 따라 정해진 범위가 다르기 때문에 본고에서는 연구의 범위를 출생의례, 혼인의례, 상장의례 3가지로 구분하여 지정하였다. 그리고 여성결혼이민자들이 자주 접할 수 있는 한국어 교재 18권을 선별하여 경조사 어휘들이 어떻게 제시되어 있는지 살펴보았다. 그리고 트리어(Jost Trier)의 어휘장 이론에 따라 어휘장 안에 계층이 있고 각 계층마다 독립된 부분장을 이룰 수 있도록 경조사 어휘장의 구조를 구상하였다. 또한 본고에서는 『한국일생의례사전』에 나타난 표제어들을 살펴보았는데 이 사전은 일생의례를 크게 '출생의례, 관·계례, 혼례, 수연례, 상장례, 제례'로 구분하고 사전에 실린 내용을 이해하는 데 반드시 필요하다고 판단되는 자료들도 표제어로 선정한 것이다. 따라서 본 연구에서는 『한국일생의례사전』에 나타난 표제어를 추출한 다음 '연세 20세기 한국어 말뭉치'에서 어휘들을 확인해 본 후에 어휘장을 구성하였고 빠진 부분은 한국어 교재에 제시된 경조사 어휘들로 보충하여 의례별 경조사 어휘장을 완성하였다.

어휘는 서로 유기적으로 관계를 맺고 있기 때문에 유기적인 관계의 어휘들을 하나의 범위에 모아서 '어휘장'을 구성할 수 있다. 본고에서는 한국어 학습자가 어휘장을 잘 활용하여 학습한다면 한국어 학습자의 의사소통능력이 향상될 수 있다고 보았다. 그리고 의사소통을 잘 하기 위한 요소 중 하나는 바로 목표 언어의 문화를 습득하는 것인데 한국의 문화 중에서도 '경조사'를 선정하여 의례별 경조사 어휘장을 구축하였다. 이러한 한국 문화를 주제로 한 어휘장이 조금 더 다양하고 폭넓게 논의될 필요가 있다고 보았다. 특히 경조사 문화는 한국 고유의 문화 요소가 포함되어 있고 현대사회에서도 꾸준히 이어져 내려오고 있으며 사람들이 중요하게 인식하고 있다는 점에서 학습의 필요성을 찾아 볼 수 있다.

따라서 본고에서는 경조사와 관련된 어휘들을 어휘장 이론에 따라 '경조사 어휘장'을 구축하였고 여성결혼이민자들을 위한 한국어 교육 현장에 도움이 될 수 있는 자료를 제시한 것으로 논의를 마무리하였다. 이후 구축된 경조사 어휘장을 학습 단계별로 구성하고 단계별로 학습 활동을 제안하는 것을 후속 과제로 남겨 둔다.

참고문헌

김만태(2009). "한국 일생의례의 성격 규명과 주술성", 한국학, 177-206.
김신호(1998). "문화적 간섭효과가 학습자의 어휘의 오 선택에 미치는 영향: 한불간 어휘와 문화의 대조를 중심으로", *한국불어불문학회*, 641-657.
김의숙(2021). "여성결혼이민자를 위한 한국 문화어휘장 구축에 관한 연구- 경조사 어휘장을 중심으로", *문화와융합* 43(12), 201-220.
김준모(2015). "외국인근로자를 위한 문화 어휘 선정에 관한 연구", 인하대학교 교육대학원, 교육학석사학위논문.
김하나(2020). "어휘장을 활용한 한국 명절 어휘 교육 방안- 한국어교재를 중심으로", *중앙어문학회*, 303-333.
만 티 뚜엔(2020). "한국 내 베트남 여성결혼이민자의 한국 문화 적응을 위한 교육 내용 개선 방안 연구- 한국어 교재의 문화 항목 분석을 중심으로", 상명대학교 대학원 석사학위논문.
문금현(2011). "어휘장을 활용한 한국어 어휘 교육", *우리말교육현장학회*, 7-47.
_____(2012). "음식어휘장의 분류 기준을 활용한 한국어 음식 어휘 교육", *새국어교육*, 41-78.
명현숙(2011). "민족문화상징을 활용한 한국문화교육연구", 경희대학교 교육대학원 석사학위논문.
박참희(2012). "한국어 학습자를 위한 음식 어휘장 학습 자료 연구", 숙명여자대학교 대학원 석사학위논문.
송현동(2003). "현대 한국 장례의 변화와 그 사회적 의미", *종교연구* 32, 289-314.

● 이 장은 문화와융합 학술지 43권 12호에 실린 필자의 논문(김의숙, 2021)을 바탕으로 재구성되었다.

08장
유튜브 방송과 독서의 융합 방안

1. 변화하는 미디어 환경과 독서

최근 스마트폰의 보급 증가와 미디어 환경의 변화로 다양한 디지털 미디어 플랫폼들이 등장하고 있다. 그 중에서 가장 대표적인 플랫폼은 2005년 미국에서 처음 서비스를 시작하여 전세계로 확대된 유튜브(YouTube)라 할 수 있으며 한국인의 유튜브 이용 역시 높은 수치를 보이고 있다. 2020년 청소년정책연구원이 발표한 '청소년 미디어 이용 실태 및 대상별 정책 대응 방안 연구 I: 초등학생'을 보면 초등학생의 90.3%가 유튜브를 사용한다고 답했고, 이들 중 43.5%는 매일 유튜브를 이용하고 있다고 하였다. 또한 교육부·한국직업능력개발원에서 실시한 '2020년 초중등 진로교육 현황조사 결과보고서'에서 '유튜브 크리에이터'가 초등학생의 장래희망 선호도에서 4위를 차지하기도 하였다.

아동의 유튜브 사용 증가는 종이책을 읽는 전통적인 독서 행위를 감소시키는 원인 중 하나로 작용하고 있다. 2021년 국민독서실태조사 결과, 아동의 독서량은 이전보다 6.6권 감소하였으며, 가장 큰 이유로 '스마트폰, 텔레비전, 인터넷 게임 등'(23.7%)으로 나타나 디지털 미디어 환경이 아동의 독서 행위에 영향을 주고 있는 것으로 파악됐다. 그러나 동시에

'살아가는 데 도움이 되기 때문에' 독서를 한다는 답변이 80%를 차지하는 것으로 보아 독서의 가치와 필요성에 대해서는 올바르게 인식하고 있었다. 독서의 가치와 필요성에 대해 인식하고 있음에도 불구하고 아동의 실제 독서 행위가 실천되지 않고 있는 것이다.

종이책을 읽는 독서 행위가 인간의 삶을 가치 있게 변화시키고 지속적인 성장의 원천이라는 것에 대해서는 지금까지 여러 연구들에서 입증되어 왔으며, 독서에 대한 기초적 능력을 습득하고 독서 습관이 형성되는 아동 시기의 독서 활동은 특히 더 중요하다고 할 수 있다. 그러나 미디어 환경이 변화하는 현 시점에서 아동의 미디어 사용을 통제하고 종이책을 읽는 독서를 권장하는 것도 중요하지만 변화하는 미디어 문화에 따라 아동의 독서 실천을 유도하는 방법을 새롭게 찾는 것도 필요하다.

이에 이 글에서는 새로운 미디어 환경에서 아동의 독서 행위를 촉진하기 위한 미디어와 종이책의 융합 방안을 모색하고자, 아동 독서 관련 유튜브 방송에 주목하여 그 현황과 특성을 면밀하게 살펴보고자 한다.

2. 미디어와 독서의 융합에 관한 다양한 시도와 담론들

새로운 미디어가 출현할 때마다 미디어와 독서를 융합하려는 시도는 늘 있어왔다. 오래 전부터 TV 방송에서는 책이나 독서와 관련된 프로그램을 꾸준히 기획해왔다. KBS1의 'TV, 책을 말하다'는 2001년부터 2009년까지, MBC의 '느낌표, 책책책 책을 읽읍시다' 역시 2001년부터 2007년까지 오랜 기간 방송된 프로그램이다. 이후 KBS1에서는 2013년 '다시 책'이라는 프로그램을 2016년까지 방송하였고, MBC에서는 2016년 예능과 독서를 결합한 '달빛 프린스'라는 프로그램을 시도하였다. TVN에서 2020년에 방송한 '요즘 책방, 책 읽어드립니다'에서는 시청자들이 책의 제목을 들어봤으나 읽지 않았을 유명한 책들을 소개하고 책에 대한 의견을 나누는 내용으로 프로그램을 구성하였다.

　책이나 독서 활동을 중심으로 한 방송은 책에 대한 관심과 독서 행위를 촉발시키는 계기가 되었다. 방송에 소개된 책의 판매량이 증가하고 출판과 서점을 활성화시켜 독서 문화를 증진시키는 요인으로 작용하였다. 또한 시청자들이 책에 대한 긍정적인 시각을 가지고 평생 독자로 나아가는 데에도 도움을 주었다.

　팟캐스트(podcast)에서는 '이동진의 빨간 책방', '김영하의 책 읽는 시간' 등과 같은 책과 관련된 방송이 제작되어 인기를 끌었으며, 최근에는 유튜브, 인스타그램 등의 SNS에서 책이나 독서와 관련된 방송들이 활발하게 생산·수용되어, '북튜버', '북스타그램'과 같은 새로운 단어들이 출현하였다. 또한 방송은 아니지만 책의 구매를 유도하는 동영상인 북트레일러(book-trailer), 다양한 오디오북 플랫폼, 챗북(chat-book) 등은 독자들이 책에 좀더 쉽게 다가갈 수 있게 한다.

　이렇듯 새로운 미디어가 출현할 때마다 미디어와 독서는 끊임없이 융합하려는 시도를 하였고, 이와 관련한 연구들도 출판, 서점, 미디어의 효과, 독서 문화, 독자 특성 등 다양한 관점에서 활발하게 진행되어 왔다. 그러나 이와 같은 현상들과 연구들은 새로운 미디어 환경에서 독서를 바라보고 있다는 점에서 큰 의의가 있지만 대부분 성인을 대상으로 하고 있다.

　아동을 대상으로 하는 유튜브 방송이나 그에 대한 연구는 성인을 대상으로 하는 방송에 비해 그 비율은 낮은 편이지만, 교육적인 관점에서의 담론들이 활발하게 진행되고 있다. 이를 크게 세 가지로 분류할 수 있는데, 먼저 유튜브의 이용 경험과 이용 환경에 대한 연구가 있다. 아동이 유튜브 공간을 어떻게 인식하는지, 유튜브 이용 빈도와 심리적인 상관관계는 어떠한지, 아동의 유튜브 사용을 줄이기 위한 방안은 무엇인지, 바람직하게 유튜브를 시청하기 위한 방안은 무엇인지 등이 주된 관심이 된다. 둘째는 아동과 관련된 유튜브 방송을 분석한 연구들이다. 아동을 대상으로 한 유튜브 방송의 내용, 디자인 등이 아동의 발달 단계에 적합한지,

방송의 장르 유형, 내용, 제작자 특성 등은 어떠한지 등을 분석 기준으로 삼고 있다. 셋째는 아동 독서 관련 유튜브 방송을 분석한 연구인데 아동 독서 관련 유튜브 방송의 현황과 특성을 고찰한 연구(윤신원, 2022)와 초등 아동 독서 관련 유튜브 방송의 자막을 분석하여 방송 자막의 기능이 아동의 전반적인 독서 과정에 미치는 영향을 분석한 연구(윤신원 외, 2022)만 눈에 띈다.

이상의 연구들을 살펴보면, 아동 유튜브 방송 자체에 대한 분석은 대부분 아동 중에서 연령이 낮은 유아를 대상으로 하거나 아동 콘텐츠 전반에 대한 연구가 진행되어왔음을 알 수 있다. 그러나 아동의 유튜브 방송에 대한 부정적이거나 보호주의적인 입장뿐 아니라 유튜브 방송 자체에 대한 객관적인 분석과 바람직한 활용을 장려하는 입장이 함께 나타나는 등, 유아를 비롯한 아동의 유튜브 방송에 대한 관심과 영향력을 인식하고 다양한 분야에서 연구가 진행되고 있는 것을 확인할 수 있다.

지금까지 살펴본 바와 같이, 미디어 환경이 변화할 때마다 새로운 미디어와 독서는 끊임없이 융합을 시도하였고 이는 유튜브 방송 또한 예외는 아니다. 유튜브 방송에 대한 아동의 관심과 사용은 이미 활발하게 진행되고 있으며 점차 증가하는 추세이다. 이에 아동의 유튜브 시청에 대해 부정적이고 교정적인 시각으로만 바라보던 기존의 입장에서 벗어나, 아동이 경험하는 미디어의 환경이 변화하고 있음을 인정하고 특성을 정확하게 파악하여 이를 토대로 아동의 독서 행위를 촉진하기 위한 미디어와 독서의 새로운 융합 방안을 모색하는 것이 필요하다.

3. 아동 독서 관련 유튜브 방송의 현황

아동 독서 관련 유튜브 동영상 방송의 특성이 어떠한지를 살펴보기 위하여 2021년 7월 1일부터 2021년 10월 31일까지 유튜브에 '독서', '아동

독서', '아동도서', '어린이책', '어린이책 리뷰', '어린이도서 리뷰'를 검색어로 하고 '동영상'을 조건으로 하여 방송을 검색하였다. 검색어별로 각각 3회 이상 검색하여 '조회수'를 기준으로 상위 50위까지의 방송을 선정한 후, 영유아를 대상으로 한 방송, 뉴스 방송, 이벤트나 학습지 등과 관련된 상업적 목적의 방송 등을 제외하고 초등 아동을 주(主)시청자로 설정한 독서 관련 방송을 정리하여 총 34개의 방송을 최종 선정하였다.

선정된 방송들은 책의 내용을 중심으로 방송을 구성하고 종이책을 읽는 독서 행위를 권유하는 발화를 포함하여 방송을 시청하는 아동의 독서 욕구를 증가시키는 특성을 갖는다. 또한 방송의 유형이나 시청 대상 아동의 연령이 적절하게 구성되어 있으므로 아동 독서 관련 유튜브 방송의 전체적인 현황과 특성을 도출하기에 효과적이라 할 수 있다.

아동 독서 관련 유튜브 방송의 특성을 살펴보기 위하여 방송의 유형, 책의 유형, 방송 진행자, 대상 시청자의 연령 등으로 분석 범주를 설정하였다. 먼저, 방송의 유형은 책이나 독서와 관련하여 어떠한 부분에 초점을 두고 방송 내용을 구성하고 있는가를 기준으로 분류하였다. 윤신원 외(2022)에서는 아동 독서 관련 유튜브 방송의 유형을 '책 읽어주기', '책 관련 소개', '책 내용 소개', '책 읽는 방향 제시' 등 4개의 유형으로 구분하였는데, 이를 토대로 하여 오디오북과 같이 책을 읽어주는 방송을 '책 읽기' 유형으로, 책의 내용을 중심으로 책을 소개하는 방송을 '책 소개' 유형으로, 책의 내용을 이해하는 틀(frame)을 제시하고 읽는 방향을 제시하는 방송을 '책 해석' 유형으로 구분하여 분석하였다.

책의 유형은 방송에서 다루는 책 내용의 유형을 말한다. 이 글에서는 독서 이론에서 텍스트를 구분하는 기준에 근거하여 '서사텍스트(narrative text)' 유형과 '설명텍스트(expository text)' 유형으로 구분하였다. '서사텍스트' 유형은 시간이 흐름에 따라 일어나는 사건을 연속적으로 배열하는 특성이 있으며 소설, 동화, 인물전 등 문학 장르의 책들이 이에 속한다. '설명텍스트' 유형은 정보나 개념을 논리적으로 전달하기 위하여 위계적으로 내용을 구성하는 특성이 있으며 과학, 역사, 인문교양 등 비(非)문학 장르의 책이 이에 해당한다. 그리고 하나의 방송 안에 두 유형의 책이 함께 언급되는 경우는 '혼합텍스트' 유형으로 구분하였다.

방송 진행자는 방송에 등장하여 방송을 이끌어가는 주체를 가리킨다. 방송 진행자의 특성은 시청자에게 인지적·정의적 측면에서 일련의 영향을 미치는 요인에 해당한다. 이 글에서는 아동 독서 관련 유튜브 방송의 진행자를 '아동', '교사', '부모', '성인'으로 구분하여 살펴보았다.

대상 시청자 연령은 방송에서 설정한 주(主)시청자의 연령을 의미한다. 초등 아동은 1학년부터 6학년까지 그 범위가 넓은 편이다. 또한 초등 아동 시기는 연령의 증가에 따라 독서 능력을 비롯한 여러 분야에서 성장하는 폭이 크고 속도도 빠르게 나타난다. 따라서 방송이 어느 연령의 아동을 대상으로 하느냐에 따라 조금씩 다른 특성이 나타나게 된다. 이 글에서는 대상 시청자 연령을 방송에서 다루는 책의 대상 독자 연령을 토대로 하여 구분하였다. 우리나라 대표적인 온라인·오프라인 서점이라고 할 수 있는 '교보문고'와 '알라딘'에서 제공하고 있는 책의 대상 연령과 유튜브 방송에서 진행자가 언급하는 대상 시청자의 연령을 통합하여, 시청자의 연령을 현재 초등학교 교육과정의 학년군과 같이 '1~2학년', '3~4학년', '5~6학년'으로 구분하였다. 이상의 내용을 정리하면 〈표 1〉과 같다.

표 1 아동 독서 관련 유튜브 방송 목록(평균조회수 순)

	제목	게시자	방송 유형	책 유형	진행자	시청자 연령 (학년)	평균 조회수
1	명작동화 10권 모음집	엄마의 인형동화	책읽기	서사	부모	1~2	481,591
2	독서습관 잡는 초등학생 책 100권 추천!	이서윤의 초등생활처방전	책소개	혼합	교사	전학년	135,431
3	거짓말	다올책사랑방 작은도서관	책읽기	서사	성인	1~2	125,604
4	책먹는 여우	신나는 동화여행	책읽기	서사	부모	1~2	123,403
5	초등학생 아이들이 직접 읽고 추천한 도서목록	이서윤의 초등생활처방전	책소개	혼합	교사	전학년	43,850

6	아드님 진지 드세요	책 소개하는 어린이 신소율	책해석	서사	아동	3~4	38,948
7	책이 재미없다면 이게 따이야!	비룡소TV	책해석	서사	교사	5~6	29,176
8	꼴찌라도 괜찮아	다올책사랑방 작은도서관	책읽기	서사	성인	3~4	24,550
9	가족은 꼬옥 안아주는 거야	콩닥콩닥오디오	책읽기	서사	교사	1~2	23,078
10	왜 띄어 써야 돼	콩닥콩닥오디오	책읽기	서사	교사	3~4	16,235
11	우리 교실에서 책 읽기 싫어하는 학생도 좋아했던 책만 골라 봤습니다	긍정쌤즈	책소개	혼합	교사	전학년	11,466
12	만복이네 떡집	수린선생님이 읽어주는 동화책	책읽기	서사	부모	3~4	9,822
13	백일장, 독서골든벨에도 따이야!	비룡소TV	책해석	서사	교사	3~4	9,512
14	비밀의 화원	문학소녀	책읽기	서사	성인	5~6	9,301
15	마법의 설탕 두 조각	책 소개하는 어린이 신소율	책해석	서사	아동	3~4	7,364
16	하늘정원	책소하늘	책소개	서사	아동	1~2	6,416
17	장군이네 떡집	서혜진의 all that reading	책읽기	서사	부모	3~4	5,929
18	마틸다	내일책방	책소개	서사	성인	5~6	5,044
19	악플전쟁	책 소개하는 어린이 신소율	책해석	서사	아동	5~6	4,046
20	하늘을 나는 집	신나는 동화여행	책읽기	서사	부모	1~2	3,560
21	엄마 출입금지	SUNANG 동화책나라	책읽기	서사	부모	1~2	3,472
22	어린이 인성사전	해피이선생	책소개	서사	교사	전학년	3,397
23	금지어 시합	SUNANG 동화책나라	책읽기	서사	부모	1~2	3,243
24	내 꿈은 슈퍼마켓 주인	말랑도서관	책해석	서사	성인	5~6	2,019
25	수상한 우리반	송이네 책방	책해석	서사	혼합	5~6	628
26	왠지 이상한 동물도감	막동심이TV	책해석	설명	아동	1~2	585
27	무작정 재미있는 어린이책	알라디너TV	책소개	혼합	부모	5~6	451
28	아홉 살 마음사전&인성사전	막동심이TV	책해석	설명	아동	1~2	434
29	모차르트	막동심이TV	책해석	서사	아동	1~2	381
30	엄마 몰래	막동심이TV	책해석	서사	아동	1~2	296
31	달려라, 팝콘	수린선생님이 읽어주는 동화책	책읽기	서사	부모	3~4	254
32	까치가 물고 간 할머니의 기억	찬이삼촌의 어린이책 맞아요?	책해석	서사	성인	1~2	242
33	학교 폭력을 물리치는 방법	찬이삼촌의 어린이책 맞아요?	책해석	서사	성인	1~2	178
34	우리집엔 형만 있고 나는 없다	수린선생님이 읽어주는 동화책	책읽기	서사	부모	1~2	156

4. 아동 독서 관련 유튜브 방송의 특성

1) 방송의 유형 특성

아동 독서 관련 유튜브 방송의 유형을 방송 내용에 따라 분류하면 '책 읽기' 유형의 방송이 14개, '책 해석' 유형의 방송이 13개, '책 소개' 유형의 방송이 7개로 나타난다. 그러나 평균조회수를 보면 '책 읽기' 유형의 방송이 가장 높은 조회수를 기록하고 있다. '책 해석' 유형의 방송이 '책 읽기' 유형의 방송과 방송 개수는 비슷하지만, 평균조회수에서는 약 8배 정도의 차이를 보인다. 이는 아동 독서 관련 유튜브 방송은 다양한 유형이 있지만, 시청하는 아동은 '책 읽기' 유형의 방송을 선호하는 특성이 있음을 알려준다.

표 2 방송의 유형

	책 읽기	책 소개	책 해석	〈합계〉
방송 개수	14	7	13	34
방송 비율	41.4%	20.5%	38.1%	100%
평균조회수	59,300	29,436	7,216	95,952

먼저 '책 읽기' 유형의 내용 구성은 방송이 시작되면 책의 제목과 저자명을 언급하고 바로 책의 본문을 읽는 방송과 책의 표지를 보여주면서 주인공이나 주요사건에 대한 관심을 유발하는 한두 문장의 도입 부분을 먼저 제시하고 책의 본문을 읽는 방송으로 다시 나눌 수 있다. '우리집엔 형만 있고 나는 없다'(〈수린선생님이 읽어주는 동화책〉), '엄마 출입금지'(SUNANG 동화책나라), '금지어 사전'(SUNANG 동화책나라), '명작동화 10권 모음집'(엄마의 인형동화), '장군이네 떡집'(서혜진의 all that reading) 등은 전자에 해당하고, '달려라 팝콘'(수린선생님이 읽어주는 동화책), '만복이네 떡집'(수린선생님이 읽어주는 동화책), '하늘을 나는 집'(신나는 동화여행), '거짓말'(다올

책사랑방 작은도서관), '꼴찌라도 괜찮아'(다올책사랑방 작은도서관), '비밀의 화원'(문학소녀), '책 먹는 여우'(신나는 동화여행), '왜 띄어 써야 돼'(콩닥콩닥 오디오), '가족은 꼬옥 안아주는 거야'(콩닥콩닥 오디오) 등은 후자에 속한다.

아동 시청자의 관심을 유발하는 한두 문장은, 비록 그 내용이 짧더라도 이후 읽어주는 책의 내용을 받아들이는 태도에 영향을 미친다. 예를 들어, '달려라 팝콘'(수린선생님이 읽어주는 동화책)은 '뚱뚱하다고 놀림 받는 주인공'이라는 문장으로 방송이 시작된다. '달려라 팝콘'이라는 책 제목에서는 '뚱뚱하다고 놀림 받는 주인공'을 연상할 수 없으나, 방송을 시청하는 아동은 진행자의 짧은 발화를 듣고 주인공의 특성에 관심을 가지고 책의 의미를 구성하게 된다. 그러나 도입 부분이 없는 방송을 시청하는 아동은 책의 내용에 대한 관심의 정도나 의미 구성의 방향이 각자의 배경지식과 독서 능력에 따라 상이하게 나타날 것이다.

'책 읽기' 유형의 방송에서 읽어주는 책 내용의 범위는 방송에 따라 조금씩 다르다. 책을 처음부터 끝까지 읽어주는 방송과 책의 일부분만 읽어주는 방송, 책의 전체 내용 중에서 중요한 부분을 발췌·연결하여 읽어주는 방송이 있다. 책의 전문(全文)을 읽어주는 방송은 총 14개의 방송 중에서 7개의 방송인데, '꼴찌라도 괜찮아'(다올책사랑방 작은도서관), '거짓말'(다올책사랑방 작은도서관), '하늘을 나는 집'(신나는 동화여행), '책 먹는 여우'(신나는 동화여행), '왜 띄어 써야 해'(콩닥콩닥오디오), '가족은 꼬옥 안아주는 거야'(콩닥콩닥오디오), '명작동화 10권 모음집'(엄마의 인형동화) 등이 이에 해당한다. 전문을 읽어주는 방송의 책들은 모두 그림책이나 짧은 분량의 책에 해당한다. 책의 내용이 짧기 때문에 방송에서 전문을 읽어도 시청하는 아동이 끝까지 책의 내용에 집중할 수 있다. 책의 전문을 읽는 방송은 오디오북과 같이 '듣는' 독서가 진행된다. 이는 긴 분량의 책이나 문자 중심의 책을 읽는 것을 어려워하는 미숙한 독자에게는 유용한 독서 방법이 될 수 있으며, 종이책을 읽을 수 없는 환경에서 디지털 기기를 이용하여 독서를 할 수 있다는 장점이 있다.

책의 일부분을 읽어주는 방송은 6개인데, '엄마 출입금지'(SUNANG 동화책나라), '금지어 시합'(SUNANG 동화책나라), '달려라 팝콘'(수린선생님이 읽어주는 동화책)은 전체 내용 중에 장 제목 1장, '비밀의 화원'(문학소녀)은 전체 내용 중에 장 제목 1~5장에 해당하는 부분만 읽는다. '장군이네 떡집'(서혜진의 all that reading)은 책의 20~25쪽만 읽는데 이 부분은 주인공인 '장군이'가 판타지 공간인 '떡집'에 처음 가서 중심 사건이 본격적으로 진행되는 장면에 해당한다. '우리집엔 형만 있고 나는 없다'(수린선생님이 읽어주는 동화책)는 책의 전체 내용 중에 중요한 부분을 발췌한 뒤 이를 연결하여 책의 문장 그대로 읽어준다. 이와 같은 책들은 분량이 긴 책이 대부분이다. 분량이 긴 책의 전문을 방송에서 읽기에는 방송 시간이 길어질 뿐 아니라 시청하는 아동이 긴 시간 집중하는 데에도 어려움이 있다. 따라서 전체 내용을 읽되 장 제목별로 방송을 나눠서 제작하기도 하고, 책의 전체 내용 중에서 중요한 부분을 발췌하여 해당 부분만 읽거나 발췌문을 연결하여 읽는 등 다양한 구성으로 나타난다. 책의 일부분을 읽는 방송은 방송에서 읽어주지 않는 내용에 대한 궁금함과 호기심을 유발하여 방송의 시청에서 그치지 않고 실제 종이책을 읽는 독서 행위로 전이될 가능성이 높다.

'책 소개' 유형의 방송은 주제별로 책을 선별하여 책 제목을 나열하는 내용의 방송과 개별 책을 소개하는 내용의 방송으로 나뉜다. '우리 교실에서 책 읽기 싫어하는 학생도 좋아했던 책만 골라봤습니다'(긍정쌤즈)는 방송 안에서 '1~2학년', '3~4학년', '5~6학년'으로 독자의 연령을 다시 분류하여 각각의 독자들이 선호하는 책을 여러 권 선정하고 책 제목을 중심으로 소개한다. '무작정 재미있는 어린이책'(알라딘TV)는 '재미'에 초점을 두고 진행자가 책들을 선정하여 실제 책의 앞표지를 보여주며 소개한다. '독서 습관 잡는 초등학생 책 100권 추천!'(이서윤의 초등생활처방전), '초등학생 아이들이 직접 읽고 추천한 도서목록'(이서윤의 초등생활처방전)

은 진행자가 책을 선정한 것이 아니라 해당 방송의 구독자가 추천한 책을 정리하여 소개한다. '독서 습관 잡는 초등학생 책 100권 추천!'은 소개하는 100권의 책을 '창작동화, 오래됐지만 사랑받는 서적, 수상작 시리즈' 등으로 진행자가 다시 분류하여 제시하고, '초등학생 아이들이 직접 읽고 추천한 도서목록'은 특정한 분류 없이 50권의 책을 무작위로 소개한다. 이 방송들도 책 표지만 제시하고 진행자는 빠르게 책 제목을 읽는다. 이와 같은 방송에서는 가능한 한 다양하고 많은 책을 소개하는 특징이 있다. 책에 대한 구체적인 설명 없이 재미나 독자선호도 등의 선정 기준, 분류 기준을 적용하여 제목을 중심으로 책을 소개하며 별도로 책 목록 파일을 제공하기도 한다. 이는 방송을 시청하는 아동이 개별적인 독서 목적, 독서 능력, 선호도에 따라 자유롭게 책을 선택하여 읽을 수 있도록 선택의 폭을 넓혀준다.

개별 책을 소개하는 방송은 책을 한 권 선정하여 구체적으로 소개한다. '마틸다'(내일책방)는 책의 저자에 대한 소개와 삽화, 표지, 간략한 줄거리 등을 실제 책을 펼쳐가며 소개하고, '하늘정원'(책소하늘)은 책의 내용은 한 문장으로 간단하게 언급한 후, 책의 첫 장면과 마지막 장면을 중심으로 책을 소개한다. 특히 책 제목과 연결하여 진행자의 할머니댁 정원을 배경으로 방송을 제작하여 책의 내용에 대한 관심을 유발하고 있다. '어린이 인성사전'(해피이선생)은 책 표지뿐 아니라 목차, 작가의 말, 책의 구성 등에 대해 자세히 소개하면서 책의 본문 중 일부분을 읽고 그에 대한 느낌도 간략하게 전달한다. 개별 책을 소개하는 방송에서는 진행자가 실제 책을 시청자에게 보여주는 화면이 빈번하게 나온다. 책의 표지나 삽화, 목차 등을 직접 제시하거나 진행자가 종이책을 넘기거나 특정한 페이지를 펼쳐 읽는 행위를 보여주는 등 종이책의 물성(物性)을 강조하며 해당 책을 구체적으로 소개한다. 이는 책에 대한 정보를 충분히 제공함으로써 방송을 시청하는 아동이 해당 책에 대한 관심과 호기심을 갖고 시청 후 실제 독서 활동을 수행하도록 유도하는 기능을 한다.

마지막으로 '책 해석' 유형의 방송은 책을 읽는 방향을 몇 개 설정하여 그에 맞춰 진행자가 책을 해석하거나 시청자에게 해석하도록 권유하는 구성의 방송과, 책의 내용과 진행자의 해석을 교차하며 구성한 방송으로 구분된다. '책이 재미없다면 이게 딱이야!'(비룡소TV), '백일장, 독서골든벨에도 딱이야!'(비룡소TV), '왠지 이상한 동물도감'(막동심이TV), '아홉 살 마음사전&인성사전'(막동심이TV), '내 꿈은 슈퍼마켓 주인'(말랑도서관) 등은 전자에 해당하고, '엄마 몰래'(막동심이TV), '모차르트'(막동심이TV), '마법의 설탕 두 조각'(책 소개하는 어린이 신소율), '아드님 진지 드세요'(책 소개하는 어린이 신소율), '악플전쟁'(책 소개하는 어린이 신소율), '수상한 우리반'(송이네책방), '까치가 물고 간 할머니의 기억'(찬이삼촌의 어린이책 맞아요?), '학교 폭력을 물리치는 방법'(찬이삼촌의 어린이책 맞아요?) 등은 후자에 해당하는 방송이다.

책을 읽는 특정한 방향을 설정하고 있는 방송을 살펴보면, '책이 재미없다면 이게 딱이야!'(비룡소TV), '백일장, 독서골든벨에도 딱이야!'(비룡소TV)는 각 방송마다 3권의 책을 선정하여 내용을 구성하는데 한 권의 책마다 4, 5개의 키워드를 제시하여 키워드를 중심으로 책을 해석하고, 방송을 시청하는 아동에게 이와 같은 방향으로 책을 읽도록 권유한다. '왠지 이상한 동물도감'(막동심이TV), '아홉 살 마음사전&인성사전'(막동심이TV)은 진행자인 '영심이'가 책의 내용 중에서 3개의 장면을 선택하여 해석한 내용을 중심으로 방송이 진행된다. '내 꿈은 슈퍼마켓 주인'(말랑도서관)은 방송 도입 부분에 진행자가 해석한 주인공의 특성을 자막으로 제시한 후, 이와 관련된 책 속의 내용을 언급하면서 주인공의 행위를 바라보도록 유도하고 있다.

책에 대한 특정한 해석의 방향을 설정하지 않고, 책의 내용과 그에 따른 진행자의 해석을 자유롭게 구성한 방송을 살펴보면, '마법의 설탕 두 조각'(책 소개하는 어린이 신소율), '아드님 진지 드세요'(책 소개하는 어린이 신소율), '악플전쟁'(책 소개하는 어린이 신소율)은 진행자인 '신소율'이 책을 읽으며 생각한 부분과 느낀 점들을 시청자와 이야기를 나누듯이 방송을 진행한다. 이 방송은 해당 책에 대한 다양한 해석 중에서 아동 독자에게 전달하는 교훈이 빠지지 않고 언급되는 것이 특징이다. '수상한 우리반'(숑이네책방)은 방송 내용이 크게 두 부분으로 나뉘는데, 전반부에서는 아동 진행자가 책의 앞부분을 소개하면서 중간중간 책의 내용에 대한 아동 진행자의 느낌과 해석을 언급하며 시청하는 아동에게 해당 책을 직접 읽어보라고 권유하고, 후반부에는 성인 진행자가 책에 대한 전체적인 해석과 교훈을 제시한다. '엄마 몰래'(막동심이TV), '모차르트'(막동심이TV)는 진행자인 '영심이'가 책을 읽고 인상 깊었던 내용들과 그에 대한 간략한 해석을 교차하며 책의 전체 내용을 재구성한다.

'책 해석' 유형의 방송은 공통적으로 해당 책을 해석하는 방향을 시청하는 아동에게 제시하는 특성을 보인다. 책에 대한 내용이 나오기 전에 해석의 틀을 제시하거나 방송 중간중간에 책의 해당 내용에 대한 해석을 삽입하거나 방송 마지막 부분에 전체적인 교훈이나 해석을 제시하여, 방송을 시청하는 아동이 책의 내용을 해석하는 데에 적극적으로 관여한다. 이는 해당 방송을 시청하는 과정뿐 아니라 방송 시청 후에 실제 종이책을 읽는 독서 행위가 진행되는 과정에도 개입하여 아동 독자가 책의 의미를 구성하는 데 영향을 미치는 요인이 된다. 방송을 통해 진행자의 해석 과정과 해석 내용을 살펴볼 수 있으며 방송 시청 후 실제 독서 과정에서 자신의 해석을 조망하고 점검하는 기준으로 활용할 수 있다

2) 책의 유형 특성

아동 독서 관련 유튜브 방송에서 다루는 책의 유형은 '서사텍스트' 유형, '혼합텍스트' 유형, '설명텍스트' 유형의 순서로 비중이 높게 나타난다. 그러나 평균 조회수를 보면 '서사텍스트' 유형의 책을 다루는 방송에 아동의 관심이 편중되어 있음을 확인할 수 있다.

표 3 책의 유형

	서사텍스트 유형		설명텍스트 유형		혼합텍스트 유형		〈합계〉	
	방송개수	평균조회수	방송개수	평균조회수	방송개수	평균조회수	방송개수	평균조회수
책 읽기	14	112,197	·	·	·	·	14	112,197
책 소개	2	5,730	1	3,397	4	47,800	7	56,927
책 해석	12	5,551	1	585	·	·	13	6,136
〈합계〉	28	123,478	2	3,982	4	47,800	34	175,260

아동 독서 관련 유튜브 방송에서 가장 큰 비중을 차지하는 '서사텍스트' 유형은 '책 읽기' 방송과 '책 해석' 방송에서 특히 많이 활용된다. '책 읽기' 방송은 모두 '서사텍스트' 유형의 책을, '책 해석' 방송은 12개의 방송에서 '서사텍스트' 유형의 책을 활용하였다. 이에 비해 '책 소개' 방송에서는 2개의 방송에서만 '서사텍스트' 유형의 책을 소개하고 있다. '혼합텍스트' 유형은 '책 소개' 방송 중에서 주제별로 책을 소개하는 내용의 방송에서 주로 나타난다. 해당 방송에서는 다양한 주제를 설정하여 다수의 책들을 제시하기 때문에 '서사텍스트' 유형뿐 아니라 과학, 역사, 도감 등 '설명텍스트' 유형의 책이 포함되어 있다. '설명텍스트' 유형의 책만 다루는 경우는 '책 해석' 방송과 '책 소개' 방송에서 낮은 비중으로 나타난다.

오랫동안 아동 독서 교육에서는 좋은 내용을 읽음으로써 독자가 그 내용을 닮아간다는 신념이 자리해왔다. 자아정체성 형성, 자아 존중, 긍정적인 세계관 형성, 가족의 소중함 일깨우기 등을 함양하기 위하여 '서사텍스트' 유형의 책을 아동 독서 자료로 선정해 온 것이다(최건아 외, 2014). 또한 주인공을 중심으로 시간의 순서에 따라 중요 사건이 전개되는 '서사텍스트' 유형은 그 내용과 구조가 단순하여 아동 독자의 독서 발달 단계에도 적합하다. 특히 한정된 사회생활을 하는 아동은 가정과 학교에서의 생활과 친구 관계가 중요한 비중을 갖게 되는데, 이를 반영한 '서사텍스트' 유형의 책의 내용은 아동의 생활과 연계하여 삶을 성찰하는 태도를 함양하는 데 도움을 준다(윤신원, 2011).

그러나 아동 독서 관련 유튜브 방송에서 다루는 책들이 '서사텍스트' 유형에 편중되어 상대적으로 '설명텍스트' 유형의 책에 대한 관심과 독서가 부족한 것은 문제가 된다. 아동 독자의 전연령대에서 '설명텍스트' 유형의 책에 대한 흥미가 높다는 연구 결과(최건아 외, 2014)가 이어지고 있는 만큼 아동 독서 관련 유튜브 방송에서도 다양한 유형의 책을 선정하여 균형 있는 독서 행위를 촉진해야 할 필요가 있다.

또한 이와 같은 특성은 책과 관련된 성인 대상의 유튜브 방송에서 '문학서' 비중이 7%에 그쳤다는 연구 결과와 대비된다. 성인 대상의 방송에서는 '실용서(35%)', '인문교양서(17%)'가 가장 높은 비율을 차지하는데(정관성 외, 2020), 아동만을 대상으로 한 독서 관련 방송에서는 문학에 해당하는 '서사텍스트' 유형이 가장 많은 비중을 차지한다는 이 글의 결과는, 성인의 독서 특성과 아동의 독서 특성이 차이가 있다는 것을 알려준다.

3) 방송 진행자의 특성

아동 독서 관련 유튜브 방송의 진행자는 '부모', '아동 및 교사', '성인' 순으로 높은 비중을 보인다. 그러나 평균조회수를 보면 '교사', '부모', '성인', '아동' 순으로 나타나 '아동'이 진행하는 방송에 대한 시청 빈도가 상대적으로 낮다는 것을 확인할 수 있다.

표 4 방송 진행자의 특성

	아동		부모		교사		성인		부모+아동		〈합계〉	
	방송 개수	평균 조회수	방송 개수	평균 조회수	방송 개수	평균 조회수	방송 개수	평균 조회수	방송 개수	평균 조회수	방송 개수	평균 조회수
책 읽기	·	·	9	70,159	2	19,657	3	53,152	·	·	14	28,594
책 소개	1	6,416	1	451	4	48,536	1	5,044	·	·	7	12,089
책 해석	7	7,236	·	·	2	19,344	3	813	1	628	13	5,644
〈합계〉	8	13,852	10	70,610	8	87,537	7	59,009	1	628	34	46,327

진행자가 '부모', '아동', '교사'인 경우에는 특정한 방송 유형에 집중되어 분포하는 특성을 보인다. '책 읽기' 방송에는 '부모', '책 소개' 방송에는 '교사', '책 해석' 방송에는 '아동' 진행자가 많다. 책을 읽어주는 주체로 '부모'는 아동이 어릴 때부터 책을 읽어주는 존재이다. 유아 독자는 스스로 책을 읽기 전부터 다른 사람(주로 부모)이 읽어주는 책의 내용을 들으며 독서를 시작한다. 부모와 함께 책을 읽는 독서 행위는 책의 내용을 이해하는 인지적인 측면뿐 아니라 부모와의 유대감을 형성하고 정서적인 안정감을 주는 정의적인 측면에도 영향을 준다. 초등 아동의 독서는 유아 시기의 독서와 연장선상에 있다. 따라서 '부모'가 읽어주는 '책 읽기' 방송을 시청하는 아동은 정서적으로 안정적인 상태에서 책의 내용을 이해하고 어렸을 때 부모와 함께 했던 독서 경험을 환기시켜 긍정적인 독서 태도를 형성하게 된다.

'책 해석' 방송에는 '아동' 진행자가 가장 많다. 〈책 읽어주는 어린이 신소율〉은 초등 중학년 아동이, 〈막동심이TV〉에서는 '영심이'라는 초등 저학년 아동이 방송을 진행한다. 또 〈송이네 책방〉은 부모와 아동이 함께 방송을 진행하는데, 책의 부분적인 내용을 소개하고 그에 대한 느낌을 덧붙이는 방송 앞부분은 초등 중학년 아동이, 책에 대한 전체적인 소개와 해석을 하는 뒷부분은 부모가 각각 나누어 진행한다. 방송의 시청자인 아동과 비슷한 연령의 초등 아동이 직접 책에 대한 방송을 진행하는 것은 시청자가 방송 진행자와 강하게 동일시하게 되어 시청하는 아동의 실제 독서 행위를 유도하는 효과가 있다. 또한 아동 진행자는 책에 대한 방송을 또래 친구와 편하게 말하듯이 진행하는 특성이 있다. 성인이나 전문적인 진행자와 같이 정제된 문장으로 유창하게 방송을 진행하는 것이 아니라 부정확한 발음과 어순, 잉여적 표현 등이 자주 보인다. 그러나 이러한 구어적인 특성은 방송의 진행을 방해하는 요소로 작용하는 것이 아니라 방송 내용과 시청자의 거리를 좁혀주는 요인이 된다(윤신원 외, 2022). 이와 같이 아동 진행자가 직접 책을 읽고 방송을 진행하는 행위나 친구와 자연스럽게 이야기하는 듯한 발화 특성은, 방송에 대한 거리감을 좁혀주고 방송 내용에 대한 관심과 몰입을 증폭시킨다. 반면 '책 읽기' 유형의 방송은 책의 내용을 정확하게 전달해야 하기 때문에 아동 진행자의 이와 같은 발화 특성이 단점으로 작용하여, '책 읽기' 유형의 방송에서는 아동 진행자가 보이지 않는다.

진행자가 '교사'인 방송은 '책 소개' 유형이 가장 많다. 〈이서윤의 초등생활 처방전〉, 〈긍정쌤즈〉, 〈해피이선생〉의 진행자는 모두 초등학교 현직 교사이다. 교육전문가라고 할 수 있는 초등학교 교사들이 소개하는 책들은 이미 신뢰성을 확보하고 있다. 진행자인 교사들이 본인의 학교 또는 학급 학생들에게 좋은 영향을 미쳤던 책을 소개하거나 수많은 책들 중에서 교사가 엄선한 책을 소개하는 방송 내용은, 교사의 전문성에 대한 믿음이 확고한 아동 시청자에게 무엇보다도 크게 다가가고 독서에 대한 필요성도 강화된다.

그 밖에 '성인'이 진행하는 방송은 모두 '기관'에서 제작한 방송들인데 각 방송 유형에 골고루 나타난다. 〈문학소녀〉, 〈다올책사랑방 작은도서관〉은 '출판사'와 '도서관'에서 성인이 책을 읽어주는 방송이고, 〈내일책방〉은 '강남구청 인터넷방송국'에서 책을 소개하는 방송이고, 〈찬이삼촌의 어린이책 맞아요?〉는 '경향신문의 인터넷세션'의 기자가 책에 대한 해석을 하는 방송이다. 이 방송들은 전문기관에서 제작·운영하는 방송이기 때문에, 방송 내용이 정돈되어 있고 정확성과 전문성도 갖추고 있다.

방송 진행자의 유형에 따른 방송의 평균조회수를 살펴보면, '아동'이 진행하는 방송보다 '교사, 부모, 성인'이 진행하는 방송의 조회수가 높게 나타난다. '교사'가 진행하는 방송은 '책 읽기' 방송과 '책 해석' 방송에서도 평균조회수가 높은 편이다. '아동' 진행자가 가장 많은 '책 해석' 방송보다 '교사'가 진행하는 '책 해석' 유형의 방송의 평균조회수는 약 3배 정도 높게 나타난다. 이는 아동이 책이나 독서에 대해서 교사나 부모의 영향을 많이 받는다는 연구 결과(이현진, 2013)와 유사한 특성이라 할 수 있다. 초등 아동 시기는 독서에 대한 기초적 능력을 습득하는 시기이므로 아동의 독서에는 부모나 교사의 개입이 필요할 뿐더러 아동 역시 단독적인 독서 활동보다는 성인의 도움을 요구하게 된다. 그러나 독서에 대한 부모나 교사의 권유와 지원은 초등 아동에게는 긍정적인 반응이 42.1%로 비교적 높게 나타나지만, 중학생은 22.8%, 고등학생은 9% 등으로 점차 감소하는 현상을 보인다(한국출판연구소, 1987). 따라서 부모나 교사가 진행하는 방송에 대해서 전체적으로는 아동에게 긍정적인 효과가 있겠지만, 중학생과 인접한 고학년 아동으로 갈수록 성인의 지원을 섬세하게 조절할 필요도 있다. 또한 '책 해석' 방송에는 '교사, 성인, 아동' 등의 진행자가 모두 나타나는 데 비해 '부모'는 보이지 않는다. 이는 '책 해석' 방송은 독서의 주체인 '아동'의 해석이나 전문가인 '교사, 기관' 등의 해석을 아동이 더 선호하고, '부모'는 정서적인 측면에서의 관여를 요구하는 경향이 있다고 판단할 수 있다.

4) 대상 시청자의 연령 특성

아동 독서 관련 유튜브 방송에서 대상 시청자로 설정한 아동의 연령은 '1~2학년', '3~4학년', '5~6학년', '전학년' 순으로 높은 비중을 보인다.

표 5 대상 시청자의 연령 특성

	1~2학년		3~4학년		5~6학년		전학년		〈합계〉	
	방송 개수	평균 조회수	방송 개수	평균 조회수	방송 개수	평균 조회수	방송 개수	평균 조회수	방송 개수	평균 조회수
책 읽기	8	95,513	5	11,358	1	9,301	·	·	14	29,043
책 소개	1	6,416	·	·	2	2,748	4	48,536	7	14,425
책 해석	6	353	3	18,608	4	8,967	·	·	13	6,982
〈합계〉	15	102,282	8	29,966	7	21,016	4	48,536	34	43,468

방송의 유형에 따라 살펴보면, '책 읽기' 방송에서는 '1~2학년' 대상의 방송이 가장 많고, '책 소개' 방송은 '전학년' 대상의 방송이, '책 해석' 방송에서는 역시 '1~2학년' 대상의 방송이 많은 편이다.

연령이 낮을수록 책을 읽어주는 방송의 개수가 많고 조회수 또한 높다. 그러나 연령이 높다고 책을 읽어주는 방송에 대한 관심이 적은 것은 아니다. '5~6학년' 대상의 '책 읽기' 방송의 조회수는 '5~6학년' 대상 방송의 유형 중에서 가장 높게 나타난다. '3~4학년' 대상의 '책 읽기' 방송의 조회수도 낮은 편이라 하기 어렵다. 이는 모든 연령의 아동이 전체적으로 '책 읽기' 방송을 즐겨 시청하는 특성이 있다고 할 수 있으나 낮은 연령의 아동을 대상으로 '책 읽기' 방송이 많이 제작되고 있다고 볼 수 있다.

'책 해석' 방송의 경우, '1~2학년' 대상 방송은 방송 개수에 비해 평균조회수가 낮은 편인데, 이는 '3~4학년'이나 '5~6학년' 대상 방송의 높은 조회수와 비교할 수 있다. '1~2학년' 대상 방송은 다양한 유형의 방송으로 제작되기는 하지만 방송의 시청은 '책 읽기' 방송에 편중되고 있으며, '3~4학년'이나 '5~6학년' 아동은 '책 해석' 방송을 시청하는 빈도가 '책 읽기' 방송과 비슷하거나 높게 나타난다. 이와 같은 특성은 아동의 연령에 따라 선호하는 방송의 유형이 조금씩 차이가 있다는 것을 의미한다. 특히 '1~2학년' 아동은 책의 내용을 이해하는 데에 흥미를 느끼지만, 연령이 높아질수록 책에 대한 개인적인 의미 구성에 집중하고 다른 사람들과 책이나 독서에 대한 경험을 공유하고자 하는 욕구가 증가하는 것을 알 수 있다(이순영 외, 2015).

또한 '책 소개' 방송에서는 '전학년'을 대상으로 한 방송의 개수와 조회수는 높지만 세분화된 연령에 맞는 방송의 개수와 조회수는 낮은 특성이 보인다. 아동의 독서 행위에서 가장 선결되어야 할 부분은 독자에게 적합한 책을 선정하는 것이다. 그러나 '책 소개' 방송에서는 각각의 연령에 맞는 책을 구체적으로 자세히 소개하기보다는 '1~6학년' 아동을 하나의 단계로 설정하고 책을 소개하는 방송이 많은 편이라고 할 수 있다.

5. 유튜브 방송과 아동 독서의 융합 방안

지금까지 아동 독서 관련 유튜브 방송의 특성을 방송의 유형, 책의 유형, 방송 진행자, 대상 시청자의 연령 등으로 구분하여 살펴보았다. 그 결과, '책 읽기' 유형의 방송이 가장 많이 제작되고 시청되었으며 '책 해석', '책 소개' 유형의 방송이 그 뒤를 이었다. 대부분의 방송에서는 '서사 텍스트' 유형의 책이 편중되어 나타났다. 방송 진행자는 '부모, 아동·교사, 성인' 순으로 나타났는데 방송 유형에 따라 진행자의 특성이 각기 다르게 분포하였다. '책 읽기' 방송에서는 '부모', '책 소개' 방송에서는 '교사', '책 해석' 방송에서는 '아동'이 가장 많이 나타났다. 대상 시청자의 연령은 저학년에서 고학년 순으로 많이 나타났는데, '1~2학년'은 '책 읽기' 방송에 집중되어 있었고 '5~6학년'은 '책 해석' 방송에 가장 많이 나타났다.

이와 같은 결과를 토대로 아동 독서 관련 유튜브 방송의 특성이 아동의 독서 행위를 증진시키는 방안에 어떻게 활용될 수 있을지, Schwanenflugel & Knapp(2021)이 제시한 교육 과정을 중심으로 살펴보도록 하겠다.

1) 좋은 책 쉽게 접하기

아동 독자가 독서 활동을 시작하기 위해서는 좋은 책들을 쉽게 접할 수 있어야 한다. 아동 독자가 좋은 책을 접할 수 있는 장소는 가정, 학교, 지역의 도서관 등인데 아동의 흥미와 독서 능력, 독서 목적에 맞는 다양한 책이 갖춰져 있는 것이 중요하다. 아동 독서 관련 유튜브 방송에서는 직접 종이책을 아동 독자에게 제공할 수는 없으나 '책 읽기' 유형의 방송은 종이책과 유사한 오디오 텍스트를 제공해주어 아동 독자가 시공간의 제약을 받지 않고 디지털 기기를 이용하여 쉽게 책을 접할 수 있게 해준다. 현재 '책 읽기' 유형의 방송은 대부분 초등 저학년 아동을 대상으로, '서사 텍스트' 유형의 책에 집중되어 있다. 그러나 모든 연령에서 '책 읽기' 유형의 방송을 시청하는 빈도가 높게 나타나는 것을 볼 때, 전연령의 아동이 독서 관련 유튜브 방송에서 '책 읽기' 유형의 방송을 가장 선호한다고 할 수 있다. 따라서 초등 중학년과 고학년 아동을 대상으로 한 방송, 다양한 유형의 책을 다루는 방송을 제작하여 제공하는 것이 필요하다.

가정이나 학교, 도서관 등에 책을 구비하는 데에 아동 독서 관련 유튜브 방송을 활용할 수도 있다. 방송의 유형과 상관없이 아동 시청자가 많이 조회한 방송의 책들은 아동 독자가 선호하거나 사회·문화적인 요인으로 인해 관심이 집중되는 책에 해당한다. 아동 독자가 읽어야 하는 책과 아동 독자의 관심이 높은 책을 함께 제공한다면 독서 활동이 좀더 활발하게 이루어질 것이다.

2) 자율적으로 책 선택하기

아동의 독서 행위를 촉발하기 위해서는 독자에게 책을 선정하는 자율권을 보장해주는 것이 중요하다. 현재 아동의 독서 행위에 있어 책을 선정하는 주도권은 교사나 부모에게 더 많이 있다. 아동이 스스로 책을 선택할 때는 양질의 책을 선택할 가능성이 낮고 흥미 위주의 책을 선택할 것이라 판단하기 때문이다(이지영 외, 2011). 그러나 독자가 스스로 책을 선택했을 때 독서 행위에 대한 성공과 만족도는 높아진다. 아동이 성공적인 자립형 독자(independent reader)로 성장하기 위해서는 아동 스스로 어떤 책을 읽을지 선택할 수 있도록, 양질의 책을 선택할 수 있도록 체계적으로 지원해주는 것이 필요하다.

'책 소개' 유형의 방송에서 진행자인 '부모'나 '교사'가 엄선한 책 목록이나 책에 대한 소개는 아동이 책을 선택할 때 도움이 된다. 또한 '책 읽기' 유형의 방송에서 본문의 일부분을 읽어주는 책은, 시청하는 아동에게 책의 나머지 내용에 대한 호기심을 불러일으켜 능동적인 독서 행위를 촉진시킨다. '책 해석' 유형에서 진행자가 독서를 권유하는 발화 또한 해당 책을 선택하게 하는 기능을 수행한다. 특히 독서 행위를 촉구하는 진행자가 아동인 경우에는 시청하는 아동이 강한 동일시를 느껴 독서 행위로의 이행이 쉽게 이루어지는 특성이 있다(윤신원 외, 2022).

아동 독서 관련 유튜브 방송에서 빠짐없이 화면에 제시되는 책의 표지는 독자가 책을 선정하고 독서를 시작하게 되는 강력한 요인 중에 하나이다. 책의 표지에는 제목, 저자, 출판사, 시리즈물, 수상경력 등 책에 대한 정보들이 포함되는데, 연령이 높은 아동일수록 이와 같은 책에 대한 정보들을 고려하여 책을 선택하는 비중이 높아지는 특성이 나타난다(이지영 외, 2011). 방송에서 시각적으로 제시되는 책 표지는 아동 독자의 시선을 끌고 책 내용에 대한 관심을 증가시켜 독서 행위를 유도하는 요인이 된다.

3) 독립적으로 독서하기

본격적으로 책을 읽는 과정에서는 아동 독자가 독립적인 독서를 지속적으로 수행할 수 있도록 지원해야 한다. 실제 책을 읽는 독서 과정은 유튜브 방송을 시청하는 시간보다 오랜 시간 집중하는 것이 필요하다. 아동 독서 관련 유튜브 방송의 내용은 아동 독자가 책을 읽으면서 접하는 새로운 내용을 이해하고 의미를 구성하는 데 스키마로 작용하고 새로운 시각을 제공하며 긴 시간 이어지는 독서 과정을 계속 유지하게 하는 원동력이 된다(윤신원 외, 2022).

'책 해석' 유형의 방송에서 제시하는 해석의 방향은 독서를 통해 읽게 되는 내용을 해석하는 틀을 설정하는 데에 도움을 준다. 또한 '책 소개' 유형의 방송에서 제시하는 책에 대한 정보들은, 책의 본문을 보완하는 정보를 제공하는 파라텍스트(paratext)의 요소에 해당한다. 독자는 책의 본문과 파라텍스트의 의미를 통합하여 본문의 내용을 이해하고 저자의 의도를 발견하기도 하고 내용을 예측하기도 하는 등 책의 전체적인 의미를 중층적으로 구성하게 된다. 아동 독서 관련 유튜브 방송에서 제공하는 파라텍스트의 다양한 요소들 중에는 해당 책에 수록되지 않은 내용도 있다. 예를 들어, '비밀의 화원'(문학동네)에서 각종 사진 자료와 함께 제시하는 저자 소개, 저자의 다른 책들, 저자가 쓴 책들의 특성, 책의 배경이 되는 실제 장소 등은 책에는 수록되지 않는 정보들이다. 방송을 시청한 후에 해당 책을 읽는 아동은 방송에서 제공한 여러 정보와 시각적 자료를 기억하고 이를 활용하여 책의 의미를 총체적으로 구성할 수 있다.

지속적인 독서를 어려워하는 독자에게는 다양한 형태의 책을 수준에 맞춰 적절하게 제공하는 것이 필요하다. 문자 중심의 종이책을 긴 시간 읽는 것을 어려워하는 아동 독자에게는 오디오북 형태인 '책 읽기' 유형의 방송을 제공하는 것이 도움이 될 수 있다. 유아 시기에 보편적으로 이루어지는 '듣는' 독서 단계에서 '읽는' 독서 단계로의 이행이 원활하게 이루어지지 않은 아동에게는 '책 읽기' 유형의 방송을 활용한 독서 활동을 병행하여 자연스럽게 단계의 이행을 유도하는 것이 효과적이다. '책 읽기' 유형의 방송에서 첫부분에 책의 내용에 대한 간략한 틀을 소개하는 방송은 아동 독자가 책의 의미를 구성하는 데에 비계(scaffolding)로 활용될 수 있으며 책의 본문만 읽어주는 방송은 독자의 자유로운 의미 구성을 촉진할 수 있다. 특히 아동 독자에게 친숙한 '부모'가 책을 읽어주는 방송은 안정적인 정서를 제공하여 편안하고 익숙한 독서 활동이 진행될 수 있다.

책의 본문을 읽는 행위는 문자화된 내용을 음성으로 복제하는 것이 아니라 책을 읽는 진행자가 책에 내용을 해석한 결과가 반영되어 있다(진가연, 2016). 예를 들어 '만복이네 떡집'(수린선생님이 읽어주는 동화)의 진행자는 차분한 목소리로 책의 내용을 읽어준다. 방송을 시청하는 아동은 책의 내용이나 인물에 대해 스스로 이미지를 구축하고 상상하며 의미 구성을 하게 된다. 이에 비해 '거짓말'(다올책사랑방 작은도서관)의 진행자는 인물의 성격을 강조하여 목소리의 톤(tone)과 성량을 조절하는데 이를 통해 방송의 진행자가 어떻게 책의 내용과 인물을 해석하였는지를 유추할 수 있다. 이러한 진행자의 책에 대한 태도와 해석은 시청하는 아동이 책의 의미를 구성하는 데에도 개입하게 된다. 이와 같이 아동의 독서 능력과 특성에 따라 가장 효과적인 유형의 방송을 선택하여 아동의 독서 수행을 지원하는 데에 활용할 수 있다.

4) 사회적으로 상호작용하기

독서 행위는 독자의 개인적인 의미 구성에서 그치는 것이 아니라 개인의 독서 경험을 다른 사람들과 공유하고 자신의 독서 행위를 점검하는 사회적인 상호작용까지 포함한다. 따라서 독서를 사회적 활동으로 만들어야 한다.

아동 독서 관련 유튜브 방송은 만 14세 미만 미성년자들을 유해한 환경에서 보호하기 위한 유튜브의 정책으로 인해 실시간 스트리밍이나 방송의 댓글 등의 기능이 제한되어 많은 사람들과의 상호작용이 직접적으로 나타나지 않는다. 그러나 독서 관련 방송을 시청하는 자체가 독서 행위의 사회적 범위를 확장시키는 효과를 준다. '책 해석' 유형의 방송에서 제시하는 책 내용에 대한 해석은, 아동 독자가 직접 책을 읽고 개인적으로 구성한 의미와 비교·통합될 수 있다. 또래 아동이 방송에서 언급하는 책에 대한 해석과 감상은 아동 독자의 주변에 있는 친구들의 해석을 공유하는 것과 유사한 효과가 있다. 교사나 성인이 진행하는 방송에서 제시하는 해석의 방향은 아동 독자가 구성한 의미를 재구성하고 점검하는 비계(scaffolding)로 활용될 수 있다. 더불어 개인적으로 관심 있는 책뿐 아니라 다른 사람들이 선호하는 책에 대한 관심을 넓히는 것 또한 사회적인 상호작용에 포함된다.

아동 시기는 사회적 범위가 점차 확장되는 시기에 해당하는데, 아동 독서 관련 유튜브 방송은 기존의 면대면 중심의 사회적 범위의 확장뿐 아니라 디지털 플랫폼을 활용한 사회적인 상호작용을 가능하게 한다. 아동 독서 관련 유튜브 방송은 다른 사람들에게 독서를 권유하고 개인적인 독서 경험을 다른 사람들과 공유하는 독서 활동의 사회적 공간으로 충분히 활용될 수 있을 것이다.

디지털 미디어 환경은 아동의 생활 전반에 큰 변화를 불러왔다. 디지털 미디어 플랫폼을 활용한 교육이 학교에서 활발하게 이루어지고 학교 밖에서도 디지털 기기를 활용하여 다양한 교육과 여가 생활을 자유롭게 누리게 되었다. 이와 같은 변화는 아동의 독서 활동에도 영향을 미쳐 독서에 대한 필요성은 높게 인식하는 반면 기존의 종이책을 읽는 독서 행위는 점차 감소하는 현상이 지속되고 있다.

지금까지 살펴본 바와 같이 아동 독서 관련 유튜브 방송은 종이책을 읽는 독서 활동을 촉진시키는 데 활용할 수 있는 유용한 요인이 될 수 있다. 현재 아동 관련 유튜브 방송은 독서와 관련되지 않은 방송의 비중이 더 크고, 성인을 대상으로 한 독서 관련 방송의 개수나 유형이 많은 것에 비해, 아동을 대상으로 한 독서 관련 방송은 다양하거나 많은 편이 아니다. 그러나 아동 독서 관련 유튜브 방송은 변화하는 미디어 환경에서 실제 종이책을 읽는 독서 행위에 접목되어 보다 적극적으로 활용될 수 있는 특성을 가지고 있다.

앞으로도 기술의 발달로 인해 미디어 환경은 끊임없이 변화할 것이다. 변화에 발맞춰 효과적이고 융합적인 독서 방안을 마련하여 아동이 능동적이고 독립적인 평생 독자로 성장할 수 있도록 꾸준히 고민해야 할 것이다.

참고문헌

윤신원(2011). "〈바리공주〉 개작 작품의 담화 구조 분석", *어문연구* 148, 467-492.
_____(2015). "매체 담화 특성에 따른 독서 행위 비교 연구", *인문콘텐츠* 38, 313-332.
_____(2017). "독서자료의 연령대별 기준 마련을 위한 일고찰", *인문콘텐츠의 교육적 활용*, 소명출판.

윤신원(2022). "아동 독서 관련 유튜브 방송의 현황과 특성 연구", *문화와융합* 44(3), 107-127.

윤신원, 이지양(2022). "독서 관련 유튜브 방송의 자막 특성 연구", *어린이문학교육연구* 23(1), 151-170.

이순영, 최숙기 외(2015). *독서교육론*, 사회평론.

이지양, 윤신원 외(2018). *영화, 그리고 언어*, 제이디미디어.

_____(2019). *대중매체 언어 읽기*, 제이디미디어.

이지영, 박소희(2011). "초등학생의 책 선택 요인에 관한 이론적 고찰", *한국초등국어교육* 46, 269-298.

이현진(2013). "초등학생 독자의 텍스트 흥미 요소 조사 연구", *한국국어교육학회 학술대회 자료집*, 397-407.

정관성, 함윤호, 김선남(2020). "책 소개 관련 유튜브 동영상의 현황과 특성", *한국출판학연구* 46(6), 47-79.

진가연(2016). "현대시 감상 활동 구성에서 팟캐스트의 효용 고찰", *국어교육학연구* 51(1), 286-312.

최건아, 백혜선(2014). "예비 초등 교사의 아동 도서 선정 기준에 관한 연구", *청람어문연구* 49, 259-285.

최미경(2020). "유튜브 어린이 콘텐츠 연구", *스토리앤이미지텔링* 19, 325-354.

한국출판연구소(1987). *청소년 독서 환경 실태 및 독서교육에 관한 연구*, 한국출판연구소.

Schwanenflugel, P. J. & Knapp, N. F. 서혁 외 역(2021). *독서심리학: The Psychology of Reading*, 사회평론.

● 이 장은 문화와융합 학술지 44권 3호에 실린 필자의 논문(윤신원, 2022)을 바탕으로 재구성되었다.

09장

1950년대 '글 쓰는 여성'의 문화적 의미 연구

1. 여성작가(The Women Writer)와 글 쓰는 여성(Writing Women)

　페미니즘의 관점에서 볼 때, 한국의 근대 여성문학사는 여성이 세계창조와 자기형성의 주체로서 그 권위(authority)를 인정받기 위한 오랜 투쟁의 과정으로 요약된다. 페미니스트 비평가들이 여성소설을 저자성(authorship)의 알레고리로 분석하며 여성문학의 정전과 계보를 새롭게 구성함으로써, 성숙한 남성의 세계로 간주되던 근대소설의 개념을 확장·재구성하는 성과를 이루어냈다는 것은 널리 알려진 사실이다. 이때 여성작가(The Women Writer)는 가부장사회에서 억압당하고 은폐되어 왔던 여성의 욕망을 문학적 수사와 알레고리로 재현 또는 폭로하는, 근대 여성의 공적인 발화자이자 대변자로 이해된다.
　그러나 여성젠더는 단일한 목소리로 설명되지 않는 복합적이고 다층적인 욕망의 집합체이며, 하나의 의미망으로 완벽하게 설명할 수 있는 텍스트는 존재하지 않는다는 리타 펠스키의 지적을 상기할 때, '여성작가'를 가부장적 질서와 대결하고 있는 보편적 여성으로 간주하는 것은 위험하다. 리타 펠스키는 초기 페미니스트들이 주목하고 정전화한 텍스트들이 이제는 여성젠더 일반의 목소리로 보편화될 수 없다는 점을 지적한 바 있다. 즉「제인 에어」에서 읽어낼 수 있는 양피지적 메시지는 빅토리아시대의 백인 중간계급 여성에게는 유효하지만, 흑인여성이나 제3세계 여성에게는 적용되지 않는다는 것이다(리타 펠스키, 2010). 한국문학사의 경우, 여성작가와 여성문학이 문단제도 내에서 공식적인 지위를 확보하게 된 1950~1960년대에 이르면, 여성작가들은 문단제도 내에서 제도의 질서를 위협하지 않는 고급한 교양인의 수사인 '여류'로 자리 잡고 있었다. 이들은 사실상 문단제도 내에서 이해관계가 얽혀 있는 특수한 집단이면서도 보편적 여성성을 담지 한 여성의 공식적인 대변자로 자임하고 있었다.

이들 여성작가들이 문단에서는 소수자였지만, 당대의 여성들 중에서 공식적인 발언권이 있었던 몇 안 되는 사람들이었다는 사실을 간과해서는 안 된다. 이들은 가부장적 질서 내에서 그들의 언어로 세계를 창조하고 자기를 구성해야 하는 곤란을 겪고 있었지만, 역설적이게도 대다수의 여성들과 달리 공적 세계에서 발화 할 수 있는 권력을 지닌 존재이기도 했다. 문단 내에 성공적으로 진입한 여류작가들과 달리, 합리적 남성의 언어를 구사할 만큼의 지식과 교양이 없었던 대다수의 여성들은 공적세계에서 자기구성의 욕망을 표현할 방법을 알지 못했다.

한편 1950년대 말 잡지시장의 활황으로 여성들은 여성지를 매개로 한 독서공동체를 형성하면서 출판시장의 유의미한 집단으로 부상하게 되었다. 1950년대 말부터『희망』,『신태양』,『야담과 실화』,『여원』,『사상계』,『학원』 등 다양한 잡지가 창간되었는데,『여원』이나『주부생활』,『학원』의 성공은, '학생'과 더불어 '여성'이 잡지 시장의 유의미한 독자집단으로 분화·확장하고 있음을 시사한다. 이러한 잡지시장의 융성은 저널리즘의 상업화라는 비판에도 불구하고 독자층의 규모와 함께 성장해갔다(노지승, 2010:350).

이들 여성 독자들은 예술가도 교양인도 지식인도 아니었지만, 문학을 통해 자기를 완성하려는 욕망이 누구보다 강했다. 현실을 잠시 잊고 문학의 세계에 심취하며 언어규범의 훈련, 세련되고 정제된 언어사용을 통해서 교양인이 되기를 희망했다. 또한 문학작품과 같은 심미적 세계에 대한 동경과 상승욕구는 문학의 감상을 넘어 문예활동으로 이어졌는데 여성지는 이들의 문예취미를 감지하고 독자문예란을 점차 확대 편성하는 한편, 기성문인들의 선후평을 추가하여 지면을 통한 문예 강좌를 유도하기도 했다. 무엇보다 여성지의 독자문예는 매년 진행된 애독자문예현상공모제도로 본격화되었다.

2. 여성지의 성장과 글 쓰는 여성의 증가

『여원』이 고학력 여성독자를 보유하고 있는 잡지로서 독자현상문예공모를 여류문인의 등단제도로 공식화하였다면, 『주부생활』의 경우는 공식적 등단 경로는 아니지만, 기성문인의 「문예강좌」와 「독자문예」 선후평을 통해 여성지 독자들의 글쓰기를 문단제도 밖에서 제도화·공식화하고자 시도했다. 즉, 여성들은 여성지의 독자문예를 통해 여성독자로서의 공통감각을 형성하였고, 다양한 학력, 계급, 지역의 여성들이 '애독자'라는 집단적 정체성을 형성하며 출판시장 전면에 등장하게 되었다.

이처럼 1950년대 말 여성독자는 문학제도 밖에서 형성된 아마추어 문예라는 하위문학의 주체로 존재하고 있었으며 '글 쓰는 여성(Writing Women)'이란 바로 이들 아마추어 문예의 주체들을 의미한다. 주지하듯 이들이 창작하고 공유한 문예물은 아마추어리즘을 특징으로 하는 일종의 하위문학 범주로 위계화 되었다. 여성작가가 '여류'라는 수사의 거부와 수용을 전략적으로 선택함으로써 문단 내에서 성공적으로 자신의 입지를 지켜낼 수 있었던 반면(박정애, 2006), 제도 밖에서 미숙하고 값싼 감수성에 기대어 문학적 포즈를 취하고 있었던 이들은 말하자면 글 쓰는 여성(Writing Women)이었다.

그들은 '애독자', '문학소녀', '여학생', '주부' 등의 집합적 존재로 불리기도 하고, 신희수, 최희숙, 박계형과 같은 구체적 저자의 이름을 갖기도 했다. 이들의 작품 중 일부는 당대 베스트셀러 목록에도 오르기도 했지만, 글 쓰는 여성의 거의 대부분은 문학 제도 내에 성공적으로 안착하지 못한 채, 가십(gossip)의 중심에 있다가 문학사에서 사라져갔다. 이들 아마추어 여성 작가의 작품은 여성의 욕망과 내면을 심층적으로 다룬 내용과 파격적인 전개, 후속작 없음, 여성이라는 작가의 젠더 정체성이 텍스트에 밀착되어 나타난다는 특징을 보인다.

> 글을 써야겠다는 의식은 언제나 나를 쫓아다니는 눈에 안 보이는 강한 의식이었다. 아마 이것은 숙명적으로 나의 일생을 따를 또 하나의 반려라고 생각한다. 이것은 어느 작은 기회를 얻어 움직여진 것에 지나지 않는다. 언제나 맴도는 이 의식을 좀더 차근차근 기르고 싶은 것이 나의 원이다(박기원, 1956).

> 스스로 선택한 가시 면류관을 몇번이나 한탄하였다. 그러나 창작에 몰입하는 기쁨은 법열과 같은 것인지 떼어버릴 수 없는 집요한 애착이었다(최미나, 1958).

> 나침판도 태양광선도 없는 곳. 항시 가슴 속으로부터 떠나지 않는 삶에의 명제. 그것은 이 벌판으로부터 꿰뚫고 나가야할 항쟁과 실천의 기치를 최후까지 지키는 일. 쓰고 싶어서 썼습니다. 당선 소감이란 역시 광장적 희열이라고나 할까요? 여성이라는 보다 더 비극적인 숙명성을 넘어서서 서로의 공동운명체인 인인적(隣人的) 사랑으로, 우리의 「광장」에다 하루 바삐 다사로운 햇살을 이끌어 들여야 하지 않겠습니까?(박수복, 1958)

여성지의 현상문예에 당선된 여성 작가들의 당선소감에는 전문적인 문사로 성장하고자 하는 포부와 열정, 창작의 기쁨, 글쓰기에 대한 운명적 인식 등이 나타난다. 이들이 그토록 간절하게 작가가 되고 싶었던 이유는 무엇이며 그러한 열정과 진지함에도 불구하고 작가로서 문단에 성공적으로 진출하지 못했던 이유는 무엇일까.

당선소감에도 드러나 있듯이 여성들이 글쓰기, 보다 구체적으로 말하자면 문예창작에 대한 강렬한 욕구를 갖게 된 배경에는 "여성이라는 비극적 삶에 대한 숙명성을 넘어서"서 여성의 이야기를 새롭게 구성해보고 싶은 열망이 있었기 때문이다. 이는 당선작(특히 소설의 경우) 대부분이 여성의 결혼과 사랑, 섹슈얼리티의 문제를 다루고 있다는 점에서 다시금 확인할 수 있다. 여성이 자신의 내러티브를 스스로 구성해 냄으로써 지금껏 모호하게 다뤄졌거나 침묵되어 왔던 여성의 욕망과 감각을 발견하고, 자신의 구체적 삶의 경험을 서사화함으로써 기존의 가치체계로 설명할 수 없었던 자기 정체성의 논리를 확립하고자 했던 것이다.

현상문예나 독자문예와 같은 여성의 비전문적 글쓰기가 지나치게 자기고백성 성격이 강하기 때문에 소설보다는 수필이나 수기를 읽는 듯한 느낌을 받는다고 자주 지적되었던 것은 여성의 글쓰기가 자기정체성의 발견을 목적으로 하고 있었던 때문이었다. 더욱이 자기발견으로서의 글쓰기(혹은 스토리텔링)의 욕망은 기성 문인들이 강조한 여성적 문학규범의 논리에 조응하여 가정과 일상의 영역을 배경으로 한 심미적 감수성, 또는 낭만적 센티멘털리즘으로 구체화되었다.

그러나 문화소비자로서의 여성독자의 센티멘털리즘은 잡지시장에서 적극적으로 수용되었던 것과는 달리, 기존의 본격문학의 규범과는 괴리되면서 여성적 문학취향 또는 여성적 문학규범은 함량미달의 값싼 감상주의 또는 공허한 문학적 포즈로 위계화 되었다. 여성일반의 문예취미에 대한 이러한 이중적 시선은 여성작가들이 밝힌 자신의 창작태도와 여성독자들에게 제시되었던 문예창작의 태도의 차이에서도 드러난다.

문학을 한다는 일은 고행인 것 같다. 높은 산에 올라가기 위해서 밧줄을 타고 올라가는 등산가의 자세와도 같은 것이라고 하고 싶다. 목적한데까지에 도달하기 위해선 바른쪽 계곡도 왼쪽 계곡도 보이지 않는다(최정희, 1956).

시인이 되느냐 세상 살아나가는데 성공을 하느냐 그 어느 한가지를 택해야지 이 두가지가 병행할 수는 없는 노릇이며 공존은 할 수 없는 세계다. (……) 이러한 시를 쓰는데는 먼저 사람이 되어가지고 제 머리 —제생각—제정신—제세계를 가지고 있어야만 할 것이다. 여기에서 개성이 문제 되는 것이니 시인은 자기의 개성에 맞는 삶을 영위해야만 할 일이다. (……) 여기서 그는 남에게 굽히지 않는 사람이어야하고 옳지 못한 일과 타협할 수 없어야 할 것이며 언제나 그의 눈은 아이들 눈동자처럼 어떠한 욕심에 흐려져가지고 있지 않아야 한다. 그래서 보통 사람의 눈이 발견할 수 없는 현실이 어떤 새로운 의의를 또는 숨은 의미를 광부가 금을 캐내듯이 캐내가지고 보여주므로서 사람들은 시인의 도움으로 현실을 더 이해하게 되고 인생을 아름답게 또 풍부하게 할 수 있는 것이다(노천명, 1956).

문단 내의 여류문사로서 그 나름의 권위를 갖고 있던 이들은 모두 창작의 과정이 치열한 고행의 연속이며 세속적 가치를 포기해야만 이룰 수 있는 분투의 과정이라고 말하고 있다. 이들의 문예창작의 자세에서는 삶의 여유와 통찰을 위한 세련된 심미안적 감수성은 안이한 문학적 포즈에 다름 아니다. 여성작가로서의 삶을 선택하기 위해서는 때로는 여성으로서의 삶을 포기해야 하는 경우도 있고, 또 때로는 자신의 전 인생을 걸어야만 얻을 수 있는 지난하고도 진지한 창작태도가 전제되어야 한다는 것이다. 또한 이들은 단순한 문학적 포즈가 아닌 개성의 발견과 자기 정체성의 확립을 통해, 그리고 그 단계를 넘어서 새로운 세계인식의 태도를 제시할 수 있어야 한다고 입을 모은다.

　이들이 말하는 작가의 삶은 일반 여성독자들이 지향하고 있었던 감상적 세계인식의 과정으로써의 문예창작의 목적을 훨씬 뛰어넘은 곳에 있었다. 전문 작가가 되어 창작활동을 한다는 것은 일반 여성독자들이 이해하고 있었던 문학적 규범이나 그 이해방식과는 사뭇 다른 것이었다. 과거에 대한 낭만적 향수와 동경, 일상적 관찰과 사색을 통한 개성의 발견과 성장이라는 감수성의 영역에서는 전부 포획할 수 없는 저 높은 곳에 전문적인 여성 작가로서의 삶이 있었던 것이다.

　여성독자의 문학적 감수성 또는 센티멘털리즘은 이들이 문단에 진출하여 창작에 참여할 수 없는 한계로 간주되었던 반면, 상업적 출판 시장에서는 적극적으로 수용되면서 문화소비자로서의 여성적 취향으로 특화되었다. 이들은 본격문학과의 관계에서 하위문학으로 위계화 되었지만, 여전히 출판시장 내의 영향력 있는 문화소비자 집단으로 존재하면서 자신들의 문예취향에 부응하는 다양한 소설형식을 탄생시켰다.

3. 소설쓰기를 통한 자기정체성의 구성

　김내성의 소설 「실락원의 별」은 유부남과 여대생의 사랑이라는 통속적 주제를 다루었지만, "연애문제에 있어 그 윤리적 기초가 전적으로 변경되어 가고 있음"(조연현, 1957)을 상징적으로 보여주는 여성인물을 창조하였다는 당대의 평가를 받은 바 있다. 소설의 주인공 고영림은 "어딘가 현대 감각이 지닌 창조성을 엿볼 수가 있"(김내성, 1959:25)는 매력적인 여성으로 묘사되는데, 그녀는 소설가 강석운과의 낭만적 사랑의 성취를 자신의 성장서사의 일부로 받아들이고 있다는 점에서 여타의 통속소설 속 여성인물들과 차별화된 행보를 보여준다. 소설 「실락원의 별」에서 고영림이라는 인물에 주목해야 하는 이유는, 그녀가 열렬한 소설독자로 그려지고 있을 뿐 아니라 소설 속 세계를 자신의 삶에서 실천하려고 한 보기 드문 인물유형이기 때문이다.

강석운은 일간지에 소설을 연재하는, 말하자면 통속소설을 쓰는 작가이다. 그의 소설은 대부분은 결혼과 연애, 사랑과 애욕을 다루고 있는데, 1950년대 신문소설의 독자들이 그러했듯이 강석운의 소설을 애독하는 인물들은 고영림과 같은 인텔리 여대생부터 물욕과 육욕을 노골적으로 추구하는 사업가 난봉꾼(고영해, 고종국), 그들의 탐욕을 이용하는 방종한 아프레걸(이애리, 황산옥), 구식여성의 가치를 고수하고 있는 여성(한혜련), 교양 있고 합리적인 도시의 가정주부(김옥영)에 이르기까지 다양하다. 그들은 강석운의 소설을 읽으며 자신의 욕망을 합리화하는 근거를 발견하기도 하고, 낭만적 사랑의 판타지를 대리충족하기도 하며, 단순한 흥밋거리로 즐거움을 찾기도 한다.

소설 속 인물들이 강석운의 소설을 읽는 태도는 당시 소설독자의 그것과 다르지 않다. 특히 여성인물들의 소설읽기는 당대의 여성독자들의 독서양상을 반영하고 있어서 흥미롭다. 가령 한혜련의 경우, 그의 소설을 읽으며 불행한 결혼생활의 외로움을 달래기도 하고, 강석운의 아내 김옥영은 남편의 소설을 읽으며 이상적인 결혼관계와 이상적인 가정모델을 상상한다. 그러나 소설 속 그 어떤 독자도 고영림만큼 강석운의 소설에 자기 삶 전체를 몰입하고 있는 이는 없다. 고영림이 사랑과 연애, 결혼에 대한 자신만의 기준을 확고하게 고집할 수 있었던 이유는, 강석운의 소설이 그리고 있는 세계관과 자신의 세계관이 완전히 합치된다고 믿었기 때문이었다. 고영림이 강석운의 소설을 읽으며 느끼는 감격과 몰입의 기쁨은 작가 강석운에 대한 흠모와 존경의 감정으로 발전한다.

영림은 퍽 오래 전부터 강석운의 소설을 탐독하고 있었다. 그리고 그 작품 속에서 작자가 보는 인생의 눈과 영림이가 보는 그것이 태반은 일치해 왔다. 그러한 일치점을 발견할 적마다 영림이가 받는 감명은 말할 수 없이 컸다. 그것은 주로 사고방법의 투명성과 감정의 소박성에 있었다. 그리고 그것은 고영림의 생리와 윤리의 한계가 작가 강석운의 그것과 일치하는 데서부터 기인하는 감정이입의 극치를 의미하고 있었다. 예술을 향수하는 데 있어서 작가와 독자의 기질적 조건이 이렇듯 일치한다는 것은 독자나 작가에게 있어서 가장 행복한 이상적인 상태라고 아니 볼 수 없는 것이다. 영림은 차츰 차츰 작품과는 떠나서 작가 강석운 그 사람을 환영에 그려보기 시작하였다(p.64).

고영림은 강석운의 소설에서 자기와 일치하는 세계관을 발견할 때마가 감정이입의 극치를 경험했다고 하지만, 고영림의 세계관(혹은 연애관)이라는 것은 여학교 시절부터 탐독해 온 강석운의 소설을 통해 형성된 것이었다. 그녀가 강석운을 찾아가 그에게 느끼는 감정을 적극적으로 표현하는데, 이때 자신의 감정을 설명하는 방식이 강석운의 소설 구절을 인용하고 있다는 점에서도 그녀의 확신에 찬 신념이 강석운 소설의 독서를 통해 형성된 것임을 알 수 있다.

고영림은 모든 등장인물을 통틀어 강석운의 소설을 가장 열렬하게 애독하는 독자이다. 그녀가 강석운의 소설을 읽음으로써 형성한 연애관은 "영육의 완전한 합일로서 자기를 완성해 나가는, 서로에 대해 독점적 사랑을 요구할 수 있는" 것으로 요약되는 낭만적 사랑의 관념이었다. 즉, 고영림은 소설을 읽음으로써 형성한 낭만적 사랑의 연애관을 자신의 구체적 연애경험을 통해서 실현하고자 하지만, 자신의 세계관과 일치하는 상대자를 찾지 못했기 때문에 자신의 연애와 사랑은 관념적으로만 존재하는 것일 뿐이었다.

고영림의 연애관은 결혼을 전제로 하지 않는 낭만적 사랑의 추구로 나타나는데, 연애와 사랑에 대한 자유로운 입장을 고수하면서도 흔히 아프레걸들이 그러하듯이 성적 방종으로 나아가지 않는 이유는, 자신의 연애와 사랑에 대한 해석과 의미부여를 끊임없이 하고 있기 때문이었다.

그러한 연애경험에 대한 해석과 의미부여는 고영림의 소설쓰기를 통해서 구체화되는데, 그녀는 자신의 연애사를 기록한 「칸나의 의욕」과 「칸나의 저항」이라는 소설을 쓰면서 구체적이고 개별적인 연애경험을 자신의 성장의 서사라는 큰 줄기를 중심으로 하여 재배치하고 있다.

소설 속 여주인공 고영림은 소설가 석운의 연재소설을 탐독하며 내면화한 낭만적 사랑으로서의 연애관을 자기 삶에서 직접 실현하고자 한다. 그녀가 확신하고 있는 낭만적 사랑은 당대의 세태에서 이미 시효가 지난 가치로 여겨지는 것이었다. 고영해와 이애리가 그러하듯이, 또 1950년대 아프레의 시류가 그러하듯이 애정은 하나의 경제적 교환가치를 지닌 상품으로 간주되며, '영육의 합일을 통한 완전한 자기의 완성'이라는 낭만적 사랑의 이념은 순진하고 어리석은 태도로 간주된다. 소설 속 인물 한혜련이 낭만적 사랑의 이념을 갖고 있지만 남편에게 버림받고 단 한 번도 자신의 삶에서 낭만적 사랑을 실천하지 못하고 살아가는 것은, 그녀가 고수하고 있는 '낭만적 사랑'이 이제는 구식이 되어버린 가치였기 때문이다. 이는 소설 속에서 한혜련을 발랄하고 적극적인 현대여성으로서의 고영림의 대척점인 구시대적 여성모델로 위치하고 있는 점에서 다시금 확인할 수 있다.

그러나 고영림의 낭만적 사랑의 연애관이 한혜련의 그것과 다른 점은, 낭만적 사랑의 최종 완성형이 결혼이라는 제도로 안착하는 것이 아니라, 자아의 완성 또는 성장을 완성형으로 하고 있다는 점이다. 고영림은 강석운의 소설을 읽으며 내면화한 이러한 '자기의 완성으로서의 낭만적 사랑'이 과연 현실에서 가능할 것인가를 "실험"해 보고자 강석운을 찾아가, 그를 유혹하겠노라 선언하고는, 그와 연애를 시작하게 된다. 고영림에게 있어서 강석운과의 연애는 자신이 관념적으로 갖고 있는 낭만적 사랑의 이상이 현실적인 남녀관계에서 어떻게 실현될 것인가를 확인하는 과정이었다. 고영림이 자신의 연애경험을 기록한 「칸나의 의욕」, 「칸나의 저항」이라는 소설을 쓰고 있는 것은 낭만적 사랑의 관념을 형성하게 된 과정

(「칸나의 의욕」)과 이러한 연애관을 실천하는 실험(「칸나의 저항」)의 기록인 것이다.

지난겨울, 영림은 정중한 편지와 함께 거의 이백 장이나 되는 감상문을 강석운에게 보냈다. 그것은 영림 자신의 거짓 없는 생활체험의 기록이었다. 제목은 「칸나의 의욕」— 「칸나의 의욕」은 과거 고영림이가 사귀어 본 남성들의 기록을 중심으로 하여 영림 자신의 솔직 대담한 생태묘사로써 일관되어 있었다. 그 적나라한 묘사 가운데는 섹슈얼 미스테리(性的神秘)에 대한 과학적인 구명과 아울러 철학적인 당위성에까지 언급되어 있었다(p.64).

영림은 만년필을 돌리고 다시금 원고지와 마주 앉았다. 집필된 「칸나의 저항」은 이미 백장을 넘고 있었다. 「칸나의 저항」은 「칸나의 의욕」의 속편의 형식으로서 집필되고 있었다. 「칸나의 의욕」에서는 영림이가 여학생시절부터 불살러 온 아름다운 욕망을 표현해 보았지마는 「칸나의 저항」에서는 그 신화인 양 아름답던 동경이 마침내 행동화되어 강석운을 만나 본 이후에 있어서의 영림의 심정이 적나라하게 기록되고 있었다(p.152).

'칸나는 이즈음, 분명히 자기의 연장(延長)을 강선생에게서 느꼈다. 칸나는 강석운이라는 옥토 깊이 뿌리를 박고 거기서 양분을 섭취하여 줄기를 빼고 잎을 기르고 꽃을 피우고 있는 것이다. (……) 한낱 연약한 칸나가 강선생을 사랑한다고 생각하는 것은 주제넘은 착각이다. 다못 칸나는 강석운이라는 옥토 위에서 육체가 성숙하고 인격이 완성되어 가고 있다는 사실을 의식할 따름이다.'

「칸나의 저항」에서 영림은 마침내 그렇게 기록하게끔 되어 있었다(p.153).

연애소설을 읽으며 연애관을 형성하고, 이를 현실세계에서 실현하려 했다는 점에서 고영림의 소설읽기는 당대 여성독자의 독서경향과 많이 닮아 있다. '독서하는 고영림'이 '글을 쓰는 칸나'라는 이중적 정체성을 갖게 된 것은 강석운 소설의 열렬한 애독자인 고영림이 자신의 이야기를 소설화함으로써 자신의 경험세계를 허구의 소설세계로 옮겨오고, 이로써 석운과의 사랑과 도피, 이별이라는 구체적 사건들을 자기 삶의 서사 속에 성장의 서사로 재배치하려는 욕망을 반영한 것이었다.

영림의 돌발적 행동과 자기중심적인 애정관은 그녀가 소설을 좋아하고 자신의 삶을 소설로 쓴 인물이라는 점에서 용인되는 듯 묘사되는데, 영림이 삶의 지침으로 삼는 석운의 소설은 그녀로 하여금 과잉된 자기애와 비합리적인 애정관을 갖게 했다. 영림은 소설을 통해서 배운 애정관과 결혼관을 실천하였을 뿐 아니라, 스스로 자신의 이야기를 소설로 씀으로써(자기 삶을 소설로 만듦으로써) 소설과 삶의 일치를 실현하려 하였다. 그러나 그녀의 시도는 스스로를 스캔들의 주인공으로 만들었을 뿐이다. 영림은 석운과의 짧은 사랑을 자기 성장의 과정으로 해석하고 있지만, 그 이후 성장의 결과라 할 만한 유의미한 변화를 보여주지 않는다.

석운 역시 자신의 소설 속 세계관(연애, 결혼관)을 감당하지 못하고 파멸에 이를 뻔 하는데, 석운을 구원해 준 것은 끝까지 가족을 지키겠노라 다짐하는 큰 딸과 딸의 글을 읽고 돌아온 아내 그리고 석운의 부모인데, 이들은 모두 가정 내에서 자신의 역할을 완수해 내려는 의지를 가진 인물들이다. 결국, 가족윤리 및 가정윤리에 대한 확고부동한 태도로써 석운의 위기를 극복하게 한 것이다. 석운은 소설의 주인공이 되어 영림과의 사랑을 실현하려 하지만, 자신의 선택을 부정하고 다시 가정으로 돌아옴으로써 소설과 삶의 세계는 이제야 비로소 명확히 분리되어 제 자리를 찾게 된다.

소설 「실락원의 별」은 표면적으로는 가정이 있는 중년의 소설가와 젊은 여대생의 불륜을 다루고 있지만, 이면에는 소설의 세계와 삶의 세계가 분리되지 않았을 때의 통속화된 현실이 이루어진다는 메시지를 담고 있다고 볼 수 있다. 칸나가 자신의 사랑과 성장의 과정을 소설의 장처럼 구성하고 있는 것을 통해(칸나의 저항, 칸나의 의욕 등등) 소설의 서사와 삶의 서사를 일치시키는 인물을 제시하는 듯 하지만 그녀의 내적 성장을 증명하고 고무시켜 줄 현실적인 토대는 사실상 전무하다. 그녀의 자존감을 인정하고 고무하던 유일한 존재인 석운조차 그녀와의 관계를 부정함으로써 칸나의 세계는 현실감을 상실하게 된 것이다. 만약 소설의 서사가 이어져서 칸나가 자기 경험을 긍정하고 자기 존재를 증명할 방법을 찾게 된다면 그것은 아마도 소설쓰기를 통해서였을지 모른다.

독서와 글쓰기를 통한 현실인식과 자기 삶의 서사화는 문학적 경험을 통해서든 삶의 문학적 형상화를 통해서든 간에 삶의 서사를 구성하려는 여성독자들의 적극적인 시도의 의미가 있었다. 이는 「실락원의 별」에서 소설의 세계와 현실의 세계를 일치시키려는 고영림(칸나)과 같은 허구적 독자를 탄생시켰고, 고영림과 같은 인물의 탄생은 최희숙이라는 여대생 작가의 출현으로 현실화되었다.

4. 아마추어 작가의 글쓰기

여성독자의 글쓰기와 관련하여 1950년대에 주목할 만한 사건은, 1959년 여대생 작가 최희숙의 등장이었다. 정식 소설가로 등단하지 않은 저자의 연애소설 『슬픔은 강물처럼』은 베스트셀러로 큰 성공을 거두게 된다. 당시 이화여대 국문과 3학년에 재학 중이던 최희숙(崔姬淑)은 『슬픔은 강물처럼』(신태양사)을 출간하며 세간의 호기심과 비난을 동시에 받게 된다. 자신의 연애경험을 성장의 서사로 재구성한 최희숙은, 소설의 세계와 삶의 세계를 일치시키고자 했던, 현실세계의 칸나(고영림)라고 할 수 있을 것이다. 최희숙은 『여원』의 애독자현상문예에 시 「반월」을 발표한 것이 유일한 문예경력이었다.

　최희숙은 이대 국문과 학생으로 명동의 유명한 다방(문예싸롱, 돌체 등)을 전전하며 문학과 예술을 탐닉하는 동년배의 대학생들과 연애를 하기도 하고, 소설가나 시인을 만나 문학에 대한 강의를 듣기도 한다. 독자는 서술자인 '나'를 곧 저자 최희숙과 동일시하여 읽었으며, 소설 속의 사건들도 실제 사건과 일치하는 것으로 간주하였다. 전문 작가가 아닌 여대생신분으로 자신의 사생활을 가감 없이 노출한 이 책은 대중적 인기를 얻는 동시에 저자 최희숙을 스캔들의 대상으로 만들었다.

　"일기 내용을 알고 있는 오빠가 출판 전부터 책이 나오면 너는 시집 못가고 집안망신이라며 두들겨 팼고 책이 나오자 창피하다며 첫 직장을 일주일이나 결근했"고, 학교 측에서는 다른 스캔들과 이 책의 출판 등을 묶어 퇴학처분을 내렸다. 그러나 논란만큼이나 놀라운 상업적 성공을 이루었는데, 이 책은 출판 1개월 만에 초판이 매진되었으며, 그 후 2~3년 동안에 약 5만부가 나갔고 영화로 제작되기까지 하였다(양평, 1985:113 114).

　일기는 1958년 5월 27일에 시작되어 이듬해 8월 22일까지 약 15개월 동안의 기록을 담고 있다. 일기의 화자는 1939년 경남 하동에서 사업가의 둘째 딸(위로 오빠, 아래로 고1 남동생)로 태어났고, 진주여중과 수도여고를 거쳐 이대 국문과에 재학 중인 '제니'(최희숙 자신)이다. 그녀는 다방 '돌체'에서 "신비와 모호한 고독을 함께 갖춘 보통 남자가 아닌 것 같"(p.44)은 '보헤미안'을 만나 반하게 된다. 호가 '河人'이며 서라벌예대 연영과를 졸업했고 『현대문학』에서 시를 추천받은 시인인 '보헤미안'은 희숙의 이상형이었던 것인데, 그녀는 이를 "내가 찾고 바라던 사랑, 영혼과 육체가 결합할 수 있는 사랑"(p.46)이라 표현한다. 그녀는 결국 '보헤미안'을 택해 애인이 된다. 그리하여 '영'에게 쓰여지던 일기는 1958년 10월 13일부터 '보헤미안'에게 쓰여진다.

　최희숙은 낭만적 사랑의 성취와 실패를 통해 스스로 내적 성장을 이루었다고 결론짓고 있으며, 결혼을 전제하지 않은 낭만적 사랑에 대한 여대생작가의 내면을 구체적으로 다룬 이 글은 실제 여대생의 일상을 기록했다는 점에서 소설 속에서만 볼 수 있었던 도발적인 젊은 여대생의 인물이 실제 세계에도 존재하고 있음을 증명하는 의미가 있었다. 그러나 이 글에서의 연애와 문학은 과잉된 수사와 자기애로 점철된 경향이 있어서 문학적 성과를 논하기에는 미흡한 점이 많은 것이 사실이다. 그럼에도 불구하고 이 책이 당시 큰 반향을 일으킬 수 있었던 배경에는 프랑소와즈 싸강의 유행이 있었다. 실제로 이 책의 광고는 "한국의 싸강, 최희숙"이라는 문구로 제시되었다.

1955년 『슬픔이여, 안녕』의 번역을 시작으로 국내에 소개된 사강의 소설은 자기 경험에 대한 사실적 묘사 특히, 성과 연애의 경험을 통해 성장하는 여성의 이야기라는 점에서 당대 독자들에게 신선한 흥미를 주었다. 발랄하고 사실적인 연애의 묘사와 육체적 정신적 사랑에 대한 사실적 묘사뿐만 아니라 성적 욕망의 발견을 통해 내면을 구성하고 이는 다시, 자기 성장의 서사를 완성하고 있다는 점에서 새롭고도 매력적이었다.

한국의 '유사 사강'을 필요로 했던 출판시장은, 글쓰기를 실천할 수 있는 교양과 지성을 구비하였을 뿐 아니라, 대중들의 선망과 비난의 시선이 착종된 양가적 위치에 있었던 여대생 필자를 발견하게 된 것이다. 이들은 기존의 일반적이고 공식적인 등단제도(신춘문예나 추천제)와 무관하게 혹은 그것을 비껴서 '스스로' 작가가 되었다. 작품의 수준 여하를 차치하더라도, 이들의 소설이 언론과 영화계와 독서계에서는 뜨거운 호응을 받았지만, 문단과 평단에서 철저히 외면받은 것은 이 점과 무관하지 않을 것이다. 최희숙의 작품은 최희숙이라는 개인을 넘어 상업적 출판자본과 대중이 요청한 여대생 작가의 글쓰기로 읽어볼 수 있다.

5. '글 쓰는 여성'의 의미

독자는 자신의 구체적 경험과 세계관을 토대로 텍스트를 이해하기도 하지만, 텍스트의 해석을 통해서 자기 자신을 이해하고 현실을 구축하기도 한다. 특히 소설 편향적 독서취향이 두드러졌던 여성독자는 신문 문화면 및 대중잡지의 통속소설 속 여주인공의 갈등과 운명을 통해서 여성의 삶이 사랑과 애욕, 결혼과 파경 등의 사건을 중심으로 서사화된다는 믿음을 형성하게 되었다.

여성독자들은 이러한 독서취향을 전제로 하여 다양한 글쓰기를 시도하였는데, 이는 여성지의 「독자문예교실」이나 「애독자현상문예공모」, 「여류현상문예공모」 등의 지면을 통해 확인해 볼 수 있다. 여성독자의 문예취미를 장려하는 한편, 여성적 문학규범을 형성하고 나아가 감수성의 영역으로서의 여성적 문학개념을 구성하고자 했던 여성지의 기획은 여성의 문예를 비전문적 영역으로 구획 짓는 결과를 낳았고, 궁극적으로는 여성독자의 문학취미를 센티멘털리즘이 과잉된 일종의 하위문화로 인식하는 근거가 되었다. 문단의 신인 여류작가 발굴을 목적으로 여성지에서는 각종 여류현상문예제도를 시행하였지만, 공모에 당선한 작가들 중에 성공적으로 문단에 진출한 사례가 극히 일부에 불과했던 사실에서도 이를 확인할 수 있다.

1950년대 김내성의 신문연재소설 「실낙원의 별」은 연애소설을 탐닉하는 여성인물이 소설과 현실을 구분하지 못하는 어리석은 독자가 아닌, 현실의 균형감각을 지닌 지적인 독자로서 연애소설을 통해 자신만의 개성적 연애관과 인생관을 모색하는 주체적 인물로 제시되고 있어 주목된다. 김내성의 「실낙원의 별」은 1950년대 신문소설의 문법을 충실하게 따르고 있어 문학적 완성도를 이루었다고 보기는 어렵지만, 여성의 독서와 독서하는 여성인물에 대한 흥미로운 모델을 제시하고 있어서 1950년대 여성 젠더와 독서의 관계를 이해하기 위한 의미 있는 텍스트로 판단된다.

소설 속 여주인공 고영림은 소설가 석운의 연재소설을 탐독하며 내면화한 낭만적 사랑으로서의 연애관을 자기 삶에서 직접 실현하고자 한다. 그녀가 확신하고 있는 낭만적 사랑은 당대의 세태에서 이미 시효가 지난 가치로 여겨지는 것이었다. 고영해와 이애리가 그러하듯이, 또 1950년대 아프레의 시류가 그러하듯이 애정은 하나의 경제적 교환가치를 지닌 상품으로 간주되며, '영육의 합일을 통한 완전한 자기의 완성'이라는 낭만적 사랑의 이념은 순진하고 어리석은 태도로 간주된다. 소설 속 인물 한혜련이 낭만적 사랑의 이념을 갖고 있지만 남편에게 버림받고 단 한 번도 자신의 삶에서 낭만적 사랑을 실천하지 못하고 살아가는 것은, 그녀가 고수하고 있는 '낭만적 사랑'이 이제는 구식이 되어버린 가치였기 때문이다. 이는 소설 속에서 한혜련을 발랄하고 적극적인 현대여성으로서의 고영림의 대척점인 구시대적 여성모델로 위치하고 있는 점에서 다시금 확인할 수 있다.

독서와 글쓰기를 통한 현실인식과 자기 삶의 서사화는 앞서 언급한 바와 같이, 전후 여성 삶의 서사가 새롭게 구성해야만 하는 여성독자 일반의 현실적 문제와 관련된다. 문학적 경험을 통해서든 삶의 문학적 형상화를 통해서든 간에 삶의 서사를 구성하려는 여성독자들의 적극적인 시도는 기존의 서사가 더 이상 자기 삶을 설명해 주지 못한다는 위기감에서 출발했던 것이다.

삶의 해답을 구하기 위해서이든, 전후 여성의 현실을 공감함으로써 집단적 정체성을 확인하기 위해서든 여성독자의 스토리텔링의 욕구는 자기 삶의 경험을 문학적으로 서사화하려는 시도로 드러났고, 이는 전후 여성의 현실인식 태도이기도 했다. 이와 같은 전후 여성독자의 현실인식이 「실락원의 별」에서 소설의 세계와 현실의 세계를 일치시키려는 고영림(칸나)과 같은 허구적 독자를 탄생시켰고, 고영림과 같은 인물의 탄생은 최희숙, 신희수와 같은 여대생 작가의 출현으로 현실화되었다.

이러한 여대생 작가의 등장은 1950년대 여성독자의 형성과정과 대중소설과 순수소설에 대한 위계가 강조되기 이전 소설의 대중성에 대해 비교적 관대한 태도를 보였던 1950년대적 특징에서 비롯된 것이었다. 1960년대에 이르면 자기 체험을 서사화한 수기나 연애소설이 더욱 유행하게 되는데, 대중적 성공에도 불구하고 이미 그때는 대중문학과 순수문학의 경계와 위계가 강화되어 가고 있었던 배경에서 이러한 자기서사, 특히 여성의 연애경험에 대한 자기서사 양식은 본격문학에 포함될 수 없는 아마추어적인 통속소설로 제외되었던 것이다. 그러나 이들 여성서사물의 과잉된 센티멘털리즘과 통속성의 배경에는 1950년대 여성독자의 독서와 현실인식 태도가 근거로 자리하고 있었다.

참고문헌

김경연(2009). *근대문학의 제도화와 여성의 읽고 쓰기*, 코기토.
김내성(1959). *실낙원의 별*, 민중서림.
김윤경(2021). "1950년대 '글 쓰는 여성'의 문화적 의미 연구", 문화와융합 43(7), 839-854.
최희숙(1959). *슬픔은 강물처럼*, 신태양사.
앤서니 기든스. 배은경, 황정미 역(2001). *현대 사회의 성·사랑·에로티시즘*, 새물결.
존 스토리. 박만준 역(2012). *대중문화와 문화이론*, 경문사.
리타 펠스키. 이은경 역(2010). *페미니즘 이후의 문학*, 여이연.

● 이 장은 문화와융합 학술지 43권 7호에 실린 필자의 논문(김윤경, 2021)을 바탕으로 재구성되었다.

10장
제도의 문체와 지식인의 글쓰기

1. 관리선발제도와 제도의 문체

  진한(秦漢) 이후로 군현제를 실시하면서 각급 관리들이 필요했다. 이에 따라 지식 계층으로서의 사(士)가 형성되었다. 고대 중국의 선관(選官) 제도는 대체로 한대에는 찰거(察擧)와 징벽(徵辟) 방식, 후한에는 구품중정제(九品中正制)를 실시하다가 수·당 이후 명·청에 이르기까지는 시험 방식의 과거제도를 실시했다.
  역사상 유가 학설과 지위는 대체로 과거제도의 변화와 보조를 함께 해왔다. 유가 학설은 과거시험의 준척이 되면서 유가의 지식 구조는 국가의 필요한 것을 제공하면서 국가 이데올로기를 형성하는 기반이 되었다. 유가 학설과 지위는 시대에 따라 부침을 거쳐왔다. 서한 시기 동중서(董仲舒)가 주장한 '백가를 몰아내고 유가만을 존중한다.'는 기본 방침에 따라 한 무제는 찰거 제도를 활용했고, 위진남북조시대는 유학의 쇠퇴기였고 중당 시기에 들어서 한유(韓愈), 백거이(白居易) 등에 의해 진행된 고문(古文) 운동, 신악부(新樂府) 운동 등은 유학의 부흥을 이끌었다. 그 후 북송에 이르러 유학의 새로운 단계인 이학(理學)으로 변화하였고, 과거시험에 '경의(經義)'를 채택하면서 이학은 과거제도를 통해 권위적인 통치 이데올로기로 자리한다. 이러한 유가 학설은 과거제도의 취사(取士)에 이론적 근거를 제공하면서 지식 교육의 목적은 관리가 되어 정치를 하는 것이고, 이를 위해 지식인들은 과거 취사에 필요한 제도적 문체와 그에 따른 글쓰기를 하게 되었다(진정 지음, 김효민 옮김, 2003:23-24).

특히 명대 이후부터 팔고문(八股文)으로 과거시험을 쳐서 뽑았는데, 이를 팔고취사제(八股取士制)라고 한다. 팔고문은 제도의 문체로서 명·청 시기 약 500년을 이어왔다. 팔고문은 과거제도의 시험 양식이다. 주로『사서(四書)』·『오경(五經)』을 시험 내용·범주로 정하고, 정주이학(程朱理學)의 주석과 팔고문의 작성 방식에 따라 작성되었다. 유학의 경의(經義)는 국가가 정해준 지식의 범주였고, 팔고문은 제도의 문체이자 지식인들의 글쓰기 방식이었다. 사인들에게 과거는 입사(入仕)의 관문이었고 벼슬은 생존의 문제이다. 그래서 그들은 과거 공명을 위해 문사(文社)라는 문인집단을 통해 팔고문을 학습하고 입사의 발판으로 삼고자 했다. 이처럼 명대 지식인들은 당시 팔고취사라는 '제도'를 통해 팔고문 '문풍'을 형성하면서 사로(仕路)의 길을 열어가는 메커니즘 안에서 운신했다.

팔고문은 제도의 문체이자 경전과 문학의 지식이므로 제도적·문학적 측면에서 '제도와 지식인'의 상관성을 연구하는 데 중요한 연구 대상 중의 하나이다. 이를테면, 제도적 측면에서는 팔고취사제를 통한 과거시험의 내용과 팔고문 형식을, 문학적 측면에서는 팔고문 창작과 문풍 폐단 및 지식인과 제도의 관계 등에 대한 분석이 필요하며, 이를 제도와 지식(인)의 범주에서 '제도-지식인-지식'이란 틀로 연결해볼 수 있다.

기존의 문학 연구는 주로 작가·작품을 위주로 진행되었으며, 문학발전의 외적 요소와의 융합적 접근이 상대적으로 부족했다. 특히 고대 문인의 삶과 작품은 문학과 지리, 문학과 제도, 문학과 정치 등과 상당히 밀접한 연관성을 지니고 있다. 따라서 문인의 역할과 기능도 단지 문학 창작을 하는 작가의 범주로 한정할 게 아니라, 한 시대를 살아간 지식인으로서의 사회적 기능과 역할에 더욱 주목할 필요가 있다.

지식인의 개념과 범주는 시대와 환경 및 시각에 따라 조금씩 다르다. 일반적으로 지식인은 지식을 생산·해석·전파하는 사람이라고 할 수 있을 것이다. 좁게 말해서, 관념이나 사상·담론을 생산하는 사람들이며, 그들이 생산하고 해석하는 관념·사상·담론·작품 등을 지식이라 할 수 있을 것이다. 고대 중국에서는 지식인을 일반적으로 사(士) 또는 사대부라고 불렀다. 전국(戰國)시대 사 계층의 등장 이후로 양한(兩漢)의 유생, 위진(魏晉) 시기의 문벌 사족, 당대(唐代)에서 청대(淸代)까지 과거를 통해 벼슬길에 오른 문인 관료들은 모두 사대부 정치 시스템 속에서 운신하였다(쉬지린, 2011:95). 『사원(詞源)』에서 '사대부'를 찾아보면, "관직의 직위가 있는 사람", "봉건 사회의 문인 또는 사족"이라고 했다(詞源編輯部, 1987:346). 이로 볼 때, 고대 중국의 사대부 즉 지식인은 제도권 안에서 관직의 지위도 있고 문인의 역할도 하는 이중적 기능을 가지고 있으며, 그리고 이러한 시스템 안에서 생산된 지식은 오랜 시간 역사와 제도 환경 속에서 축적된 지적 활동의 결과물이라 할 수 있다. 따라서 500여 년 동안 과거제도를 통해 축적된 팔고문은 시대의 지식[시문時文]이라고 할 수 있으며, 팔고문을 창작한 사람들을 (문학)지식인이라고 할 수 있을 것이다.

팔고문에 대한 연구는 주로 팔고문 격식·수사 등 형식에 관한 연구, 팔고문과 명·청 고문·소설과의 관계, 팔고문 폐단과 비판 등 다양한 연구가 이루어졌다(王凱符, 1991; 何宗美, 2003; 張濤, 2007; 陽達, 歐陽光, 2010 등). 한국에서도 팔고문과 산문 관계, 팔고문과 출판 관계 등 여러 가지 주제들이 다루어졌다. 팔고문의 형식, 팔고문과 산문, 팔고문체와 출판, 비판과 폐단 등으로 요약할 수 있다. 모두 의미 있는 성과들이다(왕카이푸, 김효민, 2015; 백광준, 2005; 황지영, 2012 등). 그러나 제도와 지식(인)의 측면에서, 제도로서의 팔고문 특징과 작품으로서의 팔고문 분석, 폐단과 비판 그리고 제도와 지식인의 상관성 등에 대한 개별 연구는 미흡한 편이다.

이 글에서는 기존 연구성과의 토대 위에서 제도와 지식(인)이라는 범주에서 '제도[과거제도]-지식인[사인]-지식[팔고문]-문풍'의 틀을 통해 명대 과거제도와 팔고취사제, 지식인의 팔고문 창작, 문풍의 폐단 등에 대해 살펴보고자 한다. 이 과정에서 명대 팔고취사제와 지식의 범주, 지식인의 시문(時文) 창작, 폐단과 원인 및 제도와 지식(인)의 상관성 등에 대한 고찰이 이루어질 것이다. 나아가 팔고취사제는 어떤 방식으로 명대의 지식체계를 형성하였고, 지식인들은 제도적 지식 안에서 어떻게 운신했는지가 드러날 것이다. 주요 내용은 크게 과거제도와 팔고취사제, 팔고문의 특징과 사례, 제도와 문풍의 폐단, 제도와 지식인 상관성 등 네 부분으로 나누어 살펴본다.

2. 과거제도와 팔고취사제

1) 과거제도의 시행과 특징

명나라를 세운 태조 주원장(朱元璋)은 '천거'와 '과거' 두 가지 방식으로 선관(選官) 제도를 병행했다. 영락제(永樂, 1403~1424) 이후로 관방의 지식 체계를 세우기 위한 학술사업과 함께 과거제도가 더욱 중요시되었고, 선덕(宣德, 1426~1435) 시기에 이르러 모든 문관은 "진사가 아니면 한림(翰林)에 들어갈 수 없고, 한림이 아니면 내각에 들어갈 수 없다."(張廷玉 等, 1997:463)라는 규정 하에 천거 방식은 폐지되었다.

명대 과거제도는 홍무(洪武) 3년(1370)부터 시작되었다. 『명사(明史)·선거지(選擧志)』에 "금년 8월부터 특별히 과거제도를 개설한다. 경학에 밝고 덕행이 뛰어나며, 고금의 지식에 박학하고 명성과 실제가 부합하는 자를 힘써 뽑을 것이다. 짐이 직접 조정에서 책문하여 성적의 고하에 따라 관직에 임명할 것이다. 중외(中外) 문신(文臣)들은 모두 과거시험을 통해 조정에 들어올 수 있으며, 과거를 거치지 않고는 관직에 임명될 수 없다."(張廷玉 等, 1997:463)라고 기록했다. 이후 홍무 6년(1373) 잠시 폐지하였다가 "홍무 15년(1382)에 다시 회복한 후 17년(1384)에 과거제도의 관련 법식인「과거정식(科擧程式)」을 제정하여 예부(禮部)를 통해 각 성(省)에 반포하게 했다. 그 이후로 이 제도는 바뀌지 않았다."(張廷玉 等, 1997:463)

홍무제는 과거제도를 통해 경전에 밝고 덕행이 뛰어난 자들을 선발하고자 했으며 또한 과거시험 출신이 아니면 관직을 받을 수 없도록 규정했다. 과거제도는 문인들의 사로(仕路)를 열어주는 유일한 통로였다. "명대 과거시험이 날로 성행하자 집정 대신들은 모두 이로부터 나왔고, 학교는 재능이 있는 자들을 모아 과거에 응하도록 했다."(張廷玉 等, 1997:458)라는 기록으로 볼 때, 명대의 관학, 사학에서 모두 과거를 통해 벼슬길에 오르는 것을 인재 교육과 양성의 취지로 삼았다.

명대의 과거시험은 크게 향시(鄕試) · 회시(會試) · 전시(殿試)로 진행되었다. 향시는 남북(南北) 직례(直隸)와 포정사사(布政使司)가 진행하는 지방시험이다. 3년마다 1번씩 자(子) · 묘(卯) · 오(午) · 유(酉)년에 치른다. 회시는 예부(禮部)에서 주관하며 향시를 치룬 이듬해 축(丑) · 진(辰) · 미(未) · 술(戌)년에 경사(京師)에서 치러진다. 회시의 참가 자격은 향시에서 합격한 거인(擧人)이어야 한다. 전시는 회시에 합격한 사람이 참여할 수 있으며 황제가 직접 참여한다. 전시는 '일갑삼명(一甲三名: 장원狀元, 방안榜眼, 탐화探花)'을 확정하며 나머지는 순위만을 정한다(張廷玉 等, 1997:462). 향시 1위를 해원(解元), 회시 1위를 회원(會元), 전시 1위를 장원(狀元)이라 하며, 이들을 합쳐서 '삼원(三元)'이라 한다.

홍무 17년(1384)「과거정식」이 완성되면서 과거시험은 총 3차례에 걸쳐 치러졌다. "1차는『사서』3문제와 경의(經義) 4문제였고, 2차는 논

(論) 1문제, 판어(判語) 5문제, 조(詔)・고(誥)・표(表) 중에 1문제를 선택했고, 3차는 경사(經史), 시무책(時務策) 5문제였다."(張廷玉 等, 1997:462) 당시 이는 향시와 회시에 동일하게 적용되었고 전시 시험 내용은 시무책(時務策) 1문제였다.

그런데 3차례 시험 가운데 첫 번째 시험인 경의가 가장 중요했다. 시험관들이 현실적으로 엄청난 양의 시험지를 며칠 안에 제대로 볼 수가 없었다. 이런 상황에 대해 명말 거대 통합 문사(文社)인 복사(復社)의 핵심인물 육세의(陸世儀)는 이렇게 말했다. "시험관의 답안지 심사는 며칠간의 기한을 주었다. …… 대략 사인들의 과문(科文)이 20여 만 편 정도였다. 시험관이 설사 신이라 해도 3, 4일 안으로 이를 다 볼 수는 없었다. 그래서 단지 첫 번째 시험 답안만 읽는 폐단이 생겨났고, 그것도 1차 시험문제인 사서문만 읽었다."(金諍, 1990:185-186) 1명의 수험생이 3차에 걸쳐 본 시험지는 근 20편 정도 되며, 그 가운데서 첫 번째 시험의 첫 번째 문제『사서』3문제를 집중적으로 심사했다는 것이다.

이렇게 명대에는 경의를 통해 과거시험이 실행되다 보니, 유가 경의는 지식인들에게 중요한 지식의 범주가 되었다. 명대 수보(首輔)였던 상로(商輅, 1414~1486)는『상문의공집・회시록서(商文毅公集・會試錄序)』에서 국가 경영에 있어 경의에 대한 지식이 밝은 지식인들이 필요하다고 하면서 "나라는 과거의 일을 가지고 지금을 비춰보고자 하여, 시부(詩賦) 제도를 폐하고 경의논책(經義論策)으로 시험을 보아 사인을 등용하고자 한다. 반드시 도리는 깊이 있고 정밀하며, 말은 간략하고 명료하고 경도(經道)에 어긋나지 않아야 선발될 수 있다."(四庫全書存目叢書編纂委員會, 1997:53)라고 했다. 이와같이 명대 과거제도는 홍무 3년(1370)에 시작하여 홍무 17년(1384)에 제도화되었고, 가장 중요한 국가 경영 지식은 사서경의로 한정했다.

2) 팔고문의 시행과 특징

　과거제도의 정착과 함께 과거시험의 시험 양식인 팔고문체가 생겨났다. 팔고문의 원류는 대개 송대의 경의(經義)에서 비롯했다. 경의는 주로 사서문(四書文)을 말하며 송 희종(熙寧) 연간 왕안석(王安石: 960~1279)이 제창한 것이다. 송대 후기에는 경의 과목에 적용되는 논두(論頭)·파제(破題)·승제(承題)·소강(小講) 등 일부 고정적인 격식도 있었다(脫脫 等, 1985:16-17). 명대 팔고문은 송대 경의의 기반 위에서 세워졌다. 『명사·선거지 이(明史·選擧志 二)』에 보면, 명 태조는 팔고취사에 대해 이렇게 규정했다.

> 시험과목은 당·송대의 전통을 따르되 시험 방법을 약간 변형한다. 오직 사서와 『역(易)』·『서(書)』·『시(詩)』·『춘추(春秋)』·『예기(禮記)』 오경 중에서 문제를 출제하여 시험을 본다. 이는 태조와 유기(劉基)가 정한 것이다. 문장은 대략 송대의 경의를 모방하되 고인들의 말뜻에 따라 작성하며, 형식은 대구를 한다. 이를 팔고라 하고 제의(制義)라고 통칭한다(張廷玉 等, 1997:462).

　명초 팔고취사의 내용과 범주는 『사서』와 『오경』에서 출제되었고, 형식적인 면에서는 '성인의 어투를 대신'하며 '대구를 이루는 것'이다. 명초 과거시험의 문체는 주로 북송 경의문 형식에서 조금 변형된 정도였고, 당시 팔고문에 대한 구체적인 작성 방식은 정해지지 않았다. 청대 이조원(李調元)은 명초에는 "향시·회시의 문자 형식이 정해졌지만 대체로 격식에는 구애받지 않으며 오직 경의 취지에 맞도록 힘써야 했다."라고 했다. 즉, 명초에는 팔고문의 내용과 형식에 대한 간단한 규정을 제시하는 정도였고, 중요한 것은 경의 취지를 잘 밝히는 것이었다.

　그 후 팔고문에 대한 구체적인 형식은 성화(成化, 1465~1487) 시기에 이르러 틀이 잡혔다.

경의문은 천순(天順, 1457~1464) 이전에는 문장을 짓는 이들이 뜻과 전주(傳注)를 설명하였고, 대구나 혹은 산체(散體)를 썼으며, 애당초 정형화된 격식은 없었다. 그러다가 성화 이후에야 비로소 팔고의 호칭이 생겨났다. 그 후로 팔고 문장을 짓는 일이 더욱 성행하여 융경(隆慶, 1567~1572) · 만력(萬曆, 1573~1620) 초기에 이르러 그 법이 더욱 정교하고 치밀해졌다(戴名世, 『戴名世集 · 丁丑房書序』).

경의문은 세간에서 팔고라고 한다. 대체로 성화 연간 이후부터 시작되었다. 고(股)는 대구를 말한다. 천순 연간 이전의 경의문은 단지 전주(傳注)를 부연하는 것이었다. 대구(對句)를 쓰기도 하고 산체(散體)를 쓰기도 했고, 애당초 정해진 형식은 없었다(顧炎武, 2007:919).

천순 이전은 경의의 뜻과 주석을 설명하는 데 치중했고 정형화된 팔고 격식이 없어서 대구나 산체(散體)를 혼용했다. 그 후 성화 연간에 이르러 팔고문에서 가장 중요한 형식인 '대구[고股]'를 의미하는 팔고라는 명칭이 나왔으며, 그 후 융경 · 만력 시기에 더욱 정교해졌다는 것이다. 청대 상연감(商衍鎏: 청말 마지막 탐화探花)도 "홍무 · 영락 시기에 팔고문의 초기 형태가 나타났으며, 팔고문의 격식은 아직 완전하게 갖추어지지 않았다."(商衍鎏, 1956:239-242)라고 했다. 이상의 기록으로 보면, 홍무 시기에는 과거제도와 함께 경의를 내용으로 하는 팔고문의 초기 형태가 있었고, 팔고문의 구체적인 격식은 성화 이후에 생겼고 융경 · 만력 이후로 더욱 정밀해졌음을 알 수 있다.

3) 팔고문의 작법과 특징

앞서 말했듯이, 명대의 향시·회시는 3차 시험 가운데 1차 시험의 첫 번째 사서의 경의를 중시하는 경향이 있었다. 홍무 17년 과거제도에 대한 규정이 정비된 후, 영락제는 학술을 정비하고 사상적 통일을 이루기 위해 영락 13년(1415)에 호광(胡廣) 등에게 주희의 학설을 위주로 전해오던 경전 주석을 토대로 한 『사서대전(四書大全)』, 『오경대전(五經大全)』을 편찬하도록 했고, 이를 팔고문 작성의 교본으로 삼았다.

팔고문의 주요 내용과 서술 방식은 대체로 다음과 같다. 첫째, 출제 내용과 범주는 사서오경과 주희의 주를 위주로 한다. 둘째, 문장 서술은 유가의 사상적 풍모를 드러내기 위해 성인의 뜻에 부합하도록 서술하고[代聖人立言], 성인의 어투에 따라[入口氣] 작성한다. 셋째, 작문의 형식은 파제(破題)·승제(承題)·기강(起講) 등의 형식을 따르며 고(股) 부분은 반드시 대구를 쓴다. 또한 글자 수도 제한했다. "홍무 3년, 경의(經義)는 500자 이상, 논(論)은 300자 이상, 시무책(時務策)은 1,000자 이상이었으며 약간의 융통성은 있었다. 만력 원년의 경의는 600자 정도로 한정했고 만력 8년에는 500자 이내로 제한했다."(何宗美, 2003:131)

좀 더 구체적으로 구조와 작법의 특징을 보면, 팔고문 구조는 대체로 파제(破題)·승제(承題)·기강(起講)·입제(入題)·기이고(起二股)·출제(出題)·중이고(中二股)·과접(過接)·후이고(後二股)·속이고(束二股)·수결(收結)로 구성되어 있다. 이 가운데 입제·출제·과접은 유동적이다. 현재의 서론-본론-결론의 구조로 나눠볼 때, 파제-입제 4개는 서론에 해당하고, 기이고-속이고는 8개 고(股)로 이루어진 본론에 해당하며, 수결은 결론에 해당한다.

파제는 문장 첫머리에 오며 제목의 요지를 쓰는 것이다. 제목의 의미를 설명할 때 반드시 주희『사서집주』 주석 내용과 일치해야 하며, 자신의 작의적인 해석을 가해서는 안 된다. 승제는 파제를 잇는다는 뜻이다. 제목의 뜻을 2~3구로 간명하게 설명하면서 문장의 주지를 밝힌다. 기강은 제목의 의미를 가일층 설명하는 부분으로 성인의 말투를 넣어주기 시작하는 부분이다. 입제는 앞 세 부분을 받아 본론으로 들어가는 단계이다. 여기까지가 서론에 해당하며, 대구 또는 산체(散體)를 써도 된다.

이어 본론에 해당하는 분고(分股: 기이고·중이고·후이고·속이고)의 단계로 팔고문의 규칙이 가장 잘 드러나는 부분이다. 경전의 의리(義理)와 성인의 말투에 준하여 자신의 생각과 견해를 서술할 수 있다. '이고(二股)'는 대구를 쓴다는 의미이며, 기이고에서 속이고까지는 반드시 대구를 사용해야 한다. 기이고는 본론의 도입 부분이자 본론의 문제 제기의 총론에 해당한다. 중이고에서 속이고까지는 제목의 소이연(所以然)과 자신의 소견 및 성인의 말과의 인과관계를 설명하는 팔고문에서 가장 중요하고 핵심적인 부분이다(팔고문 구조와 작법에 대해서는 王凱符 1991:5-13 참고).

한편, 과거시험에 응시하는 자들이 많고 채점관은 한정되어 있다 보니, 시험관들은 다양한 방식으로 시험문제를 출제했다. 청대 고당(高塘)은 팔고문 시제(試題)를 단구제(單句題)·절상제(截上題)·절하제(截下題)·절상하제(截上下題)·절탑제(截搭題)·양선제(兩扇題) 등 48가지 유형으로 분류했다(王凱符, 1991:39). 예를 들면, "학이시습(學而時習: 배우고 때때로 익히다. 『논어·학이』)", "불역군자(不亦君子: 참으로 군자가 아닌가)", "과즉물탄개(過則勿憚改: 허물이 있으면 고치기를 꺼리지 말라. 『논어·자한』)"라는 시제는 완정한 단구제(單句題)에 속한다. "군자상달, 소인하달(君子上達, 小人下達: 군자는 위로 인의에 이르고, 소인은 아래로 욕망에 이른다. 『논어·헌문』)"과 같이 병렬의 두 의미를 지닌 유형을 쌍선제(雙扇題)라 한다. 이상의 유형은 누구나 풀 수 있는 문제 유형이다.

하지만 "진신서, 즉불여무서(盡信書, 則不如無書: 『서경』의 말을 다 믿는다면 『서경』이 없는 것만 못하다. 『맹자·진심(하)』"에서 위아래 구절을 각각 빼고 '信書'만 시제로 삼는데, 이런 유형을 절상하제(截上下題)라 한다. 심지어는 경문(經文)을 앞뒤로 잘라 임의로 이어 붙인 유형도 있다. 예를 들면, '급기광대, 초목생지(及其廣大, 草木生之: 산에 한 주먹의 돌이 많아져서 넓고 커지게 되면 거기에 풀과 나무가 자라난다. 『중용』)'의 '及其廣大'의 大와 '草木生之'의 '草'만 빼서 '大草'라는 문제로 출제하는데, 이를 절탑제(截搭題)라고 한다(王凱符, 1991:40-42). 이러한 문제는 거의 풀기가 어렵다. 그럼에도 불구하고 이러한 시제를 내는 이유는 출제 범위와 내용, 작성 방식 등이 정해진데다가 주로 약 55,000자에 달하는 사서 경문에서 출제해야 했고, 게다가 당시 사인들은 시중에서 출판된 모범 시문(時文)선집의 기출문제를 숙독하고 있었고, 또한 응시생에 비해 시험관이 턱없이 부족했기 때문에, 시험관은 차별적인 답안을 확보하기 위해 머리를 쥐어짰던 것으로 보인다.

3. 팔고문의 사례 분석

그러면, 팔고문의 내용과 작법이 실제 사례 속에서 어떻게 반영되었는가. 일종의 당시 사대부 지식인들의 과거시험용 글쓰기를 들여다 보자. 명대 팔고문의 대가이자 '거업팔대가(擧業八大家)'로 손꼽히는 왕오(王鏊, 1450~1524)와 탕현조(湯顯祖, 1550~1616)의 팔고문의 모범문장을 통해 살펴본다. 작품 사례를 분석하기 위해서는 『사서』의 원문과 주자의 주석을 반드시 함께 보아야 한다. 두 문제의 출처인 『논어·안연(顏淵)』, 『논어·이인(里仁)』의 원문, 그에 대한 『사서집주』의 주자 주석과 상호 비교하면서 살펴보자.

사례 1:「백성이 풍족한데, 임금이 뉘와 함께 부족하리」(정문程文)

왕오(王鏊)

아래에 있는 백성들이 이미 넉넉하면, 위에 있는 임금은 저절로 넉넉한 법이다.(파제)

대개 임금의 넉넉함은 백성의 재용(財用)에 달려있다. 백성이 이미 풍족한데 어찌 임금이 홀로 가난해지는 이치가 있겠는가? 유약(有若)은 군주와 백성이 하나라는 이치를 깊게 말하면서 애공(哀公)에게 아뢴 것이다.(승제)

그(유약)의 말은 이렇다. 공(公)께서 세금을 늘리고자 하는 것은 재용이 부족하기 때문이다. 만약 재용을 넉넉하게 하고자 한다면 어찌 먼저 백성을 풍족하게 만들지 않는가? 진실로 100무(畝)의 땅에 철법(徹法)을 시행하여, 항상 아껴 쓰고 백성을 아끼는 마음을 가지고 10분의 1을 거두고, 백성을 괴롭혀서 임금 자신을 봉양하는 계획을 시행하지 않는다면, 백성들의 힘으로 소출한 것은 세금으로 내는 데 어려움이 없을 것이며, 백성들이 가진 재물이 모두 취렴(聚斂) 당하는 일은 없을 것이다.(기강)

(그렇게 되면) 마을에는 창고에다 재물을 쌓아두고 쟁여 놓게 되어서, 위로는 부모를 봉양하고 아래로는 처자식을 부양하는 것에 걱정이 없을 것이다. 논들 사이에 초가도 엮고 다리도 만들게 되어서, 산 사람을 봉양하고 죽은 이를 장사지내는 데 여한이 없을 것이다.(기이고)

(그러하니) 백성이 이미 풍족한데 어찌 임금이 홀로 가난할 수 있겠는가?(출제)

내가 생각하기로는, 마을에 쌓여 있는 것은 모두 임금이 가져다 쓸 수 있으니, 굳이 나라의 창고에다 거둬들인 후에야 자신의 재물이 되는 것은 아니다. 논들에 모아둔 것도 임금이 모두 가져다 쓸 수 있으니, 굳이 나라의 곡창에 쌓아둔 후에야 자신의 소유가 되는 것은 아니다.(중이고)

(이토록) 끝없이 가질 수 있거늘 어찌하여 구하여 얻지 못할까 걱정하는가? 다함이 없이 쓸 수 있거늘 어찌하여 유사시에 구비되지 못할까

염려하는가?(중이소고)

 희생(犧牲) 제물(祭物)도 제사를 올리기에 넉넉하고, 보배로운 예물도 조례(朝禮)와 빙례(聘禮)의 비용으로 충분하다. 만약 부족하다고 하신다면 백성들이 절로 공급해줄 터인데, (임금이) 누구와 함께 부족할 수 있겠는가? 먹을 것과 물품도 빈객에게 제공할 만큼 충분하고, 거마와 무기도 정벌에 충당할 만큼 충분하다. 만약 부족하다고 하신다면 백성들이 절로 거두어드릴 터인데, (임금이) 누구와 함께 부족할 수 있겠는가?(후이고)

 아! 철법을 제정함은 본디 백성을 위함이요, 나라의 재용이 넉넉해지는 것은 바로 백성에게 달렸거늘, 한사코 조세를 더 늘려 넉넉함을 구한단 말인가! (수결)

 (「百姓足, 君孰與不足」(程文) 王鏊:"民既富於下, 君自富於上. (破題) 蓋君之富, 藏於民資也. 民既富矣, 君豈有獨貧之理哉? 有若深言君民一體之意, 以告哀公.(承題) 蓋謂, 公之加賦, 以用之不足也. 欲足其用, 盍先足其民乎? 誠能百畝而徹, 恒存節用愛人之心, 什一而徵, 不爲厲民自養之計, 則民力所出, 不困於徵求, 民財所有, 不盡於聚斂.(起講) 閭閻之內, 乃積乃倉, 而所謂仰事俯育者, 無憂矣. 田野之間, 如茨如梁, 而所謂養生送死者, 無憾矣.(起二股) 百姓既足, 君何爲而獨貧乎?(出題) 吾知藏諸閭閻者, 君皆得而用之, 不必歸之府庫, 而後爲吾財也. 蓄諸田野者, 君皆得而用之, 不必積之倉廩, 而後爲吾有也.(中二股) 取之無窮, 何憂乎有求而不得? 用之不竭, 何患乎有事而無備?(中二小股) 犧牲粢盛, 足以爲祭祀之供. 玉帛筐篚, 足以資朝聘之費. 借曰不足, 百姓自有以給之也, 其孰與不足乎? 饔飱牢醴, 足以供賓客之需. 車馬器械, 足以備征伐之用. 借曰不足, 百姓自有以應之也, 又孰與不足乎?(後二股) 吁! 徹法之立, 本以爲民, 而國用之足, 乃由於此, 何必加賦以求富哉!(收結)" 王凱符, 1991:102-103)

『논어 · 안연』의 경문

애공이 유약에게 물었다. "흉년이 들어 나라의 재용이 부족하니, 어찌해야 하는가?" 유약이 대답했다. "어찌하여 철세법을 쓰지 않습니까?" 애공이 말했다. "10분의 2도 나는 오히려 부족한데, 어떻게 철세법을 쓰겠는가?" 유약이 대답했다. "백성이 풍족하면 군주가 누구와 더불어 부족하겠으며, 백성이 풍족하지 못하면 군주가 누구와 더불어 풍족하시겠습니까?"(哀公問於有若曰: "年饑用不足, 如之何?" 有若對曰: "盍徹乎?" 曰: "二, 吾猶不足, 如之何其徹也?" 對曰: "百姓足, 君孰與不足? 百姓不足, 君孰與足?")

『사서집주』의 주석

…… 그러므로 유약은 철세법만 시행하라고 청한 것이다. 애공에게 비용을 절약하여 백성을 넉넉하게 하려는 의도였다. …… 백성들이 부유하면 임금 홀로 가난함에 이르지 않고, 백성들이 가난하면 임금 홀로 부유할 수 없는 것이다. 유약은 임금과 백성은 일체라는 뜻을 깊이 강조하여, 애공이 세금을 더 거두려는 마음을 접게 하려는 것이었다. 남의 윗사람이 된 자가 마땅히 깊이 생각해야 할 바이다.(…… 故有若請但專行徹法, 欲公節用以厚民也. …… 民富, 則君不至獨貧, 民富, 則君不能獨富. 有若, 深言君民一體之意, 以止公之厚斂, 爲人上者, 所宜深念也.)

이 글의 제목은 『논어 · 안연』에서 출제되었다. 정문은 시험관이 향시, 회시의 시험지 가운데서 선정한 모범문장을 말한다. 팔고문의 작법에 따라 분석해 본다.

첫째, 구조와 내용 면에서 볼 때, '성인의 어투', '성현을 대신하여 말함',

주자의 주석 및 사서의 관련 내용을 잘 운용했다. 노(魯) 애공(哀公)은 나라의 재정이 부족하다고 여겨 세금을 증액하려 하자, 공자의 제자 유약(有若)은 10분이 1의 철법(徹法)을 시행하고 더 이상 거두지 말라고 대답한다. 왕오의 글과 『논어·안연』의 원문, 주희의 주석을 함께 비교해보면, 왕오는 사서 경의를 주희의 주석에 따라 성인의 말을 조리있게 풀어감과 동시에 그에 입각하여 자신의 의견을 분명하게 밝히고 있다. 특히 문제 풀이의 포인트를 '군민일체'의 시각에서 '백성의 풍족함'과 '군주의 풍족함'의 두 축을 세워 "백성이 풍족하면 군주가 누구와 더불어 부족하겠으며, 백성이 풍족하지 못하면 군주가 누구와 더불어 풍족하시겠습니까?"라는 결론을 도출한다. 이는 왕오의 글과 『논어』 원문, 『사서집주』 모두에서 중심 사상을 이룬다. 뿐만 아니라 논지를 더욱 심화시키기 위해 왕오는 『맹자·양혜왕 상』에 나오는 '여민동락(與民同樂)'이 왕도(王道)정치의 근본이라는 내용을 가져와서 설명했다. 즉, "산 사람을 봉양하고 죽은 이를 장사지내는 데 여한이 없는 것(양생상사, 무감의養生喪死, 無憾矣)"이 왕도정치의 시작이라는 맹자의 말을 인용하여, '성인의 어투'로 '성현을 대신하여 말한다'는 팔고문의 기본 방식을 충실하게 보여주었다. 결론적으로, 왕오는 중과세를 시도하려는 애공의 마음을 접게 하려는 유약의 의도와 그를 뒷받침해 주는 주자의 생각을 그대로 살려 자신의 언어로 표현하였다.

둘째, 팔고문의 언어 기법을 잘 운용하여 내용의 전달 효과를 더욱 높이고 있다. 승제는 파제를 잇는 부분이므로 보통 첫 글자에 부(夫)·개(蓋) 등의 발어사를 써서 파제의 내용을 조금 더 설명한다. 기강은 제목의 의미를 가일층 설명하는 부분이므로 보통 첫 글자는 상위(嘗謂)·약왈(若曰) 등을 써서 성인의 뜻과 말투를 넣어준다. 속이고부터 후이고까지는 제목의 소이연(所以然)과 자신의 소견을 밝히는 부분이므로 '시고(是故)' 등과 같은 말을 쓴다(王凱符, 1991:5-13). 이 세 부분으로 볼 때, 왕오는 파제에서 요약한 것을 좀 더 부연하고자 승제에서 '개(蓋)' 자를 써서 설명을 열어가고 있다. 기강의 '개위(蓋謂)'는 파제에서 한 자신의 말과 성인(유약)의 말을 동시에 전개하기 위해 썼다. 중이고의 '오지(吾知)'는 "제가 생각하옵기로는"이라는 말로 자신의 의견을 서술한다. 이상의 글자를 배치하여 성인의 생각에 부합하면서 자신의 의견을 대화하듯이 전개해나가고 있다. 또한 자신의 의견을 명확하게 밝혀야 하는 기이고-후이고 부분에서는 하(何)·호(乎)·숙(孰)·차왈(借曰) 등의 의문문, 조건문 등을 구사하여 자유롭고 설득력 있게 글을 이끌어가고 있다. 마지막 수결은 파제와 조응을 이루는 부분이다. 파제에서는 직접적인 서술문 방식을 썼다면, 수결에서는 감탄사 '우(吁)'를 사용하여 파제의 의미와 조응하고 있다.

한편, 팔고문에서 가장 중요한 '이고'의 대구를 정확하게 구사했다. 예를 들면, '마을(閭閻)-논들(田野)', '부모를 섬기고 처자식을 기름(仰事俯育)-살아있는 자를 봉양하고 죽은 이를 장사 지냄(養生送死)', '걱정 없음(無憂)-여한 없음(無憾)'(이상, 기이고). '창고에 거둬들임(歸之府庫)-창고에 쌓아둠(積之倉廩)' '나의 재물(吾財)-나의 소유(吾有)'(이상, 중이고). '끝없이 가질 수 있음(取之無窮)-끝없이 쓸 수 있음(用之不竭)', '구하여 얻지 못할까(有求而不得)-유사시에 구비되지 못할까(有事而無備)'(이상, 중이소고), '희생과 제물(犧牲粢盛)-옥백과 예물(玉帛筐篚)', '먹을 것과 물품(饔飧牢醴)-거마와 병기(車馬器械)', '제사에 공급(祭祀之供)-빈객의 수요(賓客之需)', '공급해드림(有以給之)-거두어 바침(有以應之)'(이상, 후이고) 등 매 구마다 철저하게 대구를 지키고 있다.

셋째, 구성과 논지 전개가 자연스럽고 구조적이다. 승제, 기강에서 군민일체의 시각에서 '백성의 넉넉함'과 '군주의 풍족함'이라는 두 축을 세운 후, 기이고에서는 '백성의 넉넉함'에 대해서 중이고에서는 '군주의 풍족함'에 대해서 각각 서술하고 있다. 끝으로 후이고에서 승제, 기강에서 제시한 군민일체와 조응하는 방식을 취했다. 전체적으로 논지가 분명하고 정연한 느낌을 준다. 이런 점에 대해 청대 문장가 방포(方苞)는 『흠정사서문

(欽定四書文)』'총평'에서 "글의 층차가 분명하게 전개되고 평이함과 깊이를 두루 잘 갖추었다. 문제의 의미를 충실하게 발휘했을 뿐만 아니라 작법 또한 완벽하다."("層次洗發, 由淺入深; 題義旣畢, 篇法亦完." 王凱符, 1991:105)라고 평가했다.

사례 2: 「나는 인을 좋아하는 자를 아직 보지 못했다」(묵권墨卷)
탕현조(湯顯祖)

성인께서 덕을 이루는 자가 드묾을 탄식하면서, 덕을 버리는 자가 많음을 말씀하신 것이다.(파제)

인(仁)을 좋아함과 불인(不仁)을 미워함이 지고한 덕이어서가 아니라, 단지 스스로를 내버려 두는 자가 힘쓰지 않을 뿐이다. 이런 까닭에 성인께서 거듭 탄식하신 것이다.(승제)

성인의 뜻은 다음과 같다고 생각한다. "군자가 배우는 것은 인을 행하기 위함이며, 군자가 인을 이루려면 스스로 힘을 내어야 한다. 인을 가지고도 그것을 이루는 데 힘쓰지 않으니, 내가 이러한 현실을 개탄하지 않을 수 있겠는가?"(기강)

지금을 살펴보자면, 인은 좋아할 만한 것인데도 인을 좋아하는 사람을 나는 아직까지 보지 못했고, 불인은 미워할 만한 것인데도 불인을 미워하는 자를 나는 아직까지 보지 못했다.(입제)

인을 좋아하는 사람이라는 명성은 누구나 얻기 좋아하는데, 내가 아직 보지 못했다고 함은 그 좋아함이 진정한 마음에서 우러나와서 더 이상 바랄 것이 없는 그런 좋아함이 아니기 때문이다. 불인을 미워하는 사람이라는 명성은 누구나 얻기 좋아하는데, 내가 아직 보지 못했다고 함은 그 미워함이 진정으로 격분함이 자기 자신에게 영향을 미치지 못하게 할 정도의 그런 미워함이 아니기 때문이다.(기이고)

오직 이와 같기 때문에 그런 사람을 만나기가 어렵다는 것이다. 비록 그렇지만 꼭 어려운 것은 아니다. 분발하여 떨쳐 일어나 인과 불인의 구분을 깊이 깨닫고, 두려워하는 마음으로 생각하며 진정 좋아하고 미워하는 데 힘쓰는 사람도 있을 것이다.(과접)

(하지만) 나는 진정으로 좋아하지 않음이 있다고 생각한다. 정말로 좋아하면 인이 반드시 그를 따르게 된다. 이는 더는 바랄 게 없을 정도로 좋아하는 것이며, 또한 전심으로 좋아함에서 비롯한 것이다. 내가 인을 좋아하는 자를 아직 보지 못했으니, 어찌 또한 진정으로 좋아하면서도 힘이 부족한 자를 볼 수 있었겠는가? 진정으로 미워하지 않음도 있다고 생각한다. 진정으로 미워한다면 불인이 반드시 그를 떠나게 된다. 이는 자신에게 영향이 미치지 못하게 할 정도로 미워하는 것이며, 또한 전심으로 미워하는 것에서 비롯한 것이다. 내가 불인을 미워하는 자를 아직 보지 못했으니, 어찌 또한 진정으로 미워하면서도 힘이 부족한 자를 볼 수 있었겠는가?(중이고)

대저 하늘은 사람을 각각 다르게 낳았고, 사람이 받은 기질 또한 같지 않으니, 그렇다면 힘을 쓰기에 부족한 자가 혹 있을 수 있다. 그러나 인에 뜻이 있는 사람은 항상 적고 인에 뜻이 없는 사람은 늘 많으니, 그렇다면 내가 아직 그런 사람(힘이 부족한 자)을 실제로 보지 못한 것이다.(후이고)

힘이 충분하고 충분하지 못한 것은 힘을 씀으로써 드러나는 것이거늘, 어찌 그저 힘만 탓할 수 있겠는가? 인을 이루고 못 이루고는 힘을 다하는 것으로써 결정되는 것이거늘, 어찌 대번에 인을 단념할 수 있겠는가?(속이고)

그러한즉 내가 본 사람들은 선천적으로 한계가 있는 것이 아니라 자신이 스스로 한계를 정한 것일 뿐이며, 인이 사람에게서 먼 것이 아니라 사람이 스스로 인을 멀리하는 것일 뿐이다. 어찌하면 진정으로 힘을 써서 분연히 일어나 나의 바람에 부합하는 자를 얻을 수 있을까?(대결)

(「我未見好仁者」(墨卷), 湯顯祖: "聖人慨成德者, 因言棄德者之

衆焉.(破題) 夫好仁惡不仁非絕德也, 特自棄者不用其力耳, 聖人所以重有慨與.(承題) 想其意曰, 君子之學也, 以爲仁也, 君子之成仁, 以其能自力也. 有仁焉而無力以成之, 吾能無慨然於今乎?(起講) 於今觀之, 仁可乎也, 而好仁者我未見也, 不仁可惡也, 而惡不仁者我未見也.(入題) 好仁者之名, 夫人樂得之, 而吾以爲未見者, 以好非感發之好, 乃無以尚之之好也. 惡不仁之名, 夫人樂得之, 而吾以爲未見者, 以惡非憤激之惡, 乃不使加身之惡也.(起二股) 惟其如是, 是以難也, 雖然, 未嘗難也. 有人焉奮然而起, 深明乎仁不仁之分, 惕然而思, 實用乎好惡之力.(過接) 吾知有弗好, 好則仁必從之, 蓋無以尚之之好, 亦起於一念之好也, 我未見好仁者, 亦何嘗見好焉而力不足者乎? 有弗惡, 惡則不仁必去之, 蓋不使加身之惡, 亦起於一念之惡也, 我未見惡不仁者, 亦何嘗見惡焉而力不足者乎?(中二股) 蓋天之生人不齊, 人之受質非一, 則力不足於用者, 或有其人. 而有志於仁者恒少, 無志於仁者恒多, 則吾之於斯人也, 實未之見.(後二股) 夫力之足不足也, 以用而見也, 未有以用之, 胡爲而遽罪乎力? 仁之成不成也, 以力而決也, 未有以力之, 胡爲而絕望於仁?(束二股) 然則吾之所見者, 非天有所限, 彼自限之而已矣, 非仁遠於人, 人自遠之而已矣, 安得實用其力者, 一起焉而副吾之望哉?(大結)" 왕카이푸 저, 김효민 옮김, 2015:277)

『논어・이인』의 경문

공자께서 말씀하셨다. "나는 인(仁)을 좋아하는 자와 불인(不仁)을 미워하는 자를 아직까지 보지 못했다. 인을 좋아하는 자는 이에 더할 것이 없고, 불인을 미워하는 자는 인을 행할 적에 불인한 것이 자기 몸에 미치지 못하게 하는 것이다. 능히 하루라도 그 힘을 인에 쓰는 사람이 있는가? 나는 힘이 부족한 사람을 보지 못하였다. 아마도 그런

이가 있으련만, 내가 아직 보지 못하였구나!"(子曰: "我未見好仁者, 惡不仁者. 好仁者, 無以尙之, 惡不仁者, 其爲仁矣, 不使不仁者加乎其身. 有能一日用其力於仁矣乎? 我未見力不足者. 蓋有之矣, 我未之見也!")

『사서집주』의 주석

부자(夫子)께서 스스로 인을 좋아하는 자와 불인을 미워하는 자를 보지 못했다고 말씀하신 것은, 대개 '인을 좋아하는 자'는 참으로 인이 좋아할 만하다는 것을 아는 고로, 천하의 물(物)이 이에 더할 것이 없고, '불인을 미워하는 자'는 참으로 불인이 미워할 만하다는 것을 아는 고로, 인을 행할 적에 반드시 불인한 일을 완전히 끊어버려서 조금이라도 자기 몸에 미치지 않게 하는 것이다. 이것은 모두 덕(德)이 이루어진 일이므로, 그런 까닭에 이런 사람을 얻어 보기 어려운 것이다. (부자께서) 인을 좋아하고 불인을 미워하는 자를 비록 볼 수 없지만, 혹시라도 어느 날 정말로 분연히 인에 힘을 쓰는 자가 있을 터이니, 그러한 즉 내가 그 힘이 부족함이 있는 자를 보지 못하였다 라고 하신 것이다. 대개 인을 행하는 것은 자신에게 달려있으므로 하고자 하면 그렇게 되는 것이다. 뜻(志)이 이르는 곳에 반드시 행동(氣)도 따르기 때문에, 인은 비록 능하기는 어려우나 이르기는 또한 쉬운 것이다. 이 장(章)은 인이 덕을 이루는 것이 비록 제격의 사람을 만나기는 어려우나, 배우는 자가 진실로 그 힘을 쓴다면 또한 이르지 못할 것이 없는 것이다. 다만 힘을 써도 이르지 못하는 자를 지금까지 보지 못하였기에, 이에 부자께서 반복하여 탄식하신 것이다.(夫子自言未見好仁者, 惡不仁者, 蓋好仁者, 眞知仁之可好, 故天下之物, 無以加之, 惡不仁者, 眞知不仁之可惡, 故其所以爲仁者, 必能絕去不仁之事, 而不使少有及於其身, 此皆成德之事, 故難得而見之也. 言好仁惡不仁者, 雖不可

見, 然或有人果能一旦奮然用力於仁, 則我又未
見其力有不足者. 蓋爲仁在己, 欲之則是, 而志之所至, 氣必至焉. 故仁雖難能, 而至
之亦易也. 此章, 言仁之成德, 雖難其人, 然學者苟能實用其力, 則
亦無不可至之理. 但用力而不至者, 今亦未見其人焉, 此夫子所以
反復而歎息之也.)

이 글의 제목은『논어 · 이인』에서 출제되었다. 묵권은 독권관(讀卷官)이 뽑은 모범문장을 말한다. 팔고문의 작법에 따라 분석해 본다.
첫째, 구조와 내용 면에서 볼 때, '성인의 어투', '성현을 대신하여 말함', 주자의 주석 및 사서의 관련 내용을 잘 운용했다. 인(仁)은 유가의 대표적인 도덕 범주로서 덕(德)을 이루기 위한 근본적인 덕목이다. 탕현조는 이 점에 근거하여 "성인께서 덕을 이루는 자가 드묾을 탄식하면서, 덕을 버리는 자가 많음을 말씀하신 것이다."라고 파제한 것이다. 파제를 이어 승제에서『사서집주』의 주자 주석과 동일하게 '호인자'와 '오불인자'로 나누어 제시하였다. 기강에서는 파제-승제에서 의미하는 성인의 뜻을 추가 설명하는 부분이므로, "인을 지니고도 그것을 이루는 데 힘쓰지 않거늘, 내가(성인이) 그러한 현실에 개탄하지 않을 수 있겠는가"라고 '성현을 대신하여 말함'이라는 팔고문의 규정을 잘 지키고 있다. 후이고에서 속이고까지는 성인의 말씀에 대한 자신의 생각을 구체적으로 서술하되 '성인의 어투를 살려야 한다'는 요구에 맞게 서술하였다. 『사서집주』의 주자 주석에 따라 "힘이 족하고 부족하고는 힘을 제대로 쓰는 것에서 드러나고" "인을 이루고 못 이루고는 힘을 다하는 것에서 결정되기 마련"이라고 역설하고 있다. 탕현조는 이로써 "나는 인을 좋아하는 사람을 아직 보지 못했다."는 공자의 말을 주희의 주석에 잘 부합되도록 글을 전개하였다.
둘째, 팔고문의 언어 기법을 잘 준수하여 의미 전달을 돋보이게 했다. 먼저, 실사와 허사의 운용이다. 파제의 마지막 글자는 파제의 기능에 맞게 언(焉) · 야(也) · 의(矣) 등의 종결사를 쓰는데, 이 글에서도 언(焉) 자를 써서 제목을 한마디로 요약한다. 승제는 파제를 잇는 의미에서 보통 첫 글자에 부(夫)·개(蓋) 등의 발어사를 써서 파제의 내용을 부연하는데, 이 글에서도 부(夫)자를 써서 그 기능을 유지했다. 기강은 제목의 의미를 가일층 설명하면서 성인의 말이 들어가는 부분이므로, 첫 글자는 대체로 상위(嘗謂)·약왈(若曰) 등으로 처리한다(王凱符, 1991:7-12). 이 글에서도 상기의왈(想其意曰)을 써서 인을 행하고 이루는 것은 자력에 달려 있다는 '성현을 대신하여 말한다'는 팔고문의 방식을 충실하게 보여주었다. 중이고에서 속이고까지는 제목의 소이연과 자신의 소견을 밝히는 부분이다. 탕현조는 중이고에서 첫 글자를 '오지(吾知)'로 시작하여 『논어』 경문의 "나는 힘이 부족한 사람을 보지 못하였다."와 주희 주석의 "배우는 자가 진실로 그 힘을 쓰면 또한 이르지 못할 것이 없다."는 성인의 뜻을 살려 자신의 생각을 부연 설명하였다. 그런 후에 수결에서 '연즉(然則)'을 써서 제목의 "아직 보지 못했음"은 '스스로 한계짓기 때문'이라는 인과관계를 성인의 뜻에 연결하여 마무리지었다. 또한 기이고에서 후이고까지 공자의 말투와 주희의 주석에 근거하여 글을 전개하면서 하(何)·호(胡)·안(安)·호(乎) 등의 의문사를 활용하여 공자가 실제로 말하는 듯한 느낌과 성인을 대신해서 말하는 전달 효과를 더욱 높이고 있다. 한편, '힘이 족하고 부족하고는(力之足不足)-인을 이루고 못 이루고는(仁之成不成)', '힘을 씀으로써 드러나는 것(以用而見)-힘을 다하는 것으로써 결정되는 것(以力而決)', '아직 제대로 힘을 쓰지도 않고(未有以用之)-아직 제대로 힘을 다하지도 않고(未有以力之)' 등과 같이, 기이고에서 속이고의 '이고' 부분에서도 철저하게 대구를 사용하고 있다.

셋째, 구성의 안배와 논지의 흐름이 자연스럽다. 기강에서 '인을 좋아하는 자를 아직 보지 못했다'는 주제를 '인과 덕의 관계'로 틀을 세워 파제를 했다. 승제-기강에서는 구체적으로 '호인자'와 '오불인자'로 나누어 성인의 말과 자신의 관점을 연결하여, 향후 전개할 내용에 대해 분명하게 밝히고 있다. 중이고-속이고에서는 이 두 가지가 잘 이루어지지 않는 이유에 대해 성인의 말과 자신의 의견을 조율하여 설명하고 있다. 마지막 수결에서는 결론적으로 "힘이 부족하면 중도에 그만두는 것이니, 지금 너는 (해보지도 않고 먼저) 스스로 한계짓는 것이다."라는 공자의 말(『논어·옹야(雍也)』)을 인용하여 "그 자신이 한계를 정한 것일 뿐이며", "사람 스스로 인을 멀리하는 것일 뿐이다"라고 자신의 말을 맺는다. 이처럼 구성의 안배가 팔고문의 격식에 잘 부합되면서도 논지 전개와 구조가 매우 탄탄하게 느껴진다.

넷째, 탕현조는 명대의 유명한 희곡가이다. 그래서인지 글이 평이하고 유려하며 흐름도 매끄럽다. 『사서집주』에서 '인을 행하는 것은 자신에게 달려있다'는 부분을 설명할 때, "지(志)가 이르는 곳에 기(氣)가 반드시 이른다"라고 하면서 '지'와 '기'를 상대적 개념으로 제시하여 설명했다. 그러나 탕현조는 철학적 명제인 '지', '기'를 그대로 노출하지 않고 평이한 언어로 가독성 있게 재구성했다. 구어체와 평이한 언어를 구사하는 희곡가로서의 재능이 반영된 부분이라고 할 수 있다. 이 글에 대해 청대 문장가 방포(方苞)는 "문장을 어렵게 구사하려 하지 않으면서 제목에 담긴 복잡한 함의를 남김없이 잘 드러냈다. 또 글 분위기가 편안하면서도 생생한 장면을 보는 듯한데, 본래 작자는 이런 면에서 매우 특출하다."라고 평가했다(왕카이푸 저, 김효민 옮김, 2015:279).

4. 제도와 문풍의 상관성

위의 사례에서 보았듯이, 명대 지식인들은 팔고의 작성법에 맞춰 사서오경의 내용을 성인의 뜻에 부합하고 성인의 어투로 서술하여 유가의 사상적 풍모를 드러내고자 했다. 하지만 내용과 형식을 엄격하게 요구하는 것은 지식인을 제도적 지식의 범주 안에 가두고 짜여진 틀대로 경직된 사유를 하게 만드니, 문풍은 병들 수밖에 없다. 실제로 팔고문과 팔고취사제에 대한 폐단과 비판이 심했다. 왕카이푸(王凱符)는 그 폐단을 4가지로 요약했다. 나라를 망쳤다는 '오국론(誤國論)', 지식인을 죽였다는 '분갱론(焚坑論)', 공리공담을 추구했다는 '공언론(空言論)', 형식과 틀에 얽매였다는 '격투론(格套論)'이다(왕카이푸 저, 김효민 옮김, 2015:234). 이를테면, 경의는 고인들의 틀에 박힌 말이며 실제 정사(政事)와 경세에는 도움이 안 된다는 점, 내용과 범주를 한정하여 지식인의 사유의 틀을 옭아맨다는 점, 자신의 의견이 없이 주희가 말한 내용을 곱씹으며 공소한 내용을 서술하게 한다는 점, 기법과 방식에 따라 사서의 의리를 언어 형식으로 포장하게 한다는 것이다. 이리하여 정사·학술·문풍 등에 부정적인 영향을 끼쳤다는 것이다.

정덕(正德) 6년(1511)에 장원급제한 양신(楊慎, 1488~1559)은 다음과 같이 말했다.

> 본조(本朝)에서 경학으로 인재를 선발하는데, 사인들은 하나의 경(經) 외에는 정통한 내용이 없다. 최근에는 조금 넓게 지식을 익히려 하지만 그저 명성을 구하고 구차하게 벼슬길을 구하려고만 하지, 근본을 탐구하지 않고 한갓 지엽적인 것만을 일삼는다. 오경제자(五經諸子)에서 일부 조각 지식을 취하여 외우니, 이를 '좀 벌레 같은 시험'이라 한다. 역대 제사(諸史)에서는 단편적인 일부 이야기들을 베껴다 붙이니, 이를 '엮어 부치기 시험'(책투策套: 사적史籍의 일부분의 말을 단장취의하여 책문 시험에 활용한 것)이라 한다. 절취하고 베끼는 사람은 이미 경사(經史)를 두루 섭렵하지 못하고, 장구의 맥락은 모두 실제 모습을 잃었다. 한나라 사람을 당나라 사람이라고 하고, 당나라 때의 일을 송나라 때의 일이라고 하는 경우도 있고, 한 사람을 두 사람으로 풀이하거나 두 가지 일을 한 가지 일로 합하는 경우도 있다. …… 아! 사인의 문풍이 이러한 지경에 이르렀으니, 참으로 저급함이 극에 달했구나(楊慎, 1937:601).

장원급제한 문인 양신의 입에서 나온 말이다. 왜 그들은 조각 지식을 취하여 외우고, 베껴다 엮어 부치며, 경서의 근본을 탐구하려 하지 않았는가. 왜 사인의 문풍이 이 지경에 이르렀는가. 청대 고염무(顧炎武)는 사인의 문풍이 추락한 가장 중요한 원인은 예상 문제를 뽑아서 그것만 외우는 '의제(擬題)'에 있다고 비판했다.

> 오늘날 과거시험의 병폐는 의제(擬題)보다 심한 게 없다. 경의(經義)를 예로 들자면, 1차 시험에서 경의 4문제를 출제한다. 시험에서 경서에서 출제할 수 있는 문제는 수십 개에 불과하다. 명문 집안에서는 명사를 초청하여 가숙(家塾)에 머물게 하고서, 이 수십 개의 문제를 각각 한 편으로 엮어 편수에 따라 보수를 지급한다. 그 집안 자제나 똘똘한 어린 노복에게 숙독하고 암기하게 한다. 시험장의 문제가 십중팔구 맞아떨어져서 즉시 외웠던 문장을 시험지 위에 옮겨 적는다. …… 합격자 명단이 발표된 후 이런 사람들은 귀인이 되고, 젊은 이들은 대부분 관직에 임명된다. 세상의 사인들이 바람에 휩쓸리듯 이러한 풍조를 따르면서, 본경(本經)은 읽지 않는다. …… 옛날 사람들이 10년을 기다려야 이룰 수 있던 것을 1년 만에 마칠 수 있고, 옛날 사람들이 1년이 걸려 학습할 수 있던 것을 1달 만에 마칠 수 있다 (顧炎武, 2007:911-912).

이러한 현상을 가져온 데는 먼저 제도 시행 과정에서 문제가 있었다. 앞서 육세의(陸世儀)가 말했듯이, 당시 3차례 시험 가운데 첫 번째 시험인 경의가 가장 중요했다. 이유는 시험관들에게 주어진 채점 기간이 3~4일 정도밖에 안 되었기 때문에, 1차 시험의 시험 답안(그것도 첫 번째 사서의)에 집중하는 경향이 있었다. 또한 사서 경문은 55,000 여자 정도이기 때문에 그 안에서 시험문제를 내는 것도 쉽지 않은 일이다. 그렇기 때문에 앞서 사례에서 보았던 절탑제(截搭題) 같은 유형도 출제되었던 것이다. 이러한 제도적 상황에서 '명문가에서는 초빙한 명사가 만든 시험 예상, 모범답안을 외우는 데 열중했던 것이다.

이러한 상황 속에서 사인들은 경술(經術)에 근거하여 지식의 근본을 추구하던 옛 방법을 버리고 과거 급제에 유리한 '정묵(程墨: 程文이라고도 함)', '방고(房稿: 房書라고도 함)' 등을 외우는 데 열중하는 현상이 유행하게 되었다. 복사의 핵심 인물 장채(張采)는 『지외당문존(知畏堂文存)』에서 "본조에서 과거시험을 통해 인재를 등용하자, 이로 인해 시문(時文: 팔고문)을 중요하게 여겼다. 향시에 뽑힌 글을 선록한 것을 정묵(程墨)이라 하고, 진사에 급제한 글을 선록한 것을 방서(房書)라 하며, 거인(擧人: 향시 합격자)의 글을 선록한 것을 행권(行卷)이라 하고, 제생(諸生: 태학에서 공부하는 생원)의 글을 모아 선록한 것을 사고(社稿)라 한다."(四庫禁毁書叢刊編纂委員會, 1997:527)라고 했다. 이처럼 당시 사인들은 과거시험의 우수한 답안이나 시중에 출판된 팔고문 선집 등의 문제를 외우기만 할 뿐, 경서 공부 자체에는 마음을 두지 않았다. 이로 인해 지식인들 사이에서 경사(經史) 지식의 파편화 현상이 생긴 것이다.

물론 제도상의 폐단만은 아니다. 지식인들에게 과거는 생존의 문제이자 유가에서 군자의 중요한 덕목으로 여기는 삼불후(三不朽) 가운데 '입명(立名)'의 문제이다 보니, 그들의 공명에 대한 욕망과도 연관되어 있다. "오척 동자라도 시문(時文)을 수십 편 암송해서 그 문장을 조금만 변형하면 과거 공명을 얻을 수가 있었기"(顧炎武, 『顧亭林詩文集·生員論』) 때문에 더욱 쉬운 방편을 선택했던 것이다. 다소 과장된 표현이긴 하지만, 그렇게 벼슬에 오른 그들은 "천하와 국가의 일을 쉽게 보고 인생에서 공명을 이루는 일은 오직 이것밖에 없다고 여겼다."(顧炎武, 『顧亭林詩文集·生員論』) 이리하여 "천하 사람들은 오직 그것만 있으면 과거 공명을 얻고 부귀를 누릴 수 있다고 생각했고, 그것을 학문이라고 여기고 그런 게 선비라고 생각하면서 다른 책은 일절 보지 않았다."(顧炎武, 2007:905) 그래서 고염무는 "팔고문의 병폐는 분서(焚書)보다 심했고,

인재를 망치는 점에서는 함양(咸陽) 교외에서 유생들을 매장했던 것보다 심했고, 함양의 교외에 460여 명을 묻은 것보다 더 심하다."(顧炎武, 2007:913)라고 하면서, 팔고문의 폐단을 분서갱유에 비유했던 것이다.

이러한 '팔고문 공부'-'과거시험'-'벼슬(入仕)' 패턴이 야기한 여러 폐단은 명중말기에 이르면서 절정에 달했다. 상로(商輅)는 「순안현학진사제명기(淳安縣學進士題名記)」에서 국가적 시각에서 과거제도를 시행하는 이유를 밝힘과 동시에 사인들의 공명 의식에 대해 일침을 가하고 있다.

> 조정에서 과거시험을 통해 사인을 임용하는 것은 사인들의 영광으로 삼을 게 아니다. 사인들은 과거를 통해 도를 행하는 것이지 일신의 영광으로 삼아서는 안 된다. 과거시험을 사인의 영광으로 삼는 것은 이익에 유혹된 것이지 조정의 뜻은 아니다. 과거시험을 개인의 영광으로 생각하는 것은 이익을 위해 나아간 것이지 사인이 지향해야 할 바는 아니다. …… 아직 이런대로 나아가지 않은 자는 조금이라도 요행으로 나아가려는 마음을 키워서는 안 되며, 이미 이런대로 나왔다면 조금이라도 스스로 태만하기를 생각해선 안 된다. 자신을 잘 점검하고 힘써 행하는 노력, 그리고 덕을 밝히고 백성을 새롭게 하는 방법은 반드시 성현의 뜻이 있는 곳으로 나아가기를 구한 후에야 가능한 것이다. 만약 혹여 덕이 더 닦여지지 않고 학문이 더 근실하지 않고, 절개가 세워지지 않고 공업의 성과가 없다면, 사람들은 그들을 가리켜 의론하기를 '과거시험을 빌러 이익을 꾀하는 자들이며, 도를 행하는 데는 뜻을 두지 않은 자들이다.'라고 할 것이다(商輅 『商文毅公集』 卷6).

당시 정주이학을 주도해온 이학자들의 '문이재도(文以載道)'의 시각에서 말한 것이다. 나라에서 실시하는 과거제도의 취지는 사인들이 경전을 전승하고 덕을 쌓고 도를 행하는 데 뜻을 두어, 나라를 다스리고 사회를 교화하고 사상을 통제하는 것이 목적이라고 밝히고 있다.

제도와 시행은 언제나 모순 속에서 변화와 발전을 거듭해 나간다. 하지만 팔고문은 명·청 시기 약 500여 년 동안 시행되었고, 이러한 제도적 폐단과 문풍의 병폐가 결국 나라를 망치는 재앙이 되었다는 오국론(誤國論)까지 나오게 된 것이다. 청대 서대춘(徐大春)은 「자시문(刺時文)」에서 팔고문의 폐단과 문풍의 병폐가 결국 나라를 망치게 되었다는 오국론에 대해 이렇게 말했다.

글 줄 읽는다는 이들, 가장 쓸모없고 썩어 빠진 팔고문에 파묻혀 있다. 나라는 본디 인재를 얻으려는 방도였거늘, 뉘가 알았으리오, 사람을 기만하는 재주로 변할 줄을. 파제 두 구, 승제 세 구로 득의양양하며 성현 문하의 우등생이라고 떠들어댄다. 하지만 삼통(三通: 당대 두우杜佑『통전(通典)』, 남송 정초鄭樵『통지(通志)』, 원대 마단림馬端臨『문헌통고(文獻通考)』), 사사(四史:『사기』·『한서』·『후한서』·『삼국지』)가 무슨 책인지, 한 고조, 당 현종이 어느 시대 황제인지 알기나 하는지? 책상에는 경전 해설서를 펴놓고 서점에서는 최신 모범답안을 사온다. 읽어가며 몸은 흔들흔들 입가에는 탄식과 감탄이 흘러나온다. 사탕수수 찌꺼기 같은 것을 씹고 또 씹어본들 무슨 맛이 있으랴. 세월을 저버리고 깨어나지 못한 채 평생을 헛되이 보낸다. 그렇게 잘못되어 고관에 오른다 한들, 백성과 조정의 어두운 액운이 될 뿐이다(袁枚,『隨園詩話』卷12).

제도 자체의 문제이든 시행 과정상의 문제이든 '제도'의 변화는 일시적이나마 수정이 가능하다. 하지만 정신에 스며든 '문풍'의 병폐는 하루아침에 고치기 어렵다. 나라가 병들어 아픈 것은 제도보다도 지식인의 정신과 그들의 문화이다. 나라의 존망은 권력과 제도만으로 되는 것이 아니다. 그래서 국학 창도자 허수미(許守微)는『국수학보·논국수무양어구화(國粹學報·論國粹無陽於歐化)』에서 '학(學)'과 '망(亡)'의 관계를 이렇게 설파했다. "나라에 '학'이 없으면 비록 망하더라도 다시 일어설 수 있지만, 나라에 '학'이 없으면 영원히 망한다. 왜 그런가? 나라에 '학'이 있으면 나라는 망해도 '학'은 망하지 않고, '학'이 망하지 않으면 나라는 다시 일어설 수 있다. 하지만 나라에 '학'이 없으면 나라도 망하고 '학'도 망하기 때문이다."

5. 제도와 지식인의 상관성

일반적으로 고대의 왕조는 정권의 합법성을 확립하고 정권 안정을 강화하고자 했다. 자신의 권력이 '하늘로부터 명을 부여받았음'을 증명하고자 일련의 문화정책으로 그 합법성을 지지할 필요가 있었다(거자오광, 2015:289). 그래서 정권의 안정과 국가 권력을 강화하고 사회질서를 꾀하기 위해 예악(禮樂)을 제정하고 치도(治道)의 체계를 구축함은 물론, 지식과 사상을 통제하는 제도적 시스템을 수립하는 것이다. 한편, 이러한 정권과 제도의 수립 과정에서 지식인들 역시 국가의 역량을 통해 자신들의 사상을 실현할 수 있길 바란다. 국가의 권위와 사회질서를 확립하는 데는 권력과 법만으로 되는 것은 아니다. 문화와 사상이 필요하며, 지식인 집단의 지식과 사상을 통해 가능할 수 있다. 이를 위해 인재 등용과 관리 선발의 제도화를 구축하게 된다. 즉 과거제도를 통해 지식인들의 정치적 합법성을 제공함으로써 지식인을 통제하는 제도화된 문화시스템을 수립하여 사상적인 질서를 확립할 수 있는 근거를 마련하는 것이다. 이리하여 홍무-성화 시기에 과거제도와 팔고문의 양식이 정해진 후, 영락제에 이르러 국가의 사상적 통일을 도모하고자 『사서대전』, 『오경대전』을 편찬하여, 과거제도의 시험 내용과 범주로 규정했던 것이다. 그리고 명·청 시기 약 500여 년 동안 지식인들은 이를 공부하며 과거시험을 준비했다. 이처럼 정권의 합법성과 통제의 문화시스템 속에서 지식인들은 팔고문 제도를 통해 정치적 합법성을 얻는 한편 사상과 지식을 실현해 갈 수 있는 것이다.

그렇다면, 왜 사서와 정주이학을 바탕으로 했는가. 일반적으로 불교는 인간 질서의 가장 기본적인 부모와 자식 간의 관계조차 멀리하는 피세(避世)의 사상이고, 노장은 어떤 작위적인 체계나 사상에 의해 길들여지는 것을 거부하는 무위의 치(治)를 강조한다. 통제와 권력의 시스템 안에서 군주와 신하의 질서가 유지되기가 어렵다. 그러나 유학은 종법제(宗法制)를 근간으로 하고 윤리 도덕이 중심을 이루는 학설이다. 선진(先秦) 시기의 유학이 공・맹을 위주로 한 도덕적 실천을 강조했다면, 한(漢) 무제(武帝) 때는 '독존유술(獨存儒術: 오직 유가의 도통을 중심으로 함)'을 통해 충효를 근간으로 한 유학을 정치이념으로 삼았다. 그 후 송대에 이르러 유학은 노불(老佛), 선종 사상을 가미하면서 보다 사변적인 철학적 체계를 형성했다. 송대 이학은 당시 숭문(崇文) 정치와 맞물리면서 학술 문화의 주축이 되었고, 명대에 들어와 관학이 자리를 이어갔다.

정주 이학은 천하의 모든 만물은 모두 리(理)를 가지고 있으며, 성인은 이것을 따라 행동하니, 이를 이른바 도라고 한다(程顥, 程頤, 『二程遺書』卷21). 리는 일종의 선험적 개념으로 천리(天理)라고 불렀다. 천리는 자연, 사회와 인간을 초월하여 존재하는 것이다. 군주・국가・개인의 관계에서도 정치와 도덕, 자연 만물의 지식 추구에도 모두 적용된다. 또한 군주 자신의 권력이 '하늘로부터 명을 부여받았음'을 증명하려는 근거도 제시해 준다. 사서오경과 주희의 관점에서 보면, 주희는 천리를 작은 일상생활에서 부터 적용하여 "크게 나누면 삼강(三剛)이 되고 세분하면 오상(五常)이 된다."고 했으니, 천리는 삼강오륜의 윤리인 것이다. 그래서 낮은 단계의 『소학』이나 『대학』 등에서 쇄소응대(灑掃應對), '성의(誠意)', '정심(正心)'부터 시작하여 '평천하'를 이룬다는 '일상에서 정치까지'의 논리를 마련한 것이다. 나아가 『주역』을 통해 우주의 궁극적인 도리와 치세의 원리를, 『사서』를 통해 본성과 일상의 심성을 완성하는 방법을, 『춘추』를 통해 정치의 대의명분을, 『예기』를 통해 제도와 예치를 각각 찾아내어 권력의 정당성과 통치 질서의 기반을 닦을 수 있었다(거자오광, 2015:310).

지식인들은 사상적 논의를 통해 정치적 견해를 피력함으로써 자신들의 지식 권력을 유지하려는 속성이 있다. 그러려면 권력의 지지를 얻어야 한다. 따라서 지식인들은 과거라는 제도적 환경을 통해 사상 논의의 합법성을 제공받고, 권력자들은 이학을 통해 지배 질서의 근간을 마련함으로써 정치 권력 및 사상 권력을 모두 쥘 수 있는 것이다. 이처럼 유가 경전의 시험문제, 경전의 의리 해석, 팔고문의 문체, 지식인의 사유 등은 이학과 떼래야 뗄 수 없는 관계이다. 이를 국가의 제도로 정한 팔고취사제는 지배계급의 윤리와 국가 이데올로기를 유지하는 주요 수단이 될 수 있는 것이다. 이에 따라 정권의 합법성을 강화하고 통제의 문화시스템인 과거시험의 권력을 장악하게 되면서 지식계 역시 장악할 수 있었고, 그것을 유학, 정주이학으로 국가 지식체계를 세웠던 것이다.

이처럼 주자학을 근간으로 한 팔고취사의 시행과 영락제의 『사서대전』, 『오경대전』의 편찬은 경전해석의 근간이 되었다. 결국 유학은 정치 담론이 통치의 정당성을 확보하기 위한 국가의 지식 권력이자 정치 권력이 되었고, 유가 경전 지식은 통치 이데올로기가 발현되는 정치의 근간이 된 것이다. 이로 볼 때, 제도와 지식인은 국가 통치시스템과 지식체계 안에서 상생하는 관계라고 할 수 있다. 제도는 지식인들의 과거 공명을 채워주고 사상 논의의 합법성을 제공하는 반면, 지식인은 제도 시스템 안에서 권력자들의 정권의 합법성을 지켜주기 위해 복무한다. 그리고 이러한 관계 속에서 국가는 정치 권력과 지식 권력을 동시에 유지할 수 있는 국가 이데올로기를 마련하고, 이를 제도화하여 운영해나가는 것이다. 이런 면에서 볼 때, 당대에서 청대까지의 유명한 재상 요숭(姚崇)・왕안석(王安石)・장거정(張居正)・증국번(曾國藩)이나 명대의 재보(宰輔) 170여 명 가운데 10분의 9를 차지했던 한림원(翰林院) 출신도 모두 팔고문의 과거제도로 배출되어 국가 운영에서 각자의 역할을 수행했던 것이다(王道成, 1997:29).

이러한 '제도와 지식인'의 관계가 유지될 수 있는 것은 사회적 구조 시스템 안에서 지식인들의 '이중적 신분과 역할' 때문이라고 할 수 있을 것이다(쉬지린, 2011:95-125). 고대 중국에서는 지식인을 일반적으로 사(士) 또는 사대부라고 부른다. 전국시대 사 계층의 등장, 양한의 유생, 위진 시기의 문벌 사족, 당대에서 청대까지 과거를 통해 벼슬길에 오른 문인 관료들은 모두 사대부 정치 시스템 속에서 운신하였다(쉬지린, 2011:95). 우한(吳晗)은 "관료・사대부・신사・지식인 이 4개는 실로 같은 것이다. 경우에 따라 한 사람이 여러 개의 신분을 가질 수 있지만 본질적으로는 같은 것이다. …… 관료는 사대부가 관직에 있을 때의 호칭이고, 신사는 사대부의 사회적 신분이다."(吳晗, 費孝通, 1988:66)라고 했다. 그리고 사대부는 유가 교육을 받은 지식인으로서 대체로 지위를 말한 것이므로, 사대부는 관료와 지식인의 결합물이다. 또한『사원(詞源)』에서 '사대부'를 찾아보면, "관직의 직위가 있는 사람", "봉건 사회의 문인 또는 사족"이라고 했다. 이로 볼 때, 중국의 사대부 즉 지식인은 제도권 안에서 관직의 지위도 있고 문인으로서의 역할도 하는 이중적 신분과 역할을 하였다. 이러한 지식인의 이중적 신분과 역할로 인해 과거 팔고문 제도를 통해 입사(入仕)한 지식인들은 관료와 문인, 정치와 문학의 구조 안에서 상보 관계에 놓인 것이다.

6. 비판과 소멸

지금까지, '제도(팔고취사제)-행위자(지식인)-지식(팔고문)'의 틀에서 명대 팔고취사제와 지식의 범주, 지식인의 팔고문 창작 및 폐단 등에 대해 고찰하고, 제도와 지식(인)의 상관성에 대해 살펴보았다.

명 태조는 자신의 정권을 공고히 하는 한편, 사상과 지식인 통제를 강화하기 위해 유가의 도통과 정주이학을 제창하면서 사서오경을 기반으로 한 과거제도 시스템을 구축했다. 성화(成化) 이후 구체적인 팔고문의 양식이 정해지면서 팔고취사가 실질적으로 시행되었다. 그 후 팔고취사제와 사서는 명·청 시기 약 500여 년 동안 고대 중국의 취사(取士) 시스템과 관방 지식의 토대가 되었다.

팔고문은 사서오경의 내용에서 출제하고 정형화된 형식에 따라 정주(程朱)의 주석에 입각해서 글을 써야 했다. 문장은 반드시 성인을 대신하여 유가 사상의 풍모를 드러내야 했고, 유가의 관점으로 의리(義理)를 설명해야 했으며, 고인의 어투를 모방하여 서술해야 했다. 하지만 팔고문 문체가 완전히 유가 경전에만 국한했던 것은 아니다. 만력(萬曆) 시기 심학(心學) 사조의 등장으로 팔고문에는 노장(老莊), 선어(禪語) 등으로 입제(入題)하는 경우도 많았다. 한편, 팔고문은 명·청 시기 지식인들에게 입신과 출세의 수단이었고, 당시 상공업과 출판업의 성행으로 수험용 참고서와 팔고문 선집이 성행했다. 서상(書商)과 지식인들의 네트워크로 인한 지식의 독점도 이루어졌고, 사인들의 사로(仕路)를 열어주고 과거제도의 시문(時文)을 공부하기 위해 모인 문사(文社)의 활동도 활발했다. 문사의 핵심 인물들은 문사의 세력을 키우기 위해 다양한 방식으로 시험관과 연계하였고, 사인들은 모범답안을 암송·모방하는 풍조도 만연했다. 그래서 팔고문 작문을 위한 새로운 기준을 세우고자 고문(古文)으로 시문을 대체하여 써야 한다는 팔고문의 문체변화 현상도 있었다.

그러나 사인들은 과거를 준비하면서 과거시험의 우수한 답안지나 시중에 출판된 팔고문 선집의 문제를 외우기만 할 뿐, 경서 공부 자체에는 마음을 두지 않았다. 이로 인해 전반적인 경사(經史) 지식의 파편화 현상이 생겼다. 나아가 경의는 고인들의 틀에 박힌 말이며 실제 정사(政事)와 경세에는 도움이 안 되며, 내용과 범주를 한정하여 지식인의 사유의 틀을 옭아매었고, 자신의 의견이 없이 주희가 말한 내용을 곱씹으며 공소한 내용을 서술하게 되었고, 기법과 방식에 따라 사서의 의리를 언어 형식으로 포장한다는 병폐와 비판이 이어졌다.

팔고문이라는 제도 문체와 글쓰기를 통해 당시 지식인들은 사서오경과 정주 주석의 틀에서 규격에 맞는 경직된 글쓰기를 했다. 정해진 형식과 한정된 사유, 규범화된 틀 안에서 과거의 지식을 해석·답습하는 글쓰기라고도 할 수 있다. 관념·사상·담론을 생산하고 해석하는 지식인들이 독립적인 창작과 담론 생산을 담보할 수 없었던 것은 무엇보다 그들이 제도와 시스템 안에서 운신했기 때문이기도 하다. '제도와 지식인'의 관계에 볼 때, 지식인들은 사회적 구조 안에서 '이중적 신분과 역할'을 해왔다. 제도권 안에서 관직의 지위도 있고 문인으로서의 역할도 하는 이중적 신분과 역할로 인해, 과거 팔고문 제도를 통해 입사한 지식인들은 관료와 문인, 정치와 문학의 구조 안에서 상보 관계를 형성했던것이다.

하지만, 나라를 망쳤다는 '오국론(誤國論)', 지식인을 죽였다는 '분갱론(焚坑論)', 공리공담을 추구했다는 '공언론(空言論)', 형식과 틀에 얽매였다는 '격투론(格套論)' 및 명대의 심학(心學), 공안파(公安派), 이지(李贄), 청대의 고염무 및 후세 학자들의 팔고문에 대한 비판은 끊이지 않았다. 19세기 서구 열강과 서학이 유입되면서 캉유웨이(康有爲), 량치차오(梁啓超) 등의 지식인들에게 더욱 비판을 받았다. 당시 근대 지식인들은 과거시험에서 서학에 정통한 인재를 선발해야 하며, 이를 위해서는 팔고문을 폐지하고 내정, 외교, 이재(理財), 경무(經武), 고공(考工) 등의 시험을 통한 인재를 선발해야 한다고 요청하기도 했다. 한편 경사대학당(京師大學堂) 등을 설립하고 각지의 서원에서는 국학과 서학을 동시에 가르치기도 했다. 이러한 비판과 극복책을 도모해왔지만, 결국 광서(光緖) 28년(1902) 청나라 조정은 팔고취사제 폐지를 선포하고 1905년 과거제도를 폐지하면서 팔고취사제는 역사의 무대에서 사라졌다.

제도가 사람을 만든다고 한다. 권력에 의해 길러진 지식은 한정된 틀 안에서 사고하게 만들며 균형적이고 유연한 사고, 특히 비판의식을 통한 역동적인 변화를 추구하는데 둔감하게 만든다. 오늘날 우리 사회의 이른 바 '고시' 제도가 혹 정해진 틀과 사고 안에서 다람쥐처럼 쳇바퀴 돌 듯, 나아가는 것 같지만 늘 그 자리에서 제자리걸음을 하게 만드는 점은 없는지 한 번쯤 고민해 볼 일이다.

제도와 시행은 언제나 모순 속에서 변화와 발전을 거듭해 나간다. 그리고 당 시대가 요구하는 지식도 있다. 하지만 그 어떤 지식도 머물러 있는 것은 하나도 없다. 지식 역시 시대의 추이에 따라 지속적인 변화를 거듭한다. 그 변화 속에서 우리의 사고도 변하여 새로운 글쓰기와 함께 새로운 지식생산이 가능하게 되는 것이다.

참고문헌

거자오광(葛兆光). 이등연 등 옮김(2015). *중국사상사*, 일빛.
박영순(2021). "제도의 문체와 지식인의 글쓰기: 명대의 팔고취사(八股取士)를 중심으로", *문화와융합* 43(11), 145-172.
백광준(2005). "변화의 시대, 변화의 글쓰기: 명대 융경, 만력 연간의 팔고문", *중국문학* 45, 한국중국어문학회, 33-49.
쉬지린(許紀霖) 편저. 강태권 등 옮김(2011). *20세기 중국의 지식인을 말하다1*, 도서출판 길.
왕카이푸(王凱符). 김효민 옮김(2015). *팔고문이란 무엇인가*, 글항아리.
진정(金諍). 김효민 옮김(2003). *중국과거문화사*, 동아시아.
황지영(2012). *명청 출판과 조선 전파*, 시간의 물레.
詞源編輯部(1987). *詞源*, 商務印書館.
顧炎武 著, 陳垣 校注(2007). *日知錄*, 安徽文學出版社.
何宗美(2003). *明末淸初文人結社硏究*, 南開大學出版社.
金諍(1990). *科擧制度與中國文化*, 上海人民出版社.
李調元(1985). *制義科瑣記*, 中華書局.
商衍鎏(1956). *淸代科擧考試述錄*, 三聯書店.
四庫禁毁書叢刊編纂委員會(1997). *四庫禁毁書叢刊*, 北京出版社.

四庫全書存目叢書編纂委員會(1997). *四庫全書存目叢書*, 中華書局.

脫脫 等(1985). *宋史*, 中華書局.

王道成(1997). *科擧史話*, 中華書局.

王凱符(1991). *八股文槪說*, 中國和平出版社.

吳晗, 費孝通(1988). *皇權與神權*, 天津人民出版社.

楊愼(1937). *升庵全集*, 商務印書館.

張廷玉 等(1997). *明史・選擧志*, 中華書局.

陽達, 歐陽光(2010). "明代文社與科擧文化", *湖北大學學報 5*, 94-98.

張濤(2007). "科擧與實學: 明末文社興起的形上依據", *河北師範大學學報 1*, 84-89.

● 이 장은 문화와융합 학술지 43권 11호에 실린 필자의 논문(박영순, 2021)을 바탕으로 재구성되었다.

3부
공적 리터러시와 융합적 실천

11장
성숙한 민주시민으로서의 변혁적 역량 신장을 위한 사이버 의사소통 교육 방안 모색 | **김윤정**

12장
웹드라마 〈오피스워치 시즌1〉을 활용한 한국어교육에서의 문화 및 화용 교육 방안 | **이민경**

13장
한국어 학습자의 문화적 문식력과 설화 교육 실행 | **김혜진**

14장
중도입국 청소년을 위한 하브루타 기반 언어문화 교육 | **임진숙 · 이양금**

15장
하이브리드 러닝과 해외 학습자 대상 비대면 「한국어교육실습」 | **문혜영 · 정지은 · 이효진 · 정하길**

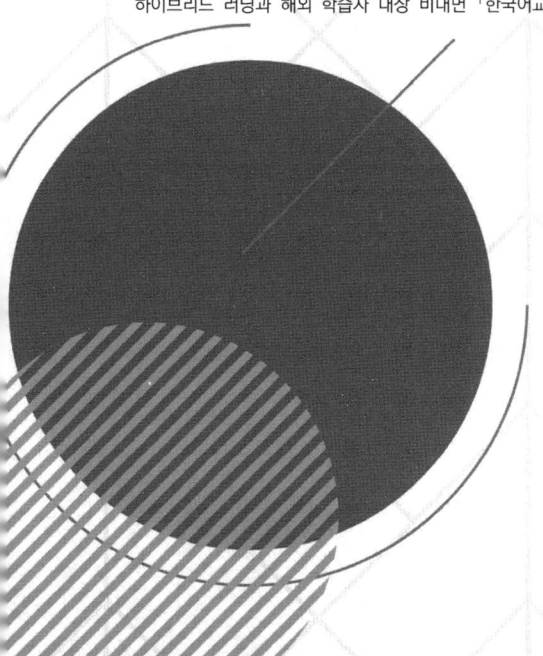

11장

성숙한 민주시민으로서의 변혁적 역량 신장을 위한 사이버 의사소통 교육 방안 모색

1. 성숙한 민주시민의 자질로서 변혁적 역량의 개념

자유로운 '담론의 장(場)'인 인터넷 공간은 다양한 사람들이 관심 분야에 대해 공유하고 국가나 사회 공동체의 중요한 이슈를 공론화하면서 새로운 의제를 생산하고 강화하는 기능을 한다(박성호, 2005:192). 인터넷 공간에서의 담론은 비단 공적 영역에 해당하는 문제뿐 아니라 개인과 밀접한 관련성이 있는 사적 영역의 문제까지도 확산되었다. 특히 1인 미디어, SNS, 카카오톡을 통해 여러 사람에게 정보를 쉽게 공유할 수 있게 되면서 인터넷 공간에서 다양한 논의들이 활발하게 진행되고 있다. 인터넷 포털뉴스 댓글, 토론 게시판, 블로그, 유튜브, 트위터, 페이스 북 등을 통해 인터넷 여론이 형성되는데 그 과정에서 대립과 갈등이 심화된 커뮤니케이션 양상이 나타나기도 한다. 특정 사안을 비합리적이고 불공정한 언어로 규정하며 편 가르기 식의 논의를 진행하거나, 지나친 일반화로 억지를 부리거나, 감성에 치우친 일방적 호소를 하면서 여론을 형성하고, 논리성이 결여된 표현을 사용하는 경우도 있다. 그 결과 사회에서 필요한 논의가 외면되고, 관련 논의에 대해 부정적 편견이나 거부감을 주기도 한다(오미영, 2011:48-49).

인터넷 여론 형성의 역효과를 막고 건전한 여론을 형성하기 위해서 우리는 성숙한 민주시민으로서의 자질을 갖추어야 한다. '민주 시민교육'의 개념이 비판적 사고력을 가진 주체적인 시민이 민주주의 가치를 존중하고 서로 상생할 수 있도록 민주시민으로서의 역량을 향상하는 교육(교육부, 2018)이라는 점을 보았을 때, 성숙한 민주시민은 비판적 사고력, 민주주의 가치를 존중하는 태도, 협력적 태도를 지녀야 한다는 것을 알 수 있다.

이와 더불어 성숙한 민주시민은 미래사회에서 필요한 역량인 '변혁적 역량'을 지녀야 한다. OECD의 'Education 2030' 프로젝트(2015)에서 제시한 미래사회 역량 보고서에서는 개인과 사회의 웰빙을 위해서 '변혁적 역량'이 필요함을 제시하고 있다. 여기서 변혁적 역량은 교육의 결과보다 과정에 초점을 둔 것으로 '웰빙(well-being)'을 목적으로 삶의 질과 관련된 '포용적 성장'(inclusive growth)을 추구하는 폭넓은 역량이다. 변혁적 역량은 새로운 가치 창조하기(creating new value), 긴장과 딜레마에 대처하기(reconciling tension and dilemmas), 책임감 갖기(taking responsibility)로 구성되어 있다. 이는 현대 우리 사회가 직면한 문제에 대해 다각적으로 사고하고 대안을 모색하면서 갈등과 대립에 협력하면서 올바르게 대처하는 능력과 일맥상통한다. 즉 변혁적 역량이란 현재와 미래사회에서 직면한 문제 상황을 파악하고 행복한 삶을 위해 타인과 협력적으로 소통하며 문제에 대해 대처할 수 있는 소통 능력을 기반으로 한다. 특히 코로나19로 대부분의 의사소통이 인터넷을 통해 이루어지고 있는 현 상황에서 인터넷 공간에서 이루어지는 사이버 의사소통 교육 역시 변혁적 역량 신장을 전제해야 한다.

그렇다면 MZ 세대가 생각하는 성숙한 민주시민으로서 갖추어야 할 의사소통 역량이란 무엇일까? 이를 알아보기 위해 서울에 거주하는 20대 대학생과 30~40대 직장인 각 50명씩 총 100명을 대상으로 카카오톡 오픈 채팅방을 개설해 2021년 4월 한 달 동안 설문 조사를 실시하였다. 결과는 〈표 1〉과 같다.

표 1 성숙한 민주 시민이 갖추어야 할 의사소통 역량에 대한 MZ 세대의 인식

범주		대학생	30~40대 직장인
개인 내적 능력	비판적 사고력	-정보의 신빙성 판단(3) -정확한 정보 선별	-비판적 판단·사고(6) -가치판단, 논리력(2)
	자기관리 능력	-신중성 -부족함 수용 능력 -자기성찰 능력(2) -준비와 노력 -기초지식 갖추기	-인성교육 -윤리의식(2) -책임감 -정직성
	정보처리 능력	-정보 가공능력 -빠르게 정보 캐치 -요점 정확히 파악, 정보판단 -새로운 정보 수용 -왜곡하지 않고 해석(2)	-정보처리 -문서작성
상호 작용 능력	의사소통 능력	-경청(4) -효과적 표현(2), 전달능력, 원하는 바를 오해 없이 전달(2), 확실하게 전달(2), 과감하게 표현하기, 지식에 대한 표현 -도구 사용 -설득력 -감정 과하게 드러내지 않기,	-경청(14) -소통 능력(6) -토론 능력(5) -대화 능력
	언어사용 윤리	-혐오, 멸시 비난 언어 사용금지, 무시 비난 자책 언어 금지 -정중한 표현 사용, -인터넷 밈 경계	
	대인관계 능력	-공감(5) -배려(2) -존중	-공감(8) -배려(7) -상생 -타인 존중(5) -관계맺기(2)
사회에 대한	개방성 및 유용성	-다른 의견 수용(6), 다름에 대한 인정	-다원주의 인정, 다양한 관점 존중, 다른 의견 수용(6)

		-소수자 말 무시하지 않기	-긍정적 수용
이해	시민의식		-공공 이익 고려(2) -사회이해 -공정성(2) -민주시민의식

성숙한 민주시민이 갖추어야 할 의사소통 역량은 개인 내적 능력, 상호작용 능력, 사회에 대한 이해로 범주화할 수 있다. 개인 내적 능력은 비판적 사고력, 자기관리 능력, 정보처리 능력으로 구분되는데, 대학생들은 정보처리 능력을, 30~40대 직장인들은 비판적 사고·판단력을 중요하게 생각하고 있었다. 상호작용 능력은 의사소통 능력, 언어사용 윤리, 대인관계 능력으로 구분되는데, 대학생은 인터넷상에서의 혐오 표현이나 비난과 같은 언어사용 윤리를 높은 빈도로 언급하였다. 30~40대 직장인은 공감, 배려, 타인 존중과 같은 대인관계 능력을 중요하게 제시하였다. 사회에 대한 이해는 개방성 및 유용성, 시민 의식으로 구분되는데, 두 그룹 모두 다양한 관점에 대한 수용, 다른 의견 존중을 중요하게 제시하였다. 〈표 1〉에서 수치로 표시된 부분은 두 그룹에서 공통적으로 언급된 내용에 대한 빈도인데, 대학생 집단은 '다른 의견 수용(6), 공감(5), 경청(4)'을 30~40대 직장인은 '경청(14), 공감(8), 배려(7), 소통 능력(6), 다른 의견 수용(6), 타인 존중(5), 토론 능력(5)'을 높은 빈도로 언급하였다.

앞서 변혁적 역량은 현재와 미래사회에서 직면한 문제 상황을 파악하고 행복한 삶을 위해 타인과 협력적으로 소통하며 문제에 대해 대처할 수 있는 소통 능력을 기반으로 한다고 제시한 바 있다. 성숙한 민주시민이 갖추어야 할 역량을 조사한 결과에서 중요하게 제시된 '의사소통 능력, 대인관계 능력, 개방성 및 유용성' 등에 대한 세부 답변은 변혁적 역량의 주요 구성요소로 볼 수 있다. 이를 기반으로 변혁적 역량은 다음과 같이 구체적인 내용 요소로 정의할 수 있다.

변혁적 역량은 현재와 미래사회에 직면한 문제 상황을 비판적으로 정확하게 파악하고, 행복한 삶을 위해 타인을 존중하고 배려하면서 다른 사람의 의견을 수용하고 경청하고 공감하며 협력적으로 소통하고, 토론을 통해 문제에 대처할 수 있는 성숙한 민주시민으로서의 역량이다.

2. 사이버 의사소통에서 고려해야 할 사항

1) 디지털 시민성에 기반한 커뮤니케이션 능력

코로나 19로 전 세계는 팬데믹 상황을 겪으며 의사소통 환경은 온라인을 기반으로 급속도로 변화되었으며 그 과정에서 디지털 정보나 기술을 적절하게 사용할 수 있는 능력이 중요하게 대두되었다. 시공간을 초월하여 존재하며, 평등성, 쌍방향성, 편리성, 대중성, 익명성, 사회적 수평관계라는 특징을 지니고 있는 디지털 사회에서 중요하게 부각된 개념이 바로 디지털 시민성이다. 디지털 시민성은 디지털 기술의 사용과 관련하여 적절하고 책임 있는 행동에 관한 규범으로 디지털 접근, 디지털 리터러시, 디지털 커뮤니케이션, 디지털 에티켓, 디지털 보안, 디지털 권리와 책임, 디지털 법, 디지털 상업, 디지털 건강과 웰니스로 구성되어 있다(Ribble, 2011; 추병완 외, 2019). 디지털 시민은 개인적·사회적 윤리와 규범에 기반하여 의사소통의 목적에 맞는 정보를 취사선택하고 사회 발전을 위해 사용하며, 사이버 공간에 효과적으로 참여할 수 있는 사회적 역량(Churches, Crockett, & Jukes, 2010; Farmer, 2011)을 지녀야 하며, 이를 위해서는 기술을 안전하고, 책임감 있게 사용하고, 비판적인 수용을 할 수 있어야 한다(Farmer, 2011). 즉 디지털 시민은 사회적 이슈에 대해 고민하고, 정확하고 적절한 정보를 수용하고, 이를 바탕으로 논리적으로 사고하며 자신의 견해에 대해 명확하고 설득력 있게 의견을 표출할 수 있는 능력을 지녀야 한다.

사이버상에서의 의사소통에서는 특히 다양한 디지털 정보를 적절하게 취사선택하여 효과적으로 사용하고 의견을 보다 명확하고 효과적으로 표현을 할 수 있는 능력(Mossberger, Tolbert, & McNal, 2011; Ribble, 2011; Isman & Canan Gungoren, 2014)이 필요하다. 또한 타인의 생각과 의견을 존중하면서 배려하는 태도를 적극적으로 드러내는 것이 중요하다. 사이버상에서 논란이 되는 쟁점이나 공적 이슈에 대한 견해를 밝힐 때에는 더욱 신중하게 여러 입장을 고려하면서 상황에 맞는 적절한 표현을 하는 네트워크상의 소통 능력, 관계 형성 능력이 필요하다(Hobbs, 2010).

현대사회에서는 문식 환경의 변화로 인해 온라인과 오프라인상에서 참여여론이 형성되었고 다양한 의사소통 양상이 나타나고 있다. 행동적 글쓰기로써 사회적으로 공분을 일으킨 사건에 대해 포스트잇이나 인터넷 댓글의 방식으로 추모적 글쓰기가 이루어지기도 하고, 익명 집단의 의사소통 방식으로 오픈 채팅방을 통해 논의를 이어가기도 한다. 또한, 사회 참여적 글쓰기로써 청와대 토론 게시판, 온라인 청원 등을 활용하여 사회에 대한 담론에 대해 자신의 의견을 제시하고, 사회적으로 이슈가 되고 있는 다양한 쟁점에 대해 자유롭게 토론하기도 한다.

디지털 시민으로서 올바른 의사소통을 하기 위해서는 올바른 시민교육이 이루어져야 한다. 그동안 시민교육 관련 연구는 대학을 비롯하여 정부 기관과 NGO 등에서 지속적이고 역동적으로 시도되었다. 특히 2000년대 초반부터 사이버 공간에서의 민주 시민성 관련 논의, 댓글 쓰기, 뉴스 리터러시를 활용하여 사이버 공간에서의 온라인 소통과 민주주의 의미를 탐색하는 논의들이 있었다. 이들은 '사이버 공간'에 초점을 맞춰 주로 그 안에서 이루어지는 의사소통의 특징과 구성요소를 찾고, 사이버 공간 안에서 올바른 민주주의 실현을 위한 방안을 제시하고자 하였다. 하지만 위드(With) 코로나를 거쳐 포스트(Post) 코로나를 향하고 있는 지금, 디지털 환경에서의 시민교육은 '사이버 공간'뿐 아니라 그 공간 속에서 의사소통하는 주체인 '개인'에 초점을 맞춰야 한다. 그러기 위해서는 공동체 안에서 자유롭고 평등한 쌍방향적 의사소통과 공동체의 문제에 대한 참여가 전제되어야 한다.

공동체 안에서 디지털 시민성을 갖춘 성숙한 민주사회 시민이 되기 위해서는 의사소통을 통한 원만한 대인관계 능력, 갈등조정 능력이 필요하다. 사이버 의사소통 상황에서는 직접 상대와 대면하지 않기 때문에 자신의 의견을 드러내는 방식이 익명의 대중들을 설득하는 데 영향을 끼칠 수 있다. 특히 갈등이 첨예한 의견에 대해서 논의가 필요한 경우 갈등조정 능력은 견해가 다른 상대방과의 대립 상황에서 서로의 입장을 밝히면서 이해가 상충하는 부분에 대해 합리적으로 문제를 해결하는 데 필수적이다. 특히 인터넷 공간에서 이루어지는 토론의 경우 보이지 않는 상대의 감정을 상하지 않게 하면서도 논리적으로 쟁점에 대해 논의를 펼쳐가는 능력이 더욱 중요하다.

2) 공적 이슈에 대한 개인의 태도 영역 확립

사회적 판단이론(social judgement theory)은 1960년대 Carolyn Sherif, Muzafer Sherif, and Roger Nebergall이 개발한 것으로 개인이 메시지를 판단하는 방식에 관한 연구에서 비롯되었다. 사람들이 메시지를 판단할 때에는 사회생활에서의 경험을 바탕으로 머릿속에 존재하는 고정적 경험 즉 사회적 지각(social perception)에 기반을 두기 때문에 자신의 내적 기준에 의존하게 된다는 것이다. 사람들은 정보를 평가하는 판단의 범주를 가지고 그에 대한 다양한 입장과 태도를 취할 수 있게 된다.

사람의 태도 영역은 수용, 거부, 비개입영역으로 구분된다(Sherif, &

Nebergall, 1965; 김동윤, 오소연, 2012:271). 수용영역은 메시지에 동의하는 부분, 거부영역(수용 불가능)은 동의하지 않는 부분, 비개입영역은 거부하지도 수용하지도 않는 부분을 의미한다. 개인의 수용영역과 거부영역의 핵심 변인은 자아관여(ego involvement)의 영향을 받는데, 셰리프에 의하면 이는 주제가 삶에 얼마나 중대한 것인지의 정도, 핵심적인 문제인가의 여부, 얼마나 많이 생각하는지에 달려있다. 특정 주제에 대한 자아 관여도에 따라 설득력 있는 메시지가 수용될 수도 있고 거부될 수도 있다. 하지만 그 과정에서 자아관여가 지나치게 높거나 낮으면 정보가 왜곡되거나 거부될 수도 있다. 인터넷상에서 이루어지는 공적 이슈에 관한 토론의 경우 자아 관여도와 더불어 높은 추천 수를 받은 인터넷 댓글이 사람들의 태도 형성에 중요한 영향을 끼칠 수 있으며 이는 더 나아가 인터넷 여론까지도 형성할 수도 있다.

3) 공적 이슈에 관한 집단의 반응 양상 분석

상호작용체계 모델(interact system model)은 개별 인간의 행동보다는 상호작용을 강조하는 모델로 메시지의 내용 차원과 참여자들의 관계 차원을 분류하여 분석한다(Fisher & Hawes, 1971; 김홍규, 황주연, 2007). Fisher(1970)의 결정 발생(decision emergence)이론에 따르면 집단은 적응, 갈등, 접근, 보강과 같은 네 가지 단계로 구분되는데, 단계별로 상호작용이 다르게 나타나고 단계별 변화에 따라 집단에서의 의사결정이 이루어지고 논의가 형성된다. 주로 토론이나 토의의 과정에서 단계별 집단의 양상이 나타나게 되는데, 집단결정단계는 시간에 따라 달라지면서 상호작용의 특정 성질을 가지게 된다.

집단의 네 단계는 〈표 2〉와 같다.

표 2 집단의 네 단계 (김홍규·황주연, 2007:331 발췌 정리)

단계	세부 내용
적응단계 (orientation phrase)	-견해의 습득, 명료화, 표현의 시작이 포함됨. -매우 높은 수준의 일치가 있으며 종종 집단을 검사하기 위한 의견이 고안됨. -표현된 입장들은 적합하고 시험적인 것임. -행동방침과 대인적 이해를 모색함.
갈등단계 (conflict phrase)	-많은 불일치와 많은 대립이 발생함. -서로에 대한 비호의적 평가를 포함함. -구성원들은 논쟁을 벌이고 설득을 시도하며 제휴를 꾀할 수 있음.
접근단계 (emergence phrase)	-갈등단계의 제휴가 사라지게 됨. -협동에 대한 최초의 암시가 보이기 시작함. -자신들의 관점을 방어하는 데 그 이전만큼 집요함을 보이지 않음. -자신의 입장을 완화하고 태도 변화를 시도함에 따라 비평은 더욱 모호해짐. -한 집단의 결정이 나타나기 시작할 때까지 많은 우호적인 논평이 증가하게 됨.
보강단계 (reinforcement phrase)	-집단의 결정이 굳어지게 되고 집단 구성원들로부터 지지를 얻게 됨. -구성원들은 집단을 통합하여 해결을 지지함 -의견은 거의 균일하게 긍정적이고 호의적이며 더 큰 상호작용이 발생하게 됨. 접근단계의 모호성이 사라짐.

적응단계는 주로 논의가 시작될 때 나타나는데, 견해가 습득되거나 명료화되고 논의와 관련된 표현이 시작되는 단계이다. 구성원들의 의견이 일치되고, 다양한 시험적인 의견이나 표현들이 나타난다. 행동방침이 제시되기도 하고, 대인적인 이해를 모색하는 방안들이 나타난다. 갈등단계는 많은 불일치와 대립이 발생한다. 서로에 대한 비호의적 평가나 나타나고, 특정 사안에 대해 구성원들이 논쟁을 벌이고, 설득을 시도하거나 제휴를 꾀하는 모습이 나타난다. 접근단계는 갈등단계의 제휴가 사라지면서 협동에 대한 최초의 암시가 보이기 시작한다. 갈등단계에서처럼 자신들의 관점이나 입장을 방어하는 데 집요하거나 적극적이지 않으며 자신의

입장을 완화하고 태도 변화를 시도하기도 한다. 따라서 비평이 모호해지고, 결정되기 전까지 많은 우호적인 논평이 증가하게 된다. 보강단계는 집단의 결정이 굳어지는 단계이다. 결정된 내용이나 해결된 사항은 집단 구성원들로부터 지지를 얻게 되고, 구성원들의 의견은 대부분 긍정적이고 호의적이다. 그 과정에서 더 큰 상호작용이 발생하게 되고 접근단계의 모호성이 사라지게 된다.

특정한 주제에 관한 토론이 이루어지는 경우 이에 대한 집단의 의사결정의 패턴(적응, 갈등, 접근, 보강) 분석을 통해, 그 문제에 대해서 집단 간 갈등이 적은지, 갈등이 심화되고 있는지를 파악할 수 있다.

3. 공론화된 논의에 관한 사이버 의사소통 양상

1) 공론의 장으로서 청와대 국민소통 광장

공론화된 문제에 관한 사이버 의사소통 양상을 살펴보기 위해 청와대 국민소통 광장에서 토론방을 분석하였다. 청와대 국민소통 광장은 '국민이 물으면 정부가 답한다'라는 철학을 지향하며 국민 참여 정부를 만들어 가기 위해 정부에서 만든 일종에 소통의 장이다. 국민소통 광장은 '국민청원, 국민과의 대화, 토론방, 국민신문고, 열린참여'로 구성되어 있다. 청와대 국민소통 광장은 청와대 홈페이지에 들어가면 국민 누구나 참여할 수 있는데, 국민의 소통을 이끄는 공론장으로 개인의 문제에서부터 사회 공동체의 다양한 문제들이 공론화되고 있다. 또한, 청원 시점에 이슈가 되고 있는 사회적 쟁점이 무엇인지도 알 수 있다는 점에서 시의성도 지니고 있다. 청와대 국민소통 광장은 인터넷 매체를 활용한 비대면 의사소통의 방식을 사용하기 때문에 사이버 의사소통 교육과도 연계성이 크다고 판단할 수 있다.

'국민청원'에서는 청원동의자 수를 통해 국민의 관심 정도, 사안의 심각성 등을 파악할 수 있다. '토론방'에 제시된 주간·월간 베스트 토론 주제를 통해 쟁점이 되고 있는 사안이 무엇인지 알 수 있고, 댓글을 통해 추천과 비추천 이유를 구체적으로 알 수 있다. 특히 '토론방-베스트 토론'에 대한 '베스트 댓글'을 분석하면 그 안에서 상충되는 이해관계가 어떠한 방식으로 나타나고 있는지, 사회 공동체나 국가의 쟁점이 어떻게 표현되고 소통되고 있는지를 파악할 수 있다.

2) 우리 사회에서 공론화해야 할 문제 관련 인식

우리 사회에서 공론화해야 할 중요한 문제가 무엇인지에 대해 알아보기 위해 MZ 세대의 답변 내용을 분석한 후 이를 청와대 토론방에서 구분하고 있는 범주로 나누어 분류하였다. 청와대 국민소통 방에서는 청원 분야를 청원 내용에 따라 '정치개혁/외교·통일·국방/일자리/미래·성장동력/농산어촌/보건복지/유아·교육/안전·환경/저출산·고령화/행정/반려동물/교통·건축·국토/경제민주화/인권·성 평등/문화·예술·체육·언론/기타'로 구분하고 있다. 설문에 대한 답변 내용을 범주별로 분석한 결과는 〈표 3〉과 같다.

표 3 우리 사회에서 공론화해야 할 문제

범주	대학생		30~40대 직장인	
	빈도	세부 답변 내용	빈도	세부 답변 내용
정치개혁	1	정치집단 대립	13	이념 갈등, 정치이념, 정치적 양극화, 정치 법치 강요, 정치적 정보 왜곡, 선택적 법치, 위정자의 도덕성, 지도층 도덕적 해이, 권력 남용
일자리	22	취업문제	3	일자리

성장동력			2	저성장/ 지속 가능성
보건복지	15	코로나 관련 문제	2	복지문제/ 코로나
육아/교육	8	청소년 어휘력 부족, 학습 공백, 미디어 리터러시 부족, 정보 격차	3	청소년 폭력, 불건전한 대입제도(대입 교육), 인성교육, 비대면 교육 문제, 언어윤리교육, 부모교육
안전/ 환경	7	지구 온난화, 폭력(가정. 데이트, 학교, 사이버), 디지털 범죄, 사회 취약층, 음주 운전 처벌	8	사회안전망 부재, 환경문제, 미세먼지
저출산/ 고령화	3	저출산 고령화 문제	10	저출산 고령화 문제
교통/건축/ 국토	1	부동산	5	주택 문제, 부동산
경제민주화	2	경기침체	15	가상 화폐, 경제적 양극화, 빈부격차, 사다리, 부의 대물림, 중산층 붕괴
인권/성 평등	26	여성, 장애인, 퀴어, 동물(캣맘) 혐오, 젠더 갈등, 집단 대립, 인종차별, 성범죄, 성폭력, 성폭행 처벌 강도, 갑질	13	편 나누기, 사회 분열, 집단혐오, 사회 갈등, 공감 부족, 갈등해결, 사회 부조리, 성별 갈등, 젠더 갈등
문화/예술/ 체육	1	가짜 뉴스	1	언론 보도 편향성
기타	6	사회적 분위기(예민한 반응, 불평등한 사회, 가짜 뉴스), 자극적 콘텐츠	10	이기주의, 사회문제 무감각, 물질만능주의, 공정성 부재, 엄격한 기준 필요, 이중 잣대, 소통 불가, 성숙한 시민의식, 상생, 지나친 디지털 매체 의존

우리 사회에서 공론화되어야 할 중요한 문제에 대한 다양한 논의들이 있었는데, 두 그룹 모두 인권/성 평등과 관련된 논의가 가장 시급하다고 답하였다. 대학생들은 젠더 갈등, 동물 혐오를 30~40대 직장인들은 사회 분열, 사회 갈등, 사회 부조리와 같은 세부 내용을 제시했다. 대학생들은 그들의 생활과 밀접한 연관성이 있는 취업문제를 심각하게 논의해야 할 문제로 제시했으며, 코로나 19로 인해 발생한 각종 사회문제에 대해서도

많은 언급을 하였다. 30~40대 직장인들은 특히 정치 관련 문제(이념 갈등, 정치적 양극화, 지도층의 도덕성 등), 경제 문제(가상 화폐, 빈부격차, 중산층 붕괴)와 같은 거시적인 사회 문제에 대해 높은 관심을 보였다.

3) 사이버 의사소통 양상 분석

사이버 의사소통 양상 분석을 위해 20대 대학생과 30~40대 직장인 두 집단에서 비교적 높은 빈도로 언급되었던 인권/성 평등 분야에서 높은 조회 수를 보인 대표적인 토론 주제를 선정하여 그에 따른 댓글을 분석하였다. 청와대 국민 소통광장 토론방에서 2021년 월간 베스트로 선정된 토론 주제를 개인의 사건이 관여된 문제, 보편적으로 논의되는 이슈, 젠더, 직업, 민족 간 갈등이 드러나는 문제로 분류하였다. 그리고 각각에 대해 조회 수가 높은 베스트 댓글을 사회적 판단이론, 상호작용 체계이론을 중심으로 분석하였다. 분석 대상 토론 주제는 〈표 4〉와 같다.

표 4 분석 대상 토론 주제

범주		토론 제목	작성일	토론에 대한 추천/비추천 (작성일 기준 2주)
(1) 개인의 사건이 관여된 문제		① 故 손정민군 38만 국민 청원 공개	2021.5.7	7,030/35
(2) 보편적으로 논의되는 이슈		② 촉법소년 법 폐지해야 합니다.	2021.8.23	505/13
갈등이 드러나는 문제	(3) 젠더 갈등	③ 여가부 폐지 또는 개편이 시급합니다.	2021.7.7	489/1,599
	(4) 직업 갈등	④ 교육공무직 임금을 삭감 요청드립니다.	2021.3.22	1,981/20,829
	(5) 민족 갈등	⑤ 아프간 난민 제발 받지 마세요	2021.8.23	505/13

(1) 개인의 사건이 관여된 문제

개인의 사건이 관여된 문제에 대해서는 '故 손정민군 38만 국민청원 공개'의 토론 주제가 선정되었다. 이 사건은 일명 '한강 의대생 실종 사건'으로 2021년 4월 25일 한 대학생이 한강공원에서 실종 이후 사망한 채 발견된 사건으로 사건 경위와 정황, 수사 등 사회적인 관심을 불러일으킨 사건이다. 관련 검색어를 바탕으로 네이버 데이터 랩을 돌려보면 〈그림 1〉과 같이 사건 직후인 2021년 4월 말부터 5월 말까지 검색이 많이 되었으며 관련된 쟁점에 대한 논의들이 꾸준히 이어져 오고 있다. 이 주제에 대해 높은 조회 수를 얻은 베스트 댓글은 관련 사건 처리에 대한 의구심을 드러내며, 관련 사건 결과에 대한 공개를 요구하고 있다.

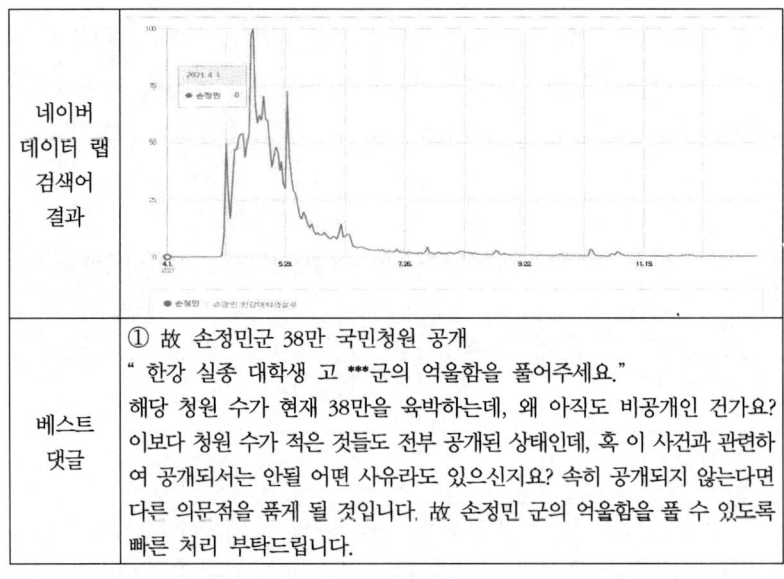

그림 1 故손정민 사망 사건 네이버 데이터 랩 검색어 결과와 베스트 댓글

(2) 보편적으로 논의되는 이슈

보편적으로 논의되는 이슈 관련 토론 주제는 '촉법소년법 폐지해야 합니다.'이다. 촉법소년 관련 논의는 〈그림 2〉와 같이 2018년 이후 현재까

지 지속해서 논의되고 있는 주제로, 청소년 범죄, 학교폭력에 대한 처벌과 관련된 사건이 발생할 때마다 제기되고 있는 사회적 쟁점이다. '촉법소년법 폐지해야 합니다.'의 토론 주제에 관련된 베스트 댓글은 아래 내용과 같이 법이 시대를 따라가지 못함을 비판하면서 청소년 범죄의 심각성을 전제하고 이에 대한 처벌 강화를 주장하고 있다.

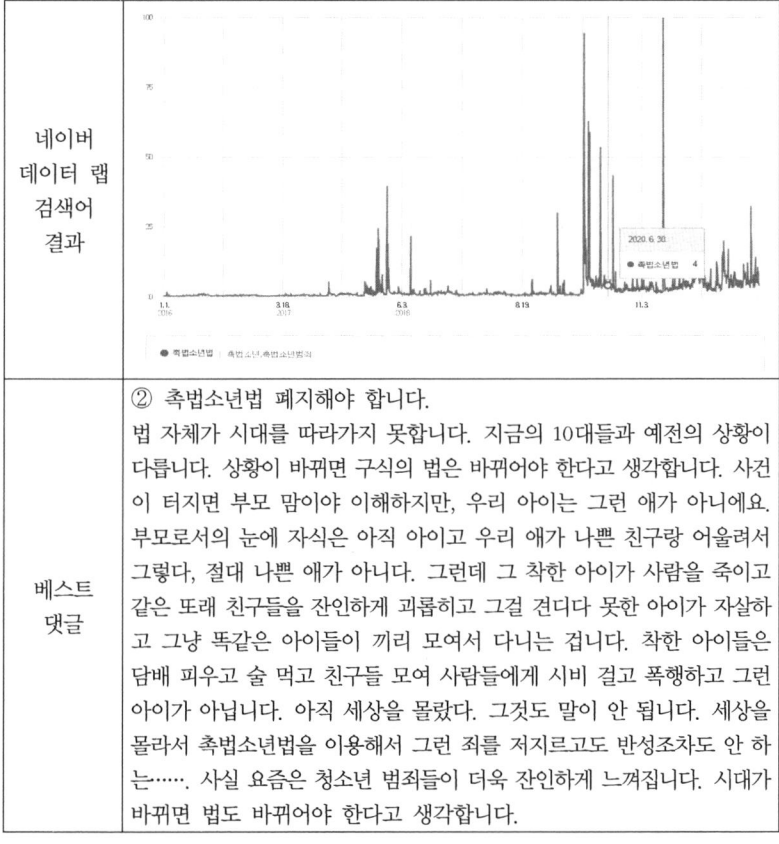

네이버 데이터 랩 검색어 결과	
베스트 댓글	② 촉법소년법 폐지해야 합니다. 법 자체가 시대를 따라가지 못합니다. 지금의 10대들과 예전의 상황이 다릅니다. 상황이 바뀌면 구식의 법은 바뀌어야 한다고 생각합니다. 사건이 터지면 부모 맘이야 이해하지만, 우리 아이는 그런 애가 아니에요. 부모로서의 눈에 자식은 아직 아이고 우리 애가 나쁜 친구랑 어울려서 그렇지, 절대 나쁜 애가 아니다. 그런데 그 착한 아이가 사람을 죽이고 같은 또래 친구들을 잔인하게 괴롭히고 그걸 견디다 못한 아이가 자살하고 그냥 똑같은 아이들이 끼리 모여서 다니는 겁니다. 착한 아이들은 담배 피우고 술 먹고 친구들 모여 사람들에게 시비 걸고 폭행하고 그런 아이가 아닙니다. 아직 세상을 몰랐다. 그것도 말이 안 됩니다. 세상을 몰라서 촉법소년법을 이용해서 그런 죄를 저지르고도 반성조차도 안 하는……. 사실 요즘은 청소년 범죄들이 더욱 잔인하게 느껴집니다. 시대가 바뀌면 법도 바뀌어야 한다고 생각합니다.

그림 2 촉법소년법 관련 네이버 데이터 랩 검색어 결과와 베스트 댓글

(3) 젠더 갈등

젠더 갈등 관련 토론 주제로는 '여가부 폐지 또는 개편이 시급합니다.'로 〈그림 3〉과 같이 2020년 7월 20일 가장 높은 조회 수를 기록했다.

조회 수가 높은 2021년 7월, 2022년 1월에는 여가부 관련한 뉴스들이 보도된 시점이다. 보통 베스트 댓글들은 추천/비추천의 비중 중 '추천 수'의 비중이 높은데, 이 주제 관련해서는 비추천의 수가 더 많았다. 댓글에서는 여가부 개편의 필요성과 개편 방안을 자세히 제시하고 있다.

네이버 데이터 랩 검색어 결과	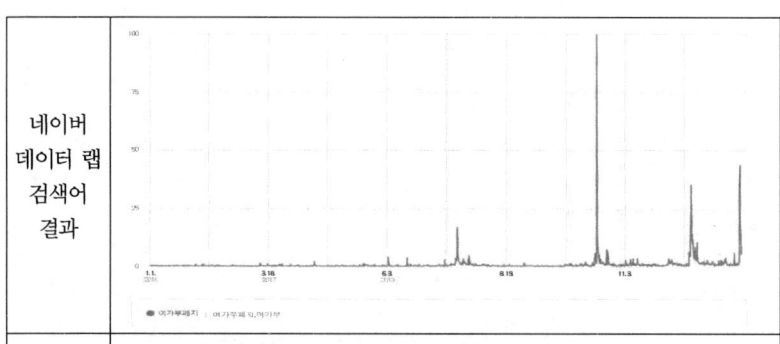
베스트 댓글	③ 여가부 폐지 또는 개편이 시급합니다. 현재 상태 그대로면 축소 후 폐지 수순이 맞다고 생각합니다. 현재 그대로면 성범죄 관련 법안 상정을 주로하고 있는 그저 국회가 할 수 있는 일만 하는 상황인데, 이걸 굳이 부서로 냅둬야 할 이유가 있는지 의문인데다 여성장관 티오만을 위한 부서가 아닙니까? 그리고 부서명에 여성이 박혀있는 이상 반감을 가지게 되는 건 어쩔 수 없게 되는 것 같습니다. 이건 성별갈등 조장이 아니라 어떤 부서든지 간에 특정 성별을 우대하면 평등하지 못하다고 느끼게 될 수밖에 없습니다. 개편에 대한 생각은 다음과 같습니다. 축소개편 방향성은 일단 아예 여성 담당 부서, 양육비 담당 부서를 법무부, 경찰청 산하기관으로 옮깁시다. 주로 하는 일이 성범죄와 양육비밖에 없던데 법무부가 더 일을 잘 할 수 있을 것 같습니다. 강제적인 집행명령을 가진 기관이 조사하는 게 훨씬 괜찮지 않을까요? 가족 상담 관련은 보건복지부, 교육부 산하기관으로 옮깁시다. 보건복지부는 정신건강 관련된 업무도 가지고 있고, 청소년에 대해선 교육부에 전적으로 맡기는 방향으로 가야 한다고 봅니다. 위안부 관련은 외교부와 청와대가 직접 맡도록 합시다. 위안부는 전쟁범죄 관련인데 왜 해당 전문부서인 외교부가 안 맡고 여기에 관련 부서가 있는지 모르겠네요. 국가 수뇌인 청와대가 직접 맡는다면 그만큼 중요하다고 생각이 될 것 같습니다. 경력 단절 여성 취업문제는 노동 고용부에 이관합시다. 노동 고용부가 하는

	게 맞다고 생각됩니다. 문제부터가 취업문제잖아요? 이제 여가부가 따로 하는 일이 있나요? 저는 전혀 모르겠습니다. 반대로 확대개편에 대해서 말을 하자면, 일단 이름에서 여성부터 빼고 시행하는 게 맞지 않나 싶습니다. 여성가족부를 가족부로 개편하면서 현재 큰 역할을 못 하고 있는 여성정책국을 폐지시키고 이관하면서, 출산율, 혼인유도, 남녀갈등 봉합, 동성애 등이 관련된 관련 정책 담당하는 부서를 추가하는 방향으로 가야 한다고 봅니다. 이름부터 여성이 없어야지 이들이 정말 모두를 위한 일을 하는지에 대해 고민할 필요성이 적어지거든요. 진짜 작은 의견이었습니다. 모두가 한번 고민해봤으면 합니다.

그림 3 여가부 폐지 관련 네이버 데이터 랩 검색어 결과와 베스트 댓글

(4) 직업 갈등

직업 갈등 관련해서는 '교육공무직 임금을 삭감 요청드립니다.'라는 토론 주제로 관련 검색어는 〈그림 4〉와 같이 2017년 8월 이후 크게 이슈가 되지는 않았지만 현재까지 꾸준히 검색되고 있다. 공무원임금 관련 주제에 대해서는 비추천이 많은 댓글이 베스트 댓글로 선정되었으며 관련 내용은 아래와 같다. 자신이 학부모라고 밝힌 필자는 학부모의 입장에서 공무원 임금 삭감의 필요성을 강하게 주장하고 있다.

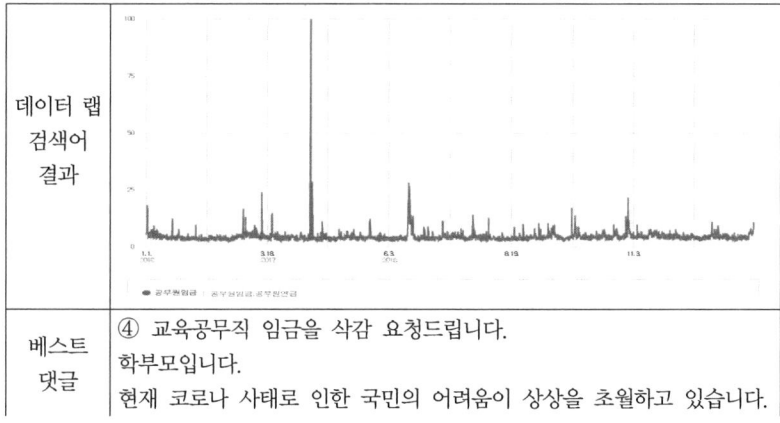

데이터 랩 검색어 결과	
베스트 댓글	④ 교육공무직 임금을 삭감 요청드립니다. 학부모입니다. 현재 코로나 사태로 인한 국민의 어려움이 상상을 초월하고 있습니다.

어떤 직장은 무급여에 삭감요구 권고사직을 당하는가 하면 자영업자의 원성들은 하늘을 찌르고 있습니다. 오직 평탄한 철밥통 직업이 하나 있으니 그들이 나라 밥 먹는 공무직들일 것입니다.
그중에서도 학생들과 생활하지 않아 그 업무량이 급격히 줄어든 공무직들이 있으니 그게 바로 우리 대한민국 교육공무직들이시지요.
물론 자격 요건 없음에 인맥으로 면접만 치르고 들어와 당당한 공무직들이시지요. 다 힘든 시기에 자기들 월급 안 준다고 집회하더니 23일부터는 학생도 없는 학교에 가서 월급만 받기로 했다더군요. 어떻게 지금 이 시국에 그리고 국민들 보기에 학부모들 보기에 당당하신 것인지 학부모 입장에서는 이해가 안 가서 이렇게 글을 올리게 되었습니다.
학부모는 학부모이기 이전에 국민이기에 우리들의 세금이 업무량이 급격히 줄어든 혜택 집단에 쓰이는 거에 반대합니다. 자기들이 연봉을 12개월 나눠 받다가 다시 월급제로 돌려달라 해 놓고 어차피 연봉은 그대로인데 개학이 연기되니 더 받으려 하나 보지요. 업무 강도가 현저히 떨어졌고 국가적 어려움이 봉착되어 있으니 현실적인 정책으로 현재 정부에서 지원하는 자금을 확충을 하시지요.
그들은 출근한다고 당당히 외칩니다. 실제 현실은 재택근무하는 학교도 있고 그렇지 않은 학교도 있습니다. 학교에 나오고 안 나오고는 중요치 않습니다. 중요한 건 학생들과 생활하지 않는 데 따른 업무 강도가 현격히 줄었다는 것입니다. 출근해서 사이버 연수를 듣는다는데 그들이 말하는 연수도 합당하지 않습니다. 그럴 거면 그냥 집에서 쉬시는 게 낫지 않습니까. 어떤 업무를 열거를 한다고 해도 학생과 생활하지 않는다. 거기에 업무 강도가 다를 것입니다. 최소 삭감해주세요. 사태가 장기화 될 수 있습니다. 현실을 반영하여 그들의 임금을 삭감하여 재정을 확충하고 교육정책을 수립해 주세요. 사태가 장기화 될 경우, 반드시 논제화해 주시기 바랍니다.

그림 4 공무원임금 관련 네이버 데이터 랩 검색어 결과와 베스트 댓글

(5) 민족 갈등

민족 갈등 관련 주제는 '아프간 난민 제발 받지 마세요.'라는 제목의 댓글이었다. '난민, 아프간 난민'으로 검색어를 네이버 데이터 랩에 검색한 결과 〈그림 5〉와 같이 2018년 7월에 높은 수치를 기록한 후 현재까지 큰 이슈는 없는 상황이었다. 민족 갈등과 관련된 베스트 댓글은 다른 범주의 주제에 비해서 전반적으로 높은 관심을 받지 못했다. 댓글 내용은 정부에 대한 비판의 목소리로 난민 반대의 의견을 피력하고 있다.

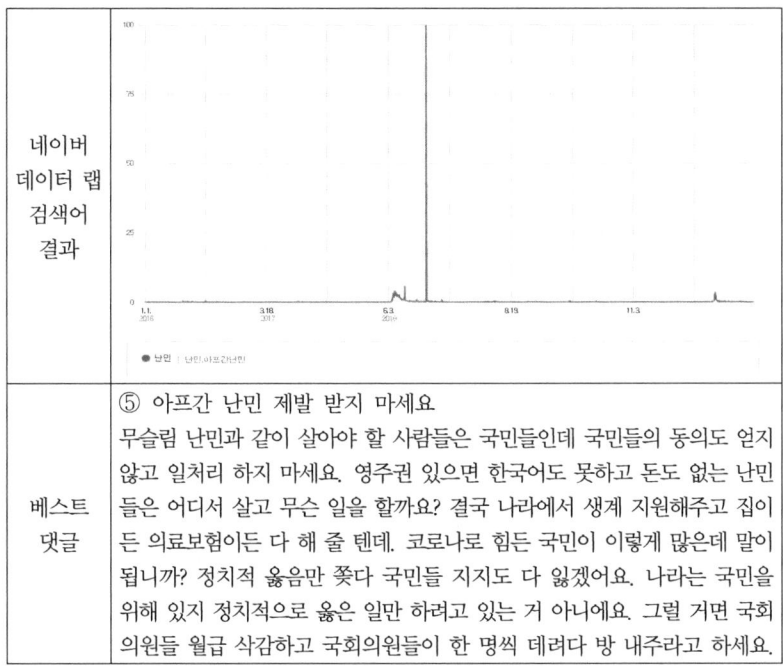

네이버 데이터 랩 검색어 결과	
베스트 댓글	⑤ 아프간 난민 제발 받지 마세요 무슬림 난민과 같이 살아야 할 사람들은 국민들인데 국민들의 동의도 얻지 않고 일처리 하지 마세요. 영주권 있으면 한국어도 못하고 돈도 없는 난민들은 어디서 살고 무슨 일을 할까요? 결국 나라에서 생계 지원해주고 집이든 의료보험이든 다 해 줄 텐데. 코로나로 힘든 국민이 이렇게 많은데 말이 됩니까? 정치적 옳음만 쫓다 국민들 지지도 다 잃겠어요. 나라는 국민을 위해 있지 정치적으로 옳은 일만 하려고 있는 거 아니에요. 그럴 거면 국회의원들 월급 삭감하고 국회의원들이 한 명씩 데려다 방 내주라고 하세요.

그림 5 난민 관련 네이버 데이터 랩 검색어 결과와 베스트 댓글

4) 개인의 자아 관여도에 따른 수용·거부·비개입 영역 분석 결과

청와대 국민소통 광장 토론 주제" 대한 '댓글 내용'을 바탕으로 특정 주제에 대한 사람들의 자아 관여도를 수용영역, 거부영역, 비개입영역을 분석한 결과는 〈표 5〉와 같다.

표 5 토론 댓글에 대한 수용·거부·비개입 영역

제목	자아 관여도	수용 영역	거부 영역	비개입 영역
① 故 손정민군 38만 국민청원 공개	높음	해당 사건의 청원 수가 많다.	해당 사건의 청원이 비공개의 이유	사건의 본질

② 촉법소년법 폐지해야 합니다.	높음	촉법소년의 문제	촉법소년 부모의 마음	법의 세부 내용
③ 여가부 폐지 또는 개편이 시급합니다.	높음	여가부의 업무나 역할의 불필요성	여가부 존재 자체	반대 의견에 대한 반론
④ 교육공무직 임금을 삭감 요청드립니다.	높음	임금 삭감으로 재정 확충	교육공무직의 요구	임금 삭감으로 인한 문제점
⑤ 아프간 난민 제발 받지 마세요	높음	난민 지원의 불합리성	정치적 (인도적) 이유	국가의 정책 방안

댓글 분석 결과 자아관여도, 즉 사건에 대한 필자의 관여도는 모두 높은 편이었다. 토론 관련 주제나 사건이 개인적으로 직접 연관성이 없음에도 불구하고 댓글에서는 관련 주제에 대한 관여도가 매우 높게 드러났다.

①번 주제: 필자는 해당 사건에 대한 청원 수가 높다는 사실을 수용영역으로, 해당 사건에 대한 청원이 비공개인 점에 대해서는 거부영역으로 보고 있었다. 하지만 그 사건의 전말이나 본질에 대해서는 비개입영역으로 댓글에서 언급하지 않았다.

②번 주제: 필자는 촉법소년 범죄 문제에 대한 심각성에 대해서는 수용영역으로 보았고, 촉법소년 부모의 심정이나 태도에 대해서는 거부영역으로 보고 있었다. 하지만 촉법소년 관련 법안이나 규정 관련해서는 언급하지 않으며 이를 비개입영역으로 보았다.

③번 주제: 필자는 여가부 업무나 역할에 대한 불필요성을 개입영역으로 보았고, 여가부 존재 이유 자체를 거부영역으로 보았다. 여가부 폐지에 대한 반대 의견이나 반론에 대한 논의는 비개입영역으로 보고 있다.

④번 주제: 필자는 공무원임금 삭감으로 재정을 확충하는 것을 개입영역으로 보았고, 교육공무직의 요구를 거부영역으로 보았으며 공무원임금

삭감으로 인한 반발, 문제점은 비개입영역으로 보았다.

⑤번 주제: 난민 지원의 불합리성에 대해서는 개입영역, 정치적이며 인도적 이유로 난민을 수용하는 이유에 대해서는 거부영역으로 보았다. 하지만 국가의 난민 정책 방안이나 논의에 대해서는 비개입영역으로 보았다.

위와 같이 댓글을 작성한 필자는 토론에서 쟁점으로 논의되고 있는 문제를 사회 공동체의 중요한 사안이라는 점을 글에서 강조하였다. 또한, 해당 토론 주제에 대해 찬성하는 입장으로 관련 논의를 수용영역으로 옹호하거나 필요성을 강조하는 양상을 보였다. 반면 자신의 주장에 대한 반대 의견에 대해서는 비판적 입장을 견지하면서 이를 거부영역으로 보고 있었다. 하지만 사건의 본질, 사실 여부, 세부적인 내용, 반대 의견에 관한 반박, 구체적인 개선 방안 등에 대한 세부적인 논의는 언급하지 않으며 비개입영역으로 보고 있었다.

5) 집단의 반응 양상에 따른 적응-갈등-접근-보강단계 분석 결과

각 토론 주제에 대한 베스트 댓글을 적응, 갈등, 접근, 보강 단계로 구분하고 그 이유를 분석한 결과는 〈표 6〉과 같다.

표 6 토론 댓글에 대한 적응·갈등·접근·보강 단계

제목	단계	이유
① 故 손정민군 38만 국민청원 공개	보강	집단의 결정이 굳어지게 되고 집단 구성원들로부터 지지를 얻게 됨 → 이미 관련 청원문의 내용이 높은 청원 수(38만)를 얻음.
② 촉법소년법 폐지해야 합니다.	적응	견해의 습득, 명료화 및 표현의 시작이 포함됨. → 촉법소년법 관련 다양한 논의들이 사회적인 문제로 제기되고 있음.

③ 여가부 폐지 또는 개편이 시급합니다.	갈등	많은 불일치를 포함 → 추천과 비추천의 비중이 둘 다 높음. 상대 입장에 대한 비호의적인 평가, 논쟁이 이루어짐.
④ 교육공무직 임금을 삭감 요청드립니다.	갈등	관련 댓글에 대한 비추천의 비중이 높음. → 구성원들의 입장에 따라 다양한 논의, 설득이 이루어질 수 있음.
⑤ 아프간 난민 제발 받지 마세요	적응	표현된 입장들은 적합하고 시험적인 것임. → 논의가 보다 구체적으로 제시될 필요가 있음.

①번 주제: 이미 관련 청원이 38만이라는 높은 동의를 얻었다는 점에서 집단의 결정이 굳어지게 되고 집단 구성원들의 지지를 얻게 된 보강단계라고 볼 수 있다.

②번 주제: 촉법 소년법 관련 다양한 논의들이 지속적으로 사회문제로 제기되고 있다는 점에서 적응단계라고 볼 수 있다. 이 단계에서는 관련 견해의 습득, 명료화, 표현의 시작이 포함된다.

③번 주제: 추천과 비추천의 비중이 둘 다 높고, 상대 입장에 대한 비호의적 평가, 논쟁이 이루어지는 특징을 지니면서 많은 불일치를 포함한다는 점에서 갈등단계라고 볼 수 있다.

④번 주제: 관련 댓글에 대한 비추천 비중이 높고, 구성원의 입장에 따라 다양한 논의, 설득이 이루어질 수 있다는 점에서 갈등 단계로 볼 수 있다.

⑤번 주제: 다른 논의들에 비해 논의가 구체적이지 않고 상대적으로 관심이 적다는 점에서 더욱 구체적 논의가 제시될 필요가 있는 적응단계라고 볼 수 있다.

위와 같이 토론 주제에 대해서 특히 사회적 갈등상황이 두드러지게 드러나는 논의는 주로 갈등단계라는 점을 알 수 있었다. 베스트 댓글 속에 많은 불일치를 포함하거나, 그와는 다른 다양한 입장들이 있음이 내포되어 있다는 점도 공통적인 특성으로 드러났다.

4. 사이버 의사소통 교육 방안

변혁적 역량 신장을 위한 사이버 의사소통 교육의 방안을 교육 범주화, 교육 내용, 교육 방법으로 나누어 제시하면 다음과 같다.

1) 교육 범주화: 성숙한 민주시민으로서의 변혁적 역량에 대한 사이버 의사소통 교육 범주화

변혁적 역량은 새로운 가치 창조하기, 긴장과 딜레마에 대처하기, 책임감 갖기로 구성되어 있으며 웰빙을 목적으로 삶의 질과 관련된 포용적 성장을 추구하는 역량이다. 이러한 변혁적 역량을 신장시키기 위해서는 성숙한 민주시민으로서의 능력을 갖추어야 하는데, 이는 '개인 내적 능력, 상호작용 능력, 사회에 대한 이해로 범주화할 수 있다. 개인 내적 능력은 정보의 신빙성을 판단하고 비판적으로 정보를 선별하고 판단할 수 있는 비판적 사고력, 인성과 윤리의식, 책임감 등을 포함하는 자기관리능력, 정보를 빠르게 처리하고 수집하고 해석할 수 있는 정보처리능력으로 이루어진다. 상호작용 능력은 자신의 생각을 명확하게 표현하면서 상대를 설득할 수 의사소통 능력, 인터넷 언어 예절과 관련된 언어사용 윤리, 공감과 배려 존중의 태도를 중시하는 대인관계 능력으로 구성된다. 사회에 대한 이해는 다양성을 수용하는 개방성 및 유용성, 공공의 이익을 고려하며 사회를 이해할 수 있는 시민의식으로 세분화된다. 이러한 범주가 성숙한 민주시민으로서의 변혁적 역량에 대한 사이버 의사소통 교육 범주로 활용될 수 있다.

표 7 성숙한 민주시민으로서 변혁적 역량에 대한 사이버 의사소통 교육 범주화

교육 범주		세부 내용
개인 내적 능력	비판적 사고력	-정보의 신빙성 판단하고 비판적으로 사고하며 정확한 정보를 선별하고 가치를 판단할 수 있는 능력
	자기관리능력	-신중성, 부족함 수용 능력, 자기성찰 능력, 준비와 노력, 기초지식 갖추기 -인성교육, 윤리의식, 책임감, 정직성
	정보처리능력	-정보 가공능력, 정보를 빠르게 수집하는 능력, -요점 정확히 파악하는 능력, 정보판단 능력, 새로운 정보 수용 능력, 왜곡하지 않고 해석하는 능력, 정보 처리 능력, 문서작성 능력
상호작용 능력	의사소통 능력	-경청, 효과적 표현과 전달능력(원하는 바를 오해 없이 전달, 확실하게 전달, 과감하게 표현하기, 감정 과하게 드러내지 않기), 지식에 대한 표현, 도구 사용, 설득력, 소통 능력, 토론능력, 대화 능력
	언어사용윤리	-혐오, 멸시 비난 언어 사용금지, 무시 비난 자책 언어 금지, 정중한 표현 사용, 인터넷 밈 경계
	대인관계 능력	-공감, 배려, 존중, 상생, 타인 존중, 관계 맺기
사회에 대한 이해	개방성 및 유용성	-다른 의견 수용, 다름에 대한 인정, 소수자 말 무시하지 않기, 다원주의 인정, 다양한 관점 존중
	시민의식	-공공 이익 고려, 사회이해, 공정성, 민주시민의식

2) 교육 내용: 우리 사회에서 공론화해야 할 문제 관련 논의

우리 사회에서 공론화해야 할 여러 실질적인 문제들은 〈표 8〉과 같이 교육 내용으로 활용될 수 있다. 사회적 공론장인 청와대 국민소통에 제시된 다양한 자료들은 현시대의 쟁점을 반영하고 있으며 교육 자료로서 가치를 지닌다. 이는 현실성, 시의성을 지닌다. 의사소통 관련 수업 자료들이 시대에 맞지 않거나 사람들의 정서에 부합하지 않을 경우, 학습자들은 괴리감을 느끼게 되고 실제적인 역량 신장이라는 교육 목표에 부합하지 않을 수 있다. 하지만 현실 상황이나 시대적 요구를 반영한 자료를 수업 내용에 활용하면 교육적 효과를 높일 수 있다. 이는 실용적이며 현실

적 측면에서 사이버 의사소통 교육 자료로서 의미가 있다.

표 8 사이버 의사소통 교육 내용의 예

범주	세부 교육 내용
정치개혁	정치집단 대립, 이념 갈등, 정치이념, 정치적 양극화, 정치 법치 강요, 정치적 정보 왜곡, 선택적 법치, 위정자의 도덕성, 지도층 도덕적 해이, 권력 남용
일자리	취업문제
성장동력	저성장, 지속 가능성 문제
보건복지	코로나 관련 문제, 복지문제
육아/교육	청소년어휘력 부족, 학습 공백, 미디어 리터러시 부족, 정보 격차, 청소년 폭력, 불건전한 대입제도(대입 교육), 인성교육, 비대면 교육 문제, 언어윤리교육, 부모교육
안전/환경	지구 온난화, 폭력(가정. 데이트, 학교, 사이버), 디지털 범죄, 사회 취약층, 음주 운전 처벌, 사회안전망 부재, 환경문제, 미세먼지
저출산/고령화	저출산 고령화 문제
교통/건축/국토	부동산, 주택문제, 부동산
경제민주화	경기침체, 가상 화폐, 경제적 양극화, 빈부격차, 사다리, 부의 대물림, 중산층 붕괴
인권/성 평등	여성, 장애인, 퀴어, 동물(캣맘) 혐오로 인한 젠더 갈등, 집단 대립, 인종차별, 성범죄, 성폭력, 성폭행 처벌 강도, 갑질, 편 나누기, 사회 분열, 집단혐오, 사회 갈등, 공감 부족, 갈등 해결, 사회 부조리
문화/예술/체육	가짜 뉴스, 언론 보도 편향성
기타	사회적 분위기(예민한 반응, 불평등한 사회, 가짜 뉴스), 자극적 콘텐츠, 이기주의, 사회문제 무감각, 물질만능주의, 공정성 부재, 엄격한 기준 필요, 이중 잣대, 소통 불가, 성숙한 시민의식, 상생, 지나친 디지털 매체 의존

3) 교육 방법: 사회적 판단이론, 상호작용 체계모델을 활용한 분석

사이버상에서의 사회 참여적 의사소통 교육과 관련하여 사회적 판단이론, 상호작용 체계모델이 교육의 방법으로 활용될 수 있다. 토론 주제에 대한 쟁점을 파악할 때 자아 관여도를 중심으로 개입, 거부, 비개입 영역

을 분석한다면 주제에 대한 본질을 명확하게 파악할 수 있게 된다. 또한 관련 논의에 대한 집단의 의사소통 양상을 파악하여 논의가 적응, 갈등, 접근, 보강단계 중 어느 부분에 해당하는지 분석한다면 현 상태를 보다 다각적인 시각으로 볼 수 있게 된다.

표 9 사이버 의사소통 교육 방법

범주	세부 교육 내용			
사회적 판단이론	논제(쟁점)에 대한 자아관여도 분석			
	수용영역 ------------- 비개입영역 ------------- 거부영역			
상호작용 체계모델	논의의 단계에 대한 분석			
	적응단계	갈등단계	접근단계	보강단계

본 논의에서는 MZ 세대를 중심으로 디지털 시민성의 개념을 탐구하고, 이를 기반으로 하여 현재 사이버 공간에서 공론화되고 있는 주제에 대한 의사소통 양상을 실제로 분석함으로써 향후 사이버 의사소통 교육의 방안을 제시하였다. 이는 다음과 같은 의의가 있다.

첫째, 다양한 갈등상황에서 직면할 수 있는 여러 문제를 합리적으로 분석하고 공동체 구성원들과 협력적으로 해결하면서 자신의 의견을 효과적으로 표현할 수 있는 의사소통 역량을 신장시키기 위한 디지털 시민교육 내용 개발의 기초가 될 수 있다. 아울러 미래사회에서 필요한 변혁적 역량의 개념을 탐구하고 이에 대한 구체적 실천 방안으로서 실제적인 의사소통의 방식을 탐구함으로써 미래사회에 필요한 변혁적 역량과 관련된 구체적 교육 연구의 기초 자료로써 활용 가치를 지닌다.

둘째, 미래사회에서 그 중요성이 커지고 있는 사이버 의사소통 교육 내용에 대한 기초 연구로서 의의를 지닌다. 4차 산업 혁명 시대에는 다중적이며 복합적인 능력을 키우기 위해, 토론 자료 수집이나 다양한 의견 교환 시 인터넷을 사용하여 소통하고 협력적인 네트워크에 참여하면서 정보를 인출, 평가, 저장, 생산, 표현, 교환하는 능력을 키울 수 있다.

또한, 그 과정에서 다양한 미디어, 컴퓨터를 포함하여 디지털 기술을 활용할 수 있는 능력, 비판적이고 체계적으로 정보를 취사선택하는 능력과 같은 매체 문식성을 신장시킬 수 있다. 본 논의는 현재 온라인 상황에서 이루어지고 있는 사이버 의사소통 양상을 분석함으로써 향후 사이버 의사소통 교육 내용에 대한 기초 연구로 활용될 수 있다.

셋째, 변혁적 역량의 관점에서 디지털 시민성의 개념을 탐구하고 MZ세대를 중심으로 그들이 생각하는 디지털 시민성의 개념, 공론화가 필요한 문제들이 무엇인지를 제시하였다. 이를 통해 디지털 시민성의 개념과 실제를 연계시켜서 생각해 보면서 향후 교육의 내용과 원리로 활용할 수 있는 자료로 활용할 수 있다.

참고문헌

김윤정(2022). "성숙한 민주시민으로서의 변혁적 역량 신장을 위한 사이버 의사소통 교육 연구", *문화와융합* 44(2), 27-56.

박성호(2005). "여론형성공간으로서 인터넷 자유 게시판의 저널리즘적 특성과 사회적 영향에 관한 연구", *언론과학연구* 5(3), 191-226.

스테픈 W. 리틀존, 캐런 A. 포스(2016). 김흥규, 황주현 역(2002). *커뮤니케이션 이론 (Theories of Human Communication)*, 나남.

엠그리핀. 김동윤, 오소연 역(2012). *첫눈에 반한 커뮤니케이션 이론(A First Look at Communication Theory)*, 커뮤니케이션북스.

오미영(2011). "인터넷 여론과 소통의 집단 극화(極化)", *현상과인식* 35(3), 39-58.

추병완, 김하연, 최윤정, 정나라, 신지선(2019). *디지털 시민성 핸드북*, 한국문화사.

Churches, A., Crockett, L., & Jukes, I.(2010). *The digital diet: Today's digital tools in small bytes*. Moorabbin: Hawker Brownlow Education.

Farmer, L.(2011). *Teaching digital citizenship*, In E-Learn: World Conference on E-Learning in Corporate, Government, Healthcare, and Higher Education(pp.99-104). Association for the Advancement of Computing in Education(AACE).

Fisher, B. A., & Hawes, L. C.(1971). "An interact system model: Generating a grounded theory of small groups", *Quarterly Journal of Speech* 57(4), 444-453.

Fisher, B. A.(1970). "Decision emergence: Phases in group decision-making", Communications Monographs, 37(1), 53-66.

Hobbs, R.(2010). Digital and Media Literacy: A Plan of Action. A White Paper on the Digital and Media Literacy Recommendations of the Knight Commission on the Information Needs of Communities in a Democracy, Washington: Aspen Institute.

Isman, A., & Canan Gungoren, O.(2014). "Digital citizenship", *Turkish Online Journal of Educational Technology-TOJET* 13(1), 73-77.

Mossberger, K., Tolbert, C. J. & McNeal, R. S.(2011). *Digital Citizenship: The Internet, Society, and Participation*. Cambridge: The MIT Press.

Ribble M.(2011). *Digital Citizenship: Using Technology Appropriately*, Washington: ISTE

Sherif, M., & Hovland, C. I.(1965). *Social judgement*, Yale University Press.

Sherif, C. W., Sherif, M., & Nebergall, R. E.(1965). *Attitude and attitude change: The social judgment-involvement approach* (pp.127-167), Philadelphia: Saunders.

● 이 장은 문화와융합 학술지 44권 1호에 실린 필자의 논문(김윤정, 2022)을 바탕으로 재구성되었다.

12장
웹드라마 〈오피스워치 시즌1〉을 활용한 한국어교육에서의 문화 및 화용 교육 방안

1. 한류와 뉴미디어 시대, 교육 자료로서의 웹드라마

한류가 세계적인 인기를 끌면서 한국어교육에 대한 수요 또한 폭발적으로 증가하고 있다. 한국 문화에 대한 관심은 한국어 학습의 강력한 동인이 되며, 한국 문화를 교육하는 것은 학습자의 흥미와 관심을 지속하는 주요 기제가 된다. 한편 학습자의 성공적인 의사소통을 위해 교사로서 한국어의 화용적 현상을 가르치는 것은 필수적이다(이해영, 방성원 외, 2021:186). 한국어교육에서 이처럼 큰 중요성을 지니는 문화 교육과 화용 교육은 함께 진행될 경우 교육적 효과가 증대된다. 문화와 화용은 불가분의 관계에 있어 문화와 화용을 함께 교수하는 것은 학습자로 하여금 한국에 대한 보다 온전한 이해를 가능하게 하기 때문이다.

그렇다면 한국어교육에서의 효과적인 문화 및 화용 교육 방안은 무엇일까? 본고는 빠른 속도로 시장을 확장하며 뉴미디어 콘텐츠 분야에서 입지를 단단히 하고 있는데 '웹드라마'가 훌륭한 교육 자료가 될 수 있다고 판단하였다. 온라인 동영상 스트리밍 서비스를 통해 제공되는 웹드라마는 기존의 서사로만은 설명할 수 없는 독특한 속성을 갖추며 '웹드라마'만의 새로운 장르를 구축하고 있다(김은성, 강지영, 2016:70), 해당 미디어의 짧은 상연시간, 독자적인 에피소드 구성, 편리한 접근성, 한글 자막의 제공, 젊은 시청자의 수요 반영 등은 웹드라마의 한국어교육 현장 적용 가능성을 긍정적으로 전망한다.

이에 본 연구는 2017년에 방영되어 큰 인기를 끌었던 웹드라마 〈오피스워치 시즌1〉을 활용한 문화 및 화용 교육 방안을 제안하고자 한다. 2장에서는 한국어교육 분야에서 웹드라마를 활용한 교육 방안을 다룬 대표적인 선행 연구를 간략히 살펴보고 3장에서는 〈오피스워치 시즌1〉에서 도출할 수 있는 문화 및 화용 요소를 선별하고 이에 대한 이론적 설명을 제시한 후에 해당 개념을 작품의 각 장면에 적용하여 분석하고자 한다. 4장에서는 해당 작품을 활용한 교육 방안을 온라인 사전 학습, 오프라인 교실 수업, 온라인 후속 학습으로 나누어 설계할 것이다. 그리고 본고에서 제안하는 교육 방안의 의의와 현장 적용 방안을 기술하는 5장을 끝으로 본고를 마무리하고자 한다.

2. 한국어교육에서의 웹드라마 활용에 대한 고찰

신지민(2019)은 웹드라마가 화제를 모으게 된 것은 〈연애플레이리스트〉가 큰 성공을 거둔 2017년도로 보았는데 이는 비교적 최근의 일이다. 이것은 한국어교육 분야에서 웹드라마의 문화 혹은 언어 교육 방안을 다룬 연구의 수가 적은 이유를 부분적으로 설명한다. 장지영, 박진철(2020)은 웹드라마를 활용한 한국어 수업 방안을 연구한 유일한 학술지 논문이다. 해당 연구는 화용 교육의 필요성에도 불구하고 그것이 적극적으로 교육 현장에서 시행되지 않음에 문제의식을 느껴, 외국인 유학생을 대상으로 웹드라마 〈마음의 소리〉를 활용한 한국어 화용 수업을 진행하였다. 10차시의 수업 과정에서 교사의 화용 기능 교수에 이어 학습자는 담화 완성형 테스트(DCT)와 확장 대화 만들기 등의 활동을 통해 학습한 기능을 충분히 연습하였다. 학습자를 대상으로 진행한 수업 만족도 조사 결과 수업이 학습자의 긍정적인 반응을 끌어냈다는 점에서 해당 연구의 의의를 찾을 수 있으나, 화용 수업 방안만을 제안하였다는 점에서 한국의 일상문화와 언어문화 교육 방안도 함께 다루고자 한 본고와는 분명한 차이를 가진다.

학위논문인 김찬미(2019)는 ADDIE 모형을 적용하여 웹드라마를 활용한 한국어 및 한국 문화 교육 방안을 제안하였다. 〈에이틴〉의 시나리오에서 '-잖아요' 문형, 간접인용표현, 설득 표현 등의 '언어적 요소'와 교육 문화, 미신(징크스) 문화, 학교 행사 문화 등의 '문화적 요소'를 도출하고 총 3차시의 교수·학습 자료 및 과정안을 제작하였다. 해당 연구는 웹드라마를 활용하여 한국의 언어와 문화를 통합적으로 교수할 수 있다는 가능성을 포착하였다는 점에서 본 연구에 시사하는 바가 크다.

3. 〈오피스워치 시즌1〉에서 도출할 수 있는 문화 및 화용 요소

2017년 4월 17일부터 2017년 5월 12일까지 매주 수요일과 금요일에 방영된 〈오피스워치 시즌1〉은 제작사 와이낫미디어가 선보인 8부작 웹드라마이다. 총 세 개의 시리즈로 구성된 〈오피스워치〉 중 첫 번째 시리즈인 〈오피스워치 시즌1〉은 회사 안에서 벌어지는 다양한 사건들과 등장인물 간의 로맨스를 다루었다. 해당 웹드라마는 시즌 3까지 합산한 누적 재생 수가 4000만 뷰에 이르며(신지민, 2019) 2019년에는 스핀오프로 '김 팀장의 이중생활-소비편'이 제작되고 2020년에는 인도네시아에서 리메이크될 정도로 큰 인기를 끌었다. 본 장에서는 해당 작품에서 도출할 수 있는 일상문화, 언어문화, 화용 요소를 자세히 살펴보고자 한다.

1) 일상문화

(1) 눈치

한국의 고유한 문화라고 일컬어지는 '눈치'는 상황 혹은 분위기를 파악하고 이에 적절한 행동을 하는 것과 상대방의 기분이나 감정 등을 파악하고 그들이 원하는 행동을 하는 것을 의미한다(허재홍, 박원주 외, 2012:569). 이러한 정의에서 알 수 있듯이 눈치는 상황 맥락을 종합적으로 판단하여 상황에서 요구하는 것 혹은 상대방이 원하는 것을 추론해 내는 것을 넘어 이를 행동으로 옮기는 것까지를 포괄하는 개념이다. 이때 상대방의 발화 의도를 제대로 이해하고 적절한 행동을 수행하는 경우를 두고 '눈치가 빠르다'라고 말하고, 반대로 문맥의 의미를 추론의 과정을 거치지 않은 채 있는 그대로 받아들이는 경우를 두고 '눈치가 없다'라고 말한다.

집단주의 문화이자 고맥락사회인 한국 사회에서 상대방의 발화 의도를 정확히 파악하기 위해서는 화자가 발화한 단어와 문장 그 자체의 의미에서 나아가 언어 맥락과 상황 맥락을 종합적으로 고려해야 한다. 한국 문화가 아직 원하는 것을 직접 표현하거나 요구하는 것을 선호하지 않는 경향이 있기에(허재홍, 박원주 외, 2012:575) 원활한 대인관계 형성을 위해서는 눈치 있게 행동하는 것이 무척 중요하다. 마찬가지로 외국인 학습자도 한국 사회에 적응하기 위해서는 눈치 있게 행동하는 방법을 배워야 한다.

다음은 〈오피스워치 시즌1〉의 프롤로그 영상 속 '눈치'의 개념이 등장한 부분이다. 여러 사원의 특징을 짤막하게 소개하는 부분에서 '빈진호' 사원과 '김경준' 사원의 소개 문구에는 각각 '눈치가 없다'와 '눈치가 빠르다'는 표현이 사용되었다.

> 빈진호/사원 착하지만 눈치가 없는 사회초년생 (프롤로그 1:21)
> 김경준/사원 눈치가 빠르고 자상함. 이사라를 짝사랑 중 (프롤로그 2:01)

'빈진호' 사원의 소개 문구에는 '착하지만 눈치가 없는'이라는 수식어가 붙었는데 그는 시키는 것도 곧잘 하고 따뜻한 마음을 지녔으나 분위기를 파악하지 못하고 때로는 지나치게 솔직한 발언으로 사내 분위기를 차갑게 만드는 인물로 묘사된다. [에피소드 6]에는 '김지현' 팀장이 자신의 프로젝트 시안 대신 '박성은' 대리의 시안이 선정되어 화가 난 상황이 그려진다.

김지현: 이 대리님~ 회의 소집 잘한 것 같네요. 쓸데없이 일만 두 번 할 뻔했다, 그치?
이사라: 아, 네.(김 팀장은 화가 났다.)
김지현: 어, 근데, 저번에도 말했지만 어쨌든 이 프로젝트 담당은 나예요. 이슈 관련해서는 나한테 물어봐야지.
이사라: 네, 알겠습니다.
빈진호: 근데, 저랑 경준 씨가 박 대리님 디자인 시안이 더 좋다고 의견을 내가지고.
김지현: 지금 시안이 좋고 말고를 얘기하는 게 아니잖아요!
이사라: (진호 씨는 성은이를 좋아한다.)
빈진호: 예, 죄송합니다.
이사라: (눈치도 없다.)
빈진호: 근데 결과적으로는 잘된 것 같아서 기쁘네요. 박 대리 님, 엄지 엄지 척~
김지현: (소리를 지르며) 진호 씨!!!
빈진호: (벌떡) 죄송합니다!!! 죄송합니다! 죄송합니다! (에피소드 6, 3:24~4:40)

이는 사실 '김지현' 팀장의 시안이 마음에 들지 않았던 팀원들이 '변정민' 차장에게 다시 회의할 것을 제안하고 '빈진호' 사원이 '박성은' 대리의 시안이 마음에 든다고 적극적으로 호소한 결과다. 이에 '김지현' 팀장은 팀원들에게 프로젝트 이슈는 차장이 아닌 자신에게 물어보라고 말하며 자신의 기분이 상했음을 표출한다. 그러나 해당 발화 의도를 파악하지 못한 '빈진호' 사원은 자신이 '박성은' 대리의 디자인 시안이 더 좋다고 의견을 내어 결과적으로 잘 되었다며 해맑게 말한다. 결국 '김지현' 팀장은 화를 내고 마는데 '빈진호' 사원의 발화와 행동은 악의가 있어서라기보다는 '김지현' 팀장의 발화 의도를 이해하지 못한 결과이다.

('이사라' 대리는 첫 근무인 신입사원 '김경준'에게 자리를 안내한다.)
김경준: 아, 저기 대리님!
이사라: 네?
김경준: 손목에 단추가……
이사라: (재킷 손목의 단추가 떨어져 있음을 확인하고 황급히 손을 등 뒤로 감춘다.)
김경준: (아~ 이런 거 지적해주는 걸 싫어하는구나.) (에피소드 1, 2:50~3:00)

한편 '김경준'은 '눈치가 빠르고 자상'하다고 소개된다. [에피소드 1]에서 그가 '이사라'의 재킷 손목에 있는 단추가 떨어졌다고 말하자 '이사라'는 얼굴을 붉히며 황급히 손목을 등 뒤로 숨긴다. 이러한 행동을 보고 그는 '이사라'가 지적당하는 것을 싫어하는 성격임을 빠르게 파악한다. 더 나아가 반짇고리가 없어 당황한 '이사라'를 보고, 그는 '이사라' 몰래 자신의 반짇고리를 휴게실에 놓아 '이사라'가 단추를 달 수 있도록 돕는다.

(2) 나이

한국은 '나이'를 중시하는 사회다. 한국 사회에서 관계 맺음의 시작에는 항상 상대방의 나이에 대한 질문이 함께하는데 이는 한국 문화에 익숙지 않은 사람들에게는 이상하고 불편한 일이 아닐 수 없다(신지영, 2021:32).

그렇다면 한국인에게 '나이'가 이토록 중요한 이유는 무엇일까? 신지영(2021)은 그 이유를 한국어의 '높임법'에서 찾았다. 한국어는 대화와 관련된 사람들의 나이나 지위 혹은 신분의 차이, 상황의 공식성 정도 등에 따라 그들을 높이거나 낮추는 방법이 달라지는, 높임법이 발달한 언어이다(국립국어원, 2005:213). 그중 화자와 청자 간의 나이 차이는 상대높임법의 실현과 적절한 호칭어의 사용을 위하여 특히 중요하게 고려해야 할 요소이다. 상대방이 본인보다 나이가 많을 경우에는 존댓말을 사용해야 하고, 상대방이 본인과 나이가 같거나 어릴 경우에는 반말을 사용하는 것이 한국어 사용자들 사이에서 통용되는 약속이기 때문이다(신지영, 2021:54). 한국인의 나이에 대한 집착은 한국 사회가 세계에서 유일하게 '세는나이'를 사용하는 이유 또한 설명하는데 만 나이를 따르면 상대의 나이가 수시로 바뀌어 적절한 높임법을 선택하는 데 어려움이 생기는 것이 그 이유라고 할 수 있다(신지영, 2021:48).

　　김경준: 아 안녕하십니까!!!
　　빈진호: 안녕하세요~
　　김경준: (팀장님으로 보이는 이 남자. 나이도 어리고 신입사원인 나한테
　　　　　말을 놓지 않는다. 여기 왠지 삘이 좋다. 회사 분위기가 좋아
　　　　　보인다.) (에피소드 1, 0:18~0:37)

　[에피소드 1]에는 신입사원인 '김경준'이 입사 동기인 '빈진호'를 처음 만나는 장면이 등장한다. 중년 사내의 느낌을 자아내는 '빈진호'를 보고 '김경준'은 그를 입사 동기가 아닌 팀장으로 오해한다. 그리고 '빈진호'가 본인보다 나이도 많고 사회적 지위도 높음에도 자신에게 말을 놓지 않는다는 점을 들어 회사 분위기가 좋을 것 같다며 기대감을 드러낸다. 이는 역으로 나이가 많고 사회적 지위가 높은 사람이 그렇지 않은 사람에게 반말을 쓰는 것이 자연스럽게 인식되는 한국 사회의 일면을 보여 준다.

변정민: 혹시 그 진호 씨는……? 나이가……?

빈진호: 저 스물여섯입니다.

김경준: 동…… 동갑?

빈진호: 원래는 **빠른년생**이어가지고 스물다섯…….

김경준: 심…… 심지어 **빠른**? (에피소드 1, 1:15~1:29)

위의 장면은 '변정민' 차장이 두 신입사원에게 나이를 물어보는 상황이다. 여기에서 크게 두 부분에 주목할 수 있는데 첫째, 나이를 물어보는 행위 이면에는 권력관계가 존재한다는 것이다(신지영, 2021:33). 나이를 물어볼 수 있는 사람은 주로 사회적 권력 혹은 나이 권력에서 우위를 차지한 사람이다. 위의 예시에서도 사회적 지위가 높고 나이가 많은 '변정민' 차장이 '빈진호' 사원에게 나이를 물어보고 있다. 그러나 반대로 사회적 지위가 낮거나 나이가 어린 '빈진호' 사원이 '변정민' 차장에게 나이를 물어보았더라면 이는 실례를 범하는 것이다.

둘째, 위의 예시에는 한국의 독특한 문화인 '**빠른년생**'이 언급된다. '**빠른년생**'이란 1월 혹은 2월에 태어난 사람 중 동급생보다 학교에 1년 일찍 입학한 사람들을 일컫는 말로 이 표현이 만들어진 것의 이면에는 역시 높임법이 자리하고 있다(신지영, 2021:49). 학교에 입학하기 전에는 높임법의 실현과 호칭의 사용이 상대적 나이에 의해 결정되지만, 초등학교에 입학한 순간부터 고등학교를 졸업할 때까지는 학년이 그 역할을 대신한다. 두 학생 사이에 한 살이라는 나이 차이가 존재하더라도 그들이 같은 학년에 재학할 경우 두 학생은 반말로 대화를 주고받게 되는 것이다. 위의 에피소드에서도 '빈진호'는 자신이 스물여섯 살이지만 사실은 **빠른년생**이기에 스물다섯 살임을 언급한다. 한국식 나이에 익숙지 않은 외국인 학습자에게 **빠른년생**의 개념은 혼란스러울 것이므로 이 부분에 대해 수업 시간에 명시적으로 설명할 필요가 있다.

(3) 팬덤/덕질

조해인(2021)은 '팬덤(fandom)'을 공통의 취향을 바탕으로 무언가를 열정적으로 사랑하는 집단으로 정의하였다. 한국의 아이돌 팬덤의 중요한 특징으로는 '연대'를 꼽을 수 있는데 이들은 같은 아이돌을 좋아한다는 이유만으로 투표와 음원 스트리밍 등의 팬덤 활동을 함께 수행하며 연대를 공고히 한다(조해인, 2021:117). 과거 팬덤이 10대의 전유물로 여겨졌던 것과 달리(강보라, 서지희 외, 2018:44) 팬덤은 점차 대학생, 직장인, 주부 등의 전 연령층으로 확대되고 있으며 그들이 수행하고 있는 역할 또한 확장되고 있다(조해인, 2021:117).

한국 사회에서 팬덤을 향한 관습적 인식은 우호적이지 않다. '빠순이'라는 호칭이 말해 주듯 오히려 팬덤은 자신들이 우상화하는 스타의 행동을 맹목적으로 옹호하는 집단으로 부정적으로 그려지는 경우가 많다. 자신들이 우상화하는 아이돌을 공격하거나 비판하는 목소리에 대항하여 열성적으로 반박하는 팬덤의 행위를 묘사하는 '실드(shield) 친다'라는 표현 또한 이와 맥락을 같이한다.

> 변정민/차장 김 팀장을 맹목적으로 믿어주는 능력 없는 직장 상사
> 박성은: (또 실드 쳐주네. 쟤가 무슨 아이돌인가. 실드 쳐주게)
> (프롤로그 1:11~1:20)

위의 [프롤로그]에서 '변정민' 차장은 '김지현' 팀장을 맹목적으로 믿는 직장 상사로 소개된다. '김지현' 팀장은 업무에 관심이 없어 '이사라'가 몇 번이나 반복하여 말한 회의 날짜를 잊어버렸을 뿐인데 '변정민' 차장은 이를 두고 '김지현' 팀장이 일이 무척 많아서 그런 것 같다며 그를 적극적으로 옹호한다. 그는 심지어 바빠 보이는 '김지현'을 안타까워하는데 '박성은'은 이러한 '변정민'의 행동을 보고 팬덤이 아이돌을 맹목적으로 옹호하는 행위를 연상한다.

('박성은'은 근무 시간에 컴퓨터 모니터로 엑소 영상을 보며 동작을 따라 하고 있고, 그 장면을 '변정민' 팀장이 포착한다.)

변정민: 박 대리! 또 엑소 보고 있었어?

박성은: 아…… 아뇨~ 그 트렌드를 분ㅅ…… (에피소드 1, 2:23~2:28)

빈진호: 엑……엑소 아닙니까? 엑소 좋아하십니까?

박성은: 그러엄~ 잘생긴 게 최고야

빈진호: 아…… 잘생긴 거……

박성은: 하…… 근데 평소에 엑소 보면 마음이 평안해졌거든요. (에피소드 4, 4:58~5:19)

한편 '덕질'이란 자신이 좋아하는 분야에 심취하여 그와 관련된 것들을 모으거나 찾아보는 행위를 일컫는 말이다(강보라, 서지희 외, 2018:10). 〈오피스위치 시즌1〉에서는 '박성은'이 3세대 아이돌 그룹의 대표 주자인 엑소의 덕질을 하는 장면이 여러 번 노출된다. 그는 회사 업무 중 몰래 모니터로 엑소의 영상을 보며 미소를 짓고 춤을 따라 하거나, 회사 업무로부터 극심한 스트레스를 받은 후 아무도 없는 옥상에 올라가 엑소 영상을 시청한다. 이를 통해 '박성은' 대리에게 엑소 영상 시청은 직장 업무로부터 받은 스트레스를 해소하기 위한 수단이자 다시 업무를 시작할 수 있는 활력을 제공해 주는 행위임을 확인할 수 있다.

(4) 고백 문화

한국의 또 다른 독특한 문화로는 '고백 문화'를 꼽을 수 있다. 서양권 국가에서는 연인의 관계로 발전하기 위해 직접적으로 고백하는 경우가 드물며, 그 대신 간접적으로 고백의 행위를 하거나 혹은 자연스럽게 감정을 공유한다(코리안브로스, 2019). 반면 한국에서는 고백을 하고 이를 수락한 시점으로부터 소위 '정식 데이트'가 시작된다. 고백의 행위 없이는 둘 사이의 관계를 연인이라고 규정하기 힘든 것이다. 이는 '썸남이 고백을 안 해요', '최적의 고백 타이밍이 언제인가요', '여자가 먼저 고백해도 되나요', '고백 100% 성공하는 기술이 무엇인가요' 등의 질문이 연애 고민에서 항상 큰 비중을 차지하는 이유이기도 하다.

> 이사라: 뭐 하세요?
> 김경준: 손잡아도 돼요?
> 이사라: 뭘 그런 걸 물어봐요! 나…… 좋아한다면서요. 어떻게 할 건데요? 나랑 사귈 거예요? 아니 좋아한다고만 말하면 나보고 어떻게 하라는 거예요. (에피소드 7, 4:08~4:35)

[에피소드 7]에서 '이사라'와 '김경준'은 서로가 좋아하는 사이임을 알고 있었지만, 자신들의 관계를 '연인'이라고 규정하지 못하고 있었다. 이에 답답함을 느낀 '이사라'는 '김경준'에게 (자신을) 좋아한다고만 말하면 어떻게 하느냐며 간접적으로 고백하라는 압박을 준다. 이는 한국 사회에서 고백 행위가 지닌 상징성 때문이다.

해당 장면에서 확인할 수 있는 또 하나의 흥미로운 부분은 '이사라'가 먼저 고백하지 않고 '김경준'의 고백을 기다린다는 것이다. 이는 남자가 고백하는 것을 일정 부분 당연하게 여기는 한국의 연애 풍토와도 관련이 있다. 한국 사회에서는 '용기 있는 자가 미인을 쟁취한다'라는 말이 남성의 용기를 북돋아 주는데, 이는 연애를 시작하는 데 있어 남자의 주도성과 적극성을 긍정하는 표현이다.

2) 언어문화

(1) 호칭어

의사소통에서 중요한 역할을 수행하는 호칭어의 사용은 원만한 인간관계 형성에 큰 영향을 미친다. 외국인 학습자가 호칭어를 잘못 선택하게 되면 한국인 모어 화자들은 이를 쉽게 용납하지 못하는데 이는 호칭어를 통해 화자가 대화 상대방과의 관계를 어떻게 인식하고 있는지가 단적으로 드러나기 때문이다(강소산, 전은주, 2013:364). 이러한 이유로 화자는 자신과 청자의 사회적 위계와 사회적·심리적 거리, 자리의 격식성 등을 종합적으로 고려하여 적절한 호칭을 선택해야 한다.

① **직함호칭어**

직함호칭어는 화자와 청자가 동일한 사회적 집단에 속해 있으며 공식적인 상황일 경우 주로 사용된다(강소산, 전은주, 2013:369). 일반직의 경우에는 흔히 '사원-주임-선임-대리-과장-차장-부장'의 순서로 점차 직위가 높아지며 해당 작품에서는 김경준과 빈진호가 '사원', 이사라와 박성은이 '대리', 김지현이 '팀장', 변정민이 '차장' 계급에 속한다. 이러한 계급 체계와 함께 살펴볼 수 있는 것은 호칭어 사용 시에 '직함+님', '성+직함+님', '성+이름+직함+님', '성+직함', '성+이름+직함' 등 다양한 형태의 조합이 가능하다는 점이다(강소산, 전은주, 2013:369).

    이사라: 변 차장님께는 메일로 자료 공유해서 보내드렸습니다.
    변정민: 아이…… 나는 왜 프린트 안 해줘
    이사라: 회의 안 들어오셔서 그냥 메일로 자료 공유만 해드렸습니다.
    변정민: 역시 이 대리! 일 잘해~
    김지현: 어머~ 변 차장님. 또 마음에도 없는 소리 하신다. (중략)
    이사라: 경준 씨는 왜요? (프롤로그 1:21~1:52)

한국에서는 본인보다 나이가 많거나 사회적 지위가 높은 사람의 이름을 부르는 것이 무례하게 인식되어(최경희, 2011:235) 윗사람을 부를 때 이름을 부르는 것을 피하고 직위에 '-님'이나 '성'을 붙이는 것으로 호명을 대신한다. [프롤로그]에서 '이사라'의 발화에 주목하면 자신보다 높은 직함인 '변정민'에게 '변 차장님'이라는 '성+직함+님'의 호칭어를 사용하였음을 알 수 있다. 반면 윗사람이 아랫사람에게 사용할 수 있는 호칭어에는 큰 제약이 없는데(최경희, 2011:236), 이는 '이사라'가 자신보다 낮은 직함인 '김경준'을 부를 때는 편하게 '경준 씨'라는 이름호칭어를 사용한 것을 통해서도 확인 가능하다.

② 이름호칭어

본 웹드라마는 '명사+씨'형과 '명사+님'형 호칭어의 미묘한 차이를 포착해 내었다. 상사가 부하직원을 부를 때 '명사+씨'형 호칭어와 '명사+님'형 호칭어를 모두 사용할 수 있으나 이 두 호칭어가 동일한 의미를 가지는 것은 결코 아니다. '명사+씨'형의 호칭어는 '명사+님'형 호칭어보다 상대에 대한 대우 정도가 낮다고 봐야 하며 그 이유는 첫째, '명사+씨'형 호칭어는 '하게체' 이하의 등급을 선택할 수 없는 데 반해 '명사+씨'형은 상황에 따라서 '하게체' 이하의 등급도 사용할 수 있고, 둘째 '직함'은 '-님'과는 자연스럽게 결합하는 반면 '-씨'와는 결합하지 않기 때문이다(손춘섭, 2010:108).

> 변정민: 빈진호……님…… 씨……? 허……. 일단 자리로. (에피소드 1, 0:54~1:00)

[에피소드 1]에는 '변정민' 차장이 처음으로 신입사원 '빈진호'를 만나 그를 부를 호칭을 결정하는 장면이 등장한다. '빈진호'의 앳되지 않은 외모에 적잖이 당황한 '변정민' 팀장은 '명사+씨'형과 '명사+님'형 호칭어 사이에서 망설인다. 그가 자신보다 사회적 위계가 낮은 것을 고려한다면 '명사+씨'형 호칭어를 사용할 수 있음을 알지만, 자신보다 나이가 많아 보이는 '빈진호'의 외모 때문에 '명사+님'형 호칭어를 사용해야 할 것 같은 충동을

느끼는 것이다.

>   김지현: 성은 씨. 회의 내용 정리해서 카톡으로 좀 주세요.
>   박성은: 네.
>   이사라: (김 팀장은 대리라는 직급 대신에 이름을 부르는 걸 잊지 않는다. 김 팀장이 성은이를 열 받게 하는 방법이다.) (에피소드 6, 0:12~0:27)

[에피소드 6]에서는 한국 사회에서 '명사+씨'형 호칭어가 내포하는 의미가 더욱 명확하게 드러난다. '이사라'의 독백에서 확인할 수 있듯이 '김지현' 팀장은 '박성은' 대리를 부를 때 일부러 직급 대신에 '명사+씨'형 호칭어를 사용하여 '박성은'의 기분을 상하게 한다. 이는 '명사+씨'형 호칭어가 지닌 미묘한 낮춤의 인상 때문이다. '명사+씨'형 호칭어와 '명사+님'형 호칭어의 미묘한 어감 차이를 구분하는 것은 중요하나 정작 한국어교육에서 그 차이가 제대로 다루어지지 않는 실정이다. 두 호칭을 혼용하여 사용할 경우 한국어 학습자는 한국인 화자에게 자칫 무례하다는 인상을 줄 수 있기에 이를 충분히 교수해야 한다.

(2) 상대높임법 등급의 혼용

말하는 사람이 듣는 사람을 높이거나 높이지 않는 '상대높임법'은 한국어의 큰 언어적 특징 중 하나로 문장 끝 서술어 어간 뒤에 여러 종결어미를 붙임으로써 실현된다(국립국어원, 2005:220). 상대높임법은 아주높임, 예사높임, 예사낮춤, 아주낮춤의 네 등급으로 분류되지만, 이러한 등급이 대화 중에 항상 일관성 있게 나타나는 것은 아니다(국립국어원, 2005:225). 화자는 때로 반말과 높임말을 섞어 사용하는 '교묘한 반말'을 수행하기도 하는데 이는 높임말을 기대하는 상황에서 청자로 하여금 불쾌감을 유발한다.

박성은: 그러엄~ 잘생긴 게 최고야
빈진호: 아…… 잘생긴 거……
박성은: 하…… 근데 평소에 엑소 보면 마음이 평안해졌거든요…… (에피소드 4, 4:58~5:19)

그러나 대화 당사자끼리 매우 친밀하거나 그들의 사회적 위계가 뚜렷한 차이를 보일 경우 '교묘한 반말'은 크게 문제 되지 않는다. [에피소드 4]에서 '박성은' 대리는 신입사원인 '빈진호'에게 반말과 존댓말을 섞어 사용한다. 이것이 가능한 이유는 '박성은' 대리가 '빈진호' 사원보다 사회적 지위가 높기 때문이며, 더 나아가 두 인물 간의 심리적 거리를 고려하면 이러한 발화 양상을 친근감의 표시라고 이해할 수 있기 때문이다.

(3) 애교

하라다 시즈카(2018)는 한국 사회에서 애교가 본인의 귀여움을 어필하거나 친구와 어울리며 장난칠 때, 혹은 난처한 상황을 재치 있게 넘어가고자 할 때 사용됨을 포착하였다. 해당 연구에서는 귀여운 말투와 목소리, 몸짓과 손짓, 표정, 이모티콘을 비롯한 문자까지도 애교의 범주에 들어가며 그중 '혀 짧은 소리 내기', '목소리 톤 올리기', '콧소리 내기', '천천히 말하기' 등의 준언어가 애교의 핵심 속성으로 역할 한다고 인식하였다.

김지현: (애교 있는 말투로) 경준 씨~ 경준 씨는 여자친구 없어?
김경준: (이사라를 바라보며) 없습니다~ (중략)
박성은: (작은 목소리로) 쟤 또 왜 저래?
이사라: (작은 목소리로) 아까 회의할 때 경준 씨한테 애교 부렸는데, 경준 씨가 안 받아줬어. (에피소드 3, 0:20~1:54)

[에피소드 3]에서 '김지현'은 '김경준'에게 "경준 씨, 경준 씨는 여자친구

없어?"라고 묻는다. 이때 주목해야 할 점은 소위 '애교 있는 말투'라고 불리는 반언어적인 표현과 '애교 있는' 표정이다. '김지현'은 혀짧은 소리를 내고 말끝을 길게 끌고 목소리 톤도 한층 올려 말했으며, 손을 턱에 괴고 눈을 아래에서 위로 동그랗게 뜨며 귀여운 표정을 짓는다. 그러나 '이사라'에게 마음이 있는 '김경준'은 '김지현'의 애교를 받아주지 않고 '이사라'를 바라보며 답한다. 자신의 애교에 반응이 없자 '김지현'은 이내 무안한 표정을 짓고 속히 회의를 재개할 것을 촉구한다.

애교는 본래 상대방의 '진지하지 않은 반응'을 통해 그 효과가 극대화된다(하라다 시즈카, 2018:444). 그러나 '김경준'은 '김지현'이 수행한 애교의 언어적 메시지만 받아들이고 이에 진지하게 반응할 뿐이었다. 그 결과 애교의 시도는 오히려 무안함이라는 역효과를 초래하였으며 하라다 시즈카(2018)는 이를 두고 애교가 적절한 상황 속에서 적절한 방식으로 실행되어야만 긍정적인 평가를 얻을 수 있다는 애교의 '투기(投機)'적 속성을 도출하였다.

(4) 코드스위칭

현대 한국 사회에서 유창한 영어 실력에 대한 뜨거운 열망은 식을 줄을 모른다. 한국 사회의 여러 면에서 이러한 갈망을 엿볼 수 있으며 영어의 유창성이 취업 혹은 승진에서 필수적으로 요구되는 자질이라는 사실이 대표적인 예이다. 출중한 영어 실력과 직업적 성공 간의 큰 연관성이 없어 보이는 연예인들의 유창한 영어 대화 장면이 유튜브에서 높은 조회 수를 기록한다는 사실에서도 영어가 한국 사회에서 지니는 힘을 확인할 수 있다. 한국 드라마에서도 특정 인물이 한국어와 영어를 함께 사용하는(Code-switches to English) 장면이 빈번하게 등장하는데, Baratta(2016)의 말을 빌려 그 이유를 '등장인물이 영어가 가진 힘을 통해 자신의 권력과 힘을 행사하고자 함'으로 설명할 수 있다.

김지현: 우리 회사 아트모스삐어(atmosphere)가 정말 좋다는 거, 다들
알고 계시죠? (에피소드 3, 1:05~1:11)
김지현: 라이트(light)하면서도 헤~비(heavy)하게, 프뤠시(fresh)하면서
도 클래시컬(classical)한, 그런 느낌? (에피소드 4, 1:50~1:58)
김지현: 근데 그건 경준 씨랑 진호 씨가 쵸이스(choice)~할 상황이 아니
에요. (에피소드 6, 2:03~2:06)

영어로의 코드스위칭을 수행하는 대표적인 인물로 '김지현' 팀장이 있다. '김지현' 팀장은 한 문장 안에 atmosphere(분위기), light(가벼운), heavy(무거운), fresh(상쾌한), classical(고전적인), choice(선택) 등의 여러 영어 단어를 섞어 말하는 것을 즐긴다. 대부분의 영어 단어가 한국어로 충분히 대체될 수 있음에도 '김지현' 팀장은 의도적으로 영어 단어를 사용하며 이는 자신의 이미지를 유식하고 소위 '있어 보이게' 만들고자 하는 그의 심리가 투영되었다고 볼 수도 있다.

3) 화용 요소

(1) 명령 화행

명령 화행은 높은 강제성을 지닌 지시화행으로 대개 지위가 높은 화자가 지위가 낮은 청자에게 수행한다는 점에서 화자와 청자 간의 수직적 지위 관계를 전제로 한다(김강희, 2019:320). 해당 화행은 공손성과 긴밀한 연관이 있는데 이는 명령 행위가 청자에게 부담을 주거나 청자 또는 화자의 체면을 손상할 수 있기 때문이다(김강희, 2019:313).

이사라: 진호 씨? 아메리카노 6잔…… 10분 뒤에 사 오시고 영수증 꼭
저 주세요. 저번처럼 버리지 마시고.
빈진호: 네. 알겠습니다. (프롤로그 0:19~0:37)

[프롤로그]에서 '이사라' 대리는 '빈진호' 사원에게 아메리카로 여섯 잔을 사 오라고 명령한다. 여기에서 '이사라'는 청자의 반응을 확인하는 '~(으)면 안 될까(요)?', 문장의 의미로부터 발화 의미를 추론하게 하는 '~아/어 줘야겠어(요)', 화자의 희망을 나타내는 '~(으)면 좋겠어요', '~아/어 주면 고맙겠어요', 청자의 동의를 구하는 '~아/어 주지 않겠어요?', '~아/어 주실래요?', 청자의 수행 의지나 가능성을 묻는 '~아/어 줄 수 없으세요?' 등의 간접 전략의 표현 문형(강현화, 2007a:21-22)을 사용하는 대신에 명령형 어미인 '-세요'를 사용하여 발화한다. 이러한 화행이 성립 가능한 것은 기본적으로 '이사라' 대리가 '빈진호' 사원보다 높은 직급에 있기 때문이다. 따라서 해당 화행을 이해하기 위해서는 두 인물 간의 사회적 지위 차이를 파악해야 하며 언어문화를 설명한 절에서 언급한 '호칭어'에 대한 이해도 필요하다.

(2) 거절 화행

거절은 상대방의 체면을 손상할 수 있는 가능성이 무척 크기에 거절 화행을 수행할 때는 상대의 체면 손상의 정도를 최소화하기 위한 적절한 거절 전략이 수반되어야 한다.

    김지현: 우리 이거 냉장고에 넣어뒀다가 나중에 한번 마셔볼까?
    이사라: 홍대나 이태원 가면 맛집마다 판매한다고 하니까 각자 시간
           나면 지인들과 마셔보면 되겠네요.
    김지현: 아~ 그래……
    김경준: 이 대리님 같이 마시러 가요.
    이사라: 경준 씨는 친구 없어요?
    김경준: 저는 이 대리님이랑 같이 마시고 싶어요~ (에피소드 3,
           0:07~0:28)

위의 예문에서 '김지현' 팀장은 팀원들에게 회사에서 마케팅하는 조니토닉을 함께 마시자고 제안한다. 그러나 '이사라' 대리는 "각자 시간 나면 지인들과 마셔보면 되겠네요."라고 말하며 거절 의사를 내비치고, 이에 '김지현'은 무안한 듯 "그래⋯⋯"라고 대답한다. 여기에서 '이사라'의 거절 방식에 주목할 필요가 있다. '이사라'는 거절 의사를 나타내는 직접적인 표현을 사용하는 것 대신에 대안을 제시하여 간접적으로 거절 의사를 전함으로써 상대의 체면 손상의 정도를 완화하였다.

그런데 '이사라'가 공손성 확보를 위한 거절 보조 표현과 언어적 장치들을 사용하지 않았다는 점에 함께 주목해야 한다. 거절 보조 표현에는 '긍정적인 의견, 감정 등의 표시하기', '동정, 동감 표현하기', '침묵을 끊고 대화 이어가기', '감사의 뜻 표현하기' 등이, 언어적 표현으로는 'N이 더 좋을 것 같은데', '~는 게/것이 ~는 것보다 낫다', '~는 게 어떨까?/어때요?', '~(으)면 안 돼요?/안 될까요?' 등이 있다(강현화, 2007b). 그러나 '이사라' 대리의 발화에는 해당 표현들이 사용되지 않았기에 대안 제시하기 전략을 사용하여 완곡하게 거절 의사를 나타냈음에도 여전히 딱딱한 느낌을 주어 '김지현'의 무안한 반응으로 이어진 것이다.

한편 '김경준' 또한 '이사라'에게 함께 조니토닉을 마시러 가자고 제안하나 '이사라'는 "경준 씨는 친구 없어요?"라고 답한다. 해당 발화는 '이사라'가 '김경준'에게 말 그대로 친구가 없는지를 물어보는 것이 아니라 '친구와 함께 마시러 가지 않고 왜 자신과 마시러 가냐는 의미를 내포한 것이다. 이러한 맥락에서 '이사라'의 발화는 우회적인 거절의 표현이라고 할 수 있다. 그러나 눈치가 빠른 '김경준'은 '이사라'의 발화 의도를 정확히 파악하여 다시 한번 '이 대리님이랑 같이 (조니토닉을) 마시고 싶다'는 의사를 밝힌다.

(3) 대화의 함축

대화의 함축이란 문자 그대로 전달되는 의미가 아니라 문맥 속에 담긴 정보를 통하여 간접적으로 의미가 전달되는 과정 또는 청자가 그 의미를 추론해내는 과정을 의미한다(이재희, 유범 외, 2011:65).

> 종업원: 다 드신 거 치워드릴까요?
> 김경준: 아니요~!
> 종업원: (시계를 보며) 근데 저희가 영업시간이 다 끝나가지고요! (에피소드 5, 4:55~5:03)

[에피소드 5]에서 종업원은 '김경준'에게 "다 드신 거 치워드릴까요?"라고 묻는다. '김경준'이 아직 다 먹지 않았다고 대답하자 종업원은 "저희가 영업시간이 다 끝나가지고요!"라고 말한다. 종업원의 첫 번째 발화는 단순한 '질문'이 아니라 영업시간이 얼마 남지 않았으니 식당에서 나가 달라는 의미를 함축한 것이다. 그러나 함축적 의미를 파악하지 못한 '김경준'은 종업원의 발화를 질문으로 이해하고 "아직 다 먹지 않았다."라고 대답하였다. 이에 종업원은 '영업시간이 다 끝났다'고 말하며 '김경준'에게 식당을 나가 달라고 첫 발화보다 강하게 의미를 전달한다. 이러한 대화의 함축을 잘 이해하기 위해서는 앞서 일상문화 절에서 언급한 '눈치'가 있어야 한다.

(4) 칭찬 응답 화행

칭찬 화행은 청자 혹은 제3자가 가진 것 중에서 화자가 가치 있다고 생각하는 것을 언급함으로써 화자의 우호적인 태도를 보여주고 이들 사이의 긍정적인 인간관계를 유지하는 행위이다(전정미, 2009:144). 칭찬 응답 화행은 칭찬을 전적으로 받아들이는 '수용', 칭찬을 사양하고 부인하는 '거절', 수용이나 거절의 태도가 분명하게 나타나지 않는 '보류'의 세 가지 유형으로 세분된다(전정미, 2009:148).

변정민: 우리 김 팀장님이 제일 고생했지.
김지현: 아이 제가 뭘요. 전 항상 부하직원들 잘 못 챙겨준 것 같고. 제가 많이 부족한 것 같아서 늘 마음에 걸리는걸요.
변정민: 이야~ 김 팀장 진짜…… 마음씨도 예뻐, 얼굴도 예뻐.
김지현: 아유~ 변 차장님 진짜 왜 그러세여어~~~ (에피소드 7, 2:19~2:38)

[에피소드 7]에서 '변정민' 차장은 프로젝트를 성공적으로 마친 '김지현' 팀장의 노고를 칭찬하나 '김지현' 팀장은 자신을 낮추고 팀원들의 공을 높임으로써 칭찬을 사양한다. 그러자 '변정민'은 이러한 '김지현'의 겸손한 모습을 보고 '마음씨도 예쁘다'며 다시 한번 칭찬한다. 이에 '김지현'은 "변 차장님 왜 그러세요~"라고 말하며 칭찬을 다시 한번 사양하는 듯한 태도를 보인다. 칭찬을 수용하거나 칭찬에 대해 감사를 표현하는 것 대신에 칭찬을 거부하고 그 내용을 부인하듯 말하는 것은 한국 문화에서 당연하게 받아들여지는 겸손의 태도를 나타내는데 이는 특정 문화권에서는 오히려 상대의 호의를 거절하는 것으로 인식될 수도 있다(이해영, 방성원 외, 2021:189). 칭찬에 대한 '김지현'의 응답에서 함께 살펴볼 수 있는 점은 반언어적 표현으로, 그는 말끝을 늘이고 귀여운 표정을 지으며 애교스럽게 부끄러운 듯 말하고 있다.

빈진호: 에!! 박 대리님이 훨씬 이쁘고 귀여우십니다!!! 아이디어도 항상 반짝반짝 하시구요.
박성은: (부끄러운 듯이 빈진호의 어깨를 가볍게 때리며) 아 그걸 왜 이제 말해요오~~
빈진호: 그럼 언제 얘기해요오~~
박성은: 오우 맨날 이쁘면 맨날 좀 얘기해 주지이잉~!! (에피소드 7, 1:37~1:47)

위의 예시에서도 칭찬에 대해 애교 있게 응답하는 '박성은'의 모습을 확인할 수 있다. 그는 '빈진호'의 칭찬에 애교스럽게 말끝을 늘이며 "그걸 왜 이제 말해요오.", "맨날 이쁘면 맨날 좀 얘기해 주지이잉"이라고 답하고, '빈진호'의 어깨를 가볍게 만지는 비언어적 방법도 함께 사용하였다. '박성은'의 이러한 응답은 넓은 의미에서 '칭찬 수용하기'에 속한다고 볼 수 있으며 '박성은'과 '빈진호'의 심리적 거리가 가깝기 때문에 가능하다.

4. 〈오피스워치 시즌1〉을 활용한 문화 및 화용 교육 방안

1) 작품 선정 이유

본고에서는 〈오피스워치 시즌1〉이 교육 자료로서의 활용 가치가 높다고 판단하였으며 그 근거를 주현정(2020)과 Nguyen Thi Phuong Mai(2009)를 바탕으로 재구성한 표를 기반으로 살펴보고자 한다.

표1 문화 및 언어 교수·학습을 위한 영상 자료 선정 기준

기준	상세 설명
분량	• 영상의 길이는 30분 이내여야 한다. • 심도 있는 활용을 위하여 내용을 3~4분으로 나눌 수 있다면 더욱 적합하다.
언어 사용	• 일상생활에서 사용되는 생생한 한국어가 등장해야 한다. • 짧고 간명한 표현이 많이 사용된 드라마가 적합하다.
현실성	• 배경과 등장인물이 현대 한국 사회의 문화를 반영해야 한다.
교육 활용성	• 학습자의 언어 기능 증진을 위한 교육 활동 구상에 적합해야 한다. • 학습자에게 토론할 만한 거리를 충분히 제공해야 한다.
흥미도	• 검증된 인기 드라마로 선택하여야 한다. • 흥미로운 내용으로 학습자의 학습 동기를 고취할 수 있어야 한다.

위의 표를 바탕으로 〈오피스워치 시즌1〉의 교육 자료로서의 가치를 평가하자면 첫째, 작품의 각 에피소드는 4~6분 분량이므로 별도의 편집 없이 교육 현장에서 활용할 수 있다. 둘째, 현대 한국어가 생생하게 사용되었고 대사의 길이 또한 짧은 편이다. 셋째, 한국의 수직적인 직장 문화를 여실히 반영하고 주변에서 쉽게 마주칠 수 있는 인물들을 등장시키는 등 일상생활에서 흔히 접할 수 있는 주제와 상황을 제시한다. 넷째, 직장 문화를 비롯한 일상문화와 언어문화 그리고 화용 요소까지 두루 갖추고 있어 학습 활동 구상에도 적합하다. 다섯째, 유튜브에서 높은 조회 수를 기록하며 큰 인기를 끈 해당 작품은 웃음을 유발할 만한 요소가 많아 학습자들이 지루하지 않게 수업에 참여할 수 있다. 그 밖에도 등장인물이 '카카오톡 메시지'로 대화하는 모습을 통해 한국인들의 채팅 문화를 확인할 수 있고 영상 자막에 '인정 ㅇㅈ', '경준지둥(허둥지둥과 경준을 합친 말)', '멘탈 바사삭' 등의 온라인상에서 유행하는 여러 표현이 등장하였다는 점에서 교육 자료로서의 추가적인 가치를 찾을 수 있다.

다만 해당 작품의 두 번째 에피소드에서는 비속어가 빈번하게 노출되어 수업에 활용하기에 부적절하다고 볼 수 있다. 그러나 이러한 한계점은 해당 에피소드를 수업에서 다루지 않음으로써 해결할 수 있다. 이것이 가능한 이유는 각 에피소드의 연결이 느슨하여 한 에피소드의 생략이 전체 줄거리 파악에 큰 영향을 미치지 않기 때문이다. 자막의 한글 맞춤법이 잘못된 경우('거에요', '좋코', '경준씨' 등)가 많다는 점도 또 다른 한계로 지적될 수 있으나 이는 역으로 학습자가 자막을 수정해 보는 활동을 수행함으로써 맞춤법에 대한 학습자의 의식을 고양하는 데 활용될 수 있다.

2) 학습 목표

본 수업은 〈오피스워치 시즌1〉을 활용하여 학습자의 한국 문화에 대한 이해를 도모하고 학습자의 화용적 능력을 기르는 것을 주된 목표로 한다. 상술하자면 학습자는 문화 학습을 통해 작품에 제시된 한국의 일상문화와 언어문화에 대해 살펴보고 이를 비교문화적 관점에서 자국 문화와 비교하며 한국 문화에 대한 본인의 관점을 확립하는 것으로까지 나아간다. 화용 학습의 경우 학습자들은 개별 화행을 둘러싼 상황 맥락과 발화자의 의도를 파악하고 비교문화적 관점에서 모어와 한국어의 화용적 현상을 비교하며(이해영, 방성원 외, 2021:207) 학습한 화행 전략을 실제 산출에 옮기는 활동을 수행하게 된다.

3) 학습자 구성

본고에서 설계한 수업이 문화 및 화용 교육에 주안점을 두고 있기에 교사는 어휘나 문법을 중점적으로 수업 시간에 다루지는 않는다. 이러한 까닭으로 학습자는 교사의 설명 없이 웹드라마의 전반적인 내용을 이해할 수 있는 고급 숙달도 수준으로 한정하였다. 한편, 해당 작품이 직장을 배경으로 하기에 한국 기업에 취업을 희망하는 학습자에게 특히 도움이 되겠으나 내용이 직장 생활에만 국한되는 것이 아니기에 일반 목적 학습자도 수업 대상이 될 수 있다.

4) 수업 개요

총 4차시의 수업을 설계하였으며 한 차시에는 평균적으로 세 가지의 문화 및 화용 요소를 다루게 된다. 다음의 〈표 2〉는 각 차시에서 다루게 될 에피소드와 문화 및 화용 요소를 정리한 것이다.

표 2 수업 개요

차시	에피소드	일상문화	언어문화	화용
1	프롤로그, 에피소드 1	눈치, 나이	직함호칭어	명령 화행
2	에피소드 3		애교, 코드스위칭	거절 화행
3	에피소드 4, 5	팬덤/덕질	상대높임법 등급의 혼용	대화의 함축
4	에피소드 6, 7	고백 문화	이름호칭어	칭찬 응답 화행

5) 수업 방안

본 절에서는 해당 작품을 활용한 교육 방안을 온라인 사전 학습, 오프라인 교실 수업, 온라인 후속 학습으로 나누어 제안하였다. 학습자는 '온라인 사전 학습'을 통해 개별적으로 영상을 시청하고 줄거리를 파악한 후에 '오프라인 교실 수업'에 참여하여 한국의 일상문화, 언어문화, 화용 요소를 학습하고 이를 자국의 문화 및 화용과 비교하게 된다. '온라인 후속 학습'에서는 문화 보고서를 작성하고 화행 전략의 적용을 연습하는 것으로 나아간다. 다음은 에피소드 4, 5를 중심으로 진행되는 3차시 수업을 예로 들어 구체적인 수업 방안을 제안한 것이다.

(1) 온라인 사전 학습

학습자는 온라인상에서 개별적으로 영상을 시청하며 줄거리를 파악한다. 이는 학습자에게 충분한 영상 숙지 시간을 제공하고 교실 수업 시간을 확보하기 위함이다. 이 과정에서 교사는 ○× 퀴즈에서부터 단답형, 서술형 문제까지 다양한 형태로 학습자의 영상 내용에 관한 이해도를 파악하는 몇 가지 길잡이 질문을 제시할 수 있다. 다음은 3차시 수업에서 교사가 제시할 수 있는 질문 목록의 일부이다.

- '변 차장'과 '김 팀장'은 회의 전에 자료를 확인한다.(○, ×)
- '박성은'의 기분을 좋아지게 하고자 '빈진호'는 어떠한 비밀을 털어놓

앉나요?
- '이사라'는 무슨 말을 하기 위해 '김경준'에게 퇴근하고 술을 마시자고 했나요?

추가로 학습자는 웹드라마의 내용 중 이해가 가지 않는 부분을 온라인 플랫폼에 공유하거나 다른 학습자의 질문에 대한 답변을 남길 수도 있다. 교사는 오프라인 교실 수업이 시작되기 전에 학습자의 영상 시청률, 퀴즈 점수, 질문 내용 등을 종합적으로 파악하여 수업을 준비해야 한다.

(2) 오프라인 교실 수업

① 준비 단계(5분)

활발한 상호작용을 위하여 학습자는 네 명씩 모둠을 지어 앉는다. 수업이 시작되면 교사는 사전 학습에서 제시한 길잡이 질문의 답을 확인하며 학습자의 줄거리 상기를 돕고 온라인 플랫폼에서 공유된 질문에 대해 충분히 설명한다.

② 문화 학습 단계(35분)

문화 학습 단계의 핵심은 학습자들이 혼자 웹드라마를 시청하였을 때는 주목하지 않았을 문화 요소에 대해 자유롭게 이야기를 나누는 장을 마련하는 것이다. 이를 위하여 교사는 먼저 일상문화 및 언어문화 요소에 대한 간략한 개념 설명을 진행하고 학습자들이 논의할 수 있는 주제를 몇 가지 제안한다. 이때 제시될 수 있는 주제의 유형으로는 한국 문화에 대한 이해를 심화하는 질문, 한국 문화에 대한 본인의 생각 혹은 문화와 관련된 본인의 경험담을 공유하는 질문, 한국의 문화를 학습자 자국의 문화와 비교해 보는 질문 등이 있다. 학습자들이 특정 문화에 대한 스키마가 전혀 없는 경우에는 교사가 보충 설명을 진행하거나 추가 자료를 제공하여 논의를 촉진할 수 있다. 모둠별 논의를 마친 후에는 교사가 각 질문에 대한 답을 정리하고 준비한 자료를 바탕으로 추가 설명을 진행한다. 문화 학습을 통해 학습자들은 한국어 모어 화자들이 일상생활에서 어떻게 관습적으로 행동하는지를 살펴보고 특정 언어 표현에 담긴 문화를 심층적으로 이해하게 될 것으로 기대된다(이해영, 방성원 외, 2021:220; Seelye, 1984 재인용). 다음은 3차시 수업을 예로 들어 교사가 제시할 수 있는 질문 목록을 정리한 것이다.

일상문화: 팬덤/덕질
- 한국에서 팬덤/덕질 문화가 발달한 이유는 무엇일까요?
- 시대, 연령대, 성별에 따라 한국의 팬덤/덕질 문화는 어떠한 차이를 보일까요?
- 한국의 팬덤/덕질 문화를 접했을 때 가장 놀랐던 부분은 어떤 점인가요?
- 여러분의 나라에도 팬덤/덕질 문화가 있나요? 한국의 팬덤/덕질 문화와 여러분 나라의 팬덤/덕질 문화는 어떠한 공통점과 차이점이 있나요?

언어문화: 상대높임법 등급의 혼용
- 상대방이 여러분에게 반말과 존댓말을 섞어 말한 경험이 있나요? 그때 여러분의 기분은 어떠했나요?
- 여러분이 상대방에게 반말과 존댓말을 섞어 말한 경험이 있나요? 그렇게 말한 이유는 무엇인가요? 이에 대한 상대방의 반응은 어떠했나요?
- [에피소드 4]에서 '박성은'이 '빈진호'에게 반말과 존댓말을 섞어서 사용하였으나 '빈진호'는 이에 대해 기분 나빠하지 않은 것 같습니다. 그 이유는 무엇일까요?

③ 화용 학습 단계(25분)

본 단계에서 교사는 웹드라마에 등장한 화용적 현상에 대해 설명하고 학습자와 함께 이를 둘러싼 상황 맥락과 발화자의 의도를 파악해 본다. 그다음에는 비교문화적 관점에서 학습자의 모어와 한국어의 화용적 현상을 비교하는 것으로 나아간다(이해영, 방성원 외, 2021:207). 여기에서 중요한 것은 교사가 학생의 이해를 돕기 위하여 웹드라마에 제시된 표현 외에도 해당 현상을 설명할 수 있는 전형적인 예시를 충분히 제공해야 한다는 점이다. 시간이 허락한다면 상황에 맞는 적절한 화행 표현을 사용하여 담화를 완성하거나 모둠원들과 역할극을 수행하는 등의 활동(이해영, 방성원 외, 2021:207)을 진행하는 것도 가능하다.

3차시에서 다루는 화용 요소인 대화의 함축을 예로 들어 수업 방안을 설명하자면 다음과 같다. 먼저 교사는 작품 속 종업원의 "다 드신 거 치워 드릴까요?"와 "저희가 영업시간이 다 끝나가지고요."의 두 발화를 제시하고 그 의미를 묻는다. 해당 발화의 의도를 추론하는 활동을 통해 학습자는 '문장 의미'와 '발화 의미'가 다를 수 있음을 인식하게 되고 자연스레 '함축'이라는 개념을 이해하게 된다. 교사는 함축의 다른 예시를 제시하고 학습자에게 숨겨진 발화 의미와 화자가 함축을 사용한 의도를 생각해 보게 한다. 가령 앞의 예시에서 종업원이 "영업시간이 끝나가니 나가주세요."라고 명시적으로 말하지 않은 이유는 공손성 확보에 있는데 이처럼 함축 사용의 의도를 생각하는 과정을 통해 학습자는 함축에 대한 의식을 고양할 수 있으리라 기대된다.

④ 마무리 단계

마무리 단계에서 교사는 학습 내용을 정리하고 학습자들의 질문을 받은 후 후속 학습에 대해 안내한다. 학습한 내용을 정리할 때는 교사가 단순히 개념을 다시 설명하는 것보다 학습자가 인상 깊었던 내용 혹은 추가로 조사하고 싶은 내용을 발표하도록 장려하는 것이 바람직하다.

(3) 온라인 후속 학습

후속 학습은 '문화 보고서 작성' 활동과 '화행 전략 적용 연습' 활동으로 나뉜다. 전자의 경우 학습자는 교실 수업에서 배웠던 문화 요소 중 관심 있는 주제를 한 가지 선정하여 이를 조사하고 보고서를 작성한다. 자신의 보고서를 온라인 플랫폼에 업로드한 후에는 다른 친구들의 글을 살펴보고 최소 세 개의 글에 자신의 감상 혹은 궁금한 점을 댓글로 남긴다. 예를 들어 한국의 '팬덤/덕질' 문화의 시대적 변천사에 관심이 있는 학습자는 다양한 온·오프라인 자료를 수집하고 이를 바탕으로 보고서를 작성하여 그 내용을 친구들과 공유할 수 있다.

이러한 활동은 크게 두 가지의 교육적 효과가 있다. 첫째, 학습자는 한국 문화에 대한 깊이 있는 이해를 도모할 수 있다. 학습자들은 시간에 구애받지 않고 자신의 흥미를 기반으로 한국 문화에 대한 정보를 주도적으로 수집하고 분석하게 된다. 다른 학습자의 보고서를 읽으며 자신이 조사하지 않은 부분에 대해서도 공부하며 사고를 확장하는 것도 가능하다. 둘째, 학습자의 목표어 노출을 증대하여 기능 간의 통합 활동이 이루어진다. 학습자는 한국인과 인터뷰를 진행하거나 한국어로 된 기사나 보고서 혹은 한국인들의 커뮤니티를 살펴보고 한국어로 된 영상을 시청하는 등 다양한 탐구의 과정을 거치며 말하기, 듣기, 읽기 능력의 향상을 기대할 수 있다. 자신이 조사한 내용을 글로 정리하는 과정에서는 한국어 작문 실력의 향상 또한 기대된다.

한편, 화행 전략 적용 학습에서 학습자는 학습한 화용 요소의 적절한 산출 방안을 고민한다. 교실 수업에서는 '대화의 함축'이라는 개념 이해에 주안점을 두었다면 후속 학습에서는 특정한 상황 맥락에서 학습자들이 직접 함축이 반영된 화행을 산출하는 것을 목표로 하는 것이다. 이를 위해서는 학습자가 자신의 속도에 맞추어 충분히 고민하는 시간을 확보하는 것이 중요한데 이러한 점에서 온라인 수업의 효과성이 극대화된다. 나아가 학습자는 자신의 산출물을 다른 학습자의 산출물과 비교함으로써 다양한 함축 사용의 양상 또한 파악할 수 있다.

5. 교육 현장 적용을 위한 제언

본 연구는 웹드라마의 교육적 활용 가능성과 문화와 화용 간의 긴밀한 연관성에 주목하여 〈오피스워치 시즌1〉을 바탕으로 한 문화 및 화용 교육 방안을 제안하였다. 본고에서 제안한 교육 방안은 학습자의 학습 동기와 흥미를 유발하고 한국 문화에 대한 깊은 이해를 도모하며 그들의 성공적인 의사소통 수행을 도울 것으로 기대된다. 이는 목표 언어 및 문화에 제한적으로 노출되는 KFL(Korean as a Foreign Language) 학습자에게 특히 교육적 효과가 클 것으로 예상된다. 그러나 모든 차시에 대한 구체적인 수업 방안을 제시하지 못하였으며 실제 수업으로 이어지지 않아 수업 방안이 교육적 효과성에 관해서도 입증하지 못하였다는 한계점을 지닌다.

추후 본 모형을 교육 현장에 적용하는 과정에서 다음의 세 부분을 참고할 수 있다. 첫째, 학습자의 숙달도 혹은 요구에 따라 수업 시수를 늘리는 것이 가능하다. 가령, 초·중급 학습자의 경우 수업 시수를 8차시로 늘려 문화 및 화용 수업 전에 교사와 함께 웹드라마를 시청하고 영상에 등장하는 어휘 및 문법 등을 학습하는 시간을 마련할 수 있다. 고급 학습자의 경우에도 심도 있는 학습을 위해 기존의 한 차시 수업을 두 차시로 나누고 두 번째 차시에서는 온라인 후속 학습에서 진행한 내용을 학습자들이 개인 혹은 조별로 발표하는 시간을 가질 수 있다. 둘째, 웹드라마 속 삽입된 카카오톡 메시지와 자막에 주목하여 한국인의 준구어적 말하기 방식에 대한 교수 또한 진행 가능하다. 현대 사회에서 의사소통이 면대면 상황을 넘어 온라인 공간에서도 활발하게 진행됨을 고려한다면 한국어 학습자에게도 다양한 유행어를 이해하고 SNS로 적절하게 소통할 수 있는 능력을 갖추는 것은 필수적이다. 셋째, 인도네시아 학습자를 대상으로 비교문화 수업을 진행할 수도 있다. 〈오피스워치 시즌1〉은 인도네시아에서 리메이크되었는데 두 작품을 비교하며 각색이 진행된 부분과 진행되지 않은 부분을 살펴보고 그 원인을 분석하며 한국과 인도네시아의 문화적 차이에 대해 고찰할 수 있다.

참고문헌

강보라, 서지희, 김선희(2018). "20대 여성 팬덤의 감정 구조와 문화 실천", *미디어, 젠더 & 문화* 33(1), 5-50.
강소산, 전은주(2013). "한국어 교육에서 호칭어, 지칭어 교육 현황과 개선 방안", *새국어교육* 95(0), 363-389.
강현화(2007a). "한국어 표현문형 담화기능과의 상관성 분석 연구 - 지시적 화행을 중심으로", *이중언어학* 34(0), 1-26.
_____(2007b). "한국어표현능력 향상을 위한 담화기능별 문형표현단위에 대한 연구", *응용언어학* 23(1), 17-36.
국립국어원(2005). *외국인을 위한 한국어 문법 2(용법편)*, 커뮤니케이션북스.
김강희(2019). "한국어 지시화행의 담화문법 연구 - 의미, 형태, 사용에 대한 맥락 분석적 접근을 중심으로", *국제한국어교육학회 춘계학술발표논문집* 2019(0), 312-343.
김은성, 강지영(2016). "새로운 장르로서 웹드라마의 가능성 고찰 - 장르적 특징을 중심으로", *한국영상학회 논문집* 14(1), 69-83.
김찬미(2019). "웹드라마를 활용한 한국어·문화교육 방안 연구", 전주대학교 석사학위논문.
손춘섭(2010). "현대국어 호칭어의 유형과 특성에 대한 연구", *한국어 의미학* 33(0), 95-129.
신지민(2019.06.09). "쉬는 시간에도 학원 갈 때도⋯10대 사로잡은 웹드라마", 한겨레, 월드와이드맵:
    https://www.hani.co.kr/arti/culture/culture_general/897118.html#csidx254dfa62d4d10dea3cdabf941abdf3e.
신지영(2021). *언어의 높이뛰기*, 인플루엔셜.
이민경(2022). "한국어교육에서의 웹드라마를 활용한 문화 및 화용 교육 방안 - 〈오피스워치 시즌1〉을 중심으로", *문화와융합* 44(3), 77-106.
이재희, 유범, 양은미, 한혜령, 백경숙, 안경화, 나경희(2011). *영어교육을 위한 화용론*,

한국문화사.

이해영, 방성원, 이정란, 김은영, 박기영, 김민선, 박선희, 배재원, 이미향, 하지혜, 정진, 이민경(2021). *손에 잡히는 한국어 교육학 개론*, 도서출판 하우.

장지영, 박진철(2020). "웹드라마를 활용한 한국어 화용 수업 방안 연구", *인문과학연구* 67(0), 91-112.

전정미(2009). "칭찬에 대한 응답 화행의 실현 양상 연구", *겨레어문학* 42(0), 143-163.

조해인(2021). "20대 팬덤은 '줌마 팬덤'을 어떻게 바라보는가?: 국내 아이돌 팬덤 내 위계 형성에 대한 비판적 고찰", *방송과 커뮤니케이션* 22(1), 116-165.

최경희(2011). "중국인 학습자를 위한 한국어 호칭어 교육 연구", *한국언어문화학* 8(2), 225-252.

코리안브로스(2019.09.06). "외국인들이 말하는 한국의 고백&썸 문화? Feat. 외국선 고백 안 해요!", 코리안브로스, 월드와이드맵:

https://www.youtube.com/watch?v=jMJqkYcOwiw.

하라다 시즈카(2018). "한국 대학생들의 말하기를 통해서 보는 젠더 아이덴티티와 젠더 이데올로기", *비교문화연구* 24(2), 431-470.

허재홍, 박원주, 김승주(2012). "눈치개념 연구", *인문과학연구* 33(0), 557-581.

Baratta, A.(2014). "The use of English in Korean TV drama to signal a modern identity", *English Today* 30(3), 54-60.

Nguyen Thi Phuong Mai(2009). "베트남 학습자들의 드라마를 활용한 한국 언어·문화 교육 연구", *한국언어문화학* 6(1), 191-211.

● 이 장은 문화와융합 학술지 44권 3호에 실린 필자의 논문(이민경, 2022)을 바탕으로 재구성되었다.

13장

한국어 학습자의 문화적 문식력과 설화 교육 실행

1. 설화를 활용한 문화적 문식력 교육의 의의

한국어 중·고급 학습자는 의사소통 능력을 기반으로 목표 문화와 사회에 대한 이해, 자국 문화에 대한 성찰, 문화 간 소통과 상호 비판적 인식 등 고급의 지적 능력을 요구받고 있다. 이에 따라 한국어 학습자를 대상으로 한 문화적 문식력 교육의 필요성이 대두되었는데 한국어 교육에서 문화적 문식력 연구는 주로 상호 문화적 문식력(intercultural literacy), 다문화 문식력(multicultural literacy)과 통합적으로 논의되고 있으며 문화적 문식력에 대한 개별적 연구 성과는 축적되지 않은 상태이다. 다만 최근 설화 교육과 고전 소설 교육을 통해 문화적 문식력의 향상을 도모하고자 한 일련의 연구(김혜진, 2017, 2018)가 진행된 바 있다. 문화적 문식력은 자문화와 목표 문화와 관련되어 공유된 지식의 이해와 가치 체계의 해석을 기반으로 문화를 생산할 수 있는 능력(김혜진, 2017:37)으로 일상생활에서의 소통과 실천을 전제로 한다. 문화적 문식력은 가시적으로 성취 목표를 확인할 수 있는 언어 기능 — 말하기·듣기·읽기·쓰기 — 능력을 넘어 목표 문화와 사회에 대한 심층적 이해는 물론 해석 및 비판

능력을 요구하며 체계적인 교육 내용과 교수·학습 방법을 통해 향상될 수 있다.

한편 설화는 한 민족이나 국가 공동체에서 오랜 시간 구전되어 오면서 공동체의 가치, 신념, 제도, 행위 등 다양한 측면을 포괄하고 있는 대표적인 문화 산물로서 일찍이 문화적 문식력의 유용한 제재로 인정받았다 (Hirsch, 1993). 설화는 인간 삶의 다양한 양상과 생활 방식을 반영하고 있으며 인물의 성격과 윤리, 인물 간의 관계를 통해 목표 문화 사회의 실상을 탐구할 수 있는 내용을 담고 있으므로 문화적 문식력 향상의 교육 내용으로 적합하다. 특히 한국에는 매우 다양한 이야기의 설화가 구전되어 오고 있으며 한국인의 제도, 관습, 풍속, 가치, 믿음, 산물 등 문화의 여러 층위를 반영하여 한국어 학습자의 문화적 문식력을 향상하는 데 효과적인 학습 제재이다.

본고에서는 다음과 같은 연구 문제를 제기하면서 '계획·실행·성찰'의 주기적 순환과 교수자의 반성적 사고를 통해 설화 교육 내용과 교수·학습 방법을 한국어 학습자들에게 적용해서 얻은 결과를 구체적으로 제시하고자 한다. 첫째, 설화「나무꾼과 선녀」를 통해 가족 내 인간관계에 대한 학습자의 이해를 심화하여 궁극적으로 한국 사회와 문화에 대한 이해를 제고한다. 둘째, 학습자의 목표 문화와 자문화에 대한 비교를 통해 상호 문화적 태도를 함양하고 비판적 인식을 활성화한다. 셋째, '계획-실행-성찰'의 실행 연구의 절차에 따른 설화 교수·학습 방법을 통해 한국어 학습자의 문화 생산 능력을 향상한다.

2. 실행 연구의 개념과 특징

실행 연구는 인간의 성장을 목적으로 하며 일상생활의 경험을 중시하는 진보적 사상에 기반하고 있는데 그 철학적 기원은 진보주의 철학, 비판적 사고, 구성주 등에 있다. 실행 연구는 연구 질문, 자료 수집, 자료 분석 등의 기초적 연구 방법론을 수반하며 제2 언어 교실을 연구하는 질적 연구 방법의 하나로 현장 이론의 생성이라는 방법론적 특징을 가진다. 실행 연구의 이론적 기초는 레빈(Lewin)에 의해 이루어졌는데 1940년대 미국의 빈곤, 인종 차별 등 사회 문제에 관심을 두고 사회적 행동의 변화를 촉진하는 과정에서 해당 문제에 대한 관련자들의 적극적인 참여를 강조하였다. 레빈은 사회 문제에 실질적인 도움이 되지 못했던 기존의 사회 과학 이론을 비판하면서 사회 구성원 주체들이 직접 문제 해결 과정에 참여하는 '계획-실천-발견'의 연속적인 과정을 반복했으며 이는 오늘날 실행 연구의 토대가 되었다(Lewin, 1946:34-46). 실행 연구 초기에는 실제적 문제에 대한 측정과 통계적 분석에 기반한 이론을 적용하는 데 초점을 두었으나 1980년대 이후에는 어떤 현상에 대한 문제 해결을 위한 과정으로서의 자료 수집과 분석을 이용한 논의들이 많다.

현실의 복잡다단함을 통제하거나 일반화하기보다 이를 인정하고 수용하려는 탐구로서의 실제를 강조하는 실행 연구의 대표적인 특징은 다음과 같다.

첫째, 교육 현장 개선의 실천적 성격을 지닌다. 실행 연구에서 실행은 개선을 목적으로 하고 연구는 이해를 목적으로 하여 '더 나은 이해'에서 나아가 '더 나은 실천'에 궁극적인 목적을 두고 사회적 실천을 해 나가는 과정이다(McTaggart & Kemmis, 1988). 실행 연구의 가장 큰 장점은 연구자가 위치한 곳이 연구 대상이므로 연구 현장과 상황에 대한 풍부한 이해를 통해 현장을 개선한다는 데 있다. 연구자 본인의 현장 경험을 통해 얻게 된 통찰력은 현장에 대한 이해와 현장에서 발생하는 문제에 대해 실제적이고 구체적인 개선을 해 나갈 수 있다. 연구자는 학습자에게 학습 자료만을 제공하는 소극적인 역할 수행에만 그치지 않고 실제 교육 문제를 개선하고 학습자와 함께 지식을 생산하는 책임을 지닌 주체로서, 연구에 적극적으로 참여하는 존재로서 설정된다. 따라서 연구자는 직접 교육 활동을 수행하는 과정에서 교수자의 개입이 교수·학습에 어떤 변화를 초래하는지 성찰하면서 교육 과정 중에 발견되는 문제를 조정하고 수정할 수 있다.

둘째, 연구자와 연구 참여자의 공동 참여가 원칙이며 상호 간의 지위는 평등하다. 실제 현장의 문제는 개인의 개별적인 문제도 있지만 대부분 사회 구성원들의 이해관계와 복잡한 상황 속에서 형성된 것이 많으므로 연구자를 포함한 연구 참여자들의 참여와 협력은 필수적이다. 실행 연구는 연구자와 연구 참여자들이 현장에서 발생하거나 경험하는 상황에 대해 공통의 문제점을 인식하는 것이 문제 해결의 시작이 된다. 또한 연구자와 연구 참여자의 지위는 평등하며 연구에 적극적으로 참여하는 주체로서 연구자와 연구자 참여자는 라포(rapport)를 형성하고 동반자적 관계를 맺는다. 기존의 양적 연구에서는 연구자가 연구 문제로 인식한 주제에 대해서 참여자를 선정하고 자료를 수집하고 분석할 때, 연구자는 연구의 주체자로 연구 참여자는 연구의 객체로서만 인식되어 연구 참여자는 연구자에 의해 통제되었지만 실행 연구에서는 연구 과정에 연구자와 연구 참여자가 적극적으로 참여하되 위계적 관계가 아닌 수평적 관계로 설정된다.

셋째, 연구자의 연구 과정은 해석적이며 연구자와 연구 참여자는 비판적 태도를 지닌다. 실행 연구에서 연구자와 연구 참여자는 자기 성찰적인 공동체를 구축하면서 체계적인 학습과 반성의 기회를 가지는 데 이때 발생하는 문제에 대한 비판적 사고와 태도가 요구된다. 실행 연구에서 비판적 사고와 태도는 문제 상황을 해결하고 특수한 사회·문화적 맥락을 파악하는 데 필요하다. 실행 연구는 자료 수집과 분석 과정이 일회적·고정적인 것이 아닌 유동적이며 해석적인 과정으로 문제 개선을 위해 체계적, 자기반성적 연구를 수행할 때 현장의 문제를 인식해서 계획을 세우고 연구 참여자들이 얻은 효과를 설명할 수 있다. 케미스와 맥타카트(Kemmis & McTaggart, 2005)는 실행 연구를 행위 당사자가 행위의 개선을 위해 협력적, 자기 성찰적으로 탐구하는 일종의 형식으로 간주하고 실행 연구의 탐구 형식에 포함되어야 할 요소로 행위 당사자가 자신의 문제를 성찰하고, 성찰과 행위 활동을 연계하여 반복하며 관심 있는 사람들과 공유하는 것을 들었다.

넷째, 연구의 과정 및 결과는 잠정적·유동적이며 '계획-행위-관찰-반성'의 연속적·순환적 과정을 지향한다. 실행 연구는 연구를 진행하면서 맞닥뜨리는 문제들에 대해 지속적인 의사 결정을 하면서 문제 해결 방안을 모색하고 제안한다. 연구 과정에서 도출된 해결책은 확정적이거나 절대적인 것이 아니며 반성적 사고와 성찰을 통해 지속적인 대안을 요구한다. 연구자가 해석한 자료의 의미는 부분적일 수밖에 없으며 연구자의 신념과 가치에 영향을 받기 때문에 연구자의 결론은 객관적이고 절대적일 수 없고 연구자의 주관적 편향성을 극복하기 위해 노력할 뿐이다. 이처럼 실행 연구는 학문적 연구 방법론으로서의 취약성이 제기되기도 하지만 연구자가 당면한 문제 해결을 목적으로 하되 변인 통제와 그 결과의 일반화에는 관심을 두지 않는 것이 다른 연구 방법론과의 차별성을 지닌다(조희형, 2011). 실행 연구에서 결과의 일반화에 주목하지 않는 것은 다시 그 결과는 순환적 연구 과정에 의해 변화될 가능성이 있기 때문이다.

3. 실행 연구의 대상과 방법

본 연구의 참여자는 한국어 능력 시험(TOPIK)에서 4급 이상을 취득한 한국어 중·고급 학습자들(4급 11명, 5급 44명, 6급 30명)로서 서울 소재 S대학교의 학부 대학에서 교양 강좌를 수강하고 있는 외국인 유학생들과 해당 강좌를 담당하고 있는 교수자이다. 해당 강좌는 사회·문화·문학·경제·교육 등 한국 사회의 다양한 분야를 다루는 필수 교양 과목으로 학부 전공 과정에 진입한 유학생들에게 개설되어 있다. 설화 교수·학습의 실행은 2021년 1학기 과정 중인 4월 19일부터 5월 7일까지 3주에 걸쳐 진행하였고 수업에 참여한 학습자는 남학생 32명, 여학생 53명으로 총 85명이며 국적은 중국 78명, 대만 1명, 몽골 2명, 베트남 2명, 인도네시아 2명으로 다양하다. 수업을 진행한 교수자는 대학 부설의 한국어학당과 학부 대학, 한국어 교사 양성 과정 기관 등 다양한 한국어 교육 기관에서 외국인 유학생과 한국어 교사 지망생을 가르친 교육 경험이 풍부한 박사학위 소지자이며 한국어 교재 및 관련 콘텐츠를 개발한 경력을 가지고 있다.

본 연구에서는 여러 설화 중「나무꾼과 선녀」를 교수·학습 자료로 선정하였는데 이유는 다음과 같다.「나무꾼과 선녀」는 세계 여러 지역에 분포되어 있는 광포 설화로서 비교 문화가 가능하고, 다양한 각편이 존재하여 학습자 스스로 자신만의 이야기를 만들 수 있다는 자신감을 불러일으킨다. 이는 궁극적으로 학습자의 상상력과 창의력을 활성화하여 새로운 문화 생산에 기여하게 된다. 특히 나무꾼이 노모를 만나러 왔다가 다시 하늘로 돌아가지 못하고 수탉이 되는 이야기의「나무꾼과 선녀」는 한국만이 지닌 고유한 결말로 한국어 학습자들이 한국 문화에 대해 심층적인 탐구를 할 수 있도록 한다. 이처럼「나무꾼과 선녀」는 다양한 서사와 결말을 지닌 설화로서 외국 설화와 비교 분석한 연구(전혜경, 2001; 정옥근, 2006; 김환희, 2007), 작품의 변이 양상에 대한 연구(최운식, 1988; 전신재, 1999), 장르적 속성에 대한 연구(김대숙, 2004; 신태수, 2005) 등 다수의 연구물이 축적되어 있어서 문화적 문식력 향상을 위한 교육 자료로서의 가치가 충분하다.

연구 대상 분석 자료는 1단계 실행 연구의 학습자 산출물인 등장인물의 관점에서 서술하기 과제물, 2단계 실행 연구의 학습자 산출물인 학습자 간 토론하기 과제물, 3단계 실행 연구의 학습자 산출물인 설화 결말 다시 쓰기의 세 가지이다.

설화 교수·학습은 실행 연구의 절차에 따라 3단계로 구성하였으며 각 단계는 웹엑스(Webex)를 활용한 온라인 수업으로 진행하였다. 1단계에서 교수자는 설화「나무꾼과 선녀」를 강독한 후 애니메이션으로 제작된「나무꾼과 선녀」를 제시하고, 학습자들이 등장인물의 상황과 입장에 대해 고민해 보는 학습 활동을 하였다.「나무꾼과 선녀」의 강독은 전체 텍스트를 교수자와 학습자가 함께 읽어 나가면서 교수자는 어휘나 표현에 대하여 설명하고 학습자는 등장인물의 성격이나 특성 등에 간단히 이야기하는 것으로 이루어졌다. 약 3분 30여 초 분량으로 제작된 애니메이션「나무꾼과 선녀」는 사건이 비교적 간략하게 전개되므로 학습자들의 상상력을 자극할 수 있도록 독려하였다.

2단계에서는「나무꾼과 선녀」에 나타난 '나무꾼과 선녀'의 부부 관계, '노모와 나무꾼'의 모자 관계, '노모와 선녀'의 고부 관계를 통해 한국인의 인간관계 및 가족 관계에 대한 심층적인 탐구를 도모하고 학습 활동은 토론의 형태로 진행하였다. 또한「나무꾼과 선녀」와 유사한 자국의 설화를 소개하고 작품을 서로 비교해 보는 시간을 가졌다. 학습자 간 토론하기는 학습자들이 수업 시간에 모여 직접 대면하여 토론하지 않고 온라인 과제물 제출창에 토론문을 올리고 서로 댓글을 다는 형태로 진행하였다. 학습자 본인과 유사한 의견이나 학습자들이 판단하기에 참신한 의견에 대해서는 동의 또는 칭찬하는 댓글들을 써 주고 '좋아요'를 눌러 줌으로써 활발한 상호 작용을 하였다.

3단계에서는「나무꾼과 선녀」를 기반으로 결말 다시 쓰기, 노래 가사 짓기, 감상문 쓰기 등 다양한 글쓰기 활동을 진행하였다. 교수자는「나무꾼과 선녀」등 설화는 독자(청자)에 따라서 얼마든지 이야기의 변화나 변용이 가능함을 알려주면서 학습자들에게 결말을 새롭게 구성하는 데 어떤 제약도 받지 않도록 안내하였다. 노래 가사 짓기는 학습자의 창의적인 생산 활동을 추동하기 위한 것으로 대중가요「선녀와 나무꾼」을 제시하여 주고, 학습자들도 노래 가사를 만들어 보도록 하였다. 감상문 쓰기는「나무꾼과 선녀」를 통해 획득한 문화적 문식력의 총체적인 능력을 확인하고자 한 학습 활동으로 글의 형식은 갖추어 쓰되 글자 수에는 제한을 두지 않고 작성하게 하였다.

4. 설화 교육 실행 연구 과정과 결과

1) 1단계 설화 교수·학습의 계획·실행·분석·성찰의 결과

1단계 설화 교수·학습을 계획하면서 주제의 보편성, 서사 구조의 일반성, 한국 문화의 특수성 등을 고려하여 「나무꾼과 선녀」를 교수·학습 자료로 선정하였다. 「나무꾼과 선녀」의 여러 각편 중 한국 사회·문화의 특수성을 내포한, 즉 나무꾼이 노모를 만나러 왔다가 하늘로 다시 돌아가지 못하고 수탉이 되는 비극적 결말을 가진 작품을 학습자에게 소개하고 강독하였으며 이 외에 다양한 결말을 가진 이본들에 대한 보충 설명을 하였다. 이어서 「나무꾼과 선녀」 애니메이션을 보여 주었다. 애니메이션 「나무꾼과 선녀」는 상당히 많이 제작되어 유통되고 있는데 주로 유아 및 어린이들을 대상으로 하여 그림이나 내레이션(narration), 인물 간 대화 등 성인 학습자인 외국인 학생들에게는 다소 부적합한 면이 있지만 본 수업에서는 설화의 내용 이해에 초점을 두고자 하였으므로 큰 문제가 되지는 않는다고 판단하여 활용하였다.

이후 교수자는 학습자들에게 '무슨 내용인가요?', '나무꾼은 현재 어떤 상황인가요?', '선녀는 왜 하늘로 돌아가지 못하고 나무꾼과 결혼했나요?' 등의 질문을 통해 작품에 대한 기본 이해 정도를 확인하였다. 후속 학습 활동으로는 작품의 주인공인 나무꾼, 선녀, 노모 등 세 사람의 처지와 입장에 대해 생각해 보고 각각의 인물에게 학습자의 관점을 적용해 보는 활동을 하였다. 즉 나무꾼, 선녀, 노모 중 가장 공감되는 인물을 선정하고 본인이라면 어떻게 할지 이야기해 보도록 하였다. 1단계 설화 교수·학습의 결과 학습자들은 선녀, 나무꾼, 노모에 감정 이입하여 자신의 견해를 표출했는데 크게 자의식의 투영 및 강화, 전통적 가치와 규범의 준수, 자기반성을 통한 합리적 해결 방안의 모색 등 세 가지로 유형화할 수 있었다.

첫째, 주인공에게 자의식을 투영하고 강화하는 유형이다. 한국어 학습자들이 가장 공감하고 자신의 생각과 감정을 투영한 등장인물은 선녀였다. 참여 대상자 85명 중 44명의 학습자들이 선녀의 상황과 처지에 자신을 대입하여 생각과 감정을 드러냈는데 나무꾼과 노모와의 관계보다 선녀 본인 자신의 정체성과 권리를 더 중시하였다.

> 저는 '선녀'의 입장이라면 나무꾼이 날개옷을 저에게 줄 때 제가 아이들을 가지고 나무꾼에게 저를 찾지 마라고 해서 하늘로 돌아가고 아이들과 새로운 삶을 사겠습니다. 왜냐하면, 날개옷을 본 선녀는 망설이 없이 향하였습니다. 이를 따라 선녀가 나무꾼을 사랑하지 않은 것을 볼 수 있습니다. 그리고 나무꾼은 선녀의 날개옷을 숨겨서 선녀가 하늘에 돌아가지 못하게 되는 것이 아주 이기적이고 비열한 행위라고 생각합니다. 그래서 제가 그 선녀라면 진상을 알게 될 때 나무꾼과 계속 같이 살 수 없을 것 같습니다. 〈학습자 B-7-CH-6급〉

> 만약 제가 '선녀'라면 '저'도 날개옷을 입자마자 바로 하늘로 날아갈 겁니다. 왜냐하면 이러한 일을 당한 것은 청천벽력과 같은 일이기 때문입니다. 나무꾼이 '저'의 옷을 훔쳐 '저'를 떠나지 못하게 한 사실이 알게 되면 당연히 본래 살던 고향으로 돌아가고 싶죠. 고향에 계신 부모님뿐만 아니라 언니들도 무척 그립고 무엇보다도 '저'는 예상치 못하고 원하지 않는 결혼생활까지 한다는 것을 '저'를 힘들게 만들고 체념하게 했습니다. 물론 나무꾼이 사슴을 숨겨주고 그만큼 착하다는 마음을 알 수 있지만 완전히 착한 사람이라고 할 수 없습니다. 왜냐하면 '저'에게는 나쁜 짓을 했으니까요. 선녀의 입장에서 옷을 잃어버린 데다가 낯선

남자와 결혼까지 했습니다. 더불어 부모님들과 언니들이 있는 곳으로 가지 못하면서 얼마나 불행했을 것입니다. 〈학습자 B-38-CH-6급〉

학습자들은 나무꾼이 선녀의 옷을 숨겨서 혼인 생활을 시작한 것은 부적절하고 이기적인 행위로 규정하고 있으며 선녀가 하늘나라로 돌아가는 것을 당연한 것으로 여기고 있다. 남녀의 사랑은 상호적인 것으로서 어느 한쪽만의 일방적인 구애는 부당하며, 무엇보다 배우자와의 생활이 상대를 기만하는 행위에서 비롯되었음을 비난하고 있다. 〈학습자 B-7-CH-6급〉은 진실을 알게 된 선녀는 나무꾼을 용서하지 않고 독자적인 삶을 꾸리겠다고 말하고 있으며 〈학습자 B-38-CH-6급〉은 이에 더해 나무꾼 때문에 헤어지게 된 자신의 가족에 대해서도 언급하고 있다. 즉 나무꾼으로 인해 자신의 소중한 사람들과 헤어지게 되었고 이는 선녀의 불행을 야기한다는 것이다. 이처럼 다수의 학습자들은 인간으로서, 여성으로서 선녀가 자신의 권리를 찾는 것에 관심을 보였다.

둘째, 한 사회·문화의 전통적 가치와 규범을 준수하는 유형이다. 효(孝), 애정, 자애, 가족 부양의 의무 등 전통적으로 중요시되는 가치는 선녀, 나무꾼, 노모 등 모든 등장인물에 공통적으로 적용되어 나타났다.

만약 제가 나무꾼이라면 아이들과 아내를 만난 후에 바로 집으로 들어갈 것입니다. 아이와 아내를 떠나는 것보다 노모의 노후 생활을 돌보는 사람이 없는 것은 더 불행합니다. 아이는 아내가 하늘에서 잘 키울 수 있고 새 아버지도 찾을 수 있습니다. 그런데 노모는 일생은 곧 마쳐서 즐겁게 노후 생활을 지내는 것은 아들로서의 책임입니다. 〈학습자 B-41-CH-6급〉

만약에 저는 '선녀'라면 마지막으로 '나무꾼'의 곁에 다시 돌아갈 겁니다. 어쨌든 결론해서 그렇게 오랫동안이 '나무꾼'과 같이 살아서 부부

사이의 정이 들었습니다. 그리고 아이들도 아버지가 아주 필요합니다. 아버지는 아이의 소년기에 아버지는 어머니보다 더 큰 역할을 하기도 합니다. 왜냐하면 남자가 일을 하는 데 목적성이 더 강하기 때문입니다. 또한 '나무꾼'은 노모가 있어서 그는 어머니가 잘 돌봐야 하니까 그냥 떠나가면 그에게 큰 타격을 줬습니다. 그래서 다시 인간에 돌아가서 행복하게 살 겁니다. 〈학습자 B-31-CH-4급〉

제가 '노모'라면, 저는 제 아들이 자신의 삶을 추구하는 것을 지지할 것입니다. 비록 아들이 저를 떠났지만, 그에게도 자신의 가정이 있습니다. 그가 행복하기만 하면, 저도 매우 행복합니다. 집에서 끝까지 아들을 기다리며 든든한 후원자가 되겠습니다. 동시에 저는 아들이 걱정하지 않도록 자신을 잘 돌보겠습니다. 〈학습자 B-36-CH-6급〉

학습자들은 부모에 대한 자식의 도리인 효를 인간 생활에서 가장 중요한 가치로 여기고 있다. 학습자들은 나무꾼과 선녀 모두 인간의 도리로서 연로한 어머니를 홀로 남겨 두는 것은 바람직하지 않다고 보고 생의 마지막까지 노모를 모시는 것을 당연시하고 있다. 한편 세상의 모든 부모는 자신보다 자녀의 행복을 바라며 어떤 희생도 마다하지 않는데 이는 인류 역사에서 변하지 않는 진리이다. 〈학습자 B-36-CH-6급〉은 자식에게 걱정을 끼치지 않도록 노력하며 자식의 앞길을 응원하는 어머니의 모습을 그리고 있다. 연로하지만 경제적 능력을 갖추고 독립적인 삶을 지향하는 현대 부모 세대의 합리적인 면모를 수용한 것이다.

셋째, 자기반성을 통해 합리적 해결 방안을 모색하는 유형이다. 학습자들은 「나무꾼과 선녀」에 등장하는 각 인물의 입장과 처지를 이해하고 자아 성찰, 가족 관계의 개선, 가족의 화목 등 등장인물이 처한 상황을 고려하여 합리적인 해결 방안을 강구하는 모습을 보여 주기도 하였다.

저는 '선녀'의 입장을 선택합니다. 먼저 제가 선녀의 하늘에 대한 그리움을 이해할 수 있지만 나무꾼과 가정을 만들어서 가정을 잘 꾸릴 책임을 져야 한다고 생각합니다. 그래서 제가 선녀의 입장이라면 가정과 하늘의 그리움이 균형을 이룰 수 있는 방법을 찾겠습니다. 예를 들어 나무꾼과 상의해 하늘에서 살다가 다시 바닥으로 내려가 살면 고향을 그리는 마음도 풀리고 가정을 돌볼 수 있습니다. 혹은 선녀가 홀로 하늘로 돌아가 살 때 나무꾼과 아이들과 만나는 것도 방법입니다. 매사에 최선을 다할 수 없고 이 방법은 이전 방법보다 가족에 대한 배려가 덜할 수 있기 때문이기도 하지만, 그래도 바람직합니다. 〈학습자 B-4-CH-6급〉

저는 '나무꾼'의 처지라면 선녀가 날개옷을 입고 미련없이 저를 떠났을 때 자기반성을 먼저 해야 할 것 같습니다. "날개옷을 훔치고 선녀를 속이는 것은 정당하지 않고 아주 이기적인 행위입니다. 어쩔 수 없이 저와 결혼하는 선녀에게 진정한 행복이 아니고 그녀의 생각을 전혀 고려하지 않았구나"라고 반성할 것입니다. 그리고 하늘에 가서 선녀를 다시 찾을 때 제 잘못을 알려 주고 용서를 받고 싶습니다. 그 다음에 저를 사랑하느냐고, 저와 다시 생활할 수 있느냐고 선녀의 생각을 물을 것입니다. 사랑은 저만의 의지에 의하면 안 되기 때문입니다. 〈학습자 B-14-CH-6급〉

저는 사슴이 나무꾼에게 알려준 방법은 좋지 않다고 생각합니다. 그래서 저는 나무꾼의 처지라면 선녀를 얻기 위한 이런 나쁜 방법을 사용하지 않을 것입니다. 그 방법이 선녀에게 불공평하고 큰 상처가 되기 때문에 저는 선녀를 제대로 된 방법으로 추구하여 선녀가 자신의 진실한 모습에 끌리게 하고, 선녀와 함께 자신의 상황을 진실하게 설명하고, 선녀와 제 연로한 어머니에 대해 이야기하게 될 것입니다. 대화를 통해 우리는 함께 살기 좋은지 아닌지를 알 수 있을 것입니다. 연로한 어머니는 반드시 보살핌을 받아야 하기 때문에 선녀가 인간의 삶에 적응하고 저와 함께 어머니를 돌볼 수 있느냐가 중요합니다. 그래서 저는 나무꾼의 처지라면 먼저 선녀와 이야기를 하고, 결과가 어떻든 서로의 의견을 존중할 것입니다. 〈학습자 B-21-CH-5급〉

〈학습자 B-4-CH-6급〉은 선녀의 입장에서, 〈학습자 B-14-CH-6급〉과 〈학습자 B-21-CH-5급〉은 나무꾼의 처지에서 가족을 지키고 가정을 원만히 유지하기 위한 방안을 제시하고 있다. 각자 공감하는 등장인물은 다르지만 학습자들은 공통적으로 목적을 이루기 위한 수단과 방법의 적절성, 가정 내에서 대화의 중요성, 부부간의 신뢰와 진심, 어머니에 대한 효심 등에 대해 이야기하고 있다. 타인을 비난하기보다 자기 성찰과 반성을 통해 문제 해결의 구체적인 해결 방안을 제시한 것은 학습자들의 사유 방식이 합리적임을 보여 준다.

2) 2단계 설화 교수·학습의 수정·실행·분석·성찰의 결과

1단계에서 「나무꾼과 선녀」의 교수·학습을 한 후, 각 등장인물 중 학습자가 가장 공감하는 인물을 찾아 감정 이입해 보는 활동을 했는데, 미시적인 관점에서 각 인물에 대한 분석과 인물이 처한 상황에 대해서는 파악을 잘하였지만 작품의 전체적인 맥락과 한국 사회에서의 가족 관계에 대한 이해는 미흡하였다. 예를 들면 다수의 학습자들은 나무꾼이 선녀의 옷을 훔치는 데서 두 사람의 인연이 시작되었기 때문에 결혼 생활 전체를 부정하고, 선녀에 대한 나무꾼의 행위를 기만, 강제, 압력 등으로 규정하여 이를 비난하였다. 학습자들의 관점과 견해에 일면 타당한 점도 있지만 편협한 관점이 개입되어 있으므로 인물과 작품의 배경에 대한 총체적인 이해가 필요하다고 보고, 2단계 설화 교수·학습에서는 인물 간의 관계에 대한 심층적인 탐구가 가능하도록 가족 내 관계를 주제로 한 토론 중심의 학습 활동을 계획하였다. 학습자 간의 토론 활동은 기본, 심화, 확장의 단계로 구성하여 기본 단계에서는 나무꾼과 선녀의 부부 관계, 노모와 나무꾼의 모자 관계, 노모와 선녀의 고부 관계에서 중요한 점과 이유에 대해 말해 보게 하였다. 심화 단계에서는 예나 지금이나 고부 관계 속에서 여성과 남성이 겪는 어려움과 해결 방안에 대해서 이야기해 보고 확장 단계에서는 「나무꾼과 선녀」와 비슷한 이야기가 학습자 국가에도 있는지 소개하는 활동을 제시하였다. 이처럼 2단계 학습 활동으로 토론을 구성한 것은 학습자들이 선녀와 나무꾼, 노모와 나무꾼, 노모와 선녀의 관계를 통해 한국 전통 사회에서의 가족 내 관계에 대한 이해의 심화와 특히 고부 관계는 한국에만 존재하는 것이 아니므로 이에 대한 비교 문화적 관점을 살펴보고자 한 것이다.

학습자들의 토론 내용을 분석한 결과, 부부 관계에서는 '신뢰', 모자 관계에서는 '소통', 고부 관계에서는 '이해'를 핵심 요소로 보았으며 동시에 공통적으로 신뢰, 소통, 이해는 모든 가족 관계에 필요하다고 간주하고 있었다.

먼저 학습자들은 선녀와 나무꾼의 부부 관계에서는 '신뢰, 이해, 배려, 존중, 성실, 포용' 등의 핵심어를 제시하였다. 특히 부부 관계는 신뢰로 형성된다고 보았다.

> 부부 관계에서 중요한 것은 양쪽에서 신뢰가 생기지 않으면 그 관계는 분명히 끝장날 것이다. 누군가를 믿는 것은 매우 어려운 일이다. 하루 이틀이 아니라 믿을 수 있다. 그것은 믿음의 작은 조각들을 조금씩 쌓아가는 긴 과정이다. 〈학습자 B-17-VE-5급〉

> 먼저 부부 관계에서 서로 이해, 존중하는 것은 가장 중요하다고 생각합니다. 부부는 독립한 개체 남녀가 맺는 관계입니다. 독립한 사람은

자기의 생각, 성격, 생활 습관 등이 다르기 때문에, 부부가 오랫동안 함께 사는 사이라서 상대방의 모든 것을 이해하고 존중하면 오래 함께 살 수 있습니다. 〈학습자 B-4-CH-4급〉

부부 관계에서 가장 중요한 것은 서로 배려해야 한다. 살면서 기분 나쁜 일이나 아프면 배우자의 배려를 바라고, 가벼운 말을 한 두 마디에 도 기분 좋게 느껴진다. 아무 대답도 받지 못하면 속상하다고 심지어 같이 사는 게 별 의미가 없다는 생각을 들 수 있다. 그래서 서로 배려야 한다. 〈학습자 B-15-4급〉

저는 부부 관계에서 가장 중요한 것은 성실이라고 생각합니다. 제일 진정한 모습을 상대방에게 보여 주어야 하며 계속 무엇을 숨기고 속이면 아주 힘들 것입니다. 그리고 상대방에게 상처를 줄 수 있어서 '선녀와 나무꾼' 같은 처지에 있을 수 있습니다. 〈학습자 B-14-CH-6급〉

부부관계에서 가장 중요한 것은 서로 포용하는 것이라고 생각합니다. 부부가 함께 살아가면서 싸움이나 갈등이 생기는 것은 피할 수 없습니다. 이런 상황에 가장 중요한 것이 바로 서로 포용하는 것입니다. 상대의 잘못만 생각하지 말고 상대의 처지도 생각하면서 상대를 포용하면 모든 모순을 해결할 수 있다고 생각합니다. 〈학습자 B-8-CH-6급〉

학습자들은 부부를 서로 배려하고 존중하면서 상호 소통하고 보완해 가야 하는 관계로 이해하고 있다. 부부 관계는 서로 간의 신뢰를 기반으로 하며 하루아침에 이루어지는 것이 아니라 오랜 시간에 걸쳐 점진적으로 형성되는 것임을 알고 있다. 남편과 아내는 각기 독립된 인격체로서 다른 사고, 습관, 성격 등을 지니고 있으므로 갈등이 발생하는 것은 당연한 일이며 배려와 포용, 이해만이 문제 상황을 해결하고 원만한 부부 생활을 지속할 수 있다고 보았다.

두 번째로 학습자들은 모자 관계에서는 '소통, 신뢰, 사랑'이라는 핵심 요소를 추출하였는데 가장 중요하게 여긴 것은 '소통'이다. 현대 사회는 전통 사회와 달리 부모가 자녀를 일방적인 상하 관계로 대할 수 없으며 자녀 또한 부모에게 전적인 효도를 실행하지 않는다. 학습자들은 「나무꾼과 선녀」의 이야기를 통해 부모 자식 간의 소통 문제를 이야기하였다.

> 모자 관계에서 가장 중요한 것은 소통이라고 생각합니다. 서로 자주 소통하여 특히 같이 있지 않으면 간단한 건강, 생각 같은 것을 나누어도 심리적 거리감을 줄일 수 있고 걱정이나 오해도 많이 감소할 수 있기 때문입니다. 이야기 속의 '노모'도 아들의 소식을 전혀 모르니까 매일 걱정하는 모습이 아주 슬픕니다. 〈학습자 B-7-CH-4급〉

> 모자 관계에서 가장 중요한 것은 서로 신뢰하는 것이라고 생각합니다. 서로 신뢰해야 허심탄회하게 소통할 수 있다고 생각하기 때문입니다. 그리고 그 바탕 위에서 좋은 모자관계를 형성할 수 있을 것이라고 생각합니다. 〈학습자 B-14-VE-4급〉

> 모자 관계에서는 의사소통과 사랑이 가장 중요하다고 생각합니다. 모자 관계에서는 사랑이 부족하게 되면 소통도 어렵습니다. 소통이 없으면 아이들은 나쁜 방향으로 성격이 잘 못 되거나 나쁜 길로도 빠져들 수도 있습니다. 〈학습자 B-39-IN-6급〉

〈학습자 B-7-CH-4급〉은 모자지간의 잦은 소통을 통해 심리적 거리감을 줄일 필요성이 있다고 하였다. 대화를 자주 하면 서로 간의 오해와 걱정을 줄일 수 있다는 것이다. 〈학습자 B-14-VE-4급〉은 부모와 자식 간에는 신뢰가 형성되어야 이를 기반으로 원활한 소통을 할 수 있다고 하였으며, 〈학습자 B-39-IN-6급〉은 소통이 없는 모자 관계가 된다면 자녀들은 잘못된 인성을 형성하거나 일탈할 수 있음을 경고하고 있다. 이 밖에도 소수이기는 하지만 부모 자식의 관계는 수직 구조로 유지되어서는 안 되며 수평적 구조, 즉 평등해야 함을 역설한 학습자들도 있었다.

세 번째로 학습자들은 고부 관계는 '상호 이해를 기반으로 이루어져야 한다고 보았다. 시어머니와 며느리의 고부 관계는 예나 지금이나 가족 간의 관계 중 가장 어려운 관계이고 동서고금의 문제로 인식되고 있다. 특히 고부 관계는 모자 관계와 깊이 관련되어 있고 가족 간의 갈등 구조 및 원만한 가족 관계의 유지에 큰 영향을 미치기 때문에 중요하게 다루어지고 있다.

> 그리고 고부관계에는 제일 중요한 것은 바로 이해입니다. 사실 예날부터 고부관계가 항상 화제가 됩니다. 나쁜 고부관계가 되면 남편과 부인 그리고 모친 간에 관계가 난처한 처지에 빠질 수 있습니다. 그래서 고부 간의 관계는 제일 중요한 것은 바로 이해입니다. 모친은 부인의 고생을 이해해야 하고 부인은 모친을 이해해야 합니다. 자주 소통하고 행복하게 할 수 있다고 생각합니다. 〈학습자 A-2-CH-5급〉

> 고부 관계에서 가장 중요한 것은 상호 존중과 포용이라고 생각합니다. 왜냐하면 여성은 며느리 뿐만 아니라 다른 사람의 소중한 딸입니다. 그리고 고부간의 상호 존중과 포용은 가족의 삶을 융합하게 만들 수 있습니다. 〈학습자 B-36-CH-4급〉

> 고부 관계에서의 갈등은 둘 중 한 명(또는 둘)의 감정이 상했을 때 비롯된다. 어려운 것은 이 상처는 우리가 통제할 수 없다는 것이다. 시어머니와 며느리의 갈등을 해결할 방법을 찾을 때, 상대방의 결점이 당신의 삶의 일부로 여겨야 한다. 이것은 당신이 상대방의 모든 "압박"

과 잘못에 대해 타협할 것이라는 것을 의미하지는 않지만, 작은 실수와 함께 평화롭게 살 수 있는 방법을 찾는 것이 더 나을 것이다. 〈학습자 B-25-VE-5급〉

〈학습자 A-2-CH-5급〉은 고부 관계가 원만하지 못하면 부부 관계와 모자 관계 모두 난처한 입장에 빠진다는 점을 분명히 인식하고 있으며 시어머니와 며느리 모두 상호 간에 이해해야 함을 강조하고 있다. 〈학습자 B-36-CH-4급〉과 〈학습자 B-25-VE-5급〉은 고부 관계의 갈등 해결을 위해 상호 존중과 포용을 제안하고 있으며, 이 갈등은 통제할 수 없는 감정적인 것이기 때문에 서로의 작은 실수는 이해하고 상호 공존할 수 있는 방법을 찾아볼 것을 이야기하고 있다.

2단계 학습 활동에서 토론할 문제를 크게 세 가지로 제시하였는데 세 번째 토론 주제인 '여러분 나라에도 「나무꾼과 선녀」와 비슷한 이야기가 있습니까? 있다면 소개해 주십시오.'는 부부 관계, 모자 관계, 고부 관계에 대한 학습자들의 이해를 살펴보고자 한 교수·학습 의도와 다소 동떨어진 문제이기도 하고 한번에 여러 토론 주제를 제시함으로써 학습자들에게 학습 부담을 주었다는 사실을 학습자들의 과제 제출 이후 수업 피드백을 통해 알게 되었다. 세 번째 문제만으로도 비교 문화적 또는 비교 문학적으로 다양한 이야기가 나올 수 있는 주제를 교수자의 정교하지 못한 교수·학습 설계로 인해 교육적 효과를 반감시킨 것이다. 학습자들의 반응을 좀 더 빨리 포착하여 주제를 한두 개로 줄여서 좀 더 심화된 토론을 진행하지 못한 것은 전적으로 교수자의 책임이다. 2단계 수업에서 교수자는 행위 중 반성(reflection-in-action)을 하지 못하고 행위 후 반성(reflection-on-action)에 그쳤는데 이는 행위 중 앎(Knowing-in-action)이 이루어지지 못한 것이다. '행위 중 앎'은 무의식적이고 직관적으로 이루어지는 것으로 실천적 지식(practical knowledge) 또는 암묵적 지식(tacit knowledge)과 유사하다(강지영, 소경희, 2011:203). '행위 중 반성'은 수업 중에 교사가 매 순간 의사 결정을 하면서 학생의 수업 과정과 학습 효과에 영향을 주는 사고 행위를 말하며 '행위 후 반성'은 수업 후 교사 스스로 자신의 전문성을 신장해 나가기 위한 사고 행위를 말한다. 교사의 역할은 수업의 문제 상황에서 문제 제기를 하는 데 있으며 이는 '행위 중 앎'에 의해 이루어진다.

3) 3단계 설화 교수·학습의 수정·실행·분석·성찰의 결과

3단계 설화 교수·학습은 「나무꾼과 선녀」를 전반적으로 다시 고찰할 수 있도록 학습 활동을 계획하였다. 전 단계의 설화 교수·학습에서 등장인물, 등장인물 간의 관계에 대해 초점을 두고 수업을 진행하다 보니 작품 전체에 대한 맥락을 살펴볼 기회가 없었다. 무엇보다 「나무꾼과 선녀」는 국가별로 다양한 결말을 지닌 채 전승되는 설화이기 때문에 학습자들이 각자 나름대로 작품의 결말을 써 보는 활동은 학습자의 창작 활동, 즉 작품 생산 능력에 이바지할 수 있다. 선녀와 나무꾼이 행복하게 사는 결말과 나무꾼이 선녀와 헤어져 수탉이 되는 비극적 결말의 각기 다른 각편을 제시하고 결말이 다른 이유가 무엇일지 고민해 보는 시간을 가진 후, 학습자들 본인만의 결말을 만들고 그 이유에 대해 설명하는 것을 첫 번째 학습 활동으로 하였다. 두 번째 학습 활동으로는 「나무꾼과 선녀」를 소재로 가요의 가사를 써 보도록 했고 세 번째 학습 활동으로는 「나무꾼과 선녀」를 비교 문화적 관점에서 감상문을 쓰게 하는 것으로 마무리하였다. 감상문 쓰기는 이전의 교수·학습 방법의 교육적 효과를 확인할 수 있는 총체적인 방법이기 때문에 실행 연구의 마지막 활동으로 상정하였다. 특히 결말 다시 쓰기와 감상문 쓰기는 학습자가 자신의 지식과 관점으로 텍스트를 새롭게 구성해 내는 것이고, 학습자의 개인적·심리적·사회적 경험을 표현하고 스스로 성찰하는 데 이르기 때문에 문화적 문식력의 일면이 향상된다는 것을 의미한다(김혜진, 2017:28).

3단계 설화 교수·학습의 단계에서 교수자는 학습자들에게 과도한 양의 과제를 제시한 것을 인식하였다. 쓰기 활동은 글자 수에 대한 제한 등 분량에 대한 부담을 주지 않았음에도 학습자들은 과제 수행을 하는데 전에 이루어진 다른 단계 때보다 힘들어했다. 특히 「나무꾼과 선녀」를 소재로 가요의 가사를 짓는 활동은 다른 쓰기 활동에 비해 산출물의 질이 좋지 못했다. 교수자는 '노래 가사 짓기'는 내용이 짧고 간단하여 '결말 다시 쓰기'와 '감상문 쓰기'보다 더 수월하게 학습자들이 과제를 수행할 것으로 생각했으나 예상과 달리 대부분의 학습자들은 미리 제시한 '도시 아이들(김창남)의 「선녀와 나무꾼」'의 가사를 거의 그대로 차용하거나 작품의 줄거리를 요약하는 정도에 그치고 말았다. 이는 학습자들에게 가사의 운율, 리듬 등을 상세히 설명하지 못한 교수자의 잘못도 있지만 상대적으로 결말 다시 쓰기나 감상문 쓰기보다 개작이나 패러디 쓰기 활동을 경험해 보지 못해 학습자들이 노래 가사 짓기를 낯설게 느꼈기 때문이다.

한편 감상문 쓰기와 결말 다시 쓰기는 문화적 문식력의 양상을 총체적으로 확인할 수 있는 산출물로서의 가치가 있는데 학습자의 새로운 문화 생산 능력을 살펴보기에는 결말 다시 쓰기가 더 효과적이라고 판단하여 3단계 교수·학습의 분석은 학습자들의 결말 다시 쓰기 부분을 중심으로 살펴보고자 한다. 학습자의 「나무꾼과 선녀」의 결말 다시 쓰기를 분석해 보니 원초적인 욕망인 행복의 성취, 징벌에 의한 불완전한 해후, 인과응보에 의한 비극적 최후로 유형화할 수 있었다.

첫째, 원초적인 욕망인 행복의 성취를 추구하는 유형이다. 인간은 궁극적으로 행복을 추구하며 자신은 물론 가족 공동체의 행복을 궁구한다. 「나무꾼과 선녀」의 결말 다시 쓰기에서 학습자들의 대다수는 행복한 결말(happy ending)을 원했는데 삶의 여정에서 또는 일의 과정에서 상대방이 잘못이나 실수가 있더라도 이를 반성하고 바로 잡을 의지가 보인다면 용서하고 다시 새 출발을 하는 것으로 마무리하였다.

나무꾼이 닭으로 바꾸자, 나무꾼 어머니가 얼마 안 되어 죽었다. 나무꾼은 슬퍼했지만, 선녀님 그리고 아이가 보고 싶을 때까지 매일 하늘을 향해 울었다. 얼마 지나지 않아 그의 첫 아이가 자랐다. 어느 날 큰아들이 인간에 놀러갔다가 산꼭대기에서 닭이 된 나무꾼을 보았다. 그는 한눈에 그것이 그의 아버지라는 것을 알아내고, 닭을 안고 하늘로 올라가 그의 어머니를 찾았다. 신기한 것은 닭을 하늘에 날리면 나무꾼 그대로였다. 그러자 나무꾼 선녀가 아이들과 함께 하늘에서 행복하게 살았다. 〈학습자 B-2-CH-6급〉

선녀가 나무꾼의 악행을 알게 됐기 때문에 나무꾼이 두레박을 타고 하늘로 올라가서 선녀를 만났을 때 착한 선녀는 아이가 죄가 없는 그들이 불쌍하다는 생각에 나무꾼에게 기회를 주었습니다. 기회는 첫째 집이 있어도 돌아갈 수 없다는 것을 느끼게 하는 것이고, 둘째는 속고, 셋째는 위협을 당하는 것이다. 또 나무꾼에게 벌을 받아들이면 아이를 데리고 함께 인간에 돌아가 살고, 함께 늙은 어머니를 돌볼 수 있다는 것을 말씀해줬다. 나무꾼은 벌을 받아들이고, 그 벌을 통해 당시 선녀가 느꼈던 어쩔 수 없는 안타까움을 느꼈고, 자신의 악행을 후회했다. 착한 선녀는 나무꾼이 잘못을 인식했다고 생각해서 아이를 위해 나무꾼과 다시 인간으로 돌아갔다. 그 벌로 나무꾼은 크게 달라졌고, 적극적으로 나아가서 선녀가 어머니와 잘 어울리게 되었고, 아이들도 즐거웠고, 부부의 감정도 좋아졌다. 그러므로 선녀와 나무꾼이 행복하고 원만한 삶을 살았다. 〈학습자 B-21-CH-4급〉

〈학습자 B-2-CH-6급〉의 서사는 나무꾼의 장남을 통해서 진행된다. 나무꾼의 큰아들은 수탉이 된 나무꾼을 단번에 알아보았는데 이는 나무꾼과 헤어져서 선녀와 하늘나라에 살면서도 자신을 낳아 준 아버지를 잊지 않았기 때문에 가능한 일이다.

〈학습자 B-21-CH-4급〉은 선녀의 관점에서 나무꾼 및 가족 관계를 궁극적으로 원만하게 만드는 데 초점을 두었다. 먼저 나무꾼이 선녀의 옷을 훔쳐서 선녀가 하늘나라로 돌아가지 못하게 한 행위에 대한 벌을 줌과 동시에 나무꾼 스스로 반성할 기회를 준 후, 지상으로 내려와서 행복한 가정을 꾸린다. 학습자는 배우자인 나무꾼과의 관계 개선을 통해 자녀와 노모를 책임지면서 화목한 가정을 이루는 것으로 이야기의 결말을 만들었다. 선녀에 대한 나무꾼의 미안함과 죄책감을 선녀가 충분히 이해하고 포용함으로써 가족 모두가 이전보다 더 행복하게 살게 되었다는 결말은 학습자들이 궁극적으로 가족애를 지향하고 있다는 것을 알 수 있다.

둘째, 징벌을 통해 불완전한 해후를 하는 유형이다. 완전무결한 인간은 존재하지 않으며 살면서 누구나 실수나 잘못을 할 수 있다. 문제는 자신이 저지른 과오를 반성하고 다시 새 출발을 할 수 있는가이다. 「나무꾼과 선녀」의 서사에서 학습자들은 나무꾼의 잘못에 대해서 명확히 짚고 비난과 비판을 넘어 범죄 행위로 규정하기도 했지만 완전하지 않은 인간에 대한 이해를 바탕으로 용서와 화해를 시도하는 것을 볼 수 있다. 그리고 학습자들은 용서와 화해의 한 방법으로 나무꾼이 항상 가족들과 함께할 수는 없지만 특별한 날에 가족들과 만날 수 있는 방법을 제안하였다.

선녀는 날개옷을 입은 후 아이들을 대리고 하늘로 돌아갔다. 선녀는 하늘로 날아가면서 "당신이 한 짓을 생각해 보라."라는 말을 나무꾼에게 남았다. 하늘에 돌아간 선녀는 나무꾼을 용서할 수 없다. 며칠이 지나가 아이들은 아버지를 그리워한다고 했다. 선녀는 아이들이 잘못이 없고 자기는 아이들과 아버지를 만나는 것을 금지하는 권력이 없다고 생각한다. 그래서 선녀는 아이들이 한 달에 한 번씩 지하에 내려가 아버지와 할머니를 만나라고 했다. 시간이 오래 지났다. 매달의 15일 날 아이들은 아버지와 할머니를 만나러 지하에 간다. 하지만 선녀는 한 번도 지하에 내려간 적이 없다. 나무꾼은 죽을 때까지 선녀를 다시 본 적이 없다.

그는 평생 자기반성을 하고 있다. 〈학습자 B-8-CH-6급〉

선녀가 아이를 데리고 하늘로 돌아간 후에 나무꾼은 밤낮으로 아내와 아이를 그리워했다. 그의 행동은 천제를 상당히 감동시켜서 천제가 선녀를 찾아와 그녀의 생각을 물었다. 하지만 선녀는 나무꾼이 자신을 하늘로 돌아갈 수 없게 했다는 이유로 결혼하도록 강요당했고 자신을 속였다고 생각했다. 나무꾼은 선녀를 속였지만 결혼 후에는 선녀에게 잘해주었고 아이도 낳았기 때문에 천제는 매달 마지막 날 나무꾼이 하늘에 와서 아이를 볼 수 있는 결정을 했다. 〈학습자 B-15-CH-4급〉

학습자들은 선녀에 대한 나무꾼의 행위는 분명히 잘못된 것으로 그에 대한 대가를 치러야 한다고 생각했지만 나무꾼과 자녀의 관계에 대해서는 다른 관점으로 접근하였다. 즉 부부 관계는 회복 불능한 상태에 이르면 인연을 끊을 수도 있다고 여기지만 부모와 자식 간의 관계는 천륜으로 보았으며 아이들은 죄가 없으므로 가능한 부모의 사랑을 온전히 받을 수 있어야 한다고 인식하고 있었다. 특히 〈학습자 B-8-CH-6급〉은 아버지를 그리워하는 아이들의 마음은 존중해 주어야 하며 선녀가 부자 또는 부녀지간의 관계를 막을 수 있는 권리는 없다는 생각을 투영하고 있다. 학습자들의 공통된 특징은 중국에 전해 오는 설화「견우와 직녀」에서 매년 음력 7월 7일인 칠석에 만나 회포를 푸는 이야기를 차용했다는 점이다.「견우와 직녀」또한 동아시아 여러 나라에 전해 오는 설화로서 학습자들의 상호 문화적 능력에 영향을 주고 있음을 알 수 있는 대목이다.

셋째, 인과응보에 의한 비극적 최후를 갖는 유형이다. 나무꾼과 선녀의 혼인이 정상적인 남녀가 갖는 애정의 결실이 아닌 나무꾼의 일방적인 구애 ― 나무꾼이 선녀의 날개옷을 훔친 행위 ― 로 이루어진 것에 대해 다수의 학습자들은 비판적인 시각으로 바라보았다.

사슴은 나무꾼의 사실을 알고 나무꾼을 데리고 아주 높은 낭떠러지로 갔다. 사슴은 매년 달이 가장 둥글면 이곳에서 선녀를 볼 수 있다고 나무꾼에게 말했다. 그래서 나무꾼은 달이 가장 둥근 밤이면 이 낭떠러지에 와서 달을 바라보고 술을 마시며 눈물을 흘린다. 나무꾼이 죽은 뒤에도 그의 묘비는 이 낭떠러지 위에 세워져 영원히 달을 바라보고 있었다. 〈학습자 A-12-CH-4급〉

결국 나무꾼도 더 이상 하늘로 날아가지 못했다. 그는 매일 후회 속에서 보냈다. 매일 울면서 선녀가 그를 다시 하늘로 데려오길 원했다. 죽은 후에 해바라기 한 다발이 되었다. 〈학습자 B-22-CH-4급〉

나무꾼이 두레박을 타고 하늘로 올라오자마자 선녀가 법원에 가서 그를 고발하고 나무꾼은 엄격한 처벌을 받은 후에 수탉이 된다. 〈학습자 A-10-CH-6급〉

〈학습자 A-12-CH-4급〉과 〈학습자 B-22-CH-4급〉의 결말은 비극적이지만 서정적인 분위기를 표출하고 있다. 나무꾼의 잘못에 대한 벌을 내리지만 현실적이고 잔인한 방법이 아닌 죽어서도 선녀를 바라볼 수 있게 '달'이나 '해바라기'라는 그리움에 대한 표상적 실체를 제시하고 있다. 반면 〈학습자 A-10-CH-6급〉은 나무꾼에게 매우 현실적이고 엄격한 처벌을 내렸는데 결말 쓰기에 대한 부연 설명을 다음과 같이 하였다. "내가 보기에는 「나무꾼과 선녀」는 사랑 이야기가 아니라 범죄 이야기이다. 이 이야기는 마치 홀아비가 남의 도움을 받아 부녀자를 유괴하고 자유를 제한하며 강제로 아이를 낳게 하는 이야기가 아닌가 싶다. 선녀는 사랑하기 때문에 나무꾼과 결혼하여 아이를 낳은 것이 아니라 나무꾼에게 날개옷을 도둑맞아 어쩔 수 없는 행위이다. 이것은 아무리 변명해도 인권을 침해하므로 엄격하게 처벌하는 것 외에는 다른 방법이 없다." 즉 학습자는 설화

「나무꾼과 선녀」를 사랑이 아닌 범죄 이야기로 규정하고 나무꾼의 행동은 선녀의 인권을 침해하는 심각한 범죄 행위로 본 것이다.

5. 문화적 문식력 향상을 위한 설화 교육 실행 연구의 결과

설화「나무꾼과 선녀」의 교수·학습 방법은 1단계부터 3단계까지 세 차례에 걸쳐 전 단계에서의 계획을 성찰하고 수정한 상태에서 새롭게 투입하였다. 즉 고정된 또는 완성된 형태의 교수·학습 방법이 아닌 수업 목표에 대한 성취도와 학습자 반응에 대한 교수자의 관찰과 반성을 기반으로 매 단계 발전된 방향으로 수정하고 변화시켜 학습자에게 적용한 것이다. 설화「나무꾼과 선녀」의 각 단계별 교수·학습 방법과 한국어 학습자의 반응 양상은 다음과 같이 정리할 수 있다.

첫째, 1단계 교수·학습에서는「나무꾼과 선녀」를 강독한 후「나무꾼과 선녀」애니메이션을 제시하고, 등장인물의 상황과 처지에 대해 고민해 보는 학습 활동을 제시하였다. 1단계 교수·학습의 계획과 실행의 분석 결과 학습자들은 자의식의 투영 및 강화, 전통적 가치와 규범의 준수, 자기반성을 통한 합리적 해결 방안을 모색하는 양상을 보였다.

둘째, 2단계 교수·학습에서는「나무꾼과 선녀」에 드러난 부부, 모자, 고부 관계 등의 가족 관계에 대한 토론을 진행하고,「나무꾼과 선녀」와 유사한 자국의 설화를 소개하고 작품을 비교해 보는 활동을 하였다. 2단계 교수·학습의 수정과 실행에서는 신뢰로 형성되는 부부 관계, 소통이 필요한 모자 관계, 상호 이해를 기반으로 한 고부 관계 등 가족 관계에 대한 심화된 이해를 보였다.

셋째, 3단계 교수·학습에서는「나무꾼과 선녀」를 기반으로 결말 다시 쓰기, 노래 가사 짓기, 감상문 쓰기 등의 글쓰기 활동을 제시하였다. 3단계 교수·학습의 수정과 실행 단계에서는 결말 다시 쓰기 산출물을 중심으로 분석하였는데 학습자들은 원초적인 욕망인 행복의 성취를 추구하고, 징벌에 의한 불완전한 해후를 제안했으며 인과응보에 의한 비극적 최후에 대한 결말을 제시하였다. 학습자들은 매 단계별로 자문화와 목표 문화에 대한 이해를 보충·심화하면서 한국 문화, 특히 한국인의 인간관계 및 가족 관계에 대한 인식을 심도 있게 발전시켜 나갔다.

실행 연구는 교육 현장의 학습자의 실제적 모습을 관찰하고 문제를 탐색하여 교수자와 학습자로 구성되는 참여 집단의 실행과 성찰을 통해 교실 수업의 실제 개선을 위한 체계적인 방법론이다. 이러한 관점에서 본 연구는 실행 연구의 계획·실행·분석·성찰·수정 등의 절차를 갖춘 설화 교육을 통해 한국어 학습자가 문화적 문식력을 향상해 가는 과정을 살펴보았다. 본고는 한국어 학습자의 문화적 문식력 향상이라는 교육 목표를 설정하고 설화 교육 실행 연구를 통해 학습자의 구체적인 문화적 문식력의 양상 및 발전상을 유형화하여 제시하였는데, 이는 향후 「나무꾼과 선녀」 이외의 다양한 설화 교육에 실행 연구의 적용 가능성을 보여 주는 사례라는 점에 의의가 있다.

참고문헌

김대숙(2004). "〈나무꾼과 선녀 설화〉의 민담적 성격과 주제에 관한 연구", *국어국문학* 137, 329-351.
김환희(2007). "〈나무꾼과 선녀〉와 일본 〈날개옷〉 설화의 비교연구가 안고 있는 문제점과 가능성", *열상고전연구* 26, 85-116.
김혜진(2017). "한국어 학습자의 문화적 문식성 신장을 위한 고전 소설 교육 연구", 서울대학교 박사학위논문.
_____(2018). "문화적 문식력 향상을 위한 한국어 중·고급 학습자의 설화 교육 연구-국내 대학 교양 학부의 중국인 유학생을 중심으로", *한국언어문화학* 15(2), 155-187.
_____(2021). "한국어 학습자의 문화적 문식력 향상을 위한 설화 교육 실행 연구", *문화와융합* 43(9), 139-165.

서은아(2005). "〈나무꾼과 선녀〉의 부부 갈등 중 '선녀의 개인적 결점'으로 인한 갈등과 그 문학 치료적 가능성 탐색", 문학치료연구 2, 169-194.

신태수(2005). "〈나무꾼과 선녀〉 설화의 신화적 성격", 어문학 89, 157-178.

정옥근(2006). "중국의 天鵝 處女型 이야기와 한국의 《나무꾼과 선녀》 이야기 비교 연구", 중국학 27, 293-317.

전신재(1999). "〈나무꾼과 선녀〉의 변이 양상", 강원문화연구 18, 1-13.

전혜경(2001). "韓國·베트남 說話의 比較硏究 – 수탉이 된 나무꾼(韓)과 닭의 起源譚(越) 구복여행譚(韓)과 닭의 起源譚(越)의 비교를 중심으로", 동남아연구 10, 1-16.

최운식(1988). "〈나뭇군과 선녀〉 설화의 고찰", 청람어문교육 1, 59-85.

Hirsch, Jr., E. D.(ed.)(1993). *What your 6th Grader Needs to know*, Core Knowledge foundation.

Kemmis, S., McTaggart, R.(2005). "Participatory Action Research: Communicative Action and Public Sphere", DenZin, N. K. & Lincoln, Y. S.(Eds.), *The Sage Handbook of Qualitative Research*(3rd), Sage Publications, Inc.

Lewin, K.(1946). "Action Research and Minority Problems", *Journal of Social Issues* 2(4), 34-46.

McTaggart, R. & Kemmis, S.(1988). *The Action Research Planner*, Deakin University Press.

● 이 장은 문화와융합 학술지 43권 9호에 실린 필자의 논문(김혜진, 2021)을 바탕으로 재구성되었다.

14장

중도입국 청소년을 위한 하브루타 기반 언어문화 교육

1. 중도입국 청소년을 위한 언어문화 교육

　중도입국 청소년들은 외국에서 출생하고 거주하다가 부모의 결혼이나 취업 등으로 한국 사회에 진입하였다. 이들이 한국의 관습과 규범을 이해하는 담화공동체 구성원으로 인정받기 위해서는 정규과정의 공교육에 편·입학하여 교과 학업을 원활하게 수행하는 언어 능력과 사회문화적 관습과 규범에 대한 문화 이해 능력이 필요하다. 하지만 아직 인지 능력이 완벽하게 완성되지 않은 청소년의 입장에서 제2언어로 한국어를 학습하면서 교과 학업 성취도를 높이고, 한국의 사회문화적 상황 맥락을 이해하는 담화공동체 구성원의 일원으로 포함되는 것은 쉽지 않은 일이다. 이에 공교육 진입 시도 자체에 어려움을 겪거나 진입하더라도 낮은 학업 성취도나 부적응 문제로 중도 포기하는 학습자들이 증가하고 있다.
　원진숙(2008)은 중도입국 학습자들이 국어와 사회, 역사와 같은 과목에서 더 큰 어려움을 느끼고 있는데 이는 이 과목들이 한국어와 한국 사회 및 문화에 대한 이해 능력을 필요로하기 때문이라고 강조하면서 '언어문화' 교육 필요성을 주장하였다. 언어문화교육은 언어능력과 문화능력의 통합으로 의사소통 능력을 기르는 것을 최종 목표로 한다. Hymes(1971)는 의사소통 능력의 구성요소로 언어 지식과 언어 능력을 제시하며 의사소통은 전달 내용의 해석과 전달 그리고 의미 타협, 상호 협의의 사회언어학적인 면의 중요성을 강조하였다. 이는 언어기능 활용 능력과 더불어 사회문화적 상황 맥락 파악 능력 즉 언어문화 이해 능력이 의사소통 능력을 좌우한다는 의미로 이해할 수 있다.

언어문화는 사회적 맥락 속에서 타인과의 상호작용으로 향상되는 것으로 비계(scaffold)가 필요하다. 그 비계의 역할로 하브루타를 들 수 있다. 하브루타는 짝을 지어 질문하고 대화하며 토론하고 논쟁하는 것을 의미하는 것으로 동료 비계의 일종으로 볼 수 있다. 학생들 간의 질문, 대화, 토론, 논쟁으로부터 학습이 일어난다는 것은 교사의 가르침으로부터 배움이 일어난다는 기존의 생각에서 벗어난 것이다. 교사가 '가르치는 것'은 아무리 교재 연구를 하고 좋은 매체를 활용하였다고 하여도 일방적 전달의 형태를 벗어나지 못한다. 그러나 하브루타를 할 때, 교사는 학생들이 스스로 정보를 발견할 수 있도록 돕는 역할만을 함으로써 진정한 배움의 주체를 학생으로 변화시킬 수 있도록 한다. 하브루타의 두 가지 핵심은 '질문으로 상대방과 함께 공부하기'와 '텍스트에 적극 관여하기'이다(김정숙, 이순아, 2015). '질문으로 상대방과 함께 공부하는 것'은 텍스트를 읽고 생각하면서 생기는 궁금증을 짝, 모둠, 반 전체 친구들에게 질문하고 그에 대한 각각의 생각을 이야기하면서 자신의 답을 찾아 나간다는 것이다. 이 과정에서 학생들은 정답을 그저 외우고 남과 경쟁하는 학습에서 벗어나 친구들의 궁금증에 대해 함께 생각해보며 창의적인 나의 생각을 키울 수 있게 된다. 다시 말해, 수업의 주체가 교사가 아니라 학생이 되고 학생의 의문에서 공부가 시작되어 함께 해결해 나갈 수 있는 것이다.

한국 언어문화의 유형은 방대하다. 다양한 언어문화 중에서 그 하위 유형의 일부에 속하는 속담과 관용표현은 중도입국청소년들의 학습에서 필수적 요소가 된다. 관용표현은 한국 담화공동체의 사회문화적 관습과 규범을 기반으로 하여 굳어진 표현으로 사회언어학적인 측면과 화용적인 측면이 강조된다. 이에 학습자들은 실제적 사용에서 사회문화적 상황과 맥락과 담화공동체 구성원 사이의 대화체의 관계 등을 고려하며 소통을 이어가야 하므로 의사소통 상황에서 어려움을 겪게 된다.

중도입국청소년들을 위해 한국어 교재에 제시된 관용표현을 살펴보고 하브루타를 적용한 교수방법을 제공하여 언어문화 능력 향상에 도움을 줄 필요가 있다. 하브루타는 유대인들의 오랜 학습 방식으로 두 명의 학습 파트너가 질문하고 토론하며 서로 배우고 가르치는 과정을 반복하는 교육 방법이다. 이러한 반복적 학습 훈련 과정에서 학습자들은 창의적, 비판적 사고능력을 함양할 수 있고 자기 주도 학습 능력도 갖출 수 있게 된다. 또한 하브루타는 학습자가 자신의 생각을 표현하며 질문을 생성하고 답변을 하면서 파트너와 적극적인 협력 및 상호작용을 통해 수동적 학습자가 아닌 능동적 학습의 주체로 변화해 간다(김세범, 2015:389-415).

하브루타 교육 방법은 사회문화적 구성주의 이론, 텍스트 해석학, 철학적 해석학에 바탕을 두어 학습 상대인 짝 활동에서 상대방과 진행되는 대화의 의미와 상호작용에 대한 이론적, 실처적 교육 원리를 밝히고자 하였다(Holzer&Kent, 2013). 이것은 타문화권의 교육 현장에도 하브루타 교육법의 이론을 적용하여 실천적 사용까지 확장할 수 있는 가능성을 보여 준 것이다(김영주, 2018).

한국어교육에서는 하브루타 교육에 대한 연구가 그리 많지는 않은 편이다. 한국어교육에 하브루타는 토론과 읽기, 어휘와 문법에 적용되었으며 학문목적의 고급학습자를 대상으로 하였다. 먼저 토론에 하브루타를 적용한 연구에 이정연(2018, 2019)와 반지(2019)를 들 수 있다. 이정연(2018, 2019)는 토론 수업에 하브루타를 적용한 실제 교수-학습 연구를 진행하였다. 여기에서는 한국어 학습자를 대상으로 비판적 사고력 증진 방법의 일환으로 하브루타의 논쟁 중심 토론하기와 설명하기를 적용하여 실험을 진행하여 그 효과를 검증하고 구체적 교수방안을 마련해 주었다.

논쟁 중심에서는 학습자들의 비판적 사고력, 한국어 표현 방법, 학습자들의 적극적 참여 등에 긍정적인 영향을 미쳤고, 설명하기에서는 학습자들의 유창성과 표현력 그리고 상대방 주장에 대한 반박력 등이 향상되어 의사소통 능력이 향상된 것으로 나타났다. 반지(2019)는 학문목적 학습자를 대상으로 질문중심의 하브루타를 한국문화에 적용하여 이에 대한 주제를 '기본-응용-심화' 수준으로 위계화하여 하브루타 기법 기반의 한국문화 교육 수업 모형을 개발하였다.

읽기 적용연구에서 김향(2019)은 수업에 하브루타를 적용하여 수업 모형을 개발하고 실험을 통해 그 효과를 검증하였다. 한국어 읽기 교육에 질문중심의 하브루타 적용 가능성을 확인하였고 어휘, 문법, 듣기, 쓰기, 말하기 등의 언어기능에 숙달도별 하브루타 적용 방법에 대한 제언을 하여 한국어교육에서 하브루타 적용 방법을 확장하였다. 이은희(2019)는 한국어 읽기 수업에 하브루타와 혁신적 교수법인 플립러닝을 적용하여 한국어 교수 방법을 다양화하였다. 이 연구에서는 학습자 개인의 학업 능력 차이를 극복하고 사고 과정을 통해 다각화된 사고력을 향상시킬 수 있는 방법으로 플립러닝과 하브루타를 절충한 방법의 읽기 수업 모형을 제안하였다. 그리고 수업의 효과를 검증하여 학습자의 '자신감', '학습 태도', '학습 이해도', '자기 주도성'에 활용할 수 있는 근거를 마련하였다.

그리고 한국어 어휘·문법 교육에서 김향(2020)이 하브루타를 적용하여 논의를 진행하였다. 고급 한국어 학습자를 대상으로 수업 모형을 제안하고 실제적으로 10회의 수업을 진행한 결과 학습자 자기평가에서 어휘·문법 수준이 향상되었고, 학습 불안감 감소와 자기효능감 향상의 정의적인 부분에도 많은 영향을 미쳤음을 확인하였다.

한국어교육에 하브루타는 학문목적 학습자를 대상으로 토론 등의 말하기와 읽기, 어휘와 문법에 적용되어 왔다. 중도입국 청소년에 초점을 두고 한국의 사회문화적 상황 맥락 이해를 기반이 되어야 하는 언어문화 학습 수업 모형을 하브루타를 적용하여 학습자의 학습의 폭을 넓힐 필요가 있다.

2. 한국어 교재에 나타난 속담과 관용어

　중도입국 청소년들은 부모의 강제적 의사결정으로 목표어 언어와 문화의 몰이해 상태로 한국 사회에 노출된다. 즉, 한국 사회의 이입 과정이나 절차에 대한 교육없이 청소년 시기의 의무 교육 과정인 공교육에 편·입학하여 교과 학업을 수행하는 언어 능력과 사회문화적 관습과 규범에 대한 문화 이해 능력을 요구받게 되는 것이다. 성인으로의 인지 능력을 갖추지 못한 미완성 상태의 청소년의 입장에서 사회나 학교적응 능력과 한국어 능력을 골고루 갖춰 한국의 사회문화적 상황 맥락을 이해하는 담화공동체 구성원의 일원으로 포함되는 것은 쉽지 않은 일이다.

　특히, 중도입국 청소년들의 학교에서의 학업 성취와 학교생활 적응은 목표어인 한국어 능력이 기반이 되어야 하며 한국 담화공동체 구성원의 관습과 규범 등이 포함된 언어문화 이해가 급선무일 것이다. 이양금(2015)에서는 속담, 관용어, 연어 등을 문화어로 칭하며 그 나라의 문화 및 사고방식과 밀접한 관계를 맺는 것으로 언어권별 이해도의 차이가 크다고 하면서 학습의 필요성을 주장한 바 있다. 손혜진, 임형옥, 공하림(2018)에서도 관용표현은 글자 그대로의 의미와는 다른 의미를 가지고, 해당 언어공동체의 관습, 사고방식, 역사, 사회, 문화와 같은 언어 외적 요소들이 깊숙이 관여되어 있는 특징이 있다고 하면서 한국어 학습자는 언어문화적 관점에서 학습을 할 필요가 있다고 하였다.

　정일호(2017)는 「2015 개정 교육과정」의 초·중·고 국어교육과정과 한국어교육과정을 비교·분석하여 국어교육 과정에는 속담과 관용표현이 초·중·고 모두 포함되어 있는 데 반해 중도입국 청소년의 「한국어교육과정」의 성취 기준에는 총 6단계 중 5단계인 고급에만 속담과 관용표현이 제시되어 있다고 하였다. 「중학교 국어과 교육과정」의 쓰기 영역에 '생각이나 느낌, 경험을 드러내는 다양한 표현을 활용하여 글을 쓴다'를 목표로 '속담, 관용표현, 격언, 명언 등을 통해 자신의 생각이나 느낌에 맞는 것을 찾아 인용하여 표현하는 것'을 언어문화의 성취 기준으로 삼고 있다. 그리고 「고등학교 국어과 교육과정」의 1학년 듣기·말하기 영역에서 학습 목표를 '언어 공동체의 담화 관습을 성찰하고 바람직한 의사소통 문화 발전에 기여하는 태도를 지닌다'로 설정하고 속담, 격언, 명언을 학습하게 한다.

중고등학교 과정에서 속담과 관용표현을 인용하는 학습을 하여 자신의 의견을 제시할 때 타당한 근거로 제시할 수 있는 능력을 기르거나 담화공동체의 관습에 대한 이해의 폭을 넓혀 원만한 소통 문화를 형성하게 하는 것을 목표로 하는 것이다. 인용은 정보 출처나 근거 제시의 표지로 일반교양에서 학술 논문, 전공 등의 전문적이고 학술적인 학업을 수행하여 보고서나 학술적 텍스트를 완성해야 하는 부분으로 고급 수준의 학습자들에게 필수적인 부분이라고 할 수 있다. 그리고 인용은 상황 맥락에 맞는 장르의 사용역(register)의 범위 안에서 활용되는 '정형화된 표현(formulaic expressions)'으로도 이해할 수 있다. 중학생들이 전문적이고 학술적 수준의 쓰기 단계까지 나아가기 위한 단계적 학습 분야이다. 속담과 관용표현을 활용한 인용은 담화공동체의 관습과 그 사회의 문화적 양상을 반영된 사용역 안에서 다양한 사고와 경험을 수용한 내용 정보가 조직적으로 구성된 문장으로 표현하게 된다.

국어교육에서는 속담과 관용표현에 대한 학습의 폭을 확장하고 있다. 중도입국 청소년을 위한 『초·중·고등학생을 위한 표준 한국어 1·2』에서는 속담은 초 1단계를 제외하고 모두 제시되어 있다. 그러나 관용표현은 고 2단계에만 제시되어 있고, 그 외의 단계에는 제시가 되어 있지 않은 상태이다. 『초·중·고등학생을 위한 표준 한국어 익힘책 1·2』에는 속담은 중·고 단계에 모두 제시되어 있다. 그러나 초 1, 2단계에는 제외되어 있고, 관용표현은 중 1, 2단계와 고 1단계에 제시되어 있다. 즉 국어교육과정에 비해 중도입국 청소년들을 위한 한국어 교재에는 속담과 관용표현의 제시 수가 부족하며 제시의 단계도 불규칙적인 것을 알 수 있다.

중도입국 청소년을 위한 한국어 교재는 2019년에 개정되어 '중고등학생을 위한 표준한국어 의사소통 1~4'와 '중고등학생을 위한 표준한국어 익힘책 의사소통 1~4' 등으로 출판되었다. '중고등학생을 위한 표준한국어 의사소통 1~4'에는 속담이나 관용표현의 제시가 없고, 중고등학생을 위한 표준한국어 익힘책 의사소통 3, 4에서 단원의 「마무리」에 '이삭줍기'란에 각 단원의 주제에 부합하는 의성, 의태어, 속담과 사자성어 등이 제시되어 있다. 여기에 제시된 속담은 다음과 같다.

'가는 말이 고와야 오는 말이 곱다', '보기 좋은 떡이 먹기도 좋다', '백지장도 맞들면 낫다', '바늘 가는 데 실 간다', '낫 놓고 기역 자도 모른다', '말 한마디에 천 냥 빚도 갚는다', '금강산도 식후경', '원숭이도 나무에서 떨어진다', '티끌 모아 태산', '돌다리도 두들겨 보고 건너라', '고생 끝에 낙이 온다', '다재다능', '공든 탑이 무너지랴', '벼는 익을수록 고개를 숙인다', '십시일반', '천 리 길도 한 걸음부터'

그런데 교재에 제시된 속담이 16개에 불과할 정도로 제시 수가 부족할 뿐만 아니라 관용어의 명시적 제시는 전혀 없는 실정이다. 교재에 제시된 속담이나 관용어가 부족하므로 중도입국 청소년을 위한 교수방안 마련이 필요하다.

3. 하브루타 기반 언어문화 교육방안

중도입국 청소년들을 가르치는 교사들은 학생을 지도할 때 개별화, 차별화에 대해 고민하여야 한다. 그리고 학생들의 가족 배경, 일차언어, 문화적 차이 등을 고려하여 교수하여야 한다. 학생들은 가정에서 가족들과 대부분 자신이 어릴 적 사용하던 일차언어를 사용하며, 한국의 문화어에 대해 취약한 상태이다.

　그러므로 학생들의 한국어 실력 향상 및 한국사회의 적응을 위해 한국어 문화어 교수가 필요하다. 또한 한국어 문화어의 이해도는 언어권별로 차이가 난다. 중국, 베트남권 학생들은 이해가 빠르나 서양권 학생들은 문화의 차이에 따라 이해 속도가 느리거나 어렵다.

　언어권별 학습자별로 이해도의 차이가 남에도 교실 환경은 동일하게 적용되는 경우가 많다. 그러므로 실제 교실 환경에서 거꾸로 학습법인 플립러닝(Flipped learning)을 적용하여 교육 방안을 마련할 필요가 있다.

　플립러닝은 학습자가 자신의 속도와 요구에 맞게 학습을 조절하는 학습자 중심법으로 학습자 개인별 맞춤형 학습 지원이 가능하여 학습 내용의 이해도 차이에 어려움을 겪는 학습자들에게 반복 노출과 연습이 가능하게 한다. 교실 안 수업 전에 온라인 플랫폼으로 선학습이 지원되어 학습 내용에 대한 이해도를 높여 교실에서는 토론과 발표 등의 심층적 활동 진행이 가능해진다. 중도입국 청소년들은 한국의 언어와 문화 등에 익숙해질 사이도 없이 정규과정의 공교육에 편·입학하여 교과 학업을 수행하는 언어 능력과 사회문화적 관습과 규범에 대한 문화 이해 능력을 요구받게 된다. 이들에게 익숙한 온라인 수업 방식을 활용하여 교재에 제시가 부족했던 문화어를 플립러닝에서 폭넓게 제공하여 입력의 기회를 부여할 수 있다. 온라인 학습은 시공간 제약 없어 제공된 정보를 자기주도적으로 반복 학습이 가능하다. 또한 개별화된 수업으로 학습자가 주도적 학습이 가능하므로 교실 안 학습에서도 자신감 향상과 불안감 해소에 도움이 될 것으로 본다.

　그리고 In class에서 하브루타 유형 중에서도 '친구 가르치기 하브루타'를 적용하여 교수방법을 구체화한다. 전성수(2014)는 친구 가르치기 과정에서 서로 질문하고 공부한 내용을 정리하여 자신의 것으로 내재화할 수 있으며 자기주도적 학습의 동기가 될 수 있다고 하였다. 중도입국 청소년들은 공교육 적응의 어려움과 사회문화적 상황 맥락의 이해 부족 등으로 중도 이탈을 하는 경우가 빈번하게 발생한다. 이러한 학습자들에게 수업 과정 내에 일방적 학습자가 아닌 양방향적인 학습자-교수자를 모두 경험하게 하는 것은 학습 의욕 증대뿐만 아니라 자기주도학습 능력을 마련하는 데도 도움일 될 것으로 본다.

플립러닝 기반의 하브루타 적용 한국언어문화 교수-학습 모형을 다음과 같이 제안하고자 한다.

표 1 플립러닝 기반의 하브루타 적용 한국언어문화 교수-학습 모형

Pre class (교실 밖 활동)	In class (교실 안 활동)	Post class (교실 밖 활동)
⇩	⇩	⇩
	하브루타 (친구 가르치기 기법) ⇩	
온라인 선학습 ⇩	교실 활동 ⇩	온라인 과제 피드백 ⇩
관용표현 선학습 과제 제시1	과제 수행: 하브루타 (친구 가르치기 기법) 과제 제시2(온라인으로 가르치고 배운 관용어 문장 만들기)	평가 사후성찰

(1) Pre class

Pre class 수업 단계의 모형을 구체화하여 나타내면 다음과 같다.

표 2 Pre class 단계 모형

도입	제시	연습	마무리	과제제시 1
• 배경지식, 흥미유발	• 관용표현 형태·의미·화용 설명	• 관용표현 연습	• 학습한 관용표현 확인	• 가르칠 관용표현 조사

Pre class에서는 관용표현의 형태적 의미적 화용적 내용을 학습자들이 정확하게 인지하게 한다. 도입에서 교사는 학습자들에게 학습 목표를 제시하고 관용표현의 개념을 설명한다. 다양한 관용표현을 시각화하는 사진이나 숏영상 등을 활용하여 노출함으로써 학습자들의 흥미를 유발시키고 관용표현에 대한 배경지식을 쌓을 수 있도록 한다.

청소년기 학습자인 중도입국 학생들을 위해 도입에서는 사진이나 동화 동영상 또는 만화 컷 등의 시각적 자료를 활용하여 흥미 유발에 도움을 줄 필요가 있다. 그리고 같은 종류의 시각적 자료를 반복하여 활용하기보다는 다양한 자료나 콘텐츠를 활용하면 학습 동기를 부여에 도움이 될 것이다.

다음은 도입 단계 시각 자료의 예의 일부이다.

표 3 Pre class의 도입 단계의 예

※ 다음은 기말고사 일정과 과목입니다. 곧 기말고사가 다가옵니다. 이제 슬슬 골치가 아파 옵니다. 아래 시험 일정을 확인하고 여러분이 왜 골치가 아픈지 이야기해 봅시다.

구분		학년	지필평가		
월	일		1교시	2교시	3교시
2학기 기말고사	12/1(수)	2	자습	기술·가정	수학
	12/2(목)	2	영어	한문	국어
	12/3(금)	2	과학	역사	채점

위의 〈표 3〉에서처럼 본 연구의 대상은 중도입국청소년으로 학과 공부나 시험 등이 골치 아픈 요인일 가능성이 크므로 학습자와 긴밀하게 관련된 주제를 제시하여 학습 흥미를 유발하고 주의를 집중시킬 필요가 있다.

제시에서는 오늘 학습할 관용표현을 명시적으로 제시하고 형태적 의미적 화용적 특징에 대한 설명을 한다. 예를 들어 '골치가 아프다, 손을 보다', 속담 '가는 날이 장날, 소 귀에 경 읽기, 말 한마디가 천 냥 빚

갚는다, 발 없는 말 천리 간다, 윗물이 맑아야 아랫물이 맑다' 등의 관용어와 속담을 제시할 필요가 있다. 이러한 관용표현들을 학습자들에게 명시적으로 전달하고 그 형태와 의미 그리고 화용적 쓰임에 대해 정확하게 입력할 필요가 있다.

다음은 제시 단계에 제시되는 자료 예의 일부이다.

표 4 Pre class의 제시 단계의 예

※ 다음 자료를 보고 '가는 날이 장날'의 의미에 대해 생각해 보고 이야기해 봅시다.

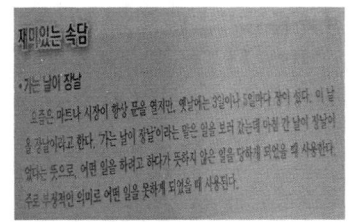

위의 〈표 4〉의 제시에는 관용어의 의미를 명확하게 전달할 수 있는 자료를 활용한다. 중도입국청소년들은 아직 성인의 인지능력을 지니지 못하였으므로 그림 자료를 덧붙여 정확한 의미를 전달하여 흥미를 유발하고 이해를 용이하게 해야 할 것이다.

연습에서는 정확성에 초점을 두어 기계적인 연습을 이어간다. 여기에서는 한국어능력시험 읽기에 출제된 관용표현을 연계하여 학습하게 함으로써 한국어 능력 향상의 필요성에 대한 인식을 함께 갖도록 유도할 수 있다. 마무리에서는 학습한 관용표현을 확인하는 단계를 거친다.

다음은 연습 단계 자료의 예의 일부이다.

표 5 Pre class의 연습 단계의 예

[연습 1] ※ 다음 글을 읽고 (   )에 들어갈 관용어를 찾아봅시다.

> 사람들은 보통 선택을 할 때 여러 가지 중에서 고르면 더 좋은 선택을 할 수 있을 것이라고 생각한다. 그래서 선택이 필요할 때 정보를 많이 수집하려고 노력한다. 그러나 선택의 수가 늘어나면 고민의 양도 함께 증가한다. (   ) 결정을 내리지 못하는 상황이 되는 것이다. 후회 없는 선택을 위한 노력이 오히려 선택을 방해하는 결과를 불러오게 된다.

21. (   )에 들어갈 알맞은 것을 고르십시오.
  ① 골치만 아프고   ② 콧대만 높아지고
  ③ 눈치만 빨라지고   ④ 비행기만 태우고

1) 위에 제시된 관용어 표현의 의미를 모두 알아봅시다.

[연습 2] ※ 다음 글을 읽고 (   )에 들어갈 속담을 찾아봅시다.

> 요즘 사람들은 건강에 관심이 많아 인터넷으로도 건강 정보를 많이 찾는다. 그런데 인터넷에는 믿을 수 있는 정보도 있지만 단순히 개인적인 경험에서 나온 정보도 많이 있다. 사정이 (㉠) 잘못된 정보 때문에 오히려 건강을 잃는 사람들을 종종 볼 수 있다. 인터넷 때문에 '(㉡)'이 될 수도 있다.

29. ㉠에 알맞은 것을 고르십시오.
  ① 이렇더라도   ② 이랬더라면
  ③ 이렇다 보니   ④ 이럴 테니까

30. ㉡에 알맞은 것을 고르십시오.
  ① 아는 것이 병   ② 무소식이 희소식
  ③ 가는 날이 장날   ④ 금강산도 식후경

1) 위에 제시된 속담의 의미를 모두 알아봅시다.

위의 〈표 5〉의 연습에는 한국어능력시험 자료를 활용한다. 국립국제교육원에서 시행하는 한국어능력시험은 중도입국 청소년들의 고등학교 및 대학 진학에도 도움이 되는 자격증이다. 이러한 자료의 활용으로 학습 의욕의 고취와 자기주도학습 능력 향상에도 도움을 될 것으로 본다.

과제제시 1에서는 학습자들이 교실 안 활동에서 하브루타 기법인 '친구 가르치기'가 가능한 범위 내에서 제시할 필요가 있다. 플립러닝에서 학습자들에게 각기 다른 관용어를 과제로 제시하고 학습자들에게 개인 과제 수행에 필요한 자료 검색 및 수집 등의 미션을 부여하여 교실 안 활동에서 차질이 생기지 않도록 조절할 필요가 있다.

(2) In class

In class 수업 단계의 모형을 구체화하여 나타내면 다음과 같다. 보통 친구 가르치기 하브루타는 '내용 공부하기 → 친구 가르치기 → 배우면서 질문하기→ 입장 바꿔 가르치기 → 이해 못 한 내용 질문하기→ 쉬우르' 단계로 진행된다.

하지만 '내용 공부하기' 단계는 Pre class에서 진행된 부분과 동일한 것으로 In class 단계의 하브루타 적용에서는 제외한다.

표 6 In class 단계 모형

선학습 확인	⇒		• 질의응답, 퀴즈 확인
하브루타	⇒	친구 가르치기	• 자신이 조사한 관용어 교수
		배우면서 질문하기	• 상대 학생은 배우면서 질문
		입장바꿔 가르치기	• 교수와 학습자의 입장을 바꾸어 교수 • 상대 학생은 배우면서 질문
		이해 못 한 내용 질문하기	• 서로 이해 못 한 부분 토론하고 질문하며 확인
		쉬우르	• 쉬우르
과제제시 2	⇒		• 온라인으로 가르치고 배운 관용어 문장만들기

In class에서는 '선학습 확인-하브루타-과제제시2'단계로 진행된다. 먼저 '선학습 확인'에서는 플립러닝으로 선학습한 관용표현에 대해 교수자는 학습자를 대상으로 선학습한 관용표현 인지를 위한 확인을 위한 질의를 하고 학습자는 그에 다른 응답을 하여 선학습한 내용을 정리하고 확인하는 시간을 가진다.

다음으로 '하브루타' 단계에서는 자신이 과제로 맡은 관용어를 친구들에게 가르치고 친구가 준비한 부분을 배우면서 서로 이해가 되지 않는 부분은 토론하고 질문하며 해결해 간다. '이해 못 한 내용 질문하기' 단계에서는 교실에서 협력 활동으로 교실 내에서 온라인 기기를 활용하여 자료 검색, 재정리 등의 시간을 가지며 자유롭게 의견을 주고 받을 수 있도록 한다. 이러한 과정은 스캐폴딩(scaffold)의 활용으로 교수·학습에서 교사나 유능한 동료와 협의하는 학습을 의미하는 것으로 중도입국 청소년들이 속한 한국 사회 공동체의 관습과 규범 등을 간접적으로 학습하여 사회문화적 상황 맥락 안에 포함되어 구성원으로 인정받을 수 있는 기회를 마련하는 연습이 될 것으로 본다. 쉬우르는 교사가 학습자들이 협력활동 단계에서 발견할 수 없었던 부분들을 확인하는 단계이다. 교사는 지금까지의 학습 내용 및 토의 내용을 정리하고 학습자들과 이에 대한 이야기를 나눌 수 있도록 한다.

마지막으로 과제제시 2에서 오늘 가르치고 배운 관용어 두 개를 활용하여 문장을 만들게 하여 개별로 온라인 플랫폼에 업로드하게 한다.

(3) Post class

Post class 수업 단계에서는 온라인 플랫폼에 업로드한 개별 과제에 대한 교수자의 개별 피드백을 진행한다. 이때 교사는 학습자들로 하여금 성취한 점과 보완해야 할 점에 대하여 인지할 수 있게 유도하는 것이 중요한데, 이러한 마무리 과정이 학습자들로 하여금 자기주도성을 가지고 학습 과정에 참여하게 하는 데에 매우 큰 영향을 미치기 때문이다.

4. 하브루타 기반 언어문화 교육방안의 의의

중도입국 청소년을 위한 언어문화 수업에 혁신적 교수법인 플립러닝과 학습자 중심의 하브루타를 적용한 교수방안은 다음과 같은 의의가 있다.

첫째, 중도입국 청소년을 위한 학습자 중심의 자기주도형 교수방안을 구축할 수 있다. 중도입국 청소년들은 한국의 언어와 문화 등에 익숙해질 사이도 없이 정규과정의 공교육에 편·입학하여 교과 학업을 수행하는 언어 능력과 사회문화적 관습과 규범에 대한 문화 이해 능력을 요구받게 된다. 이들은 부족한 한국어 능력과 한국 사회 문화에 대한 몰이해 상태에서 공교육에 투입되어 한국인 청소년들과의 관계에서 더 소극적인 자세가 될 수밖에 없으며 이는 사회 부적응 문제로 이어질 위험이 있다. 청소년기 한국어 교실에서 사회적 맥락 속에서 타인과의 상호작용으로 향상되어야 하는 언어문화 능력을 하브루타 기법 적용을 통해 향상시키는 방안이 필요하다.

둘째, 중도입국 청소년을 위한 언어문화 교육방안의 구체적인 모형을 제시하여 실제적 사용으로 확장할 수 있다. 중도입국 청소년의 학교와 사회 적응 문제에 대한 논의들은 끊임없이 진행되고 있으나 실질적으로 학습에서 도움이 되는 교수방안에 대한 논의의 진행은 더딘 경향이 있음이 사실이다. 다문화 가정이 폭발적으로 확대되고 다양한 유형의 중도입국 청소년들이 한국의 원적반에 투입이 되고 있음에도 이에 대한 구체적인 방안 마련이 이루어지지 않은 실정이다. 이러한 상황에 중도입국 청소년들만을 위한 언어문화 수업 방안 고안은 학습자들의 실제적 한국어 능력을 제고시킬 수 있을 것이다.

셋째, 현재 온라인 교육의 시행은 정착 단계에 이르렀으며 학습자들의 이해도도 높은 상황이다. 어느 정도의 혼란과 시행착오를 겪으면서 안정화되어 가는 온라인 교육 환경이나 중도입국 청소년들에게는 아직도 다가가기 어려운 환경일 수 있다.

플립러닝과 하브루타를 접목한 블렌디드 러닝 수업은 온라인 등을 활용한 스마트 러닝의 일환으로 적용이 가능하다. 중도입국 청소년들은 가정에서 온라인 환경에 대한 교육을 받기 힘들 수 있으며 교육 실행에도 어려움을 겪을 수 있다. 이에 한국어 교실에서 플립러닝이라는 온라인 교수법과 하브루타라는 협력활동 교수법을 절충하여 제시함으로써 학습자 중심의 친화적인 교육과정을 개발한다는 점에서도 큰 의미가 있다. 이 교육방법은 중도입국 학습자뿐 아니라 한국어 교수자들도 기존의 교실 중심 수업의 틀을 깨고 교수 학습의 공간을 사이버상으로 확대시키는 데에 도움을 준다.

참고문헌

김세범(2015). "하브루타를 통한 교수 방법의 변화 가능성에 관한 연구", *신학과 목회 44*, 389-415.

김영주(2018). "하브루타 기법을 적용한 수업이 학업 성취도와 학습 태도에 미치는 영향", 대진대학교 교육대학원 석사학위논문.

김정숙, 이순아(2015). "하브루타 교육원리를 적용한 초등학교 독서토론 활성화 방안 연구", *학습자중심교과교육연구 15(12)*, 509-533.

김향(2020). "한국어 어휘·문법 수업에의 하브루타 적용 가능성:한국어 고급 학습자를 대상으로", *리터러시연구 11(5)*, 131-162.

반지(2019). "하브루타 기법을 활용한 한국어 토론수업 모형 개발: 한국문화 교수·학습 지도안을 중심으로", 동국대학교 석사학위논문.

손혜진, 임형옥, 공하림(2018). "TV 드라마 대본을 통한 한국어 관용표현의 사용 맥락 고찰", *학습자중심교과교육연구 18(17)*, 319-340.

원진숙(2008). "다문화 시대의 초등학교 국어과 교육: 다문화 가정 자녀를 위한 한국어교육 지원 방안을 중심으로", *국어교육학연구 32*, 269-303.

이양금(2015). "한·영 대조를 통한 한국어 문화어 교육방안 연구: 관용어, 연어, 속담을 중심으로", 부산외국어대학교 박사학위논문.

이은희(2019). "플립러닝(Flipped Learning)과 하브루타(Havruta)에 기반한 한국어 읽기 수업

　　　　모형 개발 및 적용 가능성 탐색", *교육방법연구 31(4)*, 609-628.

이정연(2018). "하브루타(Havruta)를 활용한 토론 수업의 효과 연구", *언어과학연구 86*, 279-301.

_____(2019). "외국인 유학생들의 토론 능력 향상을 위한 수업 방안 연구: '하브루타(Havruta) 설명하기'를 중심으로", *외국어교육연구 33(2)*, 81-108.

임진숙, 이양금(2021). "중도입국 청소년 한국어 학습자를 위한 하브루타 기반 언어문화 교수방안 연구", *문화와융합* 43(12), 169-186.

정일호(2017). "학령기 중도입국자녀를 위한 언어문화 교육 연구: 중도입국 자녀용 교재를 중심으로", 영남대학교 석사학위논문.

Holzer, E., & Kent, O.(2013). A philosophy of havruta: Understanding and teaching the art of text study in pairs, Academic Studies Press.

Hymes, D. H.(1972). On communicative competence. In J. B. Pride & J. Holmes(Eds.), Sociolinguistics: Selected readings(269-293), Harmondsworth, UK: Penguin.

● 이 장은 문화와융합 학술지 43권 12호에 실린 필자의 논문(임진숙, 이양금, 2021)을 바탕으로 재구성되었다.

15장

하이브리드 러닝과 해외 학습자 대상 비대면「한국어교육실습」

1. 비대면 시대,「한국어교육실습」의 기회

「한국어교육실습」은 한국어교원 자격 취득을 위해 필수적으로 이수해야 하는 실습 중심의 교과목으로, 한국어교원으로서의 '역량 신장'과 한국어교육 현장에서의 '실제적인 경험과 지식의 축적'이 교육의 목표라는 점에서 타 교과목과 차별화된다(이윤진, 2016:213). 또한 현장 경험에 해당하는 과정인 강의실습은 예비 교원들이 각자의 현장에 나가기 전 실전에 대비할 수 있는 유일한 기회이며 이에 대한 중요성은 여러 연구에서도 많이 강조되고 있으나, 초·중·고등학교 대상 교육·사범대학에 비해 실습 시간이 크게 부족하거나(김수현, 2018:176) 운영 기관별로 실습 기회에 차이가 있는 등(노채환, 2020:49) 질적 성장이 여전히 침체되어 있는 상황이다. 구체적으로는 현장 실습의 환경이 열악하여 강의참관이나 모의수업의 형태로 대체되어 이루어지는 경우가 있고(손상미, 2020:91), 이러한 상황이 이어져 예비 교원들이 한국어교원 자격 취득에 요구되는 필수 학점만 채운 채, 현장과의 연계를 적절히 하지 못하고 사회로 배출되는 양상을 보이기도 했다(김주희, 김은영, 2020:154). 더군다나 코로나19

의 확산으로 대면 수업이 줄어듦에 따라 강의실습의 기회가 더욱 줄게 되었다.

이러한 상황을 타개하고 예비 교원들에게 양질의 현장 경험 기회를 제공하고자「한국어교육실습」교과목을 하이브리드 러닝(대면·비대면 병행) 방식으로 수업을 설계하였다. 본 연구에서 사용하는 '하이브리드 러닝(Hybrid)'이라는 용어는 Smith&Kurthen(2007:457)에서 구분한 블렌디드 러닝 관련 유사 용어의 정의를 따른 것으로, 온라인 활동이 대면 수업을 45~80% 대체하는 과목을 의미한다. 또한 현장 경험은 '비대면 해외 강의실습'의 형태로 실시하였다.

따라서 하이브리드 러닝을 이용한「한국어교육실습」교과목을 개발하여 비대면으로 해외 강의실습을 진행한 사례와, 그 운영 결과를 분석은 긍정적 의의가 있을 것으로 예상된다. 이를 통해 비대면 교육 상황에서의 효과적인 실습 교과목의 운영 방안을 모색하고, 현장 경험을 위한 적당한 여건이 마련되지 않은 교육기관에서도 예비 교원이 교원으로서의 역량을 신장하고, 현장성을 체험하는 데 기여할 수 있을 것이다.

2. 하이브리드 러닝「한국어교육실습」설계

본 연구에서 설계한「한국어교육실습」수업은 경북 소재 H대학교의 2020년 2학기 교과목으로 개설되었으며 한국인 학생 12명이 수강하였고, 대면 44%, 비대면 56%의 하이브리드 방식으로 운영하였다. 해당 교과목은 한국어교원자격 취득을 위한 필수 교과목으로 수강생 전원이 한국어교원 자격 취득을 위해 수강하였다.

「한국어교육실습」교과목은 크게 네 단계로 나누어 전개되었다. 먼저 1주차부터 4주차까지는 '한국어교육실습의 의의 및 목표', '한국어 학습자의 이해', '한국어교사의 자질과 역할', '한국어 수업 교실 운영', '강의참관,

모의수업, 강의실습에 대한 사전 준비 및 안내', '사후 평가 보고' 등에 대한 이론 강의를 진행하였다. 5주차부터 7주차까지는 강의참관을 실시하였다. 당시 코로나19로 인해 많은 교육기관에서 한국어수업을 비대면으로 진행하였으므로 2주만 현장 강의참관을 실시하고, 1주는 국립국어원에서 제공한 동영상으로 강의참관을 실시하였다. 8주차부터 10주차까지는 수강생 전원이 담당 교수의 참관 하에 동료 수강생을 대상으로 직접 대면 모의수업을 진행하였다. 11주부터 15주까지는 실습생 모두가 실제 한국어교육 현장에서 한국어 학습자를 대상으로 강의실습을 시행하였다. 그중 4주는 비대면으로 해외 거주 학습자들에게 한국어 강의를 시행하였고, 1주는 대면으로 국내 학습자를 대상으로 진행하였다. 마지막 16주차는 실습 결과를 보고하고 평가하는 최종 평가회로 운영하였다.

주차별 운영방식의 경우 〈표 1〉과 같이 정리될 수 있으며, 본고에서 중점적으로 살피고자 하는 것은 '비대면 해외 강의실습'으로, 11주차부터 14주차까지의 운영 사례에 한정하여 살펴보기로 한다.

표 1 H대학교 2020년 2학기 「한국어교육실습」 주차별 운영 방식

주차	구분	방식	주차	구분	방식
1	이론 수업	비대면	9	모의수업	대면
2	이론 수업	비대면	10	모의수업	대면
3	이론 수업	비대면	11	강의실습(해외)	비대면
4	이론 수업	대면	12	강의실습(해외)	비대면
5	강의참관	비대면	13	강의실습(해외)	비대면
6	강의참관	대면	14	강의실습(해외)	비대면
7	강의참관	대면	15	강의실습(국내)	대면
8	모의수업	대면	16	평가회	대면

3. 비대면 해외 강의실습 운영 사례

H대학교는 한국어교육 경력 인정 기관으로 학부 과정과 한국어 연수 기관에서 외국인 학습자를 대상으로 대상의 한국어교육을 실시하고 있던 중 그간 교류하던 인도네시아의 I재단 소속 교육기관에 '비대면 한국어 방과후 프로그램'을 제공하기로 하였다. 그리고 이 교육과정에 「한국어교육실습」 교과목 수강생들이 강사로 참여하기로 하였는데, 실습 교과목 수강생들이 해당 교육 현장에서 강의실습을 진행한다면 한국어교육 현장의 교사, 학습자, 비대면 교육 환경을 직접 접할 수 있을 것이라고 판단하였기 때문이다. 따라서 Covid19로 인해 현장을 경험할 기회가 제한적이었음에도 불구하고 실습 수강생들은 외국인 학습자를 대상으로 하는 현장 강의실습을 경험할 수 있었다.

전체 수업은 총 8주 동안 총 21차시로 구성하였고, 실습 수강생 12명이 4인 1조로 A, B, C 각 그룹에서 수업을 진행하였다. 대략적인 수업 일정은 〈표 2〉와 같다.

표 2 '비대면 한국어 방과후 프로그램' 강의 일정

차시	내용(사전 학습 과제/동영상)	차시	내용(사전 학습 과제/동영상)
1	Orientation, 한글 복습(세종한국어 입문)	12	Unit4 Part2(12 Session)
2	Unit1 Part1(1 Session, 2 Session)	13	Unit4 Part3
3	Unit1 Part2(3 Session)	14	Unit5 Part1(13 Session, 14 Session)
4	Unit1 Part3	15	Unit5 Part2(15 Session)
5	Unit2 Part1(4 Session, 5 Session)	16	Unit5 Part3
6	Unit2 Part2(6 Session)	17	Unit6 Part1(16 Session, 17 Session)
7	Unit2 Part3	18	Unit6 Part2(18 Session)
8	Unit3 Part1(7 Session, 8 Session)	19	Unit6 Part3
9	Unit3 Part2(9 Session)	20	전체 내용 복습

| 10 | Unit3 Part3 | 21 | 정리 및 마무리 |
| 11 | Unit4 Part1(10 Session, 11 Session) | | |

수업 준비 단계에서는 교재 선정, 전반적인 수업 계획 작성 및 자료 준비, 사용 플랫폼 선정 및 관리, 사전 공지 등을 하였다. 교재의 경우, 세종학당에서 제공하는 『세종한국어 회화1』을 선정하였다. 교재는 외국인 학습자를 위한 국가 기관의 범용 교재로 활용되고 있으며, 누리 세종학당을 통해 다양한 보조 자료도 활용 가능하기 때문이다. 한편 학습자들의 일관성 있는 학습 역시 교재 선정 시 주요 고려 사항으로 꼽았다. 인도네시아 내 세종학당이 위치하고 있으므로 현지 학습자들이 본 프로그램 이후 추가적인 한국어 학습을 원할 경우 현지 세종학당과 연계하여 학습을 지속할 수 있기 때문이다. 마지막으로 앞서 인터뷰를 통해 학습자들의 요구가 말하기 중심 교육임을 고려하여 말하기/듣기 능력을 중점적으로 익힐 수 있는 『세종한국어 회화』 교재를 선정하였다.

이후에는 그룹별로 전반적 수업 준비를 하였다. 차시별 교안은 60분 수업을 기준으로 실습 수강생들이 직접 작성한 후, 실습 교과목 담당 교수의 피드백을 받아 완성하였다. 비대면 수업은 Zoom과 Google Classroom을 활용하여 진행되었다. Zoom을 주요 플랫폼으로 선정한 이유는 H대학교에서 사용하는 플랫폼으로 실습 수강생들에게 익숙하며, 수업을 진행하기에 용이한 기능이 많았기 때문이다. 그러나 Zoom은 학습 자료 및 공지 사항을 게시할 수 있는 게시판 기능을 별도로 제공하지 않았기에 보조 플랫폼으로 Google Classroom을 활용하여 매 차시 학습 자료 및 과제를 학습자들에게 제공하였고, 개별 과제 피드백 또한 Google Classroom을 통해 진행하며 학습자들의 개인 학습 성취도를 확인하고 학생들과 소통하였다.

수업 중에는 수업을 하기에 앞서 원활한 수업 진행을 위하여 학습자들에게 수업 시작 5분 전까지 수업을 진행하는 Zoom으로 들어올 수 있도록 권고하였다. 수업 시작 후, 학습자들의 출석을 확인하며 수업 시 주의사항을 공지하였다. 특히 비디오와 오디오를 켜는 것을 원칙으로 하여 학습자들의 참여 및 집중도를 높이고자 하였다. 다만 불가피한 경우 사전에 교사의 동의를 구하고 비디오를 끄고 있는 것으로 합의하였다. 학습자의 자기 주도적 학습 능력 향상을 위해 매 차시 학습 과제를 부여하며 수업을 마무리하였으며, 교사의 개인 피드백 및 교수자의 평가를 위하여 모든 수업을 녹화하였다.

수업은 PPP 모형을 따라 도입-제시-연습-활용-마무리 단계로 진행하였다. 도입 및 제시 단계에서는 교사와 학습자 간의 대화를 통하여 학습자들이 해당 차시에 학습할 어휘 및 표현을 노출시켰고, 연습 단계에서는 단순 반복 연습부터 유의미한 맥락에서의 연습까지 점진적 단계 확장을 진행하여 앞서 제시한 어휘 및 표현 부분을 익히도록 하였다. 이후 활용 단계에서는 학습자들이 실제적인 발화 수준까지 도달할 수 있도록 다양한 활동을 제시하였으며, 마무리 단계에서는 질의응답 시간을 통해 학습한 내용을 확인하였다.

특히 연습 및 활용 단계에서는 비대면 수업 환경 속에서 학습자들의 수업 참여를 높이고 흥미를 증진시키기 위하여 Zoom의 기능을 적극 활용하였다. 먼저, Zoom 화면 공유 기능을 통해 PPT 자료나 YouTube 영상 등 여러 학습 자료를 학습자들에게 제시하고, 학습자들이 소그룹으로 말하기 연습을 할 수 있는 학습 환경 조성을 위해 소회의실 기능을 사용하였다. 소회의실 기능 사용 시, 원활한 수업 진행을 위해 사전에 교사가 소그룹 구성원 편성을 계획한 후 수업을 진행하였으며, 이때 교사는 소회의실을 돌아다니며 피드백을 제공하고 학습자의 참여를 유도하였다.

더욱 효과적인 소회의실 기능 활용을 위해 학습자들이 직접 쓰거나 그릴 수 있는 활동지와 연습 대화문을 학습 자료로 활용하였다(그림 1). 이 외에도 Zoom 화면 배치 기능을 활용해 찍은 사진을 보고 위치 명사를 사용하여 친구의 위치를 말하는 유의미한 연습(그림 2), 주석 달기 기능을 활용한 학습자의 능동적인 수업 참여 유도(그림 3), 가상 배경 설정 기능을 활용한 장소 명사 어휘 학습 등을 실시하였다(그림 4). 수업에서 배운 어휘를 복습하기 위하여 PPT에 나온 그림의 어휘를 종이에 적은 후, 카메라로 교사에게 보여주며 쓰기 활동을 진행하였다(그림 5).

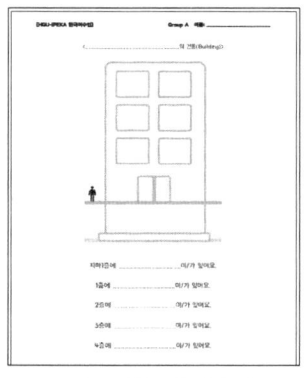

그림 1 학습 자료(이/가)

그림 2 Zoom 화면 배치를 활용한 활동

그림 3 주석 달기 기능을 활용한 활동

그림 4 가상 배경 설정 기능을 활용한 활동   그림 5 소회의실 기능을 활용한 활동

수업 후에는 Google Classroom에 과제 부여 기능을 통해 과제를 게시하였다(그림 6). 과제는 교사마다 상이하였으나, 주 내용은 수업 시 학습한 문법에 대한 연습 문제와 다음 차시 수업 준비를 위한 학습 영상 시청 과제였다. 그리고 학습자가 과제를 제출하면 댓글 기능을 활용하여 과제 피드백을 실시하였고(그림 7), 공통적인 문법 질문에 대해서는 추가적으로 Google Classroom 공지를 통해 자세히 설명하여 학습자들의 이해를 도왔다.

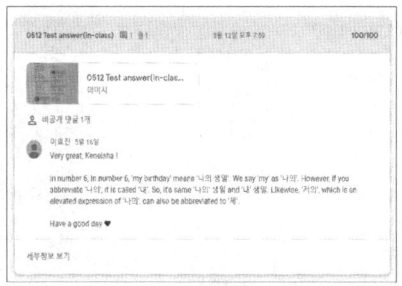

그림 6 교사가 부여한 과제   그림 7 교사의 과제 피드백

실습 수강생은 수업 후 본인의 수업 녹화 영상을 참고하여 좋았던 점과 보완할 점에 대한 자가 평가를 실시하고, 그룹별로 수업 시 참고해야 할 부분은 메신저나 구글 드라이브를 통해 서로 공유하였다. 공유 내용은 주로 인터넷 연결 상태, Zoom 기능 활용 시의 주의점이었으며, 학생들의

특성 및 참여도, 한국어 능력 정도 등의 학생 피드백도 포함되었다.

실습 교과목 담당 교수는 「한국어교육실습」의 교수자로서의 역할과 한국어교육 기관의 실습 담당자(현장 실습 지도자)로서의 역할을 수행하였다. 먼저 수강생의 강의실습 상황을 수시로 파악하고, 강의실습 보고서 작성에 대한 공지 및 전반적인 관리를 하였다. 그리고 현장 실습 지도자로서 강의실습을 위한 사전 오리엔테이션을 진행하고, 실습 지침 및 실습 시 주의해야 할 사항 등을 공지하고 실습을 지도하였다. 구체적으로 수업 전 교안과 수업 자료에 대한 피드백을 제공하고, 매 수업마다 실시간 Zoom 수업을 참관한 후, 수업에 대한 피드백을 제공하였다. 피드백은 그룹별로 수업 진행의 방법과 좋았던 점, 개선점을 중심으로 실습 수강생 전체가 있는 메신저에 공유하였는데 이를 통해 다른 그룹의 수업 진행 방식을 접할 기회 역시 제공되었다.

4. 비대면 해외 강의실습 운영 결과

본 장에서는 비대면 방식으로 해외 학습자를 대상으로 강의실습을 운영한 결과와 그 의미를 확인하기 위해 본 강의실습에 대한 실습 교과목의 피교육자인 H대학교의 수강생과 한국어 수업의 피교육자인 인도네시아 현지 학습자를 대상으로 만족도 조사를 실시하였다. 이번 연구에서는 학생들의 만족도와 의사소통 중심 수업이 잘 이행되었는가를 조사하기 위한 목적으로만 해당 만족도 조사를 활용하고 있음을 미리 밝힌다.

1) 실습 교과목 수강생을 대상으로 한 만족도 조사

만족도 조사는 「한국어교육실습」의 교과목의 수강생 12명의 학생을 대상으로 학기말에 실시하였고 12명 모두가 설문에 응답하였다. 조사 내용은 수강생으로서의 전반적 만족도, 교수 전략 효능감, 참여 효능감, 비대면 해외 강의실습에 대한 것으로 객관식 문항 25개, 주관식 문항 2개로 구성하였다. 모든 객관식 문항에는 5점 리커트(Likert) 척도의 방식이 사용되었다. 또한 추가적으로 설문조사 이후 2명의 실습 수강생을 대상으로 인터뷰를 진행하였으며 인터뷰 질문은 주로 비대면 해외 강의실습에서의 구체적인 체험이나 느낀 점을 중심으로 하여 6개 문항으로 구성하였다. 그 중 유의미한 답변으로 판단되는 문항을 서술하자면 다음과 같다.

표 3 비대면 해외 강의실습의 전반적 만족도

문항	1	2	3	4	5	평균	표준편차
1. 온라인으로 실습을 진행한 것에 대해서 만족하십니까?	0 (0)	0 (0)	1 (8.3)	7 (58.3)	4 (33.3)	4.25	.622
2. 비대면 강의실습이 체계적으로 진행되었다고 생각하십니까?	0 (0)	0 (0)	1 (8.3)	7 (58.3)	4 (33.3)	4.25	.622

먼저 온라인 실습 진행의 만족도와 체계적 진행 정도를 묻는 질문에는 각각 1명(8.3%)의 학생 '보통', 7명(58.3%)의 학생이 '그렇다', 그리고 4명(33.3%)의 학생이 '매우 그렇다'라고 답했다(표 3). 다음으로 비대면 강의실습이 한국어 교사로서의 전반적인 전문성을 기르는 데 도움이 되었는지에 대한 질문에는 실습 수강생 12명 모두 '그렇다'와 '매우 그렇다'로 긍정적인 답변을 하였다(표 4).

표 4 비대면 해외 강의실습의 전문성 함양

문항	1	2	3	4	5	평균	표준편차
6. 비대면 강의실습이 한국어 교사로서의 전반적인 전문성을 기르는 데 도움이 되었다고 생각하십니까?	0 (0)	0 (0)	0 (0)	5 (41.7)	7 (58.3)	4.58	.515

실습 수강생으로서 비대면 실습수업의 긍정적 측면(유익했던 점과 좋았던 점)을 묻는 질문에는 7명의 실습 수강생들이 이전 대면 실습에서는 직접 갈 수 없었던 해외 학습자를 대상으로 한 실습을 할 수 있었던 것이 유익했다고 응답하였다. 또한 포스트 코로나 시대에 맞는 새로운 유형의 비대면 강의실습을 경험할 수 있었던 것 역시 긍정적 측면 중 하나로 꼽았다.

추가로 실시한 인터뷰에서는 비대면 강의실습을 진행하면서 수업에 적극적으로 참여할 수 있었는지에 대해 다음과 같은 답변을 얻을 수 있었다.

> 교사로서 오히려 수업에 적극적으로 참여할 수 있었습니다. 온라인 수업 특성상 학습자들이 마이크를 잘 켜지 않기 때문에 학습자의 대답이나 반응을 기대하기가 어려웠습니다. 하지만 그럼에도 마이크를 켜서 대답을 해 주는 학습자들이 있었기 때문에 더 고마운 마음이 들어 더 적극적으로 수업에 참여할 수 있었던 것 같습니다.
>
> － 실습 수강생 H

> 온라인 수업 방식이 학생들과 밀접하게 소통하기 어려운 점이라는 사실을 이미 인지하고 있었기에 개인적으로 학생들과 긴밀하게 소통하고 유대감을 형성하는 것에 큰 주안점을 두었습니다. 이에 모든 학생들에게 골고루 적극적으로 참여할 수 있는 기회를 마련하는 것을 목표로 삼고, 수업시간 학생들에게 발언, 연습 기회를 제공하는 한편, 다양한 온라인 플랫폼을 활용하여 동시에 많은 학생들과 소통하고 수업 이후 시간에도 학생들에게 피드백을 제공하였습니다. 또한 메신저 기능을 활용하여 수업 중 말하기에 소극적인 친구들도 개인적으로 소통할 수 있는 채널을 제공함으로써 학생 개개인과 소통하는 데에 효과적이었다고 생각합니다
>
> － 실습 수강생 S

다음의 답변들로 미루어 볼 때 2명의 인터뷰 대상자 모두 수업에 적극적으로 참여할 수 있었다는 의사를 내비치고 있다. 특히 두 명 모두 비대면으로 강의실습을 시행하는 방법이 오프라인방식과 비교했을 때 상호간의 의사소통 면에서 어려움이 존재하는 것을 인지하고 있었지만, 오히려 그러한 상황을 극복하기 위해 노력함으로써 상황을 타개할 수 있었고 이 과정에서 교사로서 적극적인 태도로 수업에 임할 수 있었음을 알 수 있었다.

마지막으로 다음에도 이런 방법으로 강의실습을 진행하는 것에 대해 어떻게 생각하는지를 묻는 질문에도 실습 수강생 12명 모두 '매우 동의한다'와 '동의한다'로 긍정적인 답변을 하였다.

표 5 향후 「한국어교육실습」 수업의 방향성

문항	1	2	3	4	5	평균	표준편차
9. 다음에도 이런 방법으로 실습을 진행하는 것에 대해서 어떻게 생각하십니까?	0 (0)	0 (0)	0 (0)	5 (41.7)	7 (58.3)	4.58	.515

이러한 만족도 결과를 통해, 코로나19 상황 악화로 불가피하게 진행되었던 비대면 강의실습이었지만 해외 기관과 직접 연계하여 더 많은 실습 경험을 가질 수 있는 좋은 기회였음을 알 수 있었다. 추가로 진행했던 인터뷰에서 이러한 방식의 강의실습이 본인에게 어떠한 시사점을 주었는지에 대한 답변에서도 같은 양상을 보이고 있는 것을 알 수 있다.

코로나 이후 온라인 방식의 수업이 점점 더 많아지고 있습니다. 이에 따라 비대면 수업을 직접 진행해 본 경험이 매우 값진 것이라는 생각이 듭니다. 또한, 실습 교과목이 수강생들끼리의 모의수업에 그치는 것이 아니라 실제 한국어교육 현장에서 경험해 볼 수 있어서 더 큰 의의가 있었던 것 같습니다.

- 실습 수강생 L

아무래도 처음 시도해 본 수업 방식이다 보니 큰 도전으로 다가왔던 것 같습니다. 제가 어떤 부분에 취약한지, 더 대비하고 성장해야 할지 스스로 인지할 수 있는 계기였기에 그 의미가 컸습니다.

- 실습 수강생 S

학생들은 공통적으로 '비대면 해외 강의실습'에 대해 '값진 것이다', '의미가 컸다' 등으로 진술하며 긍정적인 반응을 보이고 있는 것을 확인할 수 있다. 또한 수강생들이 스스로 '경험'과 '도전'을 할 수 있었다고 언급하였고, 이를 통해 비대면 방식의 현장 경험 과정이 예비 교원들에게 능동적인 활동으로 다가왔으리라는 예상이 가능하다.

2) 한국어 학습자를 대상으로 한 만족도 조사

강의실습에 참여하였던 외국인 학습자들의 만족도 역시 조사하기 위해 학습자의 참여도(Student Engagement and Involvement), 수업과 교사에 대한 만족도(Course and Teacher), 수업에 대한 일반/종합적인 만족도(General/Overall Rating)의 19개 문항으로 한 설문이 진행되었다. 또한 이 문항 외에도 추가 질문(General Comments or Additional Questions)에 대해 서술형 문항을 추가하여 학습자들의 의견을 종합적으로 확인해 보고자 하였다. 만족도 조사는 마지막 수업 일에 구글 설문지(Google Forms)를 사용하여 실시하였으며 37명의 전체 학습자 중 34명(약 92%)이 설문에 응답하였고, 그룹별로 그룹 A는 12명, 그룹 B는 11명, 그룹 C는 11명이 응답하였다.

먼저 수업 시간이 충분하였는지를 묻는 질문에는 23명(67.6%)이 매우 그렇다, 6명(17.6%)이 그렇다, 3명(8.8%)이 보통이라고 답하였다. 교사의 수업 준비가 잘 되었는지를 묻는 질문에는 설문에 응답한 모든 학습자 34명(100%)이 매우 그렇다는 답변을 하였다. 교사가 수업의 자료들을 분명히 설명하였는지 묻는 질문에는 26명(76.5%)의 학습자들이 매우 그렇다고 답하였고, 8명(23.5%)의 학습자들이 그렇다고 답하였다. 교사가 수업 시간을 잘 사용하였는지 묻는 질문에는 28명(82.4%)의 학습자들이 매우 그렇다고 답하였고, 6명(17.6%)의 학습자들이 그렇다고 답하였다.

표 6 교사의 수업 운영

문항	1	2	3	4	5	평균	표준편차
5. 수업 시간은 충분했다.	0 (0)	2 (5.9)	3 (8.8)	6 (17.6)	23 (67.6)	4.47	.896
6. 선생님은 수업을 잘 준비하셨다.	0 (0)	0 (0)	0 (0)	0 (0)	34 (100)	5	000
7. 선생님은 수업 자료를 명확하게 설명하셨다.	0 (0)	0 (0)	0 (0)	8 (23.5)	26 (76.5)	4.76	.431
8. 선생님은 수업 시간을 잘 활용하셨다.	0 (0)	0 (0)	0 (0)	6 (17.6)	28 (82.4)	4.82	.387

다음으로 교사와 학습자 간의 의사소통 부문에 대해서, 교사가 학습자들에게 배울 수 있는 기회를 제공했는지 묻는 질문에는 32명(94.1%)의 학습자들이 매우 그렇다고 답하였고, 2명(5.9%)의 학습자들이 그렇다고 답하였다. 교사가 학습자들이 질문을 하고 그들의 의견을 표현할 수 있는 기회를 제공했는지에 대해서는 29명(85.3%)이 매우 그렇다고 답하였고, 5명(14.7%)이 그렇다고 응답했다. 교사가 시기적절하고 사려 깊은 피드백을 해 주었는지에 대해서는 30명(88.2%)이 매우 그렇다, 3명(8.8%)이 그렇다, 1명(2.9%)이 보통이라고 답하였고, 교사의 피드백이 명확하고 유용했는지에 대해서도 28명(82.4%)이 매우 그렇다고 답하였고, 6명(17.6%)이 그렇다고 응답했다. 교사가 과목에 대한 학습자의 흥미를 자극

했는지에 대해서는 31명(91.2%)이 매우 그렇다, 1명(2.9%)이 그렇다, 2명(5.9%)이 보통이라고 답했다.

표7 상호작용 및 의사소통

문항	1	2	3	4	5	평균	표준편차
9. 선생님은 학생들이 서로에게서 배울 수 있는 기회를 제공하셨다.	0 (0)	0 (0)	0 (0)	2 (5.9)	32 (94.1)	4.94	.239
10. 선생님은 학생들이 질문을 하고 그들의 의견을 표현할 수 있는 기회를 제공하셨다.	0 (0)	0 (0)	0 (0)	5 (14.7)	29 (85.3)	4.85	.359
11. 선생님은 시기적절하고 사려 깊은 피드백을 해주셨다.	0 (0)	0 (0)	1 (2.9)	3 (8.8)	30 (88.2)	4.85	.436
12. 선생님의 피드백은 명확하고 유용했다.	0 (0)	0 (0)	0 (0)	6 (17.6)	28 (82.4)	4.82	.387
13. 선생님은 학생들을 존중으로 대하셨다.	0 (0)	0 (0)	0 (0)	0 (0)	34 (100)	5	.000
14. 선생님은 그 과목에 대한 나의 흥미를 자극하셨다.	0 (0)	0 (0)	2 (5.9)	1 (2.9)	31 (91.2)	4.85	.500
15. 선생님은 전반적으로 잘하셨다.	0 (0)	0 (0)	0 (0)	2 (5.9)	32 (94.1)	4.94	.239

주관식 문항에서도 이와 관련된 의견이 있었다. 특별히 학습자들은 주관식 문항에서 아래와 같이 교사의 배려심과 인내심, 친절한 태도에 만족함을 나타내는 의견을 나타냈다.

"I really appreciate how the teachers are patient and not angry when we don't really understand yet. Also, they appreciate and try to answer all our questions. I am really happy I could join in this class." (우리가 이해하지 못할 때 선생님들이 인내심을 가지고 화를

내지 않으신 것에 대해 정말 감사하게 생각합니다. 또한 선생님들은 우리의 모든 질문에 대답하려고 노력하셨습니다. 이 수업에 참여할 수 있어서 정말 기쁩니다.)

"I really enjoy and learn a lot from this class, the teachers and friends are very nice. I really want another class like this in the future." (저는 이 수업을 정말 즐기고 많이 배웁니다. 선생님들과 친구들은 매우 친절합니다. 저는 나중에도 이런 수업을 정말 듣고 싶어요.)

이상의 만족도 조사 결과를 통해 교과목으로서의 「한국어교육실습」 수강생들과 실습 내 피교육자인 인도네시아 현지 학생들 모두 대체로 높은 만족도를 보인 것을 확인할 수 있었다. 특히 한국어 수업 내에서 교원(실습 수강생)과 학습자 측 모두 수업 내에서 의사소통이 활발하게 이루어질 수 있었다고 응답한 것으로 보아, 비대면 교육 상황이었음에도 불구하고 의사소통 중심의 수업이 잘 이행되었음을 알 수 있었다. 또한 실습 수강생들이 비대면 수업을 통해 교사로서 수업에 상당히 적극적으로 참여할 수 있었던 점도 드러났다.

예비 교원의 경우 보통 실습 교과목을 이수하기 전까지는 현장 경험의 기회가 많지 않고 '교육실습' 교과목에서도 현장 실습의 기회가 운영 기관별로 차이가 나지만(노채환, 2020:49), 본 연구에서 실시한 만족도 조사 결과를 분석해 볼 때 H대학교에서 운영한 하이브리드 러닝 방식의 「한국어교육실습」은 대면 수업의 지리적, 시간적, 물리적 한계를 극복하여 한국어 예비 교원의 현장 경험 부족의 문제를 보완하고 예비 교원으로서 전문성을 함양할 수 있는 새로운 방법이 될 수 있을 것이라 예상된다.

5. 정리하기:「한국어교육실습」과 비대면 교육의 미래

본 연구는 한국어교육 전공 실습 교과목인「한국어교육실습」수업을 하이브리드 러닝으로 설계하여, '비대면 해외 강의실습'을 운영한 사례를 소개하고, 그 의의를 살피는 데 그 목적이 있다. 코로나19로 인한 교육에서의 비대면 수업의 활성화는 계속해서 언급된「한국어교육실습」과목의 한계를 보완할 수 있는 좋은 방안이 될 것으로 예상되고 있다. 따라서 하이브리드 방식을 이용하여 설계 및 실시된 강의실습은 안타까운 현실을 하나의 기회로 바꿀 수 있었던 선례가 될 수 있다.

연구 결과 비대면 해외 강의실습 운영 결과 실습 교과목 수강생과 외국인 학습자 대부분이 이러한 형태의 실습과 교육에 만족했으며, 다양한 플랫폼을 이용하여 수업을 관리하며 학생과 의사소통을 적극적으로 할 수 있었고, 교사로서의 역할을 더욱 적극적으로 체험할 수 있었다고 응답하였다. 이를 통해 비대면 강의실습이 효과적으로 작용하였으며 기존에 실시되고 있는 대면 강의실습에 버금가는 양질의 효과를 나타낸 것을 알 수 있었다.

본 연구는 현장 경험의 기회가 부족한 교육기관이나 예비 교원들에게 현장 경험을 할 수 있는 새로운 대안을 제공한 점, 그동안 국내에서만 실시되었던 강의실습의 기회를 해외까지 확장시킬 수 있다는 점에서 큰 의의가 있다. 물론 본 연구는 인도네시아 국적의 청소년 학생들만을 대상으로 실시되었기 때문에 다른 환경이나 특성을 가진 학습자들에 대해서는 설명이 어렵다는 한계가 있으며 수업을 수강하였던 학생이 12명밖에 되지 않아 기존 형식의 현장 경험과 비교하여 어느 정도의 효과가 있었는지를 입증할 수 있는 정확한 정량평가가 불가한 것도 사실이다. 그러나 해당 연구가 선례가 되어 앞으로 다양한 나라의 학생들을 대상으로 실시되는 비대면 교육 시대의「한국어교육실습」교과목 운영 사례가 연구 실적으로 쌓이게 된다면 추후「한국어교육실습」운영에 더욱 실제적인 기초 자료가 될 수 있을 것이다.

참고문헌

김수현(2018). "한국어 예비 교원 국외 파견실습 지원과 한국어 교육의 전망", *동서인문학* 54, 175-200.

김시연(2020). "ZOOM을 활용한 중국 대학 온라인 한국어 말하기 교육 사례- 상해 S 대학 한국어과 한국어 말하기 수업을 중심으로", *이중언어학* 80, 1-29.

김주희, 김은영(2020). "예비 교원의 인식 조사를 통한 한국어교육실습의 개선 방안 연구", *문화와융합* 42(7), 147-170.

노채환(2020). "해외 단기 실습 사전 훈련을 통한 한국어 예비 교원의 성장 연구- 사이버대학 학생의 훈련 일지 분석을 중심으로", *한국언어문화학* 17, 47-74.

문혜영 외(2021). "하이브리드 러닝을 이용한 〈한국어교육실습〉 수업 사례 연구- 비대면 해외 강의실습을 중심으로", *문화와융합* 43(11), 219-244.

박진철, 장지영(2020). "온라인 한국어 쓰기 수업에서의 동료 피드백에 대한 만족도 연구- Zoom을 활용한 과성 중심 쓰기 수업을 중심으로", *외국어로서의 한국어교육* 59, 181-200.

손상미(2010). 한국어 교육실습 현황 분석 및 개선 방안, 한양대학교 교육대학원 석사학위논문.

이윤진(2016). "한국어교육실습 〈모형1〉의 내용 구성과 운영에 대한 고찰- 교육대학원 한국어교육 전공 수업을 중심으로", *이중언어학* 65, 183-221.

조인옥(2020). "비대면 실시간 온라인 한국어 수업의 운영 사례와 개선 방향: 한국어 교육기관의 전면적 운영 사례를 중심으로", *외국어로서의 한국어교육* 58, 연세대학교 언어연구교육원 한국어학당, 241-265.

Smith, G. G., & H. Kurthen(2007). Front-stage and back-stage in hybrid e-learning face-to-face courses. *International Jl.* on E-Learning, 6, 455-474.

IPEKA Christian School. https://ipeka.org/(검색일: 2021.03.18.)

learning, Non-face-to-face classes, Teaching practice

● 이 장은 문화와융합 학술지 43권 11호에 실린 필자의 논문(문혜영 외, 2021)을 바탕으로 재구성되었다.

▪ 저자 소개

01장 _ **송현주**
경북대학교 문학박사(국어의미론 전공)
경북대학교 국어교육과 교수

02장 _ **윤효승**
서울대학교 문학석사(노어노문학 전공)
부산대학교 박사과정(외국어로서의 한국어교육 전공)

03장 _ **김이은**
건국대학교 박사(문화콘텐츠 전공)
한양대학교 동양문화학과 교수

04장 _ **김상훈**
상명대학교 교육학 박사수료(한국어교육 전공)
상명대학교 기획조정처 전략평가팀 과장

05장 _ **임은영**
동신대학교 문학박사(한국어교육 전공)
동신대학교 한국어교육학과 교수

06장 _ **이미혜**
이화여자대학교 문학박사(국어국문학 전공)
이화여자대학교 교육대학원 교수

07장 _ **김의숙**
숙명여자대학교 박사수료(국제한국어교육 전공)
단국대학교 자유교양대학 교수

08장 _ **윤신원**
가톨릭대학교 문학박사(독서학 전공)
경기대학교 국어국문학과 교수

09장 _ **김윤경**
동국대학교 문학박사(국어국문학 전공)
동국대학교 다르마칼리지 교수

10장	**_ 박영순**	
	푸단(復旦)대학 문학박사(중국고전문학비평 전공)	
	국민대학교 중국인문사회연구소 교수	
11장	**_ 김윤정**	
	이화여자대학교 교육학박사(국어교육 전공)	
	덕성여자대학교 차미리사교양대학 교수	
12장	**_ 이민경**	
	이화여자대학교 석사과정(한국어교육 전공)	
13장	**_ 김혜진**	
	서울대학교 교육학박사(한국어교육 전공)	
	성균관대학교 학부대학 초빙교수	
14장	**_ 임진숙**	
	부산외국어대학교 교육학박사(한국어교육 전공)	
	부산외국어대학교 한국어문화학부 교수	
	_ 이양금	
	부산외국어대학교 교육학박사(한국어교육 전공)	
	부산외국어대학교 국제학부 초빙교수	
15장	**_ 문혜영**	
	연세대학교 석사과정(한국어교육 전공)	
	_ 정지은	
	한국외국어대학교 문학박사(한국어교육 전공)	
	한동대학교 글로벌한국학 교수	
	_ 이효진	
	연세대학교 석사과정(한국어교육 전공)	
	_ 정하길	
	연세대학교 석사과정(한국어교육 전공)	